넷플릭스 효과

21세기 기술과 엔터테인먼트

뉴스통신진흥총서 25

넷플릭스 효과

21세기 기술과 엔터테인먼트

The Netflix Effect: Technology and Entertainment in the 21st Century

케빈 맥도널드 · 다니엘 스미스 - 로우지 엮음

유건식 옮김

한울
아카데미

■ 차례

4

■ 그림·표 차례

■ 감사의 말

이 책은 2014년 시애틀에서 열렸던 '영화와 미디어 연구 학회Society of Cinema and Media Studies' 연차 컨퍼런스의 여러 워크숍에서 나온 자료를 참가자들이 발전시킨 것이다. 우리는 주제에 관심을 갖고 참석하여 귀중한 견해를 제공한 모든 참가자에게 감사를 드린다. 또한 블룸스베리 출판사 관계자 모든 분께 감사를 드린다. 특히, 이 프로젝트에 처음 관심을 갖고 시작을 할 수 있게 해준 케이티 갈로프Katie Gallof와 모든 과정이 바른 방향으로 진행될 수 있도록 우리를 열심히 도와준 마리 알-세이드Mary Al-Sayed에게 감사를 드린다. 물론, 이 책에 실린 각 장의 저자들의 뛰어난 연구가 없었다면 책으로 만들어지지 못했을 것이다. 우리는 이 프로젝트에 대한 그들의 헌신과 그들이 넷플릭스를 활기차고 생산적인 주제로 만들어준 것에 진심으로 감사한다. 다니엘은 그를 침착하게 기다려준 아내 아리나Irena와 훌륭한 아이들에게 감사를 표하고 싶다. 케빈은 뉴욕에 열린 '2011년 시각적 증거Visible Evidence' 컨퍼런스에서 처음으로 넷플릭스를 비판적인 관점에서 생각할 수 있게 해준 크리스 팔론Kris Fallon과 벤 스토크Ben Stork에게 심심한 감사를 표한다. 그는 또한 그의 가족과 그에게 무한한 응원을 해주고 있는 지나 지오타Gina Giotta에게 감사를 표하고 싶다.

일러두기

• 원저서에는 미주로 되어 있으나 독자의 이해를 위해 각주로 변경했다.

• 영화나 드라마의 제목은 가능한 한 한국 넷플릭스에서 찾아 표기했다.

• 색인은 원저서를 따르지 않고 한글을 기준으로 했다.

케빈 맥도널드 Kevin McDonald

다니엘 스미스-로우지 Daniel Smith-Rowsey

1988년, 존John과 조앤 맥마혼JoAnn McMahon은 캘리포니아에서 운전자가 고객의 집까지 비디오 카세트를 배달해주는 혁신적인 비디오 가게인 머피 익스프레스Murphy's Express를 설립했다. 버클리, 오클랜드와 인근의 수천 가구에는 열쇠로 열고 닫는 머피 익스프레스를 위한 플라스틱 박스가 부착되었으며, 오늘날까지도 이스트베이 지역의 현관 벽면에 붙여져 있다. 전망이 좋은 비즈니스였음에도 불구하고, 경쟁적인 미디어 대안 서비스와 다양한 물류상 장애물이 증가하여 이 가게는 1994년 문을 닫았다. 얼마 되지 않아 스튜어트 스코만Stuart Skorman은 추천 시스템 "릴 지니어스Reel Genius"와 가정까지 배달하는 편의성을 결합하여 닷컴 기업 릴Reel을 설립했다. 1998년 인터넷 버블이 증가하기 시작하면서, 이 분위기에 이끌려 스코만은 릴닷컴Reel.com을 1억 달러를 받고 할리우드 비디오Hollywood Video에 팔았다. 하지만 VHS 테이프 발송 비용이 물류업계에서 너무 비싼 것으로 판명이 나서 할리우드 비디오는 2000년 닷컴 버블이 붕괴dotcom bust된 후 릴닷컴 부문을 접었다. 블록버스터 비디오Blockbuster Video는 1억 달러의 대혼란을 지켜보면서 온라인 대여와 판매는 뛰어들 가치가 없다는 것이 증명했다고 판단했다.

어떤 의미에서는 이러한 일련의 일들이 1997년에 출시된 넷플릭스에게 길을 열어줬으며, 넷플릭스는 그들과는 달리 DVD만을 대여하고 판매만 한다는 기초적인 결정을 했다. 그리고 DVD 대여 비즈니스라는 새로운 포맷을 도입하고 결코 되돌아보지 않았다. 2년 후, 넷플릭스는 구독 전용subscription-only 모델을 채택했고, 이 모델은 고객들에게 연체료를 물리지 않겠다고 약속할 수 있었던 유일한 전국 서비스가 되었다. 이 비즈니스는 매우 성공적이어서 넷플릭스는 2006년도에 ≪와이어드Wired≫의 편집자 크리스 앤더슨Chris Anderson이 주장한 롱테일 경제학Long Tail economics의 주요 사례가 되었다. 즉, 낮은 고정 비용 때문에 인터넷 회사는 더 다양한 전문적이고 개인적인 서비스를 제공할 수 있다. 그러나 또 다른 의미에서는 머피 익스프레스와 릴닷컴의 사업 중단, 이후 2010년에 할리우드 비디오와 블록버스터 비디오의 파산은 넷플릭스의 성장이 당연하지는 않았음을 상기시켜준다. 또한, 이 상황은 넷플릭스의 주가가 2010년에서 2015년 사이에 미국에서 가장 빠르게 성장하는 데 주요한 역할을 했고, 넷플릭스의 미래는 아직 (머피 익스프레스, 할리우드 비디오, 블록버스터의 말로와—옮긴이) 유사하게 끝나지 않았다는 것을 알려준다.

　이러한 위험에도 불구하고, 넷플릭스는 21세기 소비자와 콘텐츠 제공자 사이의 관계에 획기적인 영향을 끼쳤다. 전 세계적으로 6,500만(2020년 3월 말 기준 1억 7천만 명—옮긴이) 명 이상 (그리고 많은 사람들이 친구, 가족 및 기타 불법 통로 proxy를 통해 이 서비스를 이용하고 있음)의 이용자를 확보하고 있는 넷플릭스는 어떤 시간대에서도 북미 인터넷 트래픽의 3분의 1을 차지한다. 그 결과, 넷플릭스는 괄목할 만한 재무적인 성공을 거두었을 뿐만 아니라, 아마존, 페이스북, 구글, 소수의 다른 인터넷 기반 회사들처럼 점점 커져 가는 기술 영향력을 지닌 기업의 대명사가 되었다. 다른 회사들과 달리 넷플릭스는 할리우드 스튜디오와 메이저 텔레비전 방송사가 전통적으로 만들었던 것과 같은 고품질의 미디어 콘텐츠를 만드는 데 주력했다. 미래에 모든 미디어를 온디맨드 방식으로 여러 플랫폼에서 이용할 수 있는 것을 여러 면에서 오랫동안 예측했지만, 넷플릭스가 기존 콘텐츠 유통과 시청 모델을 변화할 때까지 주요 미디어 재벌들은 지금까지 이뤄왔던 기술 혁신을 적용하는 것에 가치를 두지 않았고, 종종 넷플릭스를 똑똑한 경쟁자라기보다는 파괴적 침입자로 보았다.

만일 단일의 넷플릭스 효과가 있다면, 그것은 기술과 엔터테인먼트가 엄청난 속도로 융합되고, 매스미디어 비즈니스와 경제에 막대한 영향을 미치는 것이라고 단순화할 수 있다. 이 모음집은 넷플릭스 효과가 어떻게 다른 발전들developments과 연결되어 있는지 보여줄 뿐만 아니라 넷플릭스에 대한 구체적 연구를 통해 이 성장이 어떻게 미디어, 기술 및 사회를 앞으로 진전시키는지에 대한 중요한 통찰을 제공한다.

많은 인기를 얻고 재무적으로 성공한 넷플릭스는 비즈니스 분석가, 미디어 및 기술 전문가에 의해 폭넓게 인용되는 편리한 아바타가 되었다. 더 일반적으로 말하면, 대중 언론에 의해서는 헨리 젠킨스Heny Jenkins가 말한 "융합 문화convergence culture"가 무엇인지 증명하는 하나의 방법이 되었다. 예를 들어, 넷플릭스의 성공 중에서 많은 부분은 기술 융합을 선도한 덕분이다. 스트리밍 서비스의 성공은 고속 인터넷의 채택(미국에서 2008년 50%, 2013년 70% 돌파)이 증가한 것과 궤를 같이한다. 이 기간 동안, 고속 또는 광대역 인터넷은 케이블 회사, 직접 방송 위성 및 무선 휴대 전화 네트워크가 제공하는 서비스와 함께 패키지된 다른 커뮤니케이션과 연결되어 사용이 증가했다. 이러한 기술의 융합은 차례로 넷플릭스에 이익을 줄 수 있는 몇 가지 다른 트렌드를 가속화했다. 예를 들어, 케이블 텔레비전의 성장은 시청할 수 있는 프로그램을 폭넓게 선택할 수 있도록 했으며, 콘텐츠를 틈새 시청자niche audiences에게 맞게 제공해야 한다는 사고를 촉진시켰다. 디지털 비디오 리코더(DVR)뿐만 아니라 스마트폰과 무선 연결의 확산은 온디맨드 방식으로 문화가 가장 잘 순환한다는 가정을 일반화시키며 콘텐츠에 대한 접근 가능성과 편의성에 대한 기대로 이어졌다.

융합은 산업이나 비즈니스 관점에서 넷플릭스에게도 중요하다. 실리콘 밸리의 최남단에 위치한 로스 가토스Los Gatos에 본사를 두고 있는 넷플릭스는 캘리포니아의 가장 유명한 두 개의 산업을 연결시키기 위해 항상 할리우드 쪽으로 다가가는 것처럼 보인다. 그리고 넷플릭스가 그렇게 하면서 명성을 얻은 반면, 상충하는 이해관계를 두고는 여전히 많은 논쟁이 있다. 디즈니, NBC 컴캐스트, 워너Warners/HBO, 비아컴 파라마운트, 소니 등 "6대 메이저Big Six"가 넷플릭스의 성장을 애통해하는 것은 나름 이유가 있다. DVD에서 나온 막대한 수익windfall을 추구하는 스튜디오들은 고품질 포맷(예: 블루레이)이나 자신들이 소유한 주문형 비디오(VOD) 플랫폼을 통해 디지털 미디어의 다음 세대를 사로잡는 계획을 넷플릭스가 망쳤다고 비난했다. 그들은 텔레비전 방송사의 시청률이 떨어지고, 시청자는 파편화하면서 재정적인 어려움을 겪게 되자 뉴미디어를 경계했다. 뉴미디어에는 일반적으로 비디오 게임, 인터랙티브 기술, 넷플릭스와 같은 웹 기반 경쟁자들이 폭넓게 포함된다. 이러한 걱정에도 불구하고, 에미상Emmy Awards 투표자는 웹 기반 콘텐츠 제공 부분에서 넷플릭스에게 첫 에미상(〈하우스 오브 카드House of Cards〉)을 수여했다. 6대 메이저는 넷플릭스가 기록적인 순익이 났지만 그들은 거의 수익을 내지 못했다고 비합리적으로만 추측하지 않으면서 넷플릭스와 콘텐츠 공급 조건을 서둘러 재협상했다. 넷플릭스는 현재 자금을 조달하여 자신의 콘텐츠를 제작하고, 텔레비전 프로그램을 넘어 상업 영화까지 확장하고, 글로벌 시청자를 타깃으로 한 소규모 최첨단ctting-edge 열정 프로젝트에 톱 배우A-list(예: 브래드 피트Brad Pitt, 이드리스 엘바Idris Elba, 아담 샌들러Adam Sandler, 안젤리나 졸리Angelina Jolie)를 영입하는 등 스튜디오로 탈바꿈하고 있다. 이런 측면에서 넷플릭스는 기존 미디어 산업에게 계속 가시 같은 존재가 되고 있고, 때로는 제작에서 6대 메이저를 앞서기도 한다.

넷플릭스가 오랜 세월에도 변함없이 건재할지 특정 변화를 혼자 극복하게 될지는 분명하지 않지만, 현 상황에서 넷플릭스는 1920년대 후반 영화의 음향 기술 채택, 1950년대 텔레비전의 폭넓은 보급, 1980년대 홈 비디오, 특히 VCR의 도입, 1990년대 인터넷의 등장과 같은 변환transformation과 깊게 얽혀 있다. 이러한 변화는 넷플릭스 자체도 그렇지만, 할리우드와 기술과의 관계의 점진적 변화에서부터 미디어, 기술 및 엔터테인먼트의 융합의 폭넓은 전환까지 보여주고 있다. 할리우드 스튜디오는 새로운 기술을 우려하는 오랜 역사를 갖고 있다. 그러나 TV와 VCR의 경우에는 궁극적으로 할리우드가 유리한 방식으로 새로운 경쟁자의 출현을 맞이한 사례이다. 그러나 할리우드가 DVR과 유비쿼터스한 고속 인터넷 또는 광대역 인터넷 연결과 같은 21세기 기술의 등장에도 유사한 결과를 얻을지는 불분명하다.

미디어 융합의 비즈니스가 상충하는 이해관계에서 주기적으로 충돌한다는 것을 의미한다고 하더라도, 엔터테인먼트와 기술의 결합에 대한 중요성이 점점 증가하여 다양하고 새로운 역동적인 파트너십이 늘어났다. 그 한 예가 애플의 아이튠즈iTunes이다. 아이튠즈는 인기 있는 미디어를 여러 장치에서 접근이 가능하고, 이용자 친화적인 컴퓨터 소프트웨어에 연결하는 것이 중요하다는 것을 입증한 디지털 유통 플랫폼이다. 이것은 소니와 마이크로소프트가 도입한 비디오 게임기와 다소 유사한 상품인데, 상호 보완을 위해 고안된 방식으로 소프트웨어를 하드웨어와 연동시켰다. 이것은 약간 다른 의미이기는 하지만, 넷플릭스에게도 적용되는 사실이다. 넷플릭스는 추천 리스트와 개인화 소프트웨어를 인터페이스와 통합했다. 이 전략은 많은 웹 기반 기업들이 이용자가 만든 정보 또는 메타데이터에 의존하기 시작하게 만든 전형적인 방법이다. 메타데이터는 이용자가 다른 웹사이트 내외에서 어떻게 상호 작용하는가에 대한 세부 내역이다. 넷플릭스의 경우 이 프로그램들을 주로 서비스를 향상시키기 위해 사용했는데, 광고나 다른 수단을 통해 정보를 수익화하는 방법보다는 다양한 알고리즘을 이용하여 이용자들이 즐길 만한 영화나 프로그램을 안내하는 데 활용했다. 넷플릭스는 뛰어난 기술로 소비자를 사로잡으면서 기존 미디어와 새로운 미디어를 결합하는 데 능숙하다는 것을 증명했다. 이것은 새로운 필터링 소프트웨어를 사용하여 이용자가 오래된 영화 타이틀을 보도록 유도하고, 시대착오적으로 보인 우편 시스템을 새로운 인터넷 기술과 결합하여 DVD 우편 배송 서비스를 만들어낸 것을 보면 사실이다. 넷플릭스는 최고의 스트리밍 서비스를 하면서도, 오늘날까지 DVD(8개의 트랙을 가진 카세트 같은 포맷)를 5백만 명(2019년 12월 말 기준 220만 명—옮긴이) 이상의 고객에게 제공하고 있다. 넷플릭스는 자동화된 키오스크인 레드박스 Redbox와 함께 몇 안 되는 경쟁 업체 중 하나로 남아 있으며, 여전히 오프라인 대여 시장에서 수익을 내며 운영되고 있다.

분석가들은 넷플릭스가 온라인 비디오 스토어에서 스트리밍 서비스로, 그리고 스트리밍 서비스에서 스튜디오로 변신한 행운에 대해 자주 언급해왔지만, 넷플릭스가 이룬 뜻밖의 행운을 만든 요령에 대해서는 언급하지 않았다. 21세기의 첫 10년 동안, 수천만 명의 미국인들은 정기적으로 집어넣고, 거실 주변에 놓여 있고, 집을 떠나는 빨간 봉투에 익숙해졌다. 이것을 광고주는 다른 어떤 브랜드도 이의를 제기할 수 없는 "브랜드 침투brand penetration"라고 불렀다. 넷플릭스는 봉투 밖에 광고를 실으려는 유혹에 시달렸지만, 대신에 넷플릭스의 트레이드 마크가 희석되지 않도록 빨간색으로 남겨놓으면서 꾸준하게 브랜드와 로고를 만들어가는 스터디 케이스가 되도록 했다. "넷플릭스"라는 이름이 인터넷 버블이 꺼지면서 사라진 넷스케이프Netscape와 다른 몇 회사들이 떠오르는 시대에 나타난 것 같지만, 넷플릭스는 갑자기 새로운 텔레비전의 황금시대Golden Age에 적합성relevance을 획득했다. 이제 넷플릭스는 콘텐츠 제작에서 사실상의 미래를 찾으면서 "영화의 네트워크" 또는 "인터넷 영화"를 넘어선 새로운 유형의 텔레비전 "방송사network"를 만들어냈다. 넷플릭스는 이러한 방식의 반전을 만들어왔다. 예를 들면 인터넷 회사로서, 정기적으로 버그를 기능으로 전환한다. 월 단위로 서비스에 새로 출시되고 사라지는 타이틀을 뉴스 제목으로 만들어 뉴스 검색 결과에 넷플릭스가 적극적으로 노출되도록 했다. 넷플릭스는 동시에 TV 시즌 전체를 공개함으로써 디지털 콘텐츠로 수익을 창출하는 표준 방법을 바꾸었다. 한번에 공개하는 것은 HBO, AMC, FX 및 쇼타임Showtime과 같은 채널의 프로그램을 매주 시청recap 하도록 하면서 벌어들이는 부가 가치를 없애는 것이다. 넷플릭스는 해석학적으로 풍부하면서 완전하게 밀폐되어 있고, 힘을 실어주면서도 지배적이며,

14

기술 혁신의 모델이면서도 일반 상식을 뒤엎는 와일드 카드처럼 보일 수 있다.

이러한 새로운 전략을 시도하려는 의지의 일환으로 넷플릭스는 미디어의 생산과 소비에 있어서 어떻게 융합이 전통적 관계를 바꾸는지를 보여주었다. 이와 관련해 젠킨스와 같은 학자들은 융합이 어떻게 시청자와 소비자의 적극적인 참여를 이끄는지에 관심을 기울였다. 이것은 실제로 리드 헤이스팅스와 다른 회사의 대표들이 반복적으로 어떻게 자사의 서비스가 이용자에게 권한을 부여하고, 이용자가 이전의 게이트키퍼가 미디어의 접근을 제한한 시대에서 해방되는지를 강조함으로써 넷플릭스의 주장과 맥을 같이하게 되었다. 시청자가 특정 유형의 미디어를 언제 어떻게 소비하는지를 결정하는 데 있어 더 큰 통제력을 가지고 있는 것은 분명하지만, 힘과 패러다임의 변화에 대한 보다 큰 질문들은 더 복잡하다. 아마도 블록버스터와 6대 메이저 미디어와의 역사적인 대립 관계 때문에 넷플릭스는 종종 외부자outsider, 벼락출세자upstart, 파괴자, 약자underdog, 심지어 전체적인 현상에 대한 직접적인 위협이나 "게임 체인저"로서의 지위가 강조된다. 하나의 특징적인 예가 넷플릭스의 동시 개봉day-and-date release 실험이다. 이것은 VOD를 포함한 다양한 플랫폼에서 영화를 동시에 개봉하는 것을 말하며, 이렇게 하는 것은 영화 윈도우 정책을 준수하는 전통적인 업체를 격노하게 만든다. 넷플릭스의 마케팅 관점에서 볼 때, 넷플릭스 효과는 소비자의 선택 폭을 넓히고, 개인화를 더 좋게 만드는 것이다. 반면, 다른 관점에서 본다면 넷플릭스 효과는 넷플릭스에게만 이익이 되는 것으로 한정된 개인화로 보일 수 있다.

만약 새로운 전략이 기존의 패러다임에 도전한다면, 그들 중 일부 또한 많은 사람들이 보기에 넷플릭스의 가장 위협적인 경쟁자인 HBO와 같은 프리미엄 채널이 사용한 방법을 따라 할 것이다. 넷플릭스처럼 HBO는 유명한 할리우드 영화, 인기 있는 텔레비전 시리즈, 기타 오리지널 프로그램 옵션을 혼합하여 제공하는 하이브리드 채널이며, 이러한 콘텐츠를 패키지로 만들어 "고급" 미디어 브랜드로 서비스를 차별화했다. 그리고 HBO는 넷플릭스와 더

직접적으로 경쟁하기 위해 2015년 인터넷 전용 서비스인 HBO 나우HBO Now
를 출시할 때 규모가 더 큰 미디어 재벌인 타임워너의 계열이라는 장점을 가
지고 있었다. 비록 복합기업화conglomeration와 수평 계열화가 처음에 생각했던
이익을 항상 만들어내지는 않았지만, 이러한 것들이 여전히 전략적 융합을
창출하는 데 있어 중요한 요소이다. 스트리밍 서비스에는 6대 메이지 미디어
기업 중 세 기업이 공동 소유한 홀루Hulu(2007년 디즈니, 워너, 컴캐스트, 뉴스 코퍼
레이션이 투자하여 설립했으나, 워너와 뉴스 코퍼레이션이 합병하여 3사로 이루어졌다가,
워너를 인수한 AT&T가 지분을 디즈니에 팔고, 컴캐스트는 2024년에 지분을 인도하기로 하
여 2019년부터 디즈니가 실질적으로 지배하고 있다—옮긴이), 구글의 자회사로 비디
오 공유가 가능한 유튜브, 아마존 프라임 가입과 함께 연결된 부가 VOD 서비
스인 아마존 인스턴트 비디오(현재는 프라임 비디오—옮긴이) 등이 있다. 이들은
모두 다른 사업 모델을 갖고 있으며 지금까지 나름의 성공을 거두었지만, 매
우 적대적으로 여긴다. 넷플릭스 역시 컴캐스트와 같은 인터넷과 케이블 서
비스의 제공 업체들과 불편한 관계에 있어서 고통을 겪고 있다. 넷플릭스는
케이블 가입을 끊는 "코드 커팅cord cutting"을 촉진하는 능력을 강조하고, 모든
데이터를 동등하게 취급하는 망중립성 원칙을 적극적으로 지지하면서 종종
컴캐스트 등 케이블 업체와 충돌이 벌어졌다. 한편으로는, 넷플릭스는 동일
한 서비스 제공 업체들과 파트너십을 맺어 콘텐츠의 화질을 낮추지 않고 전
송되도록 비용을 지불했다. 이것은 넷플릭스의 과격한 접근과는 달리 어떻게
미디어 독점이 개별 이용자와 공정한 사용의 원칙보다 우선권을 갖는지 보여
준다.

　이러한 서로 다른 관계의 복잡성과 융합의 유동적인 상태는 넷플릭스의 구
체적인 영향과 21세기 미디어 산업의 진화를 보다 일반적으로 이해하는 데
있어서 새로운 학문적 전략을 개발해야 할 필요성을 알게 해준다. 시청자와
개인 이용자가 기술 및 미디어에 어떻게 적극적으로 관여하는지에 대한 관심
을 끌어낸 수용 연구reception studies와 엔터테인먼트 사업을 역사적 관점에서

접근하는 미디어 산업 연구media industry studies와 같은 하위 분야의 최근 연구는 중요한 참고 자료를 제공한다. 그러나 이 책에서 수행되는 다양한 접근 방식은 하나의 특정한 방법론보다 다용성과 종합성이 필요하다는 것을 강조한다. 다시 말하면, 기술과 엔터테인먼트의 관계를 이해하는 데는 새로운 관점이 요구된다. 이 관점들은 영화와 TV를 모두 분석할 수 있고, 경쟁적인 유통 플랫폼을 분리하는 기술적 요구 사항에 대하여 이해하고, 생산과 수용의 교차점을 다루고, 사회적·정치적·법적·산업적 요소가 어떻게 결정적인 역할을 할 수 있는지를 인식하고, 이 관계의 영향을 설명하기 위해 언제 어떻게 적절한 기준을 활용해야 하는지에 대한 것이다.

마지막으로 이 책은 총 3부로 이루어져 있는데, 전반적으로는 넷플릭스가 기술과 엔터테인먼트에 미친 영향을 설명하는 것이 주된 목표이다. 제1부는 "기술, 혁신, 통제"를 다룬다. 다양한 하이브리드 방법을 이용하는 넷플릭스는 궁극적으로 인터넷 기반의 서비스이다. 이 서비스는 정보가 순환하는 물리적 인프라에서 소비자가 전자 제품을 이용하는 것과 소프트웨어 애플리케이션의 통합에 있어서 발전에 이르는 선결 조건에 달려 있다. 제1장에서 레일 데이비스Lyell Davies는 현재 진행 중인 망중립성에 관한 논쟁에서 넷플릭스의 역할을 분석한다. 이 논쟁은 기술이 우리 삶에 더 깊이 뿌리내리게 되면서 이러한 긴장은 주로 개인 소비자와 인터넷을 연결하는 소위 파이프를 통제하는 컴캐스트 같은 대기업이 하는 인터넷 서비스 제공 사업자(ISP)와 파이프를 통해서만 콘텐츠를 제공할 수 있는 넷플릭스 같은 서비스 업체 사이의 불편한 관계에서 감지된다. 동시에 망중립성에 대한 논쟁은 통신 기술이 공익에 봉사해야 하는지 아니면 사적·상업적 이익이 우선해야 하는지에 대한 더 큰 논쟁거리를 제기한다. 지난 40년 동안 우리는 신자유주의 경제학의 성장, 정부의 규제 완화 풍토를 목격해왔다. 이러한 환경은 일반적으로 사적 이익이 우선시되고 실리콘 밸리와 기타 첨단기술 산업에서 필요한 혁신 조건으로서 받아들여졌다. 이러한 경향에도 불구하고, 넷플릭스는 전략적으로 오픈 인터넷을 지지하고, 망중립성에 찬성하는 정책 결정자를 지지하면서 사회 정의를 옹호하는 쪽에 섰다. 데이비스가 밝혔듯이, 이 동맹은 오래가지 못하는 편의에 따른 관계 이상이며, 넷플릭스의 공정함이나 민주주의에 대한 이타적 헌신이라기보다는 경쟁자들을 따라잡기 위한 끈질긴 노력의 일환으로 보인다.

제2장에서 앨리슨 노박Alison N. Novak도 마찬가지로 정책 결정자들이 기술 진보에 어떤 영향을 미치는지에 관해 다루었다. 그러나 그녀는 매우 다른 방법으로 접근하고 있다. 즉, 정책 결정자와 정치인들이 기술, 정치, 그리고 규제 의무에 대한 기존의 담론 안에서 넷플릭스를 어떻게 이해하거나 틀지울지에 대한 것이다. 노박의 연구는 넷플릭스가 미래의 정책 논쟁을 구체화할 토론에서 편리한 초점convinient focal point이 되었지만, 이것이 반드시 넷플릭스에 유리하게 작용하지는 않는다는 것을 보여준다. 사실, 이 딜레마는 기술 혁신에 수반되는 어려움을 보여준다. 업계 기준으로 볼 때, 넷플릭스의 첫 10년은 점진적인 과정을 나타낸다. 그러나 넷플릭스는 정부 규제 당국과 정책 결정자들에게는 급격한 변화로 비쳐친다. 비교할 대상이 없다는 것이 규제, 정책, 일반적 수용에 관한 선례를 만들기 어렵게 한다. 그 결과, 넷플릭스는 미디어와 기술의 변화하는 성격에 대한 지속적인 공개 토론에서 과장되고 폄하되고, 무시되기 쉽다. 주로 이런 이유로 넷플릭스가 로비, 마케팅, 홍보와 같은 다른 수단을 통해 넷플릭스에 우호적인 분위기를 형성하는 힘을 갖기 위해 일관된 노력을 기울이게 했다. 넷플릭스는 대중의 지지를 충분하게 이끌어냄으로써 공무원과 국회의원들이 넷플릭스의 어젠다를 지지하도록 흔들어놓을 수 있다는 것을 알고 있다. 이는 정치적 불확실성을 극복할 수 있는 미래의 논쟁을 구체화하고 일련의 긍정적 강화reinforcement를 이끌어내는 위치를 차지하는 것이 중요하다는 점을 반영하고 있다.

제1부의 두 번째 부분은 넷플릭스가 어떻게 서비스 내에서 특정 기술을 활용하고, 이러한 기술이 어떻게 넷플릭스 가입자들에게 미디어에 접근하고 참여하게 하는지에 초점을 맞추었다. 이와 관련하여, 제1부의 마지막 세 장은

모두 넷플릭스의 성공에 있어서 밑바탕이 되는 모순을 다루고 있다. 인터넷의 광범위한 상업적 성장의 일환으로 넷플릭스와 같은 신생 기업들은 비즈니스 운영의 효율성을 높이고 향상된 선택, 편리성 및 맞춤화를 통해 소비자에게 더 나은 서비스를 제공하는 기술을 사용할 것을 약속했다. 넷플릭스의 명성의 대부분은 이 두 가지 목표에 기여한 필터링 소프트웨어를 통합하는 능력을 개발하는 데서 나왔다. 즉, 넷플릭스는 다양한 추천과 개인화 시스템을 통해서 초기의 DVD와 현재 스트리밍의 인벤토리를 이해하고 통제할 수 있었다. 그것도 더 비용이 효율적인 방식으로, 그리고 시청자에게는 그들이 원하는 것을 언제 어디서나 그들이 더 많이 볼 수 있게 하는 힘을 부여했다. 새라 아놀드Sara Arnold와 네타 알렉산더Neta Alexander 둘은 이러한 간단한 설명에 이의를 제기하는데, 넷플릭스가 개인의 선호에 콘텐츠를 길들이는 방식은 사실상 이용자들의 힘을 뺏는 것이라고 주장한다. 제3장에서 아놀드는 넷플릭스가 시청자의 행동을 추출하는 방법으로 시청자 참여를 측정한다고 밝혔다. 이 과정에서 불확실성을 비개인화된 예측 가능성으로 대체하며, 광범위한 신자유주의 이데올로기와 연계하여 개인들의 통제권을 뺏는다.

다니엘 스미스-로우지Daniel Smith-Rowsey는 넷플릭스의 분류 시스템, 특히 장르 사용과 관련하여 유사한 모순을 연구하고, 넷플릭스의 서비스가 이전의 롱테일 비즈니스 모델에서 벗어나 의도적으로 이들 시스템 내에서 불안정성을 일으킨다고 주장한다. 특히 장르의 사용은 흥미로운 사례를 제시하는데, 장르는 미디어 생산자 —예를 들면, 스튜디오가 자신의 영화를 묘사하고 마케팅하는 방법— 와 미디어 이용자 —시청자가 이러한 텍스트를 이해하는 방법— 사이의 교차점에 거의 항상 존재해왔기 때문이다. 아놀드나 알렉산더와 유사하게, 스미스-로우지는 넷플릭스가 장르 분류에 대한 기준을 모호하게 하는 한편, 이용자들이 장르에 대한 지속적인 논쟁에 참여하는 것을 제한하는 방식으로 이과정을 통제한다는 것을 보여준다. 동시에 그는 넷플릭스의 분류 체계가 어떻게 새로운 유통 플랫폼이 생산자와 소비자 사이의 관계에 영향을 미치고 있는지를 증명하고 있으며, 이 전개는 영화 및 미디어 연구 분야 내에서 장르 이론가의 연구를 업데이트하고 확대할 수 있는 기회를 제공한다고 주장한다. 알렉산더는 시네매치Cinematch에 관련하여 아놀드와 스미스 로우지와 같은 입장이다. 시네매치는 넷플릭스의 예측 알고리즘을 개선하기 위해 2006년에서 2009년까지 진행된 공개 경쟁의 일환으로 짧은 기간에 폭넓은 관심을 끌었던 유명한 추천 시스템이다. 알렉산더는 시네매치와 같은 소프트웨어 응용 프로그램에 대해 알려진 것이 거의 없는 정도를 고려하면서 더 논의를 전개시켰다. 이러한 기술들이 취향을 문화 흐름cultural currency의 한 형태로 평가 절하시켜 많은 시청자들을 기존의 선호도를 구체화하고 즉각적인 만족을 부추기는 고립된 거품insular bubble으로 떨어뜨렸다고 주장한다. 그 결과 넷플릭스의 추천 시스템은 시청자들이 각자의 선호도에 실제로 부합하는 교화적edifying이거나 흥미로운 콘텐츠를 발견하도록 안내하는 수단으로서가 아니라 시청자들이 "지금 당장" 보고 싶거나 보려고 하는 것에 점점 더 맞춰지고 있다.

넷플릭스는 "즉시 보기Watch Instantly" 옵션을 2007년에 론칭한 후 중요한 전환기가 시작되었다. 그렇다고 넷플릭스가 기술에 덜 전념하게 된 것은 아니다. 사실, 정반대로 넷플릭스가 스트리밍으로 비즈니스를 전환했을 때 망중립성과 같은 기술적 문제에 더 신경을 쓰게 되었다. 2010년에 분리하여 도입한 "스트리밍 전용" 서비스 가입자는 2012년 말 총 가입자수 중에서 우편 배송 DVD 가입자수를 추월했다. 하지만 이 시기에 넷플릭스가 사업으로서 어떻게 인식되는가에 대한 큰 변화가 있었다. 이제 넷플릭스는 더 이상 단순하고 다소 수준 낮은 부수적인 소매업이라는 인상을 주는 비디오 대여 사업을 한다고 인식되지 않고, 대신 뚜렷한 엔터테인먼트 서비스를 하는 업체로 입지를 굳히기 시작했다. 이러한 전환의 일환으로, 넷플릭스의 관심은 영화에서부터 2011년 말 기준으로 넷플릭스 가입자가 스트리밍한 콘텐츠의 약 60%를 차지하는 텔레비전 프로그램의 라이선스로 확대되었고, 이후 넷플릭스 오리지널에 대한 자금 조달과 제작으로 옮겨졌다.

제2부 "변화하는 엔터테인먼트 산업"은 텔레비전과 오리지널 제작으로의 전환을 다룬다. 이러한 유형의 콘텐츠가 새로운 형태의 미디어 소비를 가속화하거나 강화시키는 방법도 같이 연구했다. 이런 새로운 형태의 참여는 예상치 못한 발전을 가져왔다. 넷플릭스는 온디맨드on-demand 방식을 명목상nominal의 현실로 만들었다. 그 결과는 시청자들이 보고 싶은 것을 원하는 시간과 장소에서 보는 보다 통찰력 있는 방식으로 콘텐츠를 덜 소비하게 하는 것이 아니라, 이 새로운 플랫폼이 어떻게든 더 많이 소비하고 싶은 끝없는 욕구를 촉발시켰다. 이와 관련하여 넷플릭스는 몰아 보기binge-watching로 알려진 현상과 불가피하게 엮이게 되었다.

넷플릭스가 영화에서 텔레비전 프로그램으로 전환하고 넷플릭스가 투자한 프로그램의 유형을 알기 위해 넷플릭스의 추천, 개인화 시스템 및 (기타 접근 가능한 시스템)에서 획득한 데이터를 사용했다는 많은 추측이 있다. 이런 유형의 추측들은 넷플릭스와 기술에 대해 더 일반적으로 의심하는 것과 일치하는데, 이것은 몰아 보기에 대한 부정적인 영향에 대해 전반적으로 일반화를 부추기는 의혹이다. 비록 제2부의 장들이 새로운 현상의 위험을 확실하게 밝히지만, 추가적인 분석과 토론의 필요성을 강조하면서 그 복잡성과 모호성도 지적한다. 케이시 맥코믹Casey J. McCormick은 제2부 첫 장인 제6장에서 넷플릭스 오리지널 〈하우스 오브 카드〉에 흐르는 주제thematic undercurrent와 서사를 구성하는 장치로서 몰아 보기의 영향을 자세히 설명한다. 맥코믹은 〈하우스 오브 카드〉 시즌 1~3의 텍스트와 서사 분석의 조합을 통해 동시에 프로그램 내에서 시청 경험을 안내하고 후기를 기재하는 단서들을 찾아낸다. 그녀는 계속해서 이러한 세부 사항에 대한 시청자의 관심을 높이는 데 있어 〈하우스 오브 카드〉 같은 프로그램이 기존 텔레비전이나 DVD 시청과 관련된 패턴과는 근본적으로 다른 새로운 형태에 관련되었다고 주장한다.

이와는 대조적으로 재커리 스나이더Zachary Snider는 몰아 보기 현상에 대해 보다 비판적으로 접근한다. 그는 인지 심리학적인 관점에서 주제를 탐구하고 빠른 속도로 연속하여 텔레비전 쇼를 보면 일어나는 해로운 영향을 열거한다. 구체적으로는, 특정 유형의 텔레비전 프로그램은 복잡한 줄거리를 이해하고, 양면적이거나 정형성이 없는 캐릭터를 구별하는 데 고도의 심리적인 집중이 필요하다고 주장한다. 이러한 집중이 몰아 보기 때문에 격화됨으로써 이 같은 현상은 정서적 혼란을 일으키고 허구와 현실의 경계를 흐리게 한다. 이러한 위험을 예견했음에도 불구하고 스나이더는 또한 자신의 몰아 보기 경험을 그의 연구에서 주요한 예로 삼았는데, 이 활동을 비난하지 않기 위해 조심하고, 대신 넷플릭스와 같은 새로운 플랫폼의 사회적·심리적 효과에 대해 더 많은 고찰이 필요하다는 것에 (학자들이) 주목하도록 했다.

몰아 보기에 대한 논의가 넷플릭스의 오리지널 시리즈와 같은 최근 프로그램에 한정된 반면, 셰리 치넨 비에슨Sheri Chinen Biesen은 몰아 보기를 느와르 영화와 관련하여 연구한다. 오래된 장르인 느와르는 넷플릭스의 롱테일 비즈니스 모델과 더 많이 연관되어 있다. 롱테일 비즈니스는 시청자에게 프로그램 구매 비용이 더 저렴하고 오래되고 더 전문화된 콘텐츠 유형을 보도록 유도하므로 효과적인 비즈니스 전략이다. 그럼에도 불구하고, 비에슨은 중요한 구분critical distinction으로서 영화 느와르를 설정한 것은 강화된 관객성intensified spectatorship —여러 서사와 문화 텍스트cultural texts에 걸쳐 문체와 서사적 세부 사항에 대한 예리한 주의를 요구하는 성향— 의 새로운 모드에 달려 있고, 이러한 행동은 최근의 몰아 보기 증가와 관련된다고 주장한다. 그녀는 또한 이것이 왜 가장 인기 있는 현대의 연속형 드라마가 서사적 구성과 영상 미학에 느와르 요소를 포함시켰는지 설명이 된다고 말한다. 이러한 연결은 느와르 영화에 대한 관심을 새롭게 하고 오랫동안 유지해온 감정 문화culture of connoisseurship를 재창조할 것을 약속하는 반면, 넷플릭스는 또한 더 불안정한 미디어 지형을 보여주고 있는데, 오래된 영화들을 매우 많이 보도록 하고, 온디맨드는 희귀하고 찾기 어려운 타이틀을 찾는 데 필요한 노력이 필요 없게 만드는 모습이다.

이러한 양면성은 넷플릭스와 다큐멘터리 영화 제작의 관계에 대한 수디프 샤르마Sudeep Sharma의 설명에서도 마찬가지로 분명하게 나타난다. 다큐멘터리는 넷플릭스의 또 다른 중요한 전문 장르이다. 다큐멘터리는 몰아 보기보다 주로 롱테일 전략과 관련이 있지만, 시청자의 관여를 유지하기 위한 노력의 일환으로 다양하게 선택할 콘텐츠가 필요하다는 것을 보여준다. 어떤 면에서, 넷플릭스의 다큐멘터리에 대한 전념은 기술과 새로운 VOD 플랫폼이 어떻게 독립 영화 제작자들에게 이득이 될 것인지에 대한 많은 약속을 환기시켰다. 이것은 가용 미디어의 범위를 확장하고, 동시에 더 잘 알려지고 더 민주적인 공공 영역을 창출하는 데 도움을 준다. 샤르마가 자세히 설명하듯이, 이런 종류의 미사여구로는 상업적 기업으로서의 넷플릭스의 근본적인 전제를 파악하지 못한다. 더 나아가 그는 다큐멘터리 영화 제작자들이 유통과 상영exhibition의 새로운 기회가 출현한 것을 높이 평가하면서도 넷플릭스의 전반적인 목표에 대해서는 여전히 의심의 눈초리로 보고 있다고 설명한다. 그런 점에서 넷플릭스는 다큐멘터리를 다른 모든 콘텐츠를 다루는 동일한 방법, 즉 예술이나 아이디어에 대한 전념이 아니라 전체 사업 이익을 증대시키기 위한 세심하게 계산된 수단으로 취급한다.

제2부의 마지막인 제10장에서 브리타니 파Brittany Farr는 〈오렌지 이즈 더 뉴 블랙Orange Is the New Black〉을 분석했다. 이 드라마는 〈하우스 오브 카드〉와 같은 넷플릭스의 오리지널 시리즈로 넷플릭스의 드라마 제작에 대한 성공적인 도전의 상징이 되었다. 파는 몰아 보기 자체에서 벗어났지만 제2부의 주제는 유지하면서 제작의 조건과 현대 텔레비전 프로그램의 영향에 대하여 연구했다. 특히, 그녀는 〈오렌지 이즈 더 뉴 블랙〉의 "통렬한edgy" 고음과 다문화 캐스팅이 사실상 위험을 회피하기 위한 전략의 일부라는 것을 보여주었다. 이것은 넷플릭스가 투자 수익률을 약속하는 안전한 프로젝트에 자금을 조달하기 위해 데이터 분석을 사용한 사례이다. 파는 이러한 논리를 〈오렌지 이즈 더 뉴 블랙〉이 관심을 기울인 소수민족을 조사하여 대중문화에서 이데올로기적 흑인다움blackness의 이용과 진화하는 신자유주의적 안전 도구의 부

분으로서 아프리카계 미국인들의 집단 감금과 관련하여 정리했다. 이 분석은 제2부의 다른 장들과 함께 넷플릭스가 엔터테인먼트를 제작하고 소비하는 새로운 방법을 개발했을 수 있지만, 이 새로운 시대의 표현들은 제작의 기반을 이루는 사회적·역사적 상황과 관련하여 계속해서 비판적 인식이 필요하다는 것을 보여준다.

제1부와 제2부가 넷플릭스의 기술과 엔터테인먼트에 대한 관계에 초점을 맞추었는데, 이러한 관계는 동시에 다양한 경제적 이해관계를 반영한다는 점을 분명히 해야 한다. 제3부 "미디어 융합 비즈니스"에서는 넷플릭스의 현재 성공에 따른 모순과 글로벌 확장의 일환으로 직면해야 할 과제를 강조하며, 이러한 관심사를 보다 상세하게 탐구한다. 비즈니스 관점에서 넷플릭스를 분석하면서, 제1부와 제2부에서 제기된 많은 모호함, 예를 들어 기술적 혁신이 시청자에게 권한을 주는지와 몰아 보기와 같은 시청자 관여의 새로운 형태의 가치는 무엇인지 등을 한 번 더 다룬다. 한편, 넷플릭스는 기존 구조에 맞서는 목표를 가진 일종의 아웃라이어 기업임을 보여준다. 다른 한편으로는 넷플릭스는 여러 면에서 21세기의 글로벌 자본주의의 전형이다. 제3부의 첫 장인 제11장에서 카메론 린지Cameron Linsey는 이렇게 난처한 상황을 연구하여 넷플릭스의 성공이 사실상 경쟁 업체들이 VOD 시장을 되찾는 데 도움이 될 수 있고, 경제적 이해관계가 증가함에 따라 미디어 대기업들이 영향력을 되찾을 것이라고 한다. 동시에, 린지는 또 하나의 다가오는 위협으로 저작권 침해를 제기한다. 물리적 미디어가 없어지면서 넷플릭스와 같은 스트리밍 서비스는 소비자들을 유동적이고 이목을 끄는 시장에 적응시켰다. 이 시장에서는 편의성이 신중함보다 우선시된다. 더 많은 시청자들이 점점 법적 플랫폼과 초법적 플랫폼 사이의 느슨한 경계를 탐색할 의향이 있다면, 이것은 다른 경쟁 업체들뿐만 아니라 넷플릭스에게도 심각한 영향을 미칠 수 있다.

제12장과 제13장은 넷플릭스의 현재 상태를 유사하게 조사하여 새로운 미디어와 관련된 이념적 토대와 서로 다른 미디어 산업 전반에서 나타나고 있

는 변화하는 비즈니스 관행을 다루었다. 제럴드 심Gerald Sim의 분석에서, 정밀한 조사가 필요한 건 넷플릭스뿐만이 아니라 미디어 전문가들과 문화 비평가들에 의해 자주 반복적으로 사용되는 공허한 비즈니스 용어 속에서 영속화하는 전체 담론틀이다. 게다가, 브리타니 파의 〈오렌지 이즈 더 뉴 블랙〉에 대한 비판을 상기시키는 주장의 일환으로, 심은 넷플릭스와 대표 프로그램들에 대한 칭송을 개인의 자유라는 환상적 약속을 무비판적으로 찬양하는 뉴미디어 연구의 보편적 경향과 연결시킨다. 이 교차점은 프랑크푸르트 학파에서 한때 이름 붙인 "문화 산업the culture industry"이라고 불렸던 것의 가장 유해한 특징을 상기시킨다. 제13장에서 케빈 맥도널드Kevin McDonald는 넷플릭스가 우편 배송 DVD 서비스에서 스스로를 세계적인 인터넷 TV 네트워크라고 설명하는 서비스로의 전환을 다룬다. 그는 이 전환을 홈 엔터테인먼트의 가치 변화와 넷플릭스와 같은 서비스에 있어 증가하는 브랜드 자산의 중요성과 관련하여 설명한다. 맥도널드는 또한 그 회사가 글로벌 확장으로 전환한 것에 대한 개요와 이 전략이 어떻게 그것의 장기적인 성공을 저해할 수 있는지를 설명한다.

넷플릭스가 텔레비전과 오리지널 프로그래밍으로 전환한 것 외에 최근 역사 중 가장 중요한 발전은 글로벌 확장에 대한 넷플릭스의 전념이었다. 이 부의 마지막 부분에서 샘 워드Sam Ward와 크리스천 스티글러Christian Stiegler는 이러한 발전을 다루고 새로운 국제 시장에 진입하는 복잡성을 설명한다. 넷플릭스의 영국 진출에 관한 제14장에서 워드는 영국의 포스트 방송 시대의 지형과 그것이 미국과 어떻게 다른지 설명했다. 그는 영국 시장이 넷플릭스가 진출하기 전부터 성숙했음에도 불구하고 새로운 서비스는 상당한 성공을 거두었음을 보여준다. 워드는 이것을 넷플릭스가 기존 서비스를 대체하기 위해 고안된 것이 아니라 보완적 서비스로 자리매김한 방식 때문이라고 보고 있다. 그는 계속해서 넷플릭스와 스카이Sky와 같은 직접적인 경쟁사들의 홍보 자료에서 이 접근법이 어떻게 명백하게 나타나는지 자세히 설명한다. 크리스천 스티글러는 제15장에서 넷플릭스의 독일 진출에 문화 모델의 산업화를 적용하여 검토한다. 이 모델은 책무mandates, 문화 조건, 기존의 기술 관행과의 상호 관계를 강조한다. 그렇게 함으로써 그는 비영어 사용권 시장의 귀중한 사례와 함께 넷플릭스가 낯선 사회적 전통과 취향, 선호도를 협상하면서 직면했던 어려움들을 제시한다. 워드와 마찬가지로, 스티글러는 넷플릭스가 이러한 다양한 환경에 적응하면서 넷플릭스가 취한 비즈니스 모델의 중요한 변화를 파악한다. 넷플릭스가 글로벌 확장을 계속하면서 그리고 점점 증가하는 가입자 기반을 유지하기 위해 점점 더 글로벌 시청자에게 의존함에 따라 이러한 변형은 더욱 중요한 요소가 될 것이다.

　오늘을 내다보면, 넷플릭스, HBO, 컴캐스트, 구글이 미디어와 엔터테인먼트를 장악하는 미래를 쉽게 볼 수 있다. 그러나 넷플릭스나 이 중 어떤 회사든 미디어와 기술 이해 과정을 바꾸는 미래의 예측 불가능한 경쟁자로 인해 완전히 사라지고 역사에서 소멸되는 미래도 쉽게 보인다. 이것이 미래에 대한 불확실성을 유지하면서 현재에 근본적으로 영향을 준 넷플릭스 같은 회사가 현재의 역사를 쓰는 도전이다. 그러나 이 정도는 분명하다. 미디어, 기술, 엔터테인먼트 산업이 계속 발전함에 따라 넷플릭스와 경쟁자들은 새로운 도전에 직면하게 될 것이다. 이 책 전반에 걸쳐 학자들이 제시한 관점은 이러한 더 큰 과정을 이해하고, 더 많은 후속 연구를 위해 넷플릭스에서 확인할 수 있는 하이브리드한 복잡성과 현재 연구 분야에서 충돌하는 발전 상황을 제공하기 위해 설계되었다. 10년 후, 넷플릭스가 블록버스터가 되었든, 미국에서 가장 수익성이 높은 스튜디오나 플랫폼이 되었든, 아니면 그 사이에 어떤 것이 되었든 간에, 이 책에 기록된 것처럼 넷플릭스의 시행착오에서 얻을 것이 많이 남아 있을 것이다.

제1부

기술, 혁신, 통제

제1장
넷플릭스와 오픈 인터넷의 연합
Netflix and the Coalition for an Open Internet

레일 데이비스 Lyell Davies

2013년 말쯤, 넷플릭스의 주문형 비디오(VOD) 서비스 가입자들은 시청하려고 선택한 비디오가 시청 기기에 다운로드되는 속도가 느려진 것을 느꼈다. 넷플릭스는 이전에 고화질(HD) 품질의 수준으로 스트리밍 콘텐츠를 시청했던 가입자들이 이제는 VHSVideo Home System 품질에 가까운 해상도로 시청하고 있으며, 광대역 인터넷 서비스 제공 사업자Broadband ISP인 컴캐스트Comcast에게 비디오 품질 저하의 책임이 있다고 주장했다.[1] 넷플릭스는 컴캐스트

---

1) Markham C. Erickson et al., FCC를 위해 준비한 "Comments of Netflix, Inc.," July 16, 2014. http://blog.netflix.com/2014/07/netflix-submitsfcc-comments-on.html (검색일 2014.9.14), 13.

가 넷플릭스의 콘텐츠 전송 속도를 의도적으로 낮추면서 다른 인터넷 기업이 일반 대중에게 제공하는 콘텐츠, 응용 프로그램 또는 서비스를 선호하도록 함으로써 넷플릭스를 차별화하고 있다고 주장했다. 또한 컴캐스트는 원하는 콘텐츠를 차별 없이 이용할 수 있을 것이라는 기대를 갖고 광대역 네트워크 서비스에 비용을 납부한 이용자의 선택을 방해하고 있다고 주장했다.

1997년에 DVD 우편 배달 서비스로 시작한 넷플릭스 이용자의 대부분은 오늘날에는 인터넷을 통해 넷플릭스의 콘텐츠를 이용하고 있다. 우편 배달에서 인터넷으로의 변화가 넷플릭스를 인터넷의 가장 전망 유망한 "콘텐츠 제공 사업자edge provider"(인터넷을 통해 콘텐츠, 응용 프로그램 또는 기타 온라인 서비스를 제공하는 회사 또는 다른 주체entities를 가르키는 용어)의 지위를 갖게 했다.[2] 가입자에게 동영상을 스트리밍하기 위해, 넷플릭스는 광대역 인터넷 서비스 제공 사업자가 운영하는 네트워크에 상호 연결되는 전국적인 서버 네트워크로 구성된 콘텐츠 전송 네트워크(CDN)를 구축했으며, 광대역 인터넷 서비스 제공 사업자는 인터넷을 가정이나 기업까지 전달하기 위해 사용되는 "라스트 마일last mile" 제공 업체다.[3] 넷플릭스의 서버는 최대 사용 기간 동안 미국 거주 이용자들이 사용하는 모든 인터넷 트래픽의 약 30%를 차지한다.[4] 그러나 넷플릭스는 이 과도한 대역폭 사용이 콘텐츠를 전달하기 위해 광대역 인터넷 서비스 제공 사업자에게 사용 비용을 내야 하는 것을 의미한다는 것에는 반대한다. 왜냐하면, 광대역 서비스 제공 사업자에 가입한 소비자는 인터넷 접속

---

2) 아마존, 페이스북, 유튜브 등이 가장 전망 있는 콘텐츠 제공 사업자에 해당한다. 그러나 이 용어는 인터넷에 콘텐츠를 제공하는 수만 개의 크고 작은 다른 운영 회사에도 적용된다. FCC는 이 회사들이 "네트워크의 중심보다는 끝단에서 일반적으로 운영"되고, ISP, 중계접속 사업자transit provider 및 관련 회사의 도메인(인터넷 접속 주소)이 되기 때문이다(FCC, 2010).

3) "라스트 마일last mile"은 광대역 인터넷 서비스 제공 사업자가 가입자와 연결성을 유지하기 위해 운영하는 케이블이나 모바일 네트워크를 뜻하는 산업 용어이다(즉, 가입자 안방까지 들어가는 통신 회선을 뜻한다—옮긴이).

4) Erickson et al., "Comments of Netflix, Inc.," 16.

료를 지불하고 그 출처에 관계없이 원하는 콘텐츠에 접속할 수 있어야 하기 때문이다.[5] 그럼에도 불구하고, 넷플릭스는 자사의 VOD 서비스가 피해를 입게 되자 2014년 2월에 컴캐스트와 광대역 인터넷 서비스 제공 사업자의 네트워크에 대한 접속 개선 비용의 지불에 합의하는 계약을 체결했다. 합의 후 며칠 만에 넷플릭스의 비디오 스트리밍 품질이 HD급 수준으로 돌아왔다.[6] 곧이어 넷플릭스는 다른 광대역 인터넷 서비스 제공 사업자와 유사한 계약을 체결했다. 인터넷 세상에서 콘텐츠 제공 사업자들이 이용자들에게 전달된 콘텐츠를 보도록 광대역 서비스 제공 사업자에게 통행료를 지불하는 새로운 시대가 도래한 듯했다.

대부분의 경우, 일반 대중은 미디어 정책의 문제에 대해 별로 생각하지 않는다. 즉, 우리가 소비하는 미디어와 우리가 미디어를 접속하는 데 사용하는 디바이스와 서비스는 기성 제품으로 받아들여지고, "우리 대부분은 우리를 둘러싼 미디어를 구성하는 정책에 대해서는 거의 알지 못한다".[7] 우리가 이용할 수 있는 미디어 콘텐츠, 인터넷 연결 속도 또는 전화나 케이블 TV 서비스의 품질에 만족하지 못할 경우, 우리는 고객 서비스 담당자에게 항의하거나, 주위에 이용이 가능한 다른 서비스 공급업체가 있다면 그곳으로 변경을 할 수 있다. 그러나 이러한 문제들에 대한 우리의 일상적인 불만은 일반적으로 우리가 살고 있는 미디어 지형을 지배하는 미디어 정책에 대한 조사로까지 이어지지 않는다. 이는 부분적으로 미디어 정책이 일반 대중이 이해하기

---

5) Reed Hastings, "Internet Tolls and the Case for Strong Net Neutrality," *Netflix US & Canada Blog*, 2014.3.20. http://blog.netflix.com/2014/03/internet-tolls-and-case-for-strongnet.html (검색일 2014.8.26)

6) Glenn Peoples, "Netflix-Comcast Battle Shows Net Neutrality Has Real Consequences," *Billboard*, 2014.8.29. http://www.billboard.com/articles/business/6236490/netflixcomcast-battle-net-neutrality-consequences (검색일 2014.9.1)

7) Victor Pickard, *America's Battle for Media Democracy: The Triumph of Corporate Libertarianism and the Future of Media Reform* (New York: Cambridge University Press, 2015), 1.

에는 너무 복잡하고 기술적이기 때문에 정부 전문가나 기업의 의사 결정자의 업무에 속한다는 일반적인 인식에 기인한다.[8] 이러한 사고는 주류 언론 매체가 미디어 정책 이슈를 비즈니스나 기술 서적에 위임하는 방식으로 강화된다. 미디어 정책에 대한 대중의 무관심을 야기하는 또 다른 요인은 우리 자신의 미디어 권력에 대한 환상이다. 즉, 우리가 이용할 수 있는 많은 장치들이 우리가 미디어 분야에서 직접 참여할 수 있는 기회를 만들어내는 것처럼 보이지만, 우리는 "이 플랫폼들이 참여, 권한 부여 및 사회적 정의보다는 수익과 기업의 이익에 초점을 맞춘 미디어와 통신 회사에 의해 소유되고 통제된다는" 것을 잊는다.[9] 이러한 조건에 비추어 볼 때, 미국 국회의원들이 통신 분야와 사회 전반에 광범위한 영향을 미치는 정책을 입안할 때, 대중의 감시를 피해 가는 것은 다반사가 되었다.

2014년과 2015년 초, 이러한 궤도가 깨졌다. 이 기간 동안 대중의 참여가 급증했고 미디어 정책은 망중립성과 진지한 토론과 정치적 활동을 초래한 오픈 인터넷에 대한 문제와 함께 우리 시대에 가장 논쟁적이고 광범위한 이슈 중 하나가 되었다. 넷플릭스의 비디오 스트림 속도의 둔화와 넷플릭스가 광대역 서비스 제공 사업자와 체결한 거래는 연방통신위원회(FCC)가 인터넷 관리를 위한 규칙 마련을 추진하면서 10년 이상 진행되고 있는 정책 문제에 대중의 이목을 끌게 되었다. 이것은 유권자의 다양성과 관련된 사안이다. 한편, 강력한 망중립성의 규칙을 압박하는 것은 크고 작은 콘텐츠 제공 사업자, 시민 사회와 미디어 정의와 개혁 기구, 그리고 공공에 대한 개별적으로 관련된 인터넷을 사용하는 회원들이다. 이슈의 다른 측면에는 광대역 인터넷 서비스 제공 사업자가 있는데, 이들은 광범위한 로비 및 홍보 조직과 국회의원에게

---

8) Stefania Milan, *Social Movements and Their Technologies: Wiring Social Change* (New York: Palgrave Macmillan, 2013), 4.

9) Ibid., 1.

영향을 미치는 수많은 역사를 갖고 있다. 이 문제의 중심은 19세기 전자통신망이 발명된 이후부터 논란이 되어온 주제, 즉 우리 사회의 통신 기반 구조가 이 분야에서 활동하는 사업 이익의 사적 영역이 되어야 하는가, 아니면 공익을 서비스하는 공적 영역인가이다.

이 장에서, 나는 오픈 인터넷을 지원하는 조직적 노력과 관련하여 넷플릭스의 역할에 대해 논하고자 한다. 또한 캘리포니아에 본사를 둔 VOD 회사가 초기에 이 문제에 주목했고, 얼마나 인터넷을 극적으로 변화하도록 진행하는지에 대한 움직임은 대중이나 미디어의 관심을 끌었다. 나는 넷플릭스가 인터넷은 모든 데이터 트래픽이 동일한 우선순위를 갖고 이용자에게 전달되는 방식으로 운영되어야 한다는 것을 확신하기 위해 만든 느슨한 국가 연합에 어떻게 참여했는지에 대한 개요를 제공한다. 나는 이 연합의 활동을 설명하면서 커뮤니케이션 정책은 궁극적으로 현재나 미래에 넷플릭스나 기타 강력한 콘텐츠 제공 사업자의 요구를 충족하도록 설정해서는 안 된다고 주장한다. 인터넷은 우리 시대의 뛰어난 통신 플랫폼이다. 그러므로 인터넷의 운영을 지배하는 규칙은 무엇보다도 대중의 이익을 위해 존재할 것을 보장해야 한다.

망중립성과 오픈 인터넷

인터넷 법학자 팀 우Tim Woo는 광대역 인터넷 서비스 제공 사업자가 네트워크에 가지고 있는 모든 데이터 처리가 동등하게 취급되는 상태를 표현하기 위해 "망중립성net neutrality"이라는 용어를 만들었다. [10] 공익 옹호자, 인터넷

---

10) Tim Wu, "Network Neutrality, Broadband Discrimination," *Journal of Telecommunications and High Technology Law* 2 (2003): 141-179. http://ssrn.com/abstract=388863 또는 http://

개발자, 학자 및 공익에 관심 있는 회원들의 노력 덕분에, 망중립성의 기본 원칙은 미국 사회에서 폭넓게 수용되고 있으며 모든 인터넷 트래픽은 중립적으로 취급될 것이라는 암묵적인 기대가 있다.[11] 망중립성은 오픈 인터넷의 전제 조건이고 FCC에 의해 다음과 같은 조건으로 정의되었다. "소비자는 원할 때 원하는 곳으로 갈 수 있다 … 혁신자들은 허가를 요구받지 않고 제품과 서비스를 개발할 수 있다 … 광대역 인터넷 서비스 제공 사업자는 콘텐츠를 위해 특별한 '고속 차선fast lanes'을 차단하거나 조절하거나 만들 수 없다."[12] 그러나 광대역 인터넷 서비스 제공 사업자는 그들의 네트워크에서 망중립성을 유지하도록 보편적으로 요구받지 않았으며, 항상 그렇게 하지도 않았다.[13]

오픈 인터넷에 찬성하는 주장은 매우 많다. 여기에는 기술과 제품 혁신의 육성, 경제성장의 촉진, 민주적 절차의 강화, 사회 정의의 진전을 위해서 인터넷의 역할을 강조하는 사람들이 포함된다. 이러한 주장들에 필수적인 것은 인터넷의 역동성이 두 가지 구성 영역constituent spheres에 존재한다는 믿음이다. 하나는 콘텐츠 제공 사업자들에게 있는데, 이들은 인터넷을 통해 이용할 수 있는 콘텐츠, 서비스 또는 애플리케이션(앱)의 이질적인 배열heterogeneous array을 만들어낸다. 다른 하나는 인터넷 이용자들에게 있는데, 이들은 콘텐츠 제공 사업자들이 제공한 제공물 중에서 자유롭게 선택을 한다. 개발자 빈튼 세르프Binton Cerf는 인터넷 이용자에게 부여된 힘을 설명하면서 "인터넷상의 경우 통제와 정보 기능은 주로 네트워크의 '끝단edges'에 있는 이용자들에게 주어지도록reside 의사 결정이 내려졌다 … 이것은 전통적인 전화와 케이블 네

---

dx.doi.org/10.2139/ssrn.388863 (검색일 2014.9.1)

11) (망중립성에 적용된 기본 개념인—옮긴이) "커먼 캐리어common carrier" 원칙은 전화, 철도 및 운송을 포함한 다양한 산업에서 적용된다.

12) "Open Internet," FCC, n.d. http://www.fcc.gov/openinternet (검색일 2015.4.23)

13) Peter Svensson, "Comcast Blocks Some Internet Traffic," *Washington Post*, October 19, 2007. http://www.washingtonpost.com/wp-dyn/content/article/2007/10/19/AR2007101900 842.html (검색일 2014.8.23)

트워크와는 정반대다"라고 주장한다.[14] 오픈 인터넷 옹호자들은 망중립성이 없다면, 인터넷의 통제는 콘텐츠 제공 사업자에서 광대역 서비스 제공 사업자의 손으로 넘어간다고 주장한다. 광대역 인터넷 서비스 제공 사업자는 콘텐츠 게이트키퍼로 행세할 수 있고, 콘텐츠 제공 공급자에게 콘텐츠 재생 통행세를 요구할 수 있고, 이용자가 접근할 수 있는 정보나 서비스를 결정할 수 있다. 이 시나리오에서 인터넷은 "당신이 무엇을 보고 얼마를 내야 할지를" 결정하는 소수의 거대 기업들이 갖고 있는 "케이블 TV처럼 보이기" 시작할 수 있다.[15] 넷플릭스의 CEO 리드 헤이스팅스는 오픈 인터넷을 주장하면서 "망중립성의 본질"은 기업의 게이트키퍼에 의한 판단이 아니라 이용자들의 선택이 인터넷에서 무엇이 번창할지를 결정하는 것이라고 주장한다.[16]

강하게 망중립성의 규칙 도입을 주장하는 다른 사람들은 민주주의의 복지에 대한 개방적인 커뮤니케이션의 역할을 강조한다. 따라서, 시민 옹호 단체인 커먼 커즈Common Cause는 투표자들이 온라인상에서 자신을 알리고, 자신을 옹호하고, 시민들이 온라인에서 이슈를 토론하기 때문에 오픈 인터넷이 필요하다고 주장한다.[17] 인터넷 접속과 사회 정의의 연관성을 강조하는 입장을 취하면서, 그리스도의 교회United Church of Christ(UCC) ─시민권 시대로 거슬러 올라가는 미디어 정책 이슈에 대해 풀뿌리 민주주의를 조직한 역사를 가진 기관─ 는 망중립성이 중요한 10가지 이유를 제시했다. 10가지는 UCC의 일상적인 운영상의 필요(신앙에 기반을 둔 조직은 구성원에 영향을 미치는 적당한 수단이 필요하다)에서부

---

14) Committee on Commerce, Science, and Transportation Hearing on "Network Neutrality," 2006.2.7. http://www.commerce.senate.gov/pdf/cerf-020706.pdf (검색일 2014.8.23)

15) Lawrence Lessig and Robert W. Mcchesney, "No Tolls on the Internet," Washington Post, 2006.6.8. http://www.washingtonpost.com/wp-dyn/content/article/2006/06/07/AR200606070 2108.html (검색일 2014.9.4)

16) Hastings, "Internet Tolls."

17) "Preserving the Internet," *Common Cause* (website), n.d. http://www.commoncause.org/issues/media-and-democracy/preserving-the-internet/ (검색일 2015.4.23)

터 망중립성이 없으면 디지털 격차digital divide가 심해지고, "유색인이나 LGBT 커뮤니티처럼 역사적으로 소외된 목소리를 위한 공간"을 제공하는 "균형 장치equalizer"로서의 인터넷의 역할을 종식시킬 것이라는 걱정까지 폭넓은 영역에 걸쳐 있다.[18] 오픈 인터넷을 보장하는 정책을 수립하는 선례는 많이 있다. 우는 망중립성이 "전화망, 운영 시스템 또는 소매점이든, 사적으로 소유한 환경에서 공정한 진화 경쟁을 촉진하는 것 … 과 다를 바 없다"고 주장한다.[19]

넷플릭스와 CEO 헤이스팅스는 강한 망중립성 원칙의 중요성에 대해 목소리를 높이는 반면, 일부 비평가들은 넷플릭스의 컴캐스트와의 논쟁이 과연 망중립성의 문제인지 의문을 제기했다. 넷플릭스 콘텐츠의 속도 저하는 일단 광대역 인터넷 서비스 제공 사업자의 네트워크에서 전송된 상태에서는 일어나지 않고, 넷플릭스 콘텐츠가 컴캐스트의 네트워크로 전송되는 "상호 접속interconnection" 지점에서 발생한다. 그래서 어떤 비평가들은 컴캐스트의 상호 접속료 요구를 망중립성의 폐지로 묘사한 것은 잘못이라고 주장했다. 대신에, 상호 접속료는 여러 콘텐츠 제공자가 이용자에게 콘텐츠를 보낼 때 발생하는 많은 금융 거래 중 하나로 간주되어야 한다.[20] 인터넷은 수많은 자율 운영 네트워크로 구성되어 있다. 즉, 소비자가 사용하는 인터넷 서비스 업체와 상호 접속되는 것은 콘텐츠 전송망 사업자와 장거리 인터넷 중계 사업자이다. 이들은 무정산 "직접 접속peering" 계약이나 요금을 내는 중계 접속transit 계약으로 운영된다. 이러한 계약은 일반적으로 망중립성을 위협한다고 생각되지 않는다. 넷플릭스가 그랬던 것처럼 상호 접속 지점에서 광대역 인터넷 서

---

18) Kimberly Knight, "10 Reasons Net Neutrality Matters to Progressive Christians," United Church of Christ: UCC Media Justice Update, 2014.1.17. http://www.uccmediajustice.org/o/6587Ip/salsa/web/blog/public/?blog_entry_KEY=7124 (검색일 2014.8.21)

19) Wu, "Network Neutrality, Broadband Discrimination," 142.

20) Kevin Werbach and Phil Weiser, "The Perfect and the Good on Network Neutrality," Huffington Post, 2014.4.27. http://www.huffingtonpost.com/kevin-werbach/network-neutrality_b_5221780.html (검색일 2014.8.23)

비스 제공 사업자의 네트워크에 대한 개선된 연결에 대하여 비용을 지불하는 것과 그 네트워크에서 한 번 우대를 주는 것의 차이는 법적이나 규칙적인 면에서 중요하다. 이것이 헤이스팅스가 넷플릭스는 "경쟁자보다 우선하는 접속, 상호 접속"에 대해서는 비용을 지불하고 있지 않다고 강조했을 때의 차이다.[21] 그러나 상호 접속료와 광대역 인터넷 서비스 제공 사업자의 네트워크에서 고속 및 저속 차선을 만드는 것에는 차이가 있지만, 넷플릭스는 실질적인 결과는 같을 것이라고 주장했다. 따라서 헤이스팅스는 상호 접속점에서 광대역 인터넷 서비스 제공 사업자는 "무료로 충분한 네트워크 접속을 제공"하도록 하는 규칙이 필요하다고 제안했다. 이 주장은 "넷플릭스, 유튜브 또는 스카이프Skype 같은 서비스"뿐만 아니라 "코젠트Cogent, 아카마이Akamai 또는 레벨 3Level 3"와 같은 인터넷 중계업자 및 콘텐츠 전송망 사업자의 수요를 뒷받침하는 것이다.[22]

　모든 미디어 회사들은 콘텐츠를 이용자에게 전달하는 데 어려움을 겪고 있다. 오늘날 넷플릭스의 경우, 유통은 광대역 인터넷망에 대한 접근을 의미한다. 처음부터 회사의 사업 모델의 잠재적인 취약점은 오픈 인터넷이 없으면 "케이블 고속 데이터 가입자의 시청자에게 도달하기 위한 보장된 수준의 사업 공간이 없다"는 것이다.[23] 넷플릭스와 광대역 인터넷 서비스 제공 사업자 사이의 관계는 복잡하다. 웹 서핑, 이메일 전송 및 유사한 온라인 활동은 모든 인터넷 데이터 트래픽의 일부일 뿐이다. 이와는 대조적으로, VOD 서비스는 상당한 대역폭을 사용한다. 대중의 요구는 많은 대역폭이 필요한 "장편의 전문 온라인 비디오 ⋯ 넷플릭스가 제공한 것과 같은 연속적인 대사가 있고, 높은 제작 가치가 있는 30분이나 1시간짜리 프로그램"에 접속하는 것이다.

---

21) Hastings, "Internet Tolls."

22) Ibid.

23) Susan Crawford, *Captive Audience: The Telecom Industry and Monopoly Power in the New Gilded Age* (New Haven, CT: Yale University Press, 2013), 121.

이러한 요구는 광대역 인터넷 서비스에 대한 수요를 부추겼다.[24] 그래서 권위를 갖고 있는 넷플릭스는 자사의 VOD 서비스가 컴캐스트와 다른 광대역 인터넷 서비스 제공 사업자가 제공하는 고속 서비스에 대한 수요를 창출했다고 주장할 수 있다.[25] 반대로 넷플릭스는 컴캐스트의 광대역 인터넷 서비스에 대한 수요를 창출할 수 있지만, 넷플릭스의 VOD 서비스는 컴캐스트의 케이블 TV 프로그램과 경쟁한다. VOD 서비스와의 경쟁으로 케이블 TV 수익이 감소할 가능성에 직면한 광대역 인터넷 서비스 제공 사업자에게 매출을 증가시키고 경쟁사 서비스의 영향을 완화하는 하나의 방법은 상호 접속료나 종량제pay-to-play를 하는 것일 수 있다. 한편, 넷플릭스는 가입자에게 운영비 증가분을 전가하는 입장에 있기 때문에 상호 접속료나 심지어 종량제까지 도입되더라도 큰 위협이 되지는 않을 것으로 보인다. 그러므로 망중립성 폐지로 가장 피해를 입을 가능성이 높은 콘텐츠 제공 공급자는 이전에 알려지지 않은 제품을 제공하는 신생 기업, 고도로 전문화된 기능을 서비스하는 기업, 또는 저수익 또는 비영리로 운영되는 기업들이다. 헤이스팅스는 넷플릭스가 상호 접속료를 지불할 여유가 있다는 것을 인정하지만, "현재와 미래의 소규모 서비스가 처할 곤경을 상상해보라"고 말했다.[26]

광대역 인터넷 서비스 제공 사업자의 관점에서, 망중립성 없이 운영되는 이익은 간단하다. 망중립성이 없다는 것은 사업자의 콘텐츠나 응용 프로그램을 선호하게 하거나, 첨단 기업의 콘텐츠가 이용자들에게 도달하는 것을 보기 위해 첨단 기업이 지불해야 하는 계층화된 종량제 시스템을 도입할 수 있게 한다. 망중립성의 규칙을 반대하는 사람들은 광대역 인터넷 서비스 제공 사업자가 인터넷의 물리적 기반 구조를 소유하고 있으며, 그들이 본대로 그

---

24) Ibid., 110.

25) Hastings, "Internet Tolls." 참조.

26) Ibid.

에 대한 사용 요금을 부과하도록 허용되어야 한다고 주장한다. 또한 이러한 사고방식을 고수하는 사람들은 광대역 인터넷 서비스 제공 사업자가 자신의 네트워크 운영 방식을 자유자재로 손을 댄다면 인터넷 서비스의 미래 혁신과 개선이 가장 효과적으로 일어날 것이라고 주장한다. 만약 개별 광대역 인터넷 서비스 제공 사업자가 서비스 제공을 잘 하지 못한, 그들의 실패는 시장 경쟁에 의해 보정될 것이라는 주장이 제기된다. 이러한 주장을 비판하는 사람들은 많은 지역에서 개별 광대역 인터넷 서비스 제공 사업자가 양질의 서비스, 합리적인 가격 또는 이용자가 추구하는 콘텐츠를 제공하도록 압력을 가하는 경쟁 없이 독점적으로 운영된다고 반박한다.[27] 망중립성 규칙의 도입에 반대하는 다른 사람들은 광대역 인터넷 서비스 제공 사업자가 일반적으로 모든 인터넷 트래픽을 동등하게 취급했기 때문에 망중립성 규칙이 이미 존재한다고 주장한다. 이러한 입장을 취하하면서 FCC 위원인 아지트 파이Ajit pai는 현재의 시스템이 작동하고, 따라서 "망중립성은 항상 문제를 찾는 해결책이 되었다"고 주장한다.[28]

The FCC

21세기 초 워싱턴에서 망중립 규칙을 강화하기 위해 고안된 여러 법률이 제안되었으나 위원회나 의회 원내에서 모두 폐기되었다. 여전히 강력한 망중립성 규칙을 마련하고자 하는 FCC는 2010년 12월 줄리어스 제나초스키Julius Genachowski 회장하에서 오픈 인터넷 지침Open Internet Order을 발표했다.[29] 이

---

27) Cerf, "Prepared Statement of Vinton G. Cerf."

28) "Statement of Commissioner Ajit Pai on FCC Internet Regulation," FCC Press Release, February 19, 2014. http://www.fcc.gov/document/commissioner-pai-statement-fccinternet-regulation (검색일 2014.12.22) 항상 동일한 케이스가 아닌 분명한 예는 각주 13 참조.

규칙은 광대역 인터넷 서비스 제공 사업자는 합법적인 인터넷 트래픽을 차단하거나 불합리하게 차별하지 말아야 하며, 투명하게 네트워크 관리 관행을 시행하여 이러한 규칙이 준수되는지 감시될 수 있어야 한다는 내용을 규정하고 있다. FCC의 규칙은 광대역 인터넷 서비스 제공 사업자의 급속한 반대에 부딪혔으며, 버라이즌이 제기한 사례에서 워싱턴 DC 연방항소법원은 2014년 1월 FCC가 그 권한을 과도하게 행사했다고 판결했다.[30] 법원은 기존 FCC 규칙에서 광대역 인터넷 서비스 제공 사업자는 1996년 전기통신법 제1편에 따라 적용되는 "정보 서비스" 제공자이므로 FCC는 이들이 제공하는 콘텐츠의 성격을 규정할 수 없다고 판결했다.[31] 그러나 법원은 또한 FCC가 인터넷을 통한 규제 권한을 가지고 있으며, 전기통신법 제2편에 따라 광대역 인터넷 서비스 제공 사업자를 재분류할 수 있다고 결정했다. 그러므로 재분류된 광대역 인터넷 서비스 제공 사업자는 "공중 전기 통신사업자common carrier"의 유틸리티 서비스가 될 수 있으며, 전화 회사가 모든 전화 통화를 동등하게 취급해야 하는 것처럼 모든 데이터를 동등하게 취급할 것이 요구된다.[32]

법원의 판결에 따라, 오픈 인터넷 지지자들은 FCC가 망중립성 시행에 사용한 방법에 심각한 오류를 범했다고 주장했다. 언론 개혁 단체인 프리 프레스the Free Press의 크레이그 아론Craig Aaron 대표는 위원회의 2010년 결정은 확실한 법적 기반 위에서 오픈 인터넷 규정을 마련하지 못한 "중대한 실수"라고

---

29) "Report and Order: In the Matter of Preserving the Open Internet," prepared for the Federal Communications Commission, December 23, 2010. https://apps.fcc.gov/edocs_public/attachmatch/FCC-10-201A1_Rcd.pdf (검색일 2014.9.17)

30) Verizon Communications Inc. v. Federal Communications Commission (2014).

31) 1934년 개정된 커뮤니케이션법The Communications Act은 7개의 조section 또는 편titles으로 구성되었고, 각 조는 미국 통신 영역의 특징을 규정하고 있다.

32) 1996년 통신법은 대중에게 요금을 받는 전화와 유사 서비스를 구분하여 통신법 제2편의 공중 전기 통신사업자로 관리받도록 "통신 서비스"와 "정보 서비스"로 구분했다. 정보 서비스는 통신을 통해 정보를 생성, 획득, 저장, 변환, 처리, 검색, 활용 또는 이용 가능한 정보를 제공하는 것을 의미한다(FCC, 1996).

말했다.[33] 다섯 명의 FCC 위원들은 법원의 판결에 대응하는 데 있어 의견이 갈렸고, 진보 성향의 제시카 로젠워셀Jessica Rosenworcel과 미뇽 클라이번Mignon Clyburn 위원은 강력한 망중립성 규칙을 마련하기 위한 추가 노력에 대한 지지를 표명했고, 보수 성향의 아지트 파이와 마이크 오릴리Mike O'Rielly 위원은 FCC가 이 문제에 대해 더 이상의 조치를 취해서는 안 된다고 주장했다.[34]

2014년 4월 FCC의 톰 휠러Tom Wheeler 위원장은 1996년 전기통신법 706조를 토대로 개정된 망중립성 제안을 발표했다.[35] 이 제안은 광대역 서비스 제공 사업자에게 기본 수준의 무제한 인터넷 서비스를 제공하도록 요구하는 한편, 메이저 첨단 공급자들이 이용자가 콘텐츠를 선호하도록 비용을 지불하는 계층화된 시스템을 만들 수 있도록 하고 있다. 이 같은 발표에 대해 ≪뉴욕타임스≫New York Times는 "모든 인터넷 콘텐츠는 케이블과 파이프를 통해 소비자에게 흘러갈 때 동등하게 취급해야 한다는 원칙은 완전히 없어진 것으로 보인다"고 보도했다.[36] 5월에 FCC는 두 가지 옵션을 검토하는 것에 대해 투

---

33) Adi Robertson, "Federal Court Strikes Down FCC Net Neutrality Rules," *The Verge*, January 14, 2014. http://www.theverge.com/2014/1/14/5307650/federal-court-strikes-down-net-neutrality-rules (검색일 2014.9.4)

34) "Statement of Commissioner Ajit Pai on D.C. Circuit's Decisions Striking Down Net Neutrality Rules," FCC, January 14, 2014. http://www.fcc.gov/document/commissioner-paisstatement-dc-circuits-net-neutrality-decision (검색일 2014.12.22); "Statement of Commissioner Mike O'Rielly on the D.C. Circuit's Decision Striking Down Net Neutrality Rules," FCC, January 14, 2014. http://www.fcc.gov/document/commis sioner-oriell ys-statement-net-neutrality-decision (검색일 2014.12.22); "Statement of FCC Commissioner Jessica Rosenworcel on Open Internet Announcement," FCC, February 19, 2014. https://apps.fcc.gov/edocs_public/attachmatch/DOC-325673Al.doc (검색일 2014.12.22); "Statement of Commissioner Mignon L. Clyburn on Open Internet Announcement," FCC, February 19, 2014. http://www.fcc.gov/document/stmt-commissioner-mignon-l-clyburn-open-internet-announce ment (검색일 2014.12.22)

35) 706조는 광대역 네트워크에서 디지털 분할의 금지를 규정하고 있다. 이 조항은 광대역 네트워크 서비스를 "모든 미국인이 합리적이고 적절하게 사용"하지 못한다면 FCC가 "사용할 수 있도록 즉각적인 조치를 취하도록 하고 있다". "The Telecommunications Act of 1996," FCC. http://transition.fee.gov/Reports/team1996.txt (검색일 2015.4.5)

표를 했다. 두 가지 옵션은 휠러의 제안과 통신법에 따른 재분류이다. 이 결정은 두 제안에 대하여 공개 의견은 60일간 개진할 수 있고, 그다음에 반박하는 두 번째 기간이 이어진다.[37]

휠러의 제안에 대하여 즉각적인 반대 의견이 나왔다. 우는 "만약에 인터넷이 하나의 거리를 갖고 있다고 말할 수 있다면, 화를 내는 수만 통의 이메일, 전화, 소셜 뉴스 웹사이트 레딧Reddit의 불평들 … 잡지 바이스Vice와 버지The Verge의 젊은 기자들에 의한 조사와 인터넷의 특기인 웃긴 온라인 비디오로 인해 분출했을 것이다"라고 말한다.[38] "에치Etsy와 텀블러Tumblr 같은 소규모 기술 회사에서부터 구글, 마이크로소프트, 이베이같이 오래된 회사까지" 100개 이상의 인터넷 회사들은 FCC의 이 제안에 불만을 표시했다.[39] 넷플릭스는 제출한 의견에서, FCC가 통신법 제2편에서 광대역 인터넷 서비스 제공 사업자를 재분류할 것을 촉구하면서 다음과 같이 주장했다. "제706조 자체가 법적으로 법원에게 만족스럽지 못하고, 실질적으로는 인터넷 이용자들에게 만족스럽지 못하도록 만든 '영향력 없는 것weak tea'에 불과한 조치"라고 주장했다.[40] 넷플릭스는 또한 FCC에게 "최종 구간뿐만 아니라 최종 구간과의 상호 접속점"에 강력한 규칙을 만들 것을 촉구했다.[41] 최종 구간에 대한 연결점

---

36) Edward Wyatt, "F.C.C., in a Shift, Backs Fast Lanes for Web Traffic," *New York Times*, April 23, 2014. http://www.nytimes.com/2014/04/24/technology/fcc-new-netneutrality-rules.html (검색일 2014.8.23)

37) "FCC Launches Broad Rulemaking On How Best to Protect and Promote the Open Internet," FCC, May 15, 2014. http://www.fcc.gov/document/fcc-launches-broad-rulemaking-protect-and-promote-open-internet (검색일 2014.12.29)

38) Tim Wu, "The Solution to the F.C.C.'s Net-Neutrality Problems," *The New Yorker*, May 9, 2014. http://www.newyorker.com/tech/elements/the-solution-to-the-f-cc-s-net-neutrality-problems (검색일 2015.2.26)

39) Ibid.

40) Erickson et al., "Comments of Netflix, Inc.," 21.

41) Ibid., ii.

이 발생하지 않았다면, 넷플릭스는 "제안되는 것보다 규칙이 없는 것이 나을 것"이라고 제안했다.[42] 인터넷을 제2편의 유틸리티로 재분류하는 것이 공익을 지향하는 미디어 개혁자의 목표였지만, 넷플릭스가 FCC에 광대역 인터넷 서비스 제공 사업자를 재분류하도록 압력을 가한 결정은 실리콘 밸리의 일부 첨단 공급자에 대한 정부 규제의 생각이 상당히 변화할 것임을 시사한다. 2014년 초 헤이스팅스는 광대역 인터넷 서비스 제공 사업자가 서비스 측면에서 망중립성에 동의한다면 인터넷에 대한 정부 규제를 막고 싶다고 밝혔다. 그렇지만, 그는 "합의에 가까운 어떤 것도 없다"고 밝혔다.[43] 실리콘 밸리의 첨단 미디어 회사들은 최소한의 규제 감독으로 더 잘 기능한다고 주장하며 일반적으로 정부의 인터넷 규제를 반대해왔다. 모호한 반체제적 기풍을 바탕으로, 이 회사들은 그들의 사업 방식이 정부 관료제와 비도덕적인 대기업의 느린 방식에 대한 대안을 제공한다는 이미지를 키워왔다. 그것은 인터넷에 대한 정부의 강력한 규제 요구와 잘 맞지 않는 이미지다. 넷플릭스가 FCC에 의견을 제출한 후 ≪와이어드Wired≫라는 기술 잡지에 게재된 기사에서 마치 넷플릭스가 정부에 인터넷 규제를 요구하는 것을 꺼리는 것처럼 보도하자, 헤이스팅스는 넷플릭스를 "거대 인터넷 제공 사업자Big ISPs"와 맞서 싸우고 있는 회사로 묘사했다.[44] 그는 넷플릭스가 상호 접속 요금을 지불해야 한다는 AT&T, 컴캐스트, 버라이존의 요구뿐만 아니라 컴캐스트가 타임워너 케이블을 인수하려는 움직임을 세게 비난하지만, 통신법에 따른 인터넷 규제를 위해 FCC를 압박하는 넷플릭스에 대해서는 언급하지 않았다.[45]

---

42) Reed Hastings, "How to Save the Net: Don't Give In to Big ISPs," *Wired*, August 19, 2014. http://www.wired.com/2014/08/save-the-net-reed-hastings/ (검색일 2014.12.10)

43) Dawn Chmielewski, "Netflix CEO Reed Hastings Talks Net Neutrality," *Re/code*, May 29, 2014. http://recode.net/2014/05129/netflix-ceo-reed-hastings-talks-netneutrality-liveblog/ (검색일 2014.8.24)

44) Hastings, "How to Save the Net."

45) Ibid.

오픈 인터넷을 위한 연합체

미디어 정책을 둘러싼 싸움은 미국 생활에 새로운 것은 아니다. 최근 벌어지고 있는 망중립성을 둘러싼 갈등의 선례는 19세기에 전신에 대한 규제 요구[46], 1920년대와 1930년대의 라디오 방송 개혁 운동[47], 그리고 1960년대 동안 미디어 소유와 소수자에 대한 주류 미디어의 대표성에 대한 저항[48] 등에서 찾을 수 있다. 21세기로 접어든 이후로, 강력한 망중립성 원칙과 기타 인터넷 자유를 지지하는 흐름 속에서 일관된 옹호 노력이 시작되었다. 여기에는 2006년까지 프리 프레스the Free Press의 '인터넷을 살리자Save The Internet'는 캠페인[49]에 대한 광범위한 지원뿐만 아니라, 지지부진한 저작권 침해 방지법인 온라인 개인 정보 보호법Stop Online Piracy Act(SOPA)과 IP보호법Protect IP Act(PPIPA)의 통과에 대한 보다 폭넓은 반대 등이 포함된다. 2014년 봄, 망중립성에 종지부를 찍을 것 같은 상황에서 콘텐츠 제공 사업자와 조직들organizations의 느슨한 연합은 FCC에 강력한 망중립성 규칙을 도입하도록 압력을 행사했다. 여기에는 넷플릭스 외에도 킥스타터Kickstarter, 미트업Meetup, 레딧, 텀블러, 엣시, 비메오Vimeo와 같은 주도적 서비스 제공자; 커먼 커즈, 소비자 연합Consumers Union, 디맨드 프로그레스Demand Progress 등의 시민 사회 단체; 그리고 미디어 정의 센터Center for Media Justice(CMJ), 프리 프레스, 대중 지식Public Knowledge, 미래를 위한 투쟁Fight for the Future, 미국 히스패닉 미디어 연합, UCC

---

46) Menahem Blondheim, "Rehearsal for Media Regulation: Congress Versus the Telegraph-News Monopoly, 1866-1900," *Federal Communications Law Journal* 56.2, Article 3. http://www.repository.law.indiana.edu/fclj/vol56/iss2/3 (검색일 2014.8.4): 299-327.

47) Robert W. Mcchesney, *Telecommunications, Mass Media, & Democracy: The Battle for the Control of U.S. Broadcasting, 1928-1935* (New York: Oxford University Press, 1993).

48) Patricia Aufderheide, *Communications Policy and the Public Interest: The Telecommunications Act of 1996* (New York: The Guildford Press, 1996).

49) Lessig and Mcchesney, "No Tolls on the Internet."

를 포함한 미디어 정의 및 개혁 기구도 포함되었다.

관련된 콘텐츠 제공 사업자에 대해 말하자면, '인터넷을 살리자'는 캠페인은 새로운 인터넷 기반 기업과 오래된 통신 기업들(케이블 TV와 전화 회사들은 이제 광대역 인터넷 서비스 사업자로 전환) 사이의 시장 주도권을 위한 투쟁을 보여주는 것이다. 이 두 산업은 서로 다른 방식으로 그들의 의제를 공개했다. 광대역 인터넷 서비스 사업자는 의원들에게 영향을 끼치기 위해 로비 활동과 홍보 활동을 열심히 한 반면, 인터넷 서비스 제공 사업자들은 직접 이용자에게 지지를 호소하는 것에 중점을 두었다. 소셜 미디어 회사인 텀블러에서 소셜 영향과 대중 정책을 담당하는 리바 루벤스타인Liba Rubenstein 이사는 "우리는 배치할 로비스트 군대가 없다. 우리는 지출할 재무적인 자원이 없다." 그러나 "우리는 믿을 수 없을 정도로 참여적이고, 매우 열정적인 이용자 기반이 있으며, 또한 사람들이 반응할 수 있는 도구를 제공할 수 있다"라고 말했다.50) 루벤스타인의 논평은 콘텐츠 제공 사업자들의 캠페인의 반복된 주제를 나타낸다. 캠페인은 이들의 이익과 대중의 관심이 시너지를 일으킨다는 내용이다. 비슷한 입장을 취하는 엣시의 글로벌 정책 국장인 알시아 에릭슨 Elthea Erickson은 연합에 참여한 인터넷 회사들이 "커뮤니티 조직자"의 역할을 하고 있었고, 엣시에서 "우리는 우리 자신을 판매자 공동체를 위한 활동가로 여긴다"고 주장한다.51) 이러한 주장은 미디어 정책 문제에 대한 기업과 대중의 파트너십의 존재와 이 두 주체에 의한 시너지 효과를 보여준다. 그러나 이것은 이러한 종류의 동맹이 장기간에 걸쳐 대중의 이익에 의미 있게 도움이 될 수 있는지를 탐구하기 위해 추가적인 조사가 필요하다는 개념이다. 특히

---

50) Jonathan Weisman, "F.C.C. Net Neutrality Rules Clear Hurdle as Republicans Concede to Obama," *New York Times*, February 24, 2015. http://www.nytimes.com/2015/02/25/technology/path-clears-fornet-neutrality-ahead-of-fcc-vote.html (검색일 2014.12.22)

51) Althea Erickson, "How the Net (Neutrality Battle) Was Won," *Personal Democracy Forum*, June 4-5, 2015, Panel Discussion.

일부 대형 콘텐츠 제공 사업자들이 그들 나름대로 정치권력자가 되기 위해 움직이기 때문에 그렇다. 예를 들어, 국회의원들에게 영향을 주기 위한 노력의 일환으로, 넷플릭스는 "내부 지지자들과 세 개의 로비 단체의 지지자들을 포함해서 거의 24명의 등록된 로비스트 서비스"를 운영하고 있다.[52]

연합체의 다른 사람들은 자신들의 능력을 이용하여 선동적인 시위나 집회에 시민을 동원하면서 망중립성 원칙에 압력을 가했다. 2014년 12월 초 프리프레스는 휠러 회장이 통신 업계 변호사와 로비스트들에게 예우를 받던 위치의 길 건너편에 대형 비디오 화면을 배치했다. 비디오에서는 "가정에서 만든 유튜브 동영상, 망중립성 집회의 이미지, FCC 의장과 그의 동료 위원들이 불참한 공청회에서의 증언"이 상영되었다.[53] 또 다른 사례로, 그룹 미래를 위한 싸움은 약 30명의 FCC 관계자의 직통 전화 번호를 획득했다. 5만 5천 통이 넘는 전화들이 빗발쳤고, 이는 단체가 시위를 중단할 때까지 이어졌다.[54] 또한 정치적으로 정통한 언론 정의와 개혁 단체들도 시위를 벌이는데 국한하지 않았다: 2014년 11월 CMJ의 미디어 행동 풀뿌리 네트워크, 컬러 오브 체인지Color of Change, 프레젠트 ORGPresente.org, 프리 프레스 등의 대표단이 클라이번Clyburn 위원과 만나 90개 이상의 인종 정의와 민권 단체가 오픈 인터넷을 지원하는 서명을 한 서한을 전달했다.[55]

---

52) Dave Levinthal, "Netflix Forms PAC," *Politico*, April 7, 2012. http://www.politico.com/news/stories/0412/74929.html (검색일 2014.12.29) These lobbying efforts are primarily designed to influence laws regarding copyright, telecommunications, consumer protection, tax policy, and the internet. Erica Chang, "Netflix's New Political Actions Committee: FLIXPAC," *International Business Times*, April 9, 2012. http://www.ibtimes.com/net-flixs-new-politicalactions-committee-flixpac-435204 (검색일 2014.12.29)

53) "Free Press Parks Pro-Net Neutrality Jumbotron Outside Gala for the FCC Chairman," *Free Press*, December 4, 2014. http://www.freepress.net/press-release/106678/free-press-parks-pro-net-neutrality-jumbotron-outside-gala-fcc-chairman (검색일 2014.12.22)

54) Weisman, "T.C.C. Net Neutrality Rules Clear Hurdle as Republicans Concede to Obama."

55) Steven Renderos, "FCC, Deliver the Internet We Deserve," Media Action Grassroots Network, November 21, 2014. http://mag-net.org/2014/11/fcc-deliver-internet-deserve/ (검색

망중립성을 둘러싸고 벌어지고 있는 논쟁에 대한 대중의 인식은 현재 국가적·정치적 의제를 형성하기 위해 전통적인 뉴스 프로그램들과 경쟁하고 있는 "가짜" 텔레비전 뉴스 쇼 같은 다른 방식을 통해 증가했다.[56] HBO에서 방영된 13분짜리 코너 "마지막 주 오늘밤Last Week Tonight"에서 사회자 겸 풍자가인 존 올리버John Oliver는 시청자들에게 망중립성을 지지하는 의견서를 FCC에 제출할 것을 요구하면서 휠러 회장과 광대역 인터넷 서비스 제공 사업자를 조롱했다. 이 쇼는 재분류를 지지하는 4,500개 이상의 댓글이 달렸고,[57] FCC의 전자 의견 제출 시스템이 일시적으로 중단되기까지 했다.[58] 프리 프레스의 아론은 다양한 구성원들이 연합을 만들어 어떻게 협력했는지를 설명하면서 "사람들은 어떻게 자신들이 역할을 했고", 의제와 전략을 기꺼이 수용했는지를 "잊어버렸다"고 주장한다.[59] 그는 연합 파트너들이 "어떤 사람들은 창의적으로 온라인 조직을 정말 잘하는 사람들이어서 그 일을 그렇게 하도록 했고, … 어떤 사람들은 정말 훌륭한 변호사여서, 그 일을 그렇게 하도록 했으며, 그리고 이들에게는 충분히 살아남을 수 있는 신뢰가 있었다"고 생각할 것이라 회상했다.[60]

일 2014.12.2)

56) Zoe M. Oxley, "More Sources, Better Informed Public? New Media and Political Know-ledge," in *iPolitics: Citizens, Elections, and Governing in the New Media Era*, eds Richard L. Fox and Jennifer M. Ramos (Cambridge: Cambridge University Press, 2011), 25-47.

57) Lee Fang, "Net Neutrality Is Here-Thanks to an Unprecedented Guerrilla Activism Campaign," *The Intercept*, February 26, 2015. https://firstlook.org/theintercept/2015/02/26/net-neutrality-thanks-unprecedented-guerrilla-activism-campaign/ (검색일 2015.2.28)

58) Joan E. Salsman, "John Oliver's Net Neutrality Response Swamps FCC," *CNET*, June 3, 2014. http://www.cnet.com/news/john-olivers-net-neutrality-rallying-cry-swamps-fcc/ (검색일 2015.3.3)

59) Craig Aaron, "How the Net (Neutrality Battle) Was Won," *Personal Democracy Forum*, June 4-5, 2015. Panel Discussion.

60) Ibid.

공유된 이상?

넷플릭스와 같은 상업적 콘텐츠 제공 사업자의 경우, 오픈 인터넷은 그들의 비즈니스 모델을 운영하는 데 있어서 중요하다. 그러나 많은 기업들이 망 중립성 문제를 프레임한 특징은 보다 크고 비상업적 원칙들이 자신들의 사고의 기초가 된다는 주장이다. 예를 들어 헤이스팅스는 "인터넷은 아이디어, 서비스, 상품에 대한 접근을 민주화하면서 모든 곳에서 삶을 향상시키고 있다. 인터넷이 인류의 발전을 위한 가장 중요한 플랫폼으로 남아 있도록 하기 위해서는 망중립성이 수호되고 강화되어야 한다"고 주장한다.[61] 헤이스팅스의 이 말에 대한 열정은 그와 비슷한 생각을 가진 다른 인터넷 사업가를 위한 인터넷의 구조와 운용에 관한 "이념적이고 도덕적인 주장"임을 보여준다.[62] 그룹이나 개인이 함께 일할 때 사회 운동 연구에 사용되는 용어를 차용하기 위해서는 "집단 행동 프레임collective action frame"을 채택해야 한다. 이 프레임은 해결해야 할 문제가 있다는 공통의 진단, 이것을 어떻게 할 것인가에 대한 예측, 행동을 취해야 하는 동기 등을 포괄하는 것이다.[63] 이 문제를 이상주의적인 용어로 프레이밍함으로써, 콘텐츠 제공 사업자들은 연합의 시민 사회와 사회 정의가 이끄는 참여자들과 공통된 근거를 찾았다. 따라서 헤이스팅스의 언급은 최소한 표면적으로는 프리 프레스나 CMJ 같은 미디어 정의와 개혁 기구의 민주주의를 중심으로 하는 정책 어젠다와 일치한다. 이 개혁 기구는 오픈 인터넷이 저소득 및 소수 집단에게 "정치적 목소리"를 가질 수 있는 "강력

---

61) Hastings, "Internet Tolls."

62) John Lofland, *Social Movement Organizations: Guide to Research on Insurgent Realities* (New York: Aldine de Greyter, 1996), 2-3.

63) Jeff Goodwin, James M. Jasper, and Francesca Polletta, "Introduction: Why Emotions Matter," in *Passionate Politics: Emotions and Social Movements*, eds Jeff Goodwin, James M. Jasper, and Francesca Polletta (Chicago: University of Chicago Press, 2001), 6, 1-26.

한 수단"을 제공하기 때문에 시민권 문제라고 주장한다.[64]

그러나 상업적 콘텐츠 제공 사업자의 이상적인 진술은 오픈 인터넷 연합 파트너들에게 어느 정도 공통된 근거를 제공하지만, 조심스럽게 다루어져야 한다. 우가 주장하듯이, 실리콘 밸리의 콘텐츠 제공 사업자에게 있어 "망중립성에 대한 주장은 혁신에 대한 신념 체계의 확고한 표현으로 이해되어야 한다". 이것은 그가 사고의 "진화 모델evolutionary model"이라고 부르는 것으로, "추종자들은 혁신 과정을 신기술 개발자들 사이에서 적자생존 경쟁으로 본다".[65] 면밀한 검토를 해보면, 이러한 사고의 방법은 시민 사회 단체들이 내세우는 공익이나 사회적 정의 발전에 대한 주장과는 거의 공통점이 없다. 그럼에도 불구하고, 오픈 인터넷을 주장해야 하는 실질적 필요성은 낯선 지지자들을 불러 모았고, 관련자들 사이의 이념적 차이를 탐구하도록 했다. CMJ의 스티븐 렌더로스Steven Renderos는 캠페인에 참여한 여러 단체들이 서로 다른 동기를 갖고 있다고 인정했다. 그러나 그의 조직의 관점에서 볼 때 "그럴 것 같지 않은 지지자들과 함께 일하는 것은 단지 우리가 하는 일의 일부일 뿐이고, … 우리의 메시지와 전략이 갈릴 때가 있을 것이고, 그 시점에서 우리는 의견 불일치를 감수해야 한다"라고 주장한다.[66]

FCC 규정

FCC에 대한 대중 의견 청취 기간이 9월 중순으로 가까워지자 "네트워크를 위한 투쟁Battle for the Net"이라는 기치 아래 연합은 "인터넷 속도 저하Internet

---

64) Steven Renderos, "FCC, Deliver the Internet We Deserve."

65) Wu, "Network Neutrality, Broadband Discrimination," 145-146.

66) Steven Renderos, October 28, 2014, personal interview.

Slowdown"의 날을 주창했다. 이 캠페인은 시위 날짜에 맞추어 주로 프리 프레스, 미래를 위한 투쟁, 디맨드 프로그레스, 엔진 애드버커시Engine Advocacy에 의해 조직되었고, 그들의 웹사이트에 "죽음의 회전 바퀴spinning wheel of death"라 불리는 "다운로드 로딩" 아이콘을 추가하도록 요구받았다. 약 1만 개의 웹사이트가 시위에 참여했다.[67] 넷플릭스 홈페이지의 항의의 회전 아이콘에는 "인터넷 자유를 보호하라. 망중립을 지키자"라는 문구가 붙어 있었다. 사이트 방문자들은 네트워크 투쟁Battle for Net 웹사이트로 연결하는 "행동하기" 링크를 클릭할 수 있었다. 여기서 컴캐스트, 버라이즌, 타임워너 케이블, AT&T가 공격 대상이 되었는데, "웹사이트에 임의의 요금을 부과하고, 요금을 납부하지 않는 사이트는 (접속을) 느리게 할 목적으로 … 인터넷을 공격했다. 그들이 이기면 인터넷은 죽는다".[68] 이 사이트는 광대역 인터넷 서비스 제공 사업자가 "우리가 사랑하는 인터넷의 주요 원칙을 위반하는 것"을 방지하는 유일한 옵션은 통신법 제2편의 재분류라고 명시하고 있다.[69]

대중 의견 청취 기간이 종료되었을 때, FCC는 오픈 인터넷 목록에 거의 4백만 건이 접수되었으며, 답변 기간에도 250만 건이 더 제출되어 단일 이슈로는 역대 가장 많이 제출되었다고 밝혔다.[70] 클라이번 위원은 "이 수치들은 인터넷이 우리 사회에 미치는 엄청난 영향의 크기를 말해준다"고 말했다.[71]

---

67) See Emily Peck, "Why Netflix Looks Different Today: It's Fighting for Net Neutrality," *Huffington Post*, September 10, 2014. http://www.huffingtonpost.com/2014/09/10/internetslowdown-day_n_5797966.html (검색일 2014.9.14)

68) Battle for the Net, September 10, 2014, website, https://www.battleforthenet.com/sept-10th/ (검색일 2014.9.14)

69) Ibid.

70) Gigi B. Sohn and David A. Bray, "Setting the Record Straight on Open Internet Comments," FCC, December 23, 2014. http://www.fcc.gov/blog/setting-record-straight-open-internetcomments (검색일 2014.12.26)

71) "Opening Statement of Commissioner Mignon Clyburn Federal Communications Commission Before the Congressional Forum On Net Neutrality," FCC, September 24, 2014.

그녀는 또한 FCC의 망중립성을 검토할 때 모바일 디바이스까지 포함하려고 했다고 밝혔다. (2014년—옮긴이) 11월 10일, 버락 오바마 대통령은 "FCC는 통신법 제2편에 따라 소비자 광대역 서비스를 재분류해야 한다"라고 발표했다.[72] 1년 전에는 자신 있게 예상할 수 없었던 반전으로, 2015년 1월 휠러는 통신법 제2편 아래 광대역 인터넷 서비스 사업자를 재분류하여 망중립성을 보호하기 위한 "밝은 선bright line" 규칙을 도입하려고 했다고 밝혔다.[73]

2월 26일 FCC는 광대역 인터넷 서비스 사업자를 "정보 서비스" 제공자가 아닌 "통신 서비스"로 재정의하는 오픈 인터넷 규칙을 채택하여 통신법 제2편에 두었다. 규정은 다음과 같다.

> 광대역 인터넷 접속 서비스의 규정에 관계된 사람은 누구나 (i) 최종 이용자가 광대역 인터넷 접속 서비스나 합법적 인터넷 콘텐츠, 애플리케이션, 서비스 또는 디바이스를 선택하고, 접근하고, 이용할 능력, (ii) 최종 이용자가 이용할 수 있는 합법적 콘텐츠, 애플리케이션, 서비스 또는 디바이스를 만들 콘텐츠 제공 사업자의 능력을 방해하거나 부당하게 불이익을 줘서는 안 된다. 합리적인 네트워크 관리는 이 규칙의 위반으로 간주되지 않는다.[74]

두 번째 주요한 전환은 FCC가 모바일 디바이스와 고정된 무선fixed-wire 광

---

https://apps.fcc.gov/edocs_public/attachmatch/DOC-329 5 79 A 1. pdf (검색일 2014.12.22)

72) "Net Neutrality/President Obama's Plan for a Free and Open Internet," The White House, November 10, 2014. http://www.whitehouse.gov/net-neutrality (검색일 2014.12.22)

73) Candace Clement, "You Won't Believe This," *Free Press*, January 8, 2015. http://www.freepress.net/blog/2015/0l/08/you-wont-believe (검색일 2015.3.21)

74) "Report and Order on Remand, Declaratory Ruling, and Order: In the Matter of Protecting and Promoting the Open Internet," prepared for the Federal Communications Commission, March 12, 2015. http://transition.fee.gov/Daily_Releases/Daily_Business/2015 /db0312/FCC-15-24Al.pdf (검색일 2014.3.24)

대역 서비스를 규정에 포함시킨 것이다. ≪뉴욕타임스≫는 FCC의 통신법 타이틀 재분류 조치를 "아마 인터넷이 현실화된 이후 가장 큰 정책 전환"이라고 평가했다.[75] 프리 프레스의 아론은 "몇 달 전만 해도 이 승리가 불가능해 보였다 … 전화, 이메일, 집회, 페이스북 게시물, 트위트, 의회와의 만남, 그리고 그 밖의 모든 운동가들이 인터넷을 구하기 위한 투쟁에 참여하지 않았다면 일어나지 않았을 믿을 수 없는 전환이 일어났다"고 쓰면서 거대한 전환이 일어났다고 언급했다.[76] 넷플릭스는 짧은 보도 자료를 통해 "망중립성 논쟁은 누가 온라인에서 인터넷 서비스 제공 사업자 또는 소비자 중 승자와 패자를 선택하느냐에 관한 것이다. 오늘날, FCC는 소비자들이 이긴다고 결정했다"고 말했다.[77] FCC의 결정은 상호 접속에서는 그다지 결정적이지 않았다. FCC는 상호 접속을 규제할 권한이 있다고 주장했지만, "이 명령은 오픈 인터넷 규칙을 상호 접속에는 적용하지 않는다"고 명시하고 있다.[78] 위원회는 상호 접속 문제에 주의를 기울이려고 한다고 설명했다. 어쨌든 이것은 VOD 사용 증가로 인한 인터넷 트래픽의 특성 변화와 "넷플릭스와 대규모 광대역 통신사 사이의 가장 주목받는 일련의 분쟁에서 비롯되는 상업적 불일치로 인한 저하" 때문에 불가피했다.[79] 당분간 "우리는 최선의 접근 방식은 요구받은 대로 필요에 따라 관찰하고, 배우고, 행동하는 것이지만, 지금은 개입하지 않는 것, 특히 규범적인 규칙을 갖고는 개입하지 않는 것임을 확인했다".[80]

---

75) Weisman, "F.C.C. Net Neutrality Rules Clear Hurdle as Republicans Concede to Obama."

76) Craig Aaron, "Net Neutrality Victory," *Free Press*, February 26, 2015. http://www.free-press.net/blog/2015/02/26/net-neutrality-victory (검색일 2015.2.26)

77) "Netflix Says Consumers Win Today's FCC Decisions on Net Neutrality, Community Broadband," Netflix, February 26, 2015. https://pr.netflix.com/WebClient/getNewsSummary.do?newsid= 1941 (검색일 2015.2.26)

78) "Report and Order (2015)," 10.

79) Ibid., 10-11.

80) Ibid., 11.

결론

2014년 초반에는 망중립이 곧 과거의 것이 될 것이라는 징후가 있었다. 미디어 정의와 개혁 단체, 시민 사회 단체, 콘텐츠 제공 사업자, 일반 대중 회원들의 1년간의 지지 노력 이후에 인터넷의 다른 미래가 가능할 것처럼 보였다. 이러한 노력은 "FCC가 인터넷 접속 사업자를 재분류하도록 설득하는 목표를 중심으로 창의적인 힘을 사용하고 자신의 단체에 손을 내미는 그룹" 등 다양한 단체를 결집시켰다.[81] 상위의 콘텐츠 제공 사업자의 관여는 이 문제에 대한 대중의 관심을 불러일으키는 데 중요한 역할을 했지만, ≪뉴욕타임스≫의 한 기자가 제안하듯이 FCC에 대한 압박이 "넷플릭스, 트위터, 모질라, 엣시와 같은 인터넷 회사가 주도했다"고 믿는 것은 실수일 것이다.[82] 더 정확히 말하자면, 그 문제에 대해 폭넓은 연합이 더 적극적이었다. 디맨드 프로그레스의 데이비드 시걸David Segal은 캠페인에서 시민들의 노력의 역할을 강조하면서 "시민들이 통신법 제2편과 가능한 가장 강력한 규칙을 요구한 것이 명백해지자, 정치인과 기업들은 나서기 시작했고 미국인들이 앞으로 나아가는 것을 도왔다"고 주장한다.[83] 연합이 추진하는 미디어 정책과 관련하여, 미디어 정의와 개혁 단체가 오랫동안 오픈 인터넷의 존재를 보장하는 가장 확실한 방법은 통신법 제2편에 광대역 인터넷 서비스 제공 사업자를 분류하는 것이라고 제안한 것은 주목할 만하다. 넷플릭스와 같은 콘텐츠 서비스 제공자들은 마지못해 이런 결론을 내렸다. 실제로 2015년 3월, 넷플릭스의 CFO는 넷플릭스는 "규제받지 않는 솔루션"을 선호한다고 밝혔다.[84] 연합에 참여한 일부

---

81) Fang, "Net Neutrality Is Here."

82) Weisman, "F.C.C. Net Neutrality Rules Clear Hurdle as Republicans Concede to Obama."

83) Fang, "Net Neutrality Is Here."

84) Todd Spangler, "Netflix CFO Says Pressing FCC for Title II Broadband Regs Was Not Its Preferred Option," *Variety*, March 4, 2015. http://variety.com/2015/digital/news/netflix-cf-

주요 콘텐츠 제공 사업자들은 그 노력에 참여한 미디어 정의, 미디어 개혁 또는 그 노력에 참여한 다른 시민 사회 단체보다 대중에게 훨씬 더 잘 알려져 있지만, 후자가 캠페인의 이념적 취지를 제공하고 오픈 인터넷이 정의롭고 민주적인 사회의 존재에 필수적이라는 믿음과 같은 가장 중요한 원칙을 가장 설득력 있게 설명했다.

2015년 현재, 오픈 인터넷을 향한 투쟁은 끝나지 않았는데, 미디어 정책은 끊임없이 재협상되고, "항상 다양한 입장이 유입"되기 때문이다.[85] FCC의 판결이 있은 후 몇 주 후에 오픈 인터넷 문제의 계속되는 성질을 예로 들면서, 새로운 규칙이 효력을 발휘하지 못하도록 급조된 운동이 워싱턴에서 일어났다.[86] 광대역 인터넷 서비스 제공 사업자들이 국회의원들과 신자유주의적 경제 사상의 압도적 패권에 영향을 미치면서 오픈 인터넷에 대한 운동을 방해할 수 있는지는 시간이 말해줄 것이다. 크로포드가 제안한 것처럼, 공공 이익에 우호적인 정책을 추진하는 규제 당국조차 종종 기업 어젠다에 의해 "허를 찔린다".[87] 그럼에도 불구하고, 2014~2015년 오픈 인터넷을 위해 펼쳐진 캠페인 작업은, 동기 부여된 이익 집단의 효과적이고 폭넓은 조직적 노력이 어떻게 견고한 통신 산업의 이익보다 우위를 차지할 수 있는지 보여준다. FCC의 판결이 넷플릭스에 의미하는 바는 무엇인가? 통신법 제2편에 따라 인터넷을 유틸리티로 재분류하는 것은 넷플릭스와 같은 콘텐츠 제공 사업자가 광대역 인터넷 서비스 제공 사업자에 의해 운영되는 네트워크에 진입했을 때, 콘텐츠가 차단되거나 제한되지 않는다는 사실이 확립되었다는 것을 의미

---

opleased-with-fcc-title-ii-ruling-although-its-preferencewould-have-been-no-broadband-regula tion-1201446282 / (검색일 2015.4.14)

85) Pickard, *America's Battle for Media Democracy*, 1.

86) See Candace Clement, "The Many Ways Congress Could Mess Up Net Neutrality," *Free Press*, March 16, 2015. http://www.freepress.net/blog/2015/03/16/many-ways-congresscould-mess-net-neutrality (검색일 2015.3.18)

87) Crawford, *Captive Audience*, 16.

한다. 넷플릭스에게 이것은 승리이다. 상호 접속 수수료 문제는 덜 명확히 정리되었다. 당분간 FCC는 상호 접속 시점에서 발생하는 일에 주의를 기울이려고 하며, 아마도 나중에 그들이 관찰하는 트렌드에 근거하여 규칙을 도입할 것이라고 밝혔다. 2014년 초 넷플릭스의 광대역 인터넷 서비스 제공 사업자에 대한 상호 접속비 지급은 망중립성 문제에 대해 대중과 언론의 관심을 끌었고, 오픈 인터넷 캠페인이 벌어지면서 넷플릭스는 강력한 망중립성 규칙을 요구하는 많은 참여자들 중 하나가 되었다. FCC가 이 문제를 결정할 때 넷플릭스가 승자 중 하나였다.

제2장
넷플릭스를 통한 미디어 규제의 미래 프레이밍
Framing the Future of Media Regulation through Netflix

앨리슨 노박 Alison N. Novak

버락 오바마 대통령은 2015년 1월 미국 아이오와 주 세다폴스Cedar Falls에서 광대역망으로 중계된 연설에서 유틸리티 노동자들에게 "오늘날 기술의 미래에 대한 논의는 복잡하고 추상적인 정책 그 이상"이라고 말했다. 그는 "오늘날 초고속 광대역 통신은 사치가 아니라 필수이다. 이는 단순히 넷플릭스를 스트리밍하거나 페이스북 뉴스피드를 스크롤하는 것을 더 쉽게 만드는 것이 아니다. 비록 재미있더라도 화면에 모든 것이 떠오르기까지 오래 기다려야 한다면 이것은 갑갑한 일이다"고 말했다.[1] 대통령의 연설은 유머러스하고

---

1) arack H. Obama, "Remarks on Broadband Access, presentation, Cedar Falls Facility, Cedar Falls, Iowa," Recorded January 14, 2015. CSPN.

비판적인 청중들로부터 웃음을 자아내면서도 미래의 미디어 규제, 광대역 권리, 그리고 물론 넷플릭스를 통한 온라인 스트리밍에 대한 커다란 담론을 의미했다. 지난 15년 동안 넷플릭스가 영화, 텔레비전, 오리지널 콘텐츠를 유통하는 가장 인기 있고 잘 알려진 배급사 중 하나로 발전함에 따라, 넷플릭스가 미디어 규제에서 져야 할 역할에 대한 관심이 증가하고 있다. 넷플릭스의 시장 내 규모와 지배력은 엔터테인먼트의 전통적인 형태와 매체들에게 도전이 되고 있다.[2] 그렇게 넷플릭스의 존재감이 증가함에 따라, 오바마 대통령의 연설처럼 정치와 대중의 관심은 광대역 인터넷 사용, 망중립성, 연방통신위원회(FCC) 경매를 통한 방송 주파수 판매에 대한 정책의 필요성을 논의하는 것으로 바뀌었다.

넷플릭스의 성장 직전과 동시인 1990년대 후반과 2000년대의 대부분 동안 미디어와 기술 산업에 대한 행정과 정책 규제가 변화했다. 지역 텔레비전 방송국을 보호하기 위해 발의된 1996년 통신법은 결과적으로 디지털 생산자들의 높은 필요와 수요를 해결하지 못했고, 필라Pila가 명명한 경쟁심이 심한 반소비자 행동 —가정 스트리밍 사업자들의 "황량한 서부Wild-West"로 알려짐— 을 초래했다.[3] 1996년 법 이후 규제 조항과 정책이 서비스 가격은 상승시키고, 소비자 보호는 감소시켜 서비스 제공 사업자와 기술 회사에 너무 관대하다는 비판을 받아왔다.[4] 이러한 관행은 넷플릭스를 뛰어넘어 확장되었지만, 넷플릭스는 광범위한 인지도와 온라인 콘텐츠 배급의 우위 때문에 현대의 전형적

http://www.c-span.org/video/?323783-1/president-obama-remarks-broadband-access&start=402 (검색일 2015.7.10)

2) Lyne Stanton and John Curran, "Analysts See Comcast's Netflix Deal as Smoothing TWC Merger," *Telecommunication Reports* 80 (2014): 20.

3) Josha N. Pila, "They're Already Regulating the Internet?" *Communications Lawyer* 29 (2012): 12.

4) Scott J. Wallsten, "Is Xfinity TV Anticompetitive? Let the Courts, Not Regulators, Decide," *The Economists' Voice* 9 (2012): 3.

인물poster child이 되었고, 지속적인 논쟁의 대상이 되었다.[5] 또한 넷플릭스는 2012년 과거 불법 대여에 대한 수백만 달러 규모의 집단 소송처럼 넷플릭스가 제기하거나 당한 소송에 언론의 관심이 높아짐에 따라 정부와 정책 입안자들의 주요 관심사가 되었다. 결과적으로, 뉴미디어 기술의 복잡한 교차점, 스트리밍 규제에서 증가하는 정부의 역할, 그리고 넷플릭스의 증가하는 인기는 미디어 단체의 미래가 어떻게 오늘의 관행에 의해 영향을 받는지 이해하기 위한 학문적 관심을 가질 필요가 있다.

이번 장은 정책 입안자와 정부 지도자가 넷플릭스를 정부 규제와 정책의 일부로 어떻게 프레임하는지에 대한 첫 번째 연구 중 하나이다. 어떻게 넷플릭스가 진행 중인 규제 논쟁의 일부가 되는지 연구하기 위해, C-SPAN(미국의 비영리 케이블 TV의 공중 통신망—옮긴이) 기록 보관소를 조사하여 정부 지도자, 정책 입안자, 정치인들이 어떻게 성장하는 회사의 미래를 토론하고, 논의하고, 분석하는지 조사할 것이다. 특히, 이 연구는 이러한 정책 입안자들이 미디어 규제의 미래에 대한 큰 틀의 논쟁의 일환으로 넷플릭스를 어떻게 다루는지 살펴볼 것이다. 또한, 이 연구는 정책 입안자, 언론인, 업계 리더들이 미디어 산업에 대해 넷플릭스가 과거나 미래에 어떻게 영향을 미치는지 토론하는가와 같은 질문도 다룰 것이다.

문헌 연구: 넷플릭스와 미디어 규제

힐라드Hillard와 키이스Keith는 미국 역사 내내 미디어 규제는 자주 현재와 같은 강력한 조직의 관점으로 설명되고 설계되었다고 기술했다.[6] 1920년대

---

5) Stanton and Curran, "Analysts," 22. See also Simon Dumenco, "Netflix Must Die~ And Hulu and You Tube Too~" *Advertising Age* 84 (2013): 50.

와 1930년대의 초기 통신 정책은 빠르게 성장하고 강력한 AT&T 위주로 설계되었고, 1990년대의 정책은 AOL과 마이크로소프트의 성공과 같은 온라인 서비스 사업자들을 토대로 만들어졌다. 이러한 경향에 따라, 새로운 미디어 규제와 정책은 성장하는 21세기 기업과 새로운 디지털 기술에 대응하면서 유사한 양태를 따를 것으로 보인다.7) 이전의 연구는 오늘날 가장 빠르게 성장하는 온라인 플랫폼 중 하나인 넷플릭스가 미래의 정책 이슈에 유사한 영향을 미치는 회사 중 하나일 수 있다고 지적한다.8) 이러한 정책 이슈는 대중이 매일 넷플릭스에 접속하는 것을 고려하면서 주파수 경매와 광대역 사용을 포함한다. 이와 같이 넷플릭스의 확대와 인기는 국제 정책에 대한 과제와 개정의 중심이 되었고, 미래 미디어 규제의 프레이밍에 대한 연구를 중요한 주제로 만들었다.

넷플릭스는 이용자들이 연체료를 두려워하지 않고 영화를 볼 수 있는 DVD 배달 서비스로 1997년에 설립되었다.9) 2007년에 넷플릭스는 배달 서비스에서 벗어나 온라인 스트리밍 모델로 옮겨 가기 시작했다. 이용자들은 DVD가 배달되기를 기다리지 않고, 이제 그들의 컴퓨터에서 선택한 영화를 볼 수 있게 되어, 그 사이트를 방문하는 일일 및 시간별 방문자수가 크게 증가했다.10) 넷플릭스는 알고리즘을 채택하여 이용자 추천의 정확성을 높이는 사람에게 수여하는 2006 넷플릭스 공모전을 개최함으로써 기자들에게 온라

---

6) Robert L. Hillard and Michael C. Keith, *The Broadcast Century and Beyond: A Biography of American Broadcasting* (New York: Focal Press, 2013), 100.

7) Tim Wu, *The Master Switch* (New York: Vintage Press, 2011), 15.

8) Grace Allen, Dorothee Feils, and Holly Disbrow, "The Rise and Fall ofNetflix: What Happened and Where Will It Go from Here?" *Journal of the International Academy for Case Studies* 20 (2014): 119.

9) Julie A. Decesare, "The Mass Market and Consumer Tools," *Library Technology Reports*, 50 (2014): 33.

10) Philip M. Napoli, "Automated Media: An Institutional Theory Perspective on Algorithmic Media Production and Consumption," *Communication Theory* 24 (2014): 340.

인 콘텐츠 스트리밍과 디지털 플랫폼에서 리더이자 혁신가로 인식되었다.[11]

이 같은 갑작스러운 활동과 인기 상승(2015년 1월 현재, 미국인 5명 중 1명이 넷플릭스에 접속함)은 정부 미디어 규제 당국이 관심을 갖게 만들었다.[12] 브레너 Brenner는 디지털 세계의 넷플릭스 존재가 의원들의 관심을 이끌어냈다고 밝혔다. 왜냐하면, 다운로드 속도, 주파수 사용, 온라인 서비스 사업자의 재무 모델과 같은 미디어에 관련된 다른 형태에 영향을 주는 잠재적 역량 때문이다.[13] 동시에 FCC와 같은 정부와 규제 기관은 망중립성과 오픈 인터넷 모델의 원칙에 대한 판결을 내릴 것이라는 의도를 표명했다. 이것이 결국 제닝스 Jennings 등이 법률 문제와 정책 변화에 있어서 가상의 판도라 상자라고 부르게 되었다.[14]

넷플릭스의 성장과 지속적인 정책 토론의 융합은 미디어 플랫폼이 어떻게 큰 틀의 규제 논의의 일부로 무분별하게 사용되는지를 살펴볼 수 있는 특별한 기회를 제공한다. 이전의 연구는 정책 입안자들의 논쟁에서 넷플릭스와 같은 회사를 이용하는 것이 일반적이었지만, 이러한 미디어 기관이 어떻게 구성되었는지를 중심적으로 탐구하고, 어떤 영향이 성장하는 플랫폼에서 형성되었는지에 대한 연구는 거의 없다.[15] 이 연구는 세계에서 가장 크고 가장 많이 사용되는 온라인 구독 기반 스트리밍 플랫폼인 넷플릭스가 이러한 논의에서 어떻게 언급되고 프레임되는지에 대한 것이다.

현대 미디어 규제는 넷플릭스와 그 비즈니스 모델에 심각한 영향을 미치는

---

11) Napoli, "Automated," 340.

12) Netflix.com, About, 2015. www.netflix.com/about (검색일 2015.7.10)

13) aniel L. Brenner, "Explaining Yourself: Thirty Years After a Marketplace Approach to Broadcast Regulation," *Administrative Law Review* 65 (2013): 743.

14) Susan Evans Jennings, Justin R. Blount, and M. Gail Weatherly, "Social Media-A Virtual Pandora's Box: Prevalence, Possible Legal Liabilities, and Policies, *Business and Professional Communication Quarterly* 77 (2014): 96.

15) Hillard and Keith, *The Broadcast Century*, 102.

힘을 갖고 있다. 2014년에 넷플릭스와 서비스 사업자 컴캐스트는 컴캐스트 고객을 위해 사이트의 온라인 스트리밍 품질을 유지하는 공개되지 않은 재무적 계약을 체결했다. 이것은 불공정 제휴와 심지어 독점 금지 위반이라는 비난을 받았다.[16] 비밀스럽게 숨겨진 넷플릭스의 정부 로비와 데이터 축적 노력과 함께, 정치인과 기타 공인들은 이 인기 플랫폼의 관행에 대해 우려를 표명했다.[17] 2015년 말에 망중립성, 주파수 경매 및 대역폭 사용에 관하여 나온 결정은 넷플릭스가 온라인 스트리밍 콘텐츠를 제공하는 능력과 컴캐스트와 같은 온라인 서비스 제공 업체와의 파트너십에 큰 영향을 미칠 수 있다. 따라서 미디어 규제의 미래에 대한 논쟁에서 넷플릭스의 역할을 검토하는 것은 넷플릭스가 다음에 어떤 조치를 취할 수 있는지에 대한 통찰력을 제공할 것이다.

규제의 정치적 프레이밍

이전의 연구는 공공 정책, 정부 조치 및 규제의 미래에 대한 프레이밍이 안건, 조직 또는 정치 단체에 대한 대중 또는 시청자의 시각에 영향을 미친다는 것을 밝히고 있다.[18] 미디어 규제와 공공 정책에서 프레임은 화자speaker가 큰 틀의 맥락 안에서 문제를 식별하고, 설명하고, 방향을 정하기 위해 사용하는 도구이다.[19] 프레임은 주제에 대한 대안적 관점을 배제하거나 멀리할 때,

---

16) Eriq Gardner, "Netflix Beats Antitrust Class Action at Appeals Court," *The Hollywood Reporter*, February 2 7, 2015. http://www.hollywoodreporter.com/thr-esq/netflix-beats-anti-trustclass-action-778300 (검색일 2015.7.10)

17) Alison N. Novak, "Narrowcasting Netflix: The Personalization of Genre in Digital Media Streaming," *The Netflix Reader* (Philadelphia: Lexington Press, 2015).

18) Lee Edwards et al. "Framing the Consumer: Copyright Regulation and the Public," Convergence 19 (2012): 9.

의견이나 특정 관점을 삽입하기 위한 수단으로 사용된다.[20] 학자들은 명시적이거나 개인적인 (주관적인) 진술이 표현될 수 없는 상황에서 프레임이 시청자가 특정 관점을 채택하도록 미묘하게 설득하는 데 사용될 수 있는 강력한 디바이스라는 것을 발견했다.[21]

앨런은 프레임이 미디어 플랫폼에 대한 대중의 시각뿐만 아니라 그 플랫폼에 관련된 모든 정책이나 법률에도 직접적인 영향을 미친다고 주장한다.[22] 청중은 화자가 미디어 플랫폼을 설명하거나 언급하는 것을 들으면서, 그 설명을 내면화하고, 특정 기술에 대한 의견을 갖게 된다. 이것은 기술의 채택 곡선이 초기 단계에 있을 때 특히 그렇다.[23] 많은 연구들이 이러한 프레이밍 효과의 직접성과 강도를 주장하고 있지만, 앨런의 연구 이외의 이전 연구들은 넷플릭스와 같은 미디어 기술의 맥락에서 이 관계를 직접 살펴보지 못했다. 동희Dong-Hee는 공공 정책 논쟁의 사례로서 미디어 플랫폼에 대한 더 많은 연구가 필수적이라고 주장한다.[24] 이것은 또한 VCR 및 음악 파일 공유와 같은 이전 기술의 프레이밍에서도 확인된다. 이러한 정부 담론은 여론을 형성하게 하고, 특히 냅스터Napster와 같이 논란이 많은 주제와 비즈니스 모델에 대한 여론을 변화시키는 촉매제로 여겨져 왔다. 그러나 이 연구 이후 프레이

---

19) Ed wards et al., "Framing," 9.

20) Leonhard Dobusch and Sigrid Quack, "Framing Standards, Mobilizing Users: Copyright Versus Fair Use in Transnational Regulation," *Review of International Political Economy* 20 (2013): 52.

21) Dobusch and Quack, "Framing Standards," 5 5. See also Colin Gavaghan, "A Whole New ··· You? 'Personal Identity', Emerging Technologies and the Law," *Identity in the Information Society* 3 (2010): 423.

22) Jonathan P. Allen, "Who Shapes the Future?: Problem Framings and the Development of Handheld Computers," *Computers and Society* 28 (1998): 3.

23) Allen, "Who Shapes," 3.

24) Shin Dong-Hee, "Convergence of Telecommunications, Media and Information Technology, and Implications for Regulation," *Information* 8 (2006): 42-56.

밍이 어떻게 다른 형태의 미디어 기술에 영향을 미쳤는지에 대해 살펴본 연구는 거의 없었다.

미디어 규제 프레이밍은 특히 어려운 일인데, 화자가 우선 제안된 규제가 필요한 이유를 설명하고, 다음 그것을 적용하여 대중의 지지를 얻을 수 있어야 하기 때문이다.25) 델셔드Delshad와 레이먼드Raymond는 다가오는 정책, 규제, 정부의 조치를 설명하기 위해 정치인과 미디어가 사용하는 프레임 사이에는 지속적인 상호 작용이 있다고 지적한다.26) 언론이 종종 해당 주제에 대한 그들 자신만의 기사 처리 프레임을 재사용하거나 채택하기 때문에, 정치인이 하는 연설은 신중하게 짜여진 프레임을 사용한다.27) 인용, 짧은 음성 활용sound bite, 방송 인터뷰 등을 통해 정치인이 사용하는 프레임은 기자와 다른 언론인이 반복함으로써 강화된다. 프레이밍은 또한 원래의 연설을 듣는 청중을 넘어 언론 보도의 일부로 듣는 청중까지 확장된다. 모리아티Morieaty는 미디어에서 정치 프레임을 반복적이고 지속적으로 사용하는 것이 한 문제에 대한 대중의 인식과 심지어 정부 내에서 공공 정책의 최종 승인과 채택에 영향을 미칠 수 있다는 것을 보여주었다.28) 오트웨이Otway와 레벳츠Ravetz는 이것이 미디어 규제의 선형적인 효과를 만들어낸다고 주장한다. 미디어가 정치 프레임을 채택하고, 미디어 보도와 정치 프레임의 사용을 접한 청중이 채택하고, 그래서 정책과 규제에 대하여 대중의 승인하는 비율이 증가하는 쪽으로 전환된다.29) 이 모델에서 비롯된 한 가지 중요한 질문은 선형적 영향의 존

---

25) Andra Seceleanu and Aurel Papari, "Presentation of Media Discourse of Information on Social Issues Through the Construction of the Agenda Setting and Framing," Paper presented at the Economic Development and Research Conference 62 (2013): 17.

26) Ashlie Delshad and Leigh Raymond, "Media Framing and Public Attitude Towards Bio-fuels," *Review of Policy Research* 30 (2013): 190.

27) Delshad and Raymond, "Media Framing," 190.

28) Perry L. Moriearty, "Framing Justice: Media, Bias, and Legal Decision Making," *Maryland Law Review* 69 (2010): 849.

재와 현재 넷플릭스와 규제 논쟁에 대한 잠재적 영향에 관한 것이다. 이 연구는 이러한 프레임의 청중 수신에 대한 증거를 제공하지 않지만, 대신에 넷플릭스 규제의 수사학적 프레이밍을 확인하여 선형 모델에 대한 청중의 채택과 지지에 관한 후속 연구를 진행할 것이다.

미디어 사용과 프레임의 공적 채택 사이에 대한 직접 효과의 선형 모델은 프레이밍의 효과를 이해하는 데 중요한 도구였지만, 현대 미디어 환경 내에서 이 과정이 어떻게 설명되는지를 탐구한 연구는 거의 없다. 예이츠Yates, 굴라티Gulati, 와이스Weiss는 모바일 광대역 인터넷 확산에 관한 정책 토론에서 이 선형 모델이 소개되었고, 정치인의 프레이밍에 대한 미디어 채택은 2012년 모바일 정책과 법률의 통과에 매우 중요하게 작용했다고 밝혔다.[30] 그들의 연구는 또한 정치인과 언론인들이 추상적인 정책을 대중에게 어떻게 영향을 미칠 수 있는지를 설명하는 방법으로 넷플릭스와 같은 대형 미디어 회사의 이름을 정기적으로 언급하고 사용하고 있다는 것을 밝혀냈다. 그들은 이 회사들의 사용과 회사들이 큰 틀의 정책 이슈에 대한 프레이밍에 어떤 영향을 미치는지에 대한 더 많은 연구를 요구한다. 미디어 규제의 프레이밍이 정치인, 언론인, 대중 사이에서 어떻게 회자되는지를 이해하기 위해서는 세 그룹 모두와 관련된 데이터 세트를 찾을 필요가 있다.

---

29) Harry Otway and Jerome Ravetz, "On the Regulation of Technology: Examining the Linear Model," *Futures* 16 (1984): 217.

30) DavidJ. Yates, GurishJ. Gulati, and Joseph W. Weiss, "Understanding the Impact of Policy, Regulation and Governance on Mobile Broadband Diffusion," *System Sciences (HICSS), 2013 46th Hawaii International Conference* (Wailea, Maui, Hawaii, USA, 2013): 2852.

C-SPAN의 역할

C-SPAN은 이전 섹션에서 설명한 언론, 정치 과정, 프레이밍 모델 간의 중요한 하이브리드이다. 이 채널은 전국, 국제, 지방 정부뿐만 아니라 언론과 기술·미디어 업계 리더들의 정기 인터뷰와 논평을 매일 24시간 보도한다. 1979년 출범한 이래, 이 방송국은 편집되지 않은 의회 라이브 세션, 〈커뮤니케이터스The Communicators〉와 같은 자체 제작 프로그램, 정치 이벤트의 속보 등을 방송하고 있다. 이 채널의 정치적 행동과 언론 보도의 통합은 미디어 규제의 선형 모델의 첫 번째 부분뿐만 아니라 특정 미디어 조직이 어떻게 보도 영역 내에서 프레임되는지 연구하기 위한 이상적인 자료로 판단된다.

이전의 연구는 C-SPAN이 의회와 정치 뉴스와 특별한 관계를 맺고 있다는 것을 보여준다. 1990년대 의회 투표를 방송할 수 있는 최초의 방송사로 허용된 C-SPAN은 그 이후 여러 개의 다른 채널과 방송 포맷(예: C-SPAN 2, Book TV)을 포함하여 방송사를 확장했다. C-SPAN은 기업 광고주들에게 돈을 받지 않고, 대신 정부 보조금과 소액 기부에 의존한다. 그러므로 이 방송사는 다른 기업 채널과 달리 이윤 추구 모델을 따르지 않는다. 다른 연구들은 C-SPAN의 아프리카계 미국인 권리에서부터 기술의 프레이밍에 이르는 프로그램 주제에 대한 범위에 대해 연구해왔다. 이러한 비판적 연구는 C-SPAN과 주제에 대한 학문의 지속적인 중요성을 강조했다.

또한 C-SPAN은 정부 업무와 공공 정책에 대한 영향력이 있는 것으로 밝혀졌다. 비영리 방송사는 장기 기증에 관한 정책과 같이 일반적으로 상업적인 뉴스 방송사에서 보도하지 않는 가벼운 주제를 강조하거나 다루었다.[31] 폭

---

31) LaShara Davis, Lisa Chewning, Tyler Harrison, Mark Dicorcia, and Susan Morgan, "Entertainment (Mis) education: The Framing of Organ Donation in Entertainment Television," *Health Communication* 22 (2007): 143-151.

킨Popkin은 C-SPAN을 미디어 지형의 중요한 부분(언론학자들이 종종 간과하는 부분)이라고 주장했는데, 이는 민간 정치의 교류, 투표, 토론에 대한 계속된 보도와 기록 때문이다.[32] C-SPAN이 다양한 사람, 이벤트, 이슈에 대해 보도를 하기 때문에, 이러한 보도들이 이 연구에서 미디어 규제의 미래에 관한 토론에서 넷플릭스에 대한 모든 자료 조사하는데 도움이 된다.

연구 방법

넷플릭스가 어떻게 미디어 규제의 일환으로 프레임되었는지 살펴보기 위해, 이 연구는 넷플릭스에 대한 언급을 활용하고자 C-SPAN 디지털 아카이브를 분석한다. 디지털 아카이브의 고급 검색 옵션을 사용하여 "넷플릭스Netflix" 또는 다르게 불리는 "넷-플릭스Net-Flix"(종종 의회 청문회에서 사용됨)가 사용된 모든 C-SPAN 콘텐츠의 녹취록을 끌어모았다. C-SPAN 디지털 아카이브는 1992년 이후 C-SPAN과 제휴 채널에서 방송된 모든 콘텐츠를 보유하고 있다. 1997년에 넷플릭스가 회사로 설립되었기 때문에, 아카이브는 C-SPAN에서 넷플릭스에 관하여 방송된 모든 언급을 보유하고 있다.

넷플릭스는 1999년 12월 1일부터 2015년 3월 1일까지 동안에 C-SPAN에서 모두 2,954회 언급되었다. C-SPAN 디지털 라이브러리와 고급 플랫폼 도구를 통해, 각각의 언급은 보다 큰 단위인 클립의 부분으로 분류되어 보관되었다. 클립에는 질문자의 질문과 답변처럼 넷플릭스라는 단어가 나오는 전후의 대사가 포함된다. 그러므로 이 분석은 언급의 맥락을 알 수 있어서 각 프레임의 질적 가치 파악에 도움이 되었다. 각각의 언급은 오디오, 영상, 자막(또는 제공

---

32) Samuel L. Popkin, "Changing Media, Changing Politics," *Perspectives on Politics* 4 (2006): 327.

되었다면 공식 연설)을 포함하여 추출했다. 넷플릭스라는 용어는 의회 청문회, 언론인 인터뷰, 대통령의 연설, FCC 청문회를 포함한 다양한 맥락에서 사용되었다. 프로그램 맥락에 대한 보다 상세한 보고서가 중요한 부가적 자료로 활용될 수 있겠지만, 이 장에서는 회사 이름의 전반적인 사용에 대한 상세한 통찰력을 제공하고 규제 논의에서 미디어 회사가 어떻게 언급되는지에 대한 심도 있는 결론을 이끌어내기 위해 프레이밍 분석의 질적 결과를 조사한다.

2,954개의 언급은 넷플릭스가 사용된 어조, 문맥 또는 비교와 같은 패턴에 따라 조사되었다. 넷플릭스 클립 자료 전체를 시청한 다음 프레임 세트를 개발하고 아래에 자세히 설명했다. 이 장은 가장 일반적인 프레임 중에서 폄하disparagement, 미래주의자futurist, 드라마틱dramatic 등 세 가지를 다룬다. 다른 프레임은 규모가 큰 연구의 일부로 개발되었지만, 주제에 대한 적시성과 관련성을 고려하여 세 가지만 상세히 설명할 것이다. 신뢰성을 위해 각 프레임은 프레임을 사용한 인용 사례와 접속을 위하여 주석에 하이퍼링크가 포함되어 있다.

폄하

넷플릭스를 설명하기 위해 첫 번째이자 가장 많이 사용된 프레임은 폄하하는 용어이고, 넷플릭스를 더 크고 더 심각한 문제나 이슈의 예로 자주 사용했다. 이 프레임은 의회 의원들이 망중립성, 주파수 경매, 소규모 지역 미디어 기업의 성장과 같은 이슈를 동료 의원들에 설명하면서 자주 사용되었다. 예를 들어, 마리아 캔트웰Maria Cantwell 워싱턴 주 연방 상원 의원은 FCC가 2015년 2월 망중립성 판결을 발표하기 바로 며칠 전에 동료 상원의원들에게 망중립성이 선거구에서 중소기업에 긍정적인 영향을 미칠 수 있는지 고려하라고 촉구하면서 다음과 같이 말했다. "이번 달 말 위원회가 이 규정에 대해 투표

할 예정이고, 모든 동료 의원들이 이 결정에 주의를 기울였으면 한다. 왜냐하면, 이 결정은 내가 넷플릭스를 다운로드하거나 사용할 수 있는지에 불과한 것이 아니기 때문이다. 이것은 시장에 대한 동등한 이용권에 관한 것이다."[33] 캔트웰의 언급은 넷플릭스를 정치적 관심이 필요한 진행 중인 더 큰 이슈에서 작지만 관련이 깊은 사례로 이용하는 것을 보여준다. 그녀가 "불과한 것이 아니다"라고 말하는 것은 진지하고 비판적인 연설에서 유머러스한 예로 넷플릭스를 자주 사용하는 전형적인 표현이다. 마찬가지로, 오바마 대통령은 이장의 시작 부분에서 넷플릭스(와 페이스북)를 더 큰 광대역 인터넷 문제의 유머러스한 예로 사용했다. 이 두 가지 사례는 대중과 화자가 미소를 짓고 조용히 웃는 동안, 일반적인 불만을 통하여 화자가 청중과 연대하는 것을 수사적으로 표현한 것이다. 이렇게 하면서 그들은 넷플릭스를 이슈 자체가 아닌 이슈의 한 증상에 불과한 것으로 만들었다. 이것은 그 주제를 그들이 "실제" 주제로 다룰 필요가 있다고 인식하는 것보다 덜 중요한 것으로 폄하한다.

넷플릭스의 사회와 정부 내에서의 위치를 식별하기 위해 폄하 프레임을 사용하는 것에는 내재된 모순이 존재하는 점을 언급하는 것이 중요하다. 이러한 맥락에서 넷플릭스의 사용 빈도는 폄하 프레임에 이의를 제기한다. 폄하 프레임은 청중들에게 의문을 제기하게 한다. 넷플릭스가 진짜 문제가 아니라면, 왜 이러한 맥락에서 인용되는 것일까? 넷플릭스가 정치 지도자들이 행한 연설에 계속 존재한다는 것은 적어도 그것은 기술 산업에서 인정받을 수 있는 측면이 있다는 것을 의미한다. 특히 넷플릭스가 화자와 청중을 결속시키는 데 익숙하기 때문이다. 그러나 잦은 언급에도 불구하고, 정치인들의 언술은 실제 이슈라고 묘사되는 것들에 비해 넷플릭스의 열등한 위상을 강화한

---

33) Maria Cantwell, "Senate Session, Part 1: Homeland Security Spending," Recorded February 4, 2015. C-SPAN. http://www.c-span.org/video/?324183-1/us-senate-legislativebusiness&start=5158 (검색일 2015.7.10)

다. 대역폭의 미래에 대한 그의 인터뷰에서 넷플릭스를 사례로 사용한 ≪워싱턴 저널≫의 기자 폴 바바갈로Paul Barbagallo를 생각해보자. "이것은 누가 기반 시설 비용을 지불할 것인가와 가장 큰 규모의 콘텐츠 사업자들이 가장 큰 규모의 인터넷 서비스 사업자에 얼마를 지불해야 하는가에 관한 것이다. 왜냐하면 넷플릭스나 인스타그램 같은 회사가 온라인상에서 많은 트래픽을 만들고 있기 때문이다."[34] 바바갈로와 다른 사람들은 폄하가 넷플릭스 플랫폼에 대한 설명을 기반 시설과 인터넷 서비스 사업자의 재정에 관한 큰 이슈와 같은 문제의 일부로 언급할 수 있음을 보여준다. 넷플릭스는 정부가 해결해야 할 커다란 규제 이슈의 신호가 아니라 오히려 문제를 일으키고 있다. 새로운 규제는 넷플릭스의 이용과 (다른 사람들이 부르는 것처럼) 기존 대역폭과 데이터의 남용 때문에 필요하다. 폄하 프레임의 일부로서, 이러한 주장들의 정확성은 전적으로 지지받지 못한다.

바바갈로의 인용은 여전히 폄하 프레임 내에서 유효하지만, 그 범주 내에서 차별성과 다양성에 주목하는 것은 중요하다. 폄하가 넷플릭스를 언급하고 사용하는 데 있어서 수사적 열등감을 통해 보여주는 반면, 넷플릭스는 또한 큰 디지털 구조와 시스템에 문제를 일으키는 것으로 논의된다. 넷플릭스가 중요하지 않은 것이 아니라, 그 영향이 문제가 있거나 더 큰 이슈의 일부에 불과하다는 것이다. 넷플릭스는 이렇게 이용되는 유일한 것은 아니다. 페이스북, 인스타그램, 핀터레스트와 같은 다른 온라인 플랫폼도 이러한 맥락에서 유사하게 사용된다.

폄하는 미디어 프레임 연구에서 오랜 역사를 가지고 있다. 기틀린Gitlin이 밝힌 바와 같이, 폄하는 미디어 프로듀서가 가치를 낮추거나 주제나 이슈를

---

34) Paul Barbagallo, "Net Neutrality: Washington Journal," Recorded November 13, 2014. C-SPAN. http://www.c-span.org/video/?322634-5/washington-journal-paul-barbagallo-netneutrality &start=830 (검색일 2015.7.10)

둘러싼 열등감을 조성하기 위해 사용하는 기법이다.[35] 그러나 이러한 경우에 폄하의 사용은 기틀린이 기술한 역사적 모델과는 다소 다르다. 여기서의 폄하는 (위 단락에서 설명한) 주제에 대한 가능한 의견의 범위를 나타낸다. 이전에 폄하가 그룹이나 이슈를 경시하는 의도를 반영했다면, 여기서는 그 프레임이 유머의 사용과 결합하고 디지털 미디어와 기술에 대한 넷플릭스의 영향을 문제 삼고 있다. 아마도 이것은 C-SPAN에서 넷플릭스를 언급하고 사용하는 데 있어 미래주의자를 함축하기 때문이다. C-SPAN의 프레임을 소개하는 맥락은 다음 섹션에서 기술한다.

미래주의자

넷플릭스가 현재의 사회 및 정치 정책에 대한 논쟁에서 폄하되는 반면, 그 것이 미래에 어떻게 영향을 미칠지에 대해서는 극명한 차이가 있다. 폄하 프레임과 달리 미래주의자 프레임은 이전의 이론적 프레임워크를 가지고 있지 않고, 구체적으로 말하자면 오히려 이 데이터 세트에서 나왔다. 미래주의자 프레임은 넷플릭스를 다가오는 미디어 산업과 경제 모델에 대한 선구자visionary라고 묘사했고, 정책 입안자들과 화자들은 이것을 항상 이해하지 못했다. 예를 들어, FCC의 전 국가 통신 및 정보 국장(1993~1999년)인 래리 어빙Larry Irving은 넷플릭스가 거의 신비적이지만 위대한 영향을 가지고 있다고 설명했다. "넷플릭스와 넷플릭스 주가가 상승하면서 어떤 일이 일어나고, HBO는 우리가 별도의 케이블과 OTT로 갈 것이라고 말하고, CBS도 다시 OTT로 갈 것이다. 5년 후, 미디어 지형은 지금과는 확연히 다를 것이 틀림없다. 어떻

---

35) Todd Gitlin, *The Whole World Is Watching: Mass Media in the Making and Unmaking of the New Left*, 2nd ed. (Berkeley: University of California Press, 2003).

게 다를지는 말할 수 없다."[36] 미래주의자 프레임은 넷플릭스와 미디어 플랫폼이 미디어 산업에 대규모의 변화를 가져올 것이라고 인정하지만, 넷플릭스의 역사나 과거의 경험이 이 효과를 위한 메커니즘이라고 확신하지는 못한다. 넷플릭스가 현재의 이벤트나 업계 관행이 아니라 미래의 비즈니스를 어떻게 견인할지가 관심 사항이다. 중요한 점은 이 역시 신비로운 함축과 결합되어 있다는 점이다. 어빙은 미래가 어떻게 될지는 확신하지 못하지만 넷플릭스와 다른 미디어 제작자들이 행한 혁신의 결과가 될 것이라고 덧붙였다.

이 미스터리는 미래주의자 프레임을 뒷받침하는데, 가능한 최고의 미래를 보장하기 위해 지금 취해야 할 조치가 무엇인지와 관련된 불안감에 대한 더 큰 사회적 논의에 기여하기 때문이다. 그것은 또한 C-SPAN의 전체적인 맥락과 내부에 내재된 다양한 관점을 반영한다. C-SPAN은 정부와 정책 입안자들뿐만 아니라 기업들과 옹호 단체들의 콘텐츠를 방송하기 때문에, 이 모든 것은 미래의 미디어 지형에 대한 통제권을 얻기 위해 노력하고 있다. 그리고 미래주의자 프레임은 미래의 모습에 대한 미스터리와 불확실성을 수용한다. 카네기 멜론 대학의 존 페하John M. Peha 교수는 진보-정책-연구소Progressive Policy Institute가 후원하는 패널에서 넷플릭스와 다른 미디어 파트너와의 관계에 대한 자신의 혼란을 다음과 같이 설명했다. "이 세상에서 가장 논란이 많은 토론인 컴캐스트와 넷플렉스 문제를 언급하고자 한다. 경고하면서 시작하겠다. 컴캐스트와 넷플릭스가 어떻게 돌아가는지 전혀 모르겠다."[37] 미래주의자 프레임은 넷플릭스가 미디어의 미래에 중요한 위치를 차지할 것으로 인식하기 때문에 이전의 폄하 프레임에 이의를 제기한다. 폄하는 넷플릭스의 현재

---

36) Larry Irving, "1934 Communications Act and Modern Tech-nology," Recorded October 22, 2014. C-SPAN. http://www.cspan.org/video/?322250-1/discussion-communicationsact-1934&start=4621 (검색일 2015.7.10)

37) John M. Peha, "FCC Open Internet Policy," Recorded May 27, 2014. C-SPAN. http://www.c-span.org/video/?319582-1/openinternet-policy&start=6072 (검색일 2015.7.10)

역할을 경시하지만, 2,954개에 수록된 대부분의 사람들은 넷플릭스가 미래의 잠재적 힘과 효과가 있음을 인정했다. 중요한 것은, 이 미래에 대한 타임라인은 결코 C-SPAN에서 확인될 수는 없었다. 이러한 변화가 내일 일어날 것인지 아니면 앞으로 몇 년 안에 일어날 것인지 확실하지 않다. 프레임 내에서의 구체성이 부족하여 이러한 잠재적인 미래 효과의 미스터리한 맥락을 강조한다.

이는 주로 넷플릭스와 기타 온라인 스트리밍 기술과 관련하여 뚜렷하며, 코드커터code-cutter로도 불리는 밀레니얼 세대인 차세대 미디어 고객과 관련이 깊다. 많은 카테고리들이 넷플릭스를 30세 미만의 젊은이들과 연계되고 수용되는 새로운 미디어 지형의 상징으로 분류했다. ≪커뮤니케이터Communicators≫지의 모펫-나탄슨 연구소Moffett-Nathanson Research의 파트너 겸 선임 연구분석가인 크레이그 모펫Craig Moffett과의 인터뷰에서 넷플릭스가 밀레니얼의 흥미와 생활 방식에 영향을 준 미래 미디어 지형의 한 부분임을 거듭 확인할 수 있다.

넷플릭스와 같이 이미 존재하고 있는 몇 회사는 이미 영향을 끼쳤다. 나는 우리가 여기서 보고 있는 것이 밀레니얼의 시청 습관의 진정한 변화라고 생각한다. 그들은 단순히 우리 세대가 TV를 시청했던 것과는 다른 방식으로 TV를 시청하고 있으며, 당신은 모든 미디어 회사들이 그것을 받아들이고, 그들이 일종의 방어 태세를 취할 수도 없고, 더 이상 기존의 생태계를 보호하려고도 할 수 없다는 점을 인식하기 시작하고 있다. 그들은 실제로 그 고객들에게 손을 내밀어야 한다.38)

---

38) Craig Moffett, "Communications with Craig Moffett and Michael Nathanson," Recorded December 10, 2014. C-SPAN. http://www.c-span.org/video/?323145-1/communicatorscraig-moffett-michael-nathanson (검색일 2015.7.10)

넷플릭스는 또한 미디어의 미래에 영향을 미치는 것으로 확인되는데, 특히 온라인 기술이나 스트리밍을 채택하지 않은 다른 미디어 회사들과 뚜렷이 비교되어서 그렇다. 인터뷰 후반에 CBS는 느린 반응을 보이는 회사들 중 하나로 밝혀졌다. 넷플릭스는 코드 커팅과 온라인 스트리밍이 단순한 유행 이상의 것이 아니라 장기적 추세라는 것을 다른 회사들이 인식하기 전에 미래 시장을 포용한 산업계의 선구자로 묘사된다.

그렇다고 넷플릭스의 미래에 대한 모든 언급이 긍정적인 시각만 선별되었다고 말하는 것은 아니다. 대신에, 다른 화자는 미디어의 미래나 심지어 정부 규제에 대한 그들의 우려를 설명하기 위해 미래주의자 프레임을 사용한다. 페하와 대화하는 동안 진보-정책-연구소의 할 싱거Hal Singer 선임 연구원은 다음과 같이 말했다. "나는 우리가 넷플릭스의 시각prism, 실제로는 넷플릭스 전쟁을 통해서 상호 접속 논쟁에 대해서 배우고 있는 게 매우 걱정된다. 논쟁이 넷플릭스 대 컴캐스트, 넷플릭스 대 누구든지 간에. 그리고 넷플릭스는 당신의 콘텐츠 제공자의 평균적인 대표자가 아닐 수도 있다. 그래서 나는 규제가 거짓일 수도 있는 프리즘을 통해 생겨나는 것을 우려한다."[39] 싱거는 이러한 우려를 넷플릭스가 미디어의 다른 주요 사업자와 교류하는 방식과 연관시킨다. 컴캐스트가 규제에서 맡은 역할에 대한 이전의 연구는 컴캐스트가 주로 적절한 미디어법이 제정되는 것을 막고 심지어 충분히 고려되는 것을 방지하는 부정적인 로비 단체로 규정되었음을 시사한다.[40] 넷플릭스와 컴캐스트와 같은 기업들의 지속적이고 광범위한 연계를 통해, 미래주의자 프레임은 어려운 미디어 산업을 규제하고 통제하기 위한 의원들의 미래 능력과 관련된 관심을 설명하기 위해 이용된다.

---

39) Hal Singer, "FCC Open Internet Policy," Recorded May 27, 2014. C-SPAN. http://www.c-span.org/video/?319582-1/openinternet-policy&start=6072 (검색일 2015.7.10)

40) Emily R. Roxberg, "FCC Authority Post-Comcast: Finding a Happy Medium in the Net Neutrality Debate," The Journal of Corporation Law 37 (2011): 223.

미래주의자 프레임은 또한 산업계 리더들을 인터뷰할 때도 사용된다. 시스코 CEO 존 챔버스John Chambers는 2014년 C-SPAN과의 인터뷰에서 미디어 산업의 미래에 영향을 미치는 가장 크게 부각되는 몇 개의 과제가 무엇이라고 생각하냐는 질문을 받았다. 그는 "당신이 넷플릭스가 하고 있는 일을 들여다본다면, [넷플릭스]가 어디서 매출을 발생시킬 것 같냐?"고 답변했다.[41] 다시 말하지만, 체임버스가 청중들에게 넷플릭스의 미래 행동에 대한 불확실성과 이것이 미칠 수 있는 영향을 강조하기 위한 수사적인 질문을 던진 것처럼, 미래주의 프레임은 미스터리와 짝을 이룬다. 이 프레임에서 넷플릭스는 화자가 청중들이 회사의 미래에 나타날 수 있는 동기, 영향 및 개인적인 효과에 대해 의문을 제기하는 것을 장려하기 위해 사용하는 도구다. 중요한 것은, 이 연구에서 검토한 250시간의 C-SPAN 보도에서 컴캐스트는 미래주의자 프레임을 사용하여 논의된 유일한 다른 미디어 조직이었다. 넷플릭스가 이 지위를 갖게 된 이유를 말하는 것은 어렵지만, 세 번째 프레임인 드라마틱한 프레임에 의해 부분적으로 파악할 수 있다.

드라마틱

미래주의자 프레임과 함께 세부 영역에서 자주 등장하는 드라마틱 프레임은 넷플릭스를 미디어 산업과 정부에 불필요한 문제를 일으키는 지나치게 감정적이고 자격이 있는 기업으로 묘사하고 있다. 미래학자 프레임과 비슷하게 드라마틱 프레임은 이전의 학문적 연구보다는 데이터 세트에서 직접 나타났

---

41) John Chambers, "Wall Street Journal Viewpoints Breakfast with John Chambers," Recorded September 24, 2014. C-SPAN. http://www.c-span.org/video/?321694-1/wall-street-journal viewpoints-breakfast-john-chambers&start=2377 (검색일 2015.7.10)

다. 그러나 미래주의자 프레임과 달리 이 프레임은 "미숙한"과 "골칫거리" 같은 용어를 사용하면서 문화에서 넷플릭스의 현재 역할에 초점을 맞추고 있다. 넷플릭스와 넷플릭스의 기술은 서비스에 대한 불균형적인 대중의 요구와 전통적인 규제에 협력하려는 부족한 욕구 때문에 문제가 있는 것으로 간주된다.

이것은 회사를 약자로 규정하는 폄하 프레임과는 다른데, 넷플릭스의 드라마틱 경향은 오직 많은 대중의 지지를 받아 허용되고 용인되기 때문이다. 실제로 이 프레임을 통해 넷플릭스가 산업에서 가지는 힘은 대중 수요와 플랫폼 사용의 직접적인 결과에서 비롯된다. 예를 들어, ≪워싱턴 저널≫의 기술 담당 전문 기자 브렌던 사소Brendan Sasso는 넷플릭스가 거대한 시장 점유율과 이용자를 갖고 있어 FCC의 정책에 도전할 힘을 갖고 있다고 밝혔다. "그리고 약 30% 정도로 인터넷 트래픽의 높은 비중을 차지한 것은 넷플릭스에 불과하다. … 넷플릭스가 이 비율이 증가하거나 부담이 불합리하다고 느낀다면, FCC 는 처음으로 이에 대응할 수 있다."[42] 사소가 설명한 바와 같이 넷플릭스는 산업 규범과 규제 관행에 대하여 자주 반발한다. 넷플릭스는 이러한 전망하에 플랫폼의 높은 수요를 언급하면서 대역폭 비용과 같은 FCC 정책에 이의를 제기하는 것을 주저하지 않는다. 그런 다음 드라마틱 프레임이 이러한 도전 과제가 불필요하고 부작용을 일으키는 것으로 인식되는 데 이용된다.

또한 드라마틱 프레임은 넷플릭스의 산업에서의 존재감 상승에 대하여 FCC와 기타 미디어 규제 그룹의 반응을 설명하는 데 이용된다. 종종, 이러한 규제 기관들은 진행 중인 기술 기업들의 혁신을 따라잡기에는 너무 느리게 대처하는 것으로 특징지어진다. FCC와 증권 거래 위원회Securities and Exchange Commision(SEC) 간 진행 중인 논쟁은 드라마틱 프레임을 통해 기업에게도 문제

---

42) Brendan Sasso, "FCC Net Neutrality Proposal," Recorded February 15, 2014. C-SPAN. http://www.c-span.org/video/?324071-3/washington-journal-brendan-sasso-fcc-netneutrali ty-proposal&start=1445 (검색일 2015.7.10)

가 있는 것으로 묘사된다. 2014년 의회 인터넷 당원 대회 자문 위원회Congres-
sional Internet Caucus Advisory Committee의 회의에서 통신 및 항소 법률 변호사인 매
튜 브릴Mattew Brill은 (넷플릭와 컴캐스트처럼) 협력적인 네트워크의 합헌성에 대
한 지속적인 논쟁으로 인해 SEC가 너무 느리게 운영되고 있으며, 이로 인해
기업들이 기존 법 밖에서 존재하며 운영되고 있다고 밝혔다. 그는 "우리는 그
러한 합의가 타당한 것인지 아닌지에 대해 토론할 것이다. 방송사와 넷플릭
스, 직접적으로는 컴캐스트와 중개사가 있는 컴캐스트 사이의 상호 연결은
SEC가 이러한 규칙의 범위를 벗어나 설정한 것이다"고 말한다.[43] 회의에서
다른 멤버들은 브릴의 분석에 동조하면서 덧붙였다. FCC와 SEC와 같은 기관
은 망중립성(2015년 결정 이전) 같은 주제에 대한 분명한 결정이나 정책을 시행
하는 데 너무 오래 걸리기 때문에 기업들은 정부 승인을 받지 못할 수 있는
제휴를 구성해야 하지만 고객의 선을 위해서는 필요한 일이다. 재무적 이익
이나 시장 점유율 대신에 고객에 대한 초점은 드라마틱 프레임의 중요한 부
분이다.

동시에 전반적으로 드라마틱 경향뿐만 아니라 대량 고객 기반과 문화적 영
향(즉, 인터넷 사용의 30%)을 언급하면서 C-SPAN은 넷플릭스가 공중을 대표하
여 행동하고 있다고 밝혔다. 이러한 의미에서 브릴이 시사하는 바와 같이 진
행 중인 논쟁들은 필요한 것보다 훨씬 더 오래 걸리며, 긴급한 상황에서 도움
이 되기에 충분할 정도로 적극적이지 않기 때문에 대중과 고객들에게 해로운
것으로 인식된다. 그래서 급박한 상황에서 도움이 될 만큼 충분히 활동적이
지 않게 된다. 이렇게 계속되는 논쟁의 하나가 C-SPAN 고객을 위한 빈번한
대화 주제인 "오픈 인터넷"과 관련되어 있다. ≪워싱턴 저널≫의 린 스탠튼
Lynn Stanton 선임 편집자는 2014년 인터뷰에서 오픈 인터넷이 왜 그렇게 오래

---

43) Matthew Brill, "Open Internet Rules," Recorded May 16, 2014. C-SPAN.
http://www.c-span.org/video/?319434-1/open-internet-rules&start=3115 (검색일 2015.7.10)

걸리는지, 그리고 (다른 디지털 회사들 중에서) 넷플릭스가 FCC의 우유부단함에
의해 어떻게 영향을 받아왔는지를 설명했다.

> 규제 기관들은 자신들의 서비스가 잘 되기to be sold를 원한다. 그러나 다른 회사
> 들은 넷플릭스를 좋아하고, 규제 기관은 추가로 서비스를 제한하는 것에 관심
> 이 있다. 규제 기관들은 당신이 인터넷 연결을 사용하는 방법을 제한할 수 있
> 고, 당신이 개인 서버를 실행하는 것도 제한할 수 있다. 이 나라에서 우리가 인
> 터넷을 사용하는 방법에 관하여 몇 가지 큰 문제가 있는데, 우리는 정말로 우리
> 에게 콘텐츠를 판매하는 데 기득권을 가진 사람들과 우리에게 인터넷을 제공해
> 주는 사람들을 분리할 필요가 있다.[44]

스탠튼이 제안했듯이, 지나치게 질질 끄는 논쟁은 넷플릭스와 같은 회사들
에게 이용자의 인터넷과 디지털 용량에 대해 더 많은 통제권을 갖게 했다. 그
녀는 넷플릭스와 같은 기업이 궁극적으로 현재처럼 행동하게 한 것은 오픈
인터넷 정책에 대한 FCC의 신속하고 이른 결정의 부족이라고 이전에 밝혔
다. 넷플릭스와 미디어 산업 내에서 진행 중인 논쟁에 대한 드라마틱 프레임
들은 고객과 대중에게 직접적인 영향을 미친다.

함의

이 세 가지 프레임을 함께 사용할 경우 넷플릭스는 미디어 규제와 관련하

---

44) Lynn Stanton, "FCC and Net Neutrality," Recorded May 16, 2014. C-SPAN.
   http://www.c-span.org/video/?319338-5/washington-journal-fcc-net-neutrality&start=1407
   (검색일 2015.7.10)

여 현재 및 향후 발생할 문제로서 복잡하면서도 자주 사용되는 예로 인식된다. 미디어 프레임의 조사에 있어 중요한 것은 이것이 시청자에게 미칠 수 있는 잠재적 영향이다. 시청자 분석이 이 연구의 범위를 벗어나는 반면, 폄하, 미래주의자, 드라마틱 프레임을 통해 중요하게 연결되며, 이것이 미래의 발전에 장기적인 영향을 미칠 수 있다. 폄하 프레임을 통해 넷플릭스는 열등한 미디어 조직과 플랫폼으로 묘사되는데, 이는 실제 이슈를 상징하지만 이슈 자체는 아니다. 넷플릭스는 또한 스트리밍 콘텐츠의 품질과 타이밍과 같은 일반적 문제에 대해 화자와 시청자를 하나로 묶는 수사적 디바이스로도 사용된다. 이러한 대형 기관과 진행 중인 "실제 문제"가 고객과 폭넓은 대중에게 영향을 미치기 때문에 드라마틱 프레임은 폄하에 대한 흥미로운 맥락을 제공한다. 둘을 함께 고려했을 때, 폄하와 드라마틱 프레임은 넷플릭스를 인기 있는 온라인 제공자로서 인식시키지만, 넷플릭스는 망중립성, 오픈 인터넷, 대역폭 사용에 대한 논쟁으로 둘러싸여 있다. 넷플릭스는 방송의 화자가 디지털 기술과 인터넷 정책에서 빚어지는 복잡하고 어려운 현재의 문제를 표현하는 수단이다. 폄하 프레임에서 지적했듯이, 넷플릭스를 묘사하는 데 (앞 장에서 초입에서 언급한 오바마 대통령의 언급처럼) 종종 사용된 유머는 연사가 종종 추상적인 토론을 시청자와 대중에게 적절하다고 느끼게 만드는 데 도움이 되는 수단이 될 수 있다. 이것은 미디어 규제의 틀을 고려할 때 잠재적인 미래 연구 분야 중 하나이다.

게다가 미래주의자 프레임은 더 많은 연구와 조사를 할 가치가 있다. 특히 이 연구와 관련이 있는 것은 넷플릭스가 미래에 어떻게 영향을 미칠 수 있는지에 대한 설명에서 미스터리에 대한 언급이다. 많은 화자들은 그들의 분석을 넷플릭스가 어떻게 미디어 규제의 미래에 일부분이 되는지에 대한 불확실성으로 채웠다. 폄하 프레임과 결합되면, 이것은 현재와 미래의 넷플릭스 작동에 대한 인식에 차이가 있음을 시사한다. 미스터리는 또한 왜 넷플릭스의 행위가 때때로 드라마틱하게 묘사되었는지 설명할 수 있다. 왜냐하면 화자들은 이렇게 진행 중인 논쟁이 어떻게 끝날지 확신하지 못했기 때문이다.

이 연구의 발견은 C-SPAN의 기자들과 언론인이 종종 정치인이 사용하는 프레임들을 채택하고 통합하면서 이 연구 결과들은 미래 미디어 규제에서 선형 모델의 첫 번째 단계가 존재함을 지지한다. 시청자가 이러한 프레임들을 채택하거나 채택하지 않는 방법을 이해하기 위해서는 종적 연구가 필요하지만, 초기 규제 연구에 따르면 이러한 프레임들이 넷플릭스 플랫폼에 대한 대중의 의견에 지속적인 영향을 미칠 수 있다. 넷플릭스의 이용은 2010년대 내내 계속 증가했으며, 비록 프레임들 중 하나는 대체로 부정적이지만, 프레임들의 긍정적 특성과 미래주의적 함축fururist-connotation은 넷플릭스 플랫폼의 지속적인 시청자 이용을 지원할 수 있을 것이다.

이것은 또한 넷플릭스에 대한 대중적 견해와 정부 견해 사이의 중요한 불일치를 초래한다. 이전의 연구는 대중이 회사의 목표와 방향을 대체로 승인하고 지지한다는 것을 밝혀냈다.[45] 이러한 인기는 폄하 프레임의 비효과적인 부분, 또는 미래주의자 또는 드라마틱 프레임의 힘을 시사하는 듯하다. 다시 말하지만, 대중이 이러한 프레임의 사용을 검토하기 위해서는 더 많은 시청자 중심의 연구가 필요하겠지만, 넷플릭스의 대중적 승인은 마치 미래주의자와 드라마틱 프레임과 가장 밀접하게 일치하는 것처럼 보이도록 한다.

이 장에서 C-SPAN의 사용은 또한 C-SPAN의 발견과 잠재적 일반화에 기여했다. 앞서 설명한 것처럼 C-SPAN은 언론인, 정책 입안자, 공무원, 정치인들이 모여 기술과 함께 문제를 논의할 수 있는 장소를 제공한다. 프레임에 대한 보다 통계적인 접근은 개별 카테고리가 넷플릭스에 영향을 주는 방법에 있어서 뚜렷한 차이가 있는지 분석하는 데 도움이 될 수 있다. 또한 넷플릭스의 어떤 직원이나 간부도 C-SPAN에서 인터뷰하거나 출연하지 않아서, 중요한 목소리는 데이터 세트의 외부에 남았다는 것을 유념해야 한다. 이것은 또한

---

45) Novak, "Narrow casting," 12.

콘텐츠 호스트나 일반적인 특성이 회사의 반응과 프레이밍에 영향을 미칠 수 있다.

이 프로젝트는 넷플릭스와 같은 플랫폼이 어떻게 표현되고 미디어 규제의 미래에 대한 논쟁에서 사용되는지에 대한 조사의 시작을 나타내지만, 해야 할 연구는 훨씬 더 많다. 여기서 확인된 세 프레임은 미디어 규제의 미래에 대한 선형 모델을 지원하는 것으로 보인다. 그러나, 더 많은 정량적 연구가 이것을 검증할 필요가 있을 것이다. C-SPAN이 실제의 정치 행위와 방송 산업, 언론 반응 등을 지속적으로 기록함에 따라, C-SPAN은 미디어 규제의 장래를 어떻게 논의하는지를 연구하는 학자들에게 중요한 연구의 도구 역할을 할 수 있다.

제3장

넷플릭스와 선택·참여·자율의 신화

Netflix and the Myth of Choice/Participation/Autonomy

새라 아놀드 Sarah Arnold

넷플릭스의 성공은 영화와 텔레비전 시청 경험의 급격한 변화에 대하여 토론을 하게 만들었고(카Carr[1], 오레타Auletta[2] 및 마드리갈Madrigal[3] 참조), 넷플릭스

---

1) David Carr, "TV Foresees Its Future. Netflix Is There," *The New York Times*, July 21, 2013. http://www.nytimes.com/2013/07/22/business/media/tv-foreseesits-future-netflix-is-there. html (검색일 2015.6.20)

2) Ken Auletta, "Outside the Box: Netflix and the Future of Television," *The New Yorker*, February 3, 2014. http://www.newyorker.com/magazine/ 2014/02/03/outside-thebox-2 (검색일 2015.6.20)

3) Alexis C. Madrigal, "How Netflix Reverse Engineered Hollywood," *The Atlantic*, January 2, 2014. http://www.theatlantic.com/technology/archive/2014/01/hownetflix-reverse-engineer ed-hollywood/282679/ (검색일 2015.6.20)

는 DVD, 시간 이동time-shift 장비 및 기타 스트리밍 기술에 의해 이미 개발된 개인화된 시청을 강화시킨 것으로 (스스로) 알려졌다. 이러한 개인화는 넷플릭스가 콘텐츠를 보는 동안 넷플릭스와 이용자의 상호 작용에 대한 모니터링과 해석을 통해 형성된 어마어마한 양의 이용자 데이터를 분석함으로써 가능해진다. 넷플릭스는 데이터 마이닝 시스템을 소비자에게 유익한 것으로 간주하며, 넷플릭스가 그러한 추천 시스템을 통해 고객의 취향을 더 잘 이해하고 대응할 수 있게 한다고 설명한다.[4] 이것은 시청자수 측정과 해석이 몰개인화depersonalized된 덩어리 개념에서 개인화personalized, 개성화individuated, 자율적인autonomous 개념으로 전환되는 것을 나타낸다.

역사적으로, 수용자audience는 미디어 제도에 의해 개념화된 것으로 담론적으로 생산되어왔다.[5] 수용자에 대한 지식은 시청자수를 계산할 수 있는 기술로 제한되며, 그 결과 수용자는 특성, 속성, 그리고 작은 규모의 동질성 단위로 감소한다. 이엔 앙Ien Ang이 시사하듯이, 수용자 측정 시스템에 의해 산출된 정보는 미디어 제작자와 방송사에 의해 행해진 일종의 "진실"이 되었다.[6] 결과적으로, 미디어 기관과 제작자는 콘텐츠를 보는 합리적인 시청자수를 확보하기 위해 시청자에 대해 알고 영향을 주려 했다. 이러한 미디어 제작자들과 방송사들은 가장 많은 시청자를 사로잡으려고 노력했으며, 상업 방송의 맥락에서는 가장 가치 있는 것이 시청자이다. 그 결과 시청자는 "몰개인화"되고 "전체의 부분"으로 파악되지만, 역설적이게도 상대적으로 (제한된 콘텐츠 옵션의) 자유로운 선택권을 행사하는 강력한 집단이 되었으며 나중에는 샘플링

---

4) "Netflix Taste Preferences & Recommendations." *Netflix*. https://help.netflix.com/en/node/9898 (검색일 2015.6.20)

5) Ien Ang, *Desperately Seeking the Audience* (London & New York: Routledge, 1991); Philip M. Napoli, *Audience Evolution: New Technologies and Transformations of Media Audiences* (New York: Columbia University Press, 2011).

6) Ang, *Desperately Seeking the Audience*, 21.

과 분석의 대상이 되었다.[7]

따라서 전통적인 텔레비전 시청자의 측정은 다소 추측에 의해 "대략 시청자수를 찾는 것"[8]이어서 샘플 그룹 외에는 확인할 수 없었다. 전국 방송사와 개별 방송사에 의해 수행된 사내 시청자 조사에서부터 닐슨Nielsen과 BARB (영국 방송사 시청자 조사 위원회Broadcasters' Audience Research Board—옮긴이) 같은 독립된 조사 회사에 이르기까지 시청자 조사 기관은 "실제 시청자"를 파악할 수 없다.[9] "실제 시청자"는 측정하고 관리하기 어렵다. 나는 이로 인해 나타난 것이 수용자 조사 업체audience agency라고 본다. 반면, 미디어 기관은 시청자의 행동과 의도를 파악하려고 할 뿐 결코 통제할 수 없었다. 그러나 IPTV와 인터넷 텔레비전 시대에는 새로운 측정 형태가 데이터화datafication를 통해 가능하고 측정된다. 데이터화는 전례 없는 방법으로 시청자를 측정하고 영향을 미치는 것이다. 전통적인 텔레비전 시청자의 측정처럼, 이것은 시청자 서비스와 같은 형태로, "당신이 원하는 것을, 당신이 보고 싶을 때" 볼 수 있는 시청 경험의 개인화를 촉진하는 수단을 만들어낸다.[10] 넷플릭스와 같은 서비스는 시청자 개개인의 정체성과 인격성에 대한 지식에 대해 특별한 주장을 한다. 개인화와 사적 서비스 담론이 수용자의 자율감을 지적할 수도 있지만, 나는 이것이 마크 앤드레제빅Mark Andrejevic이 착취exploitation[11]라고 주장하는 것과 앙투아네트 루브로이Antoinette Rouvroy가 "알고리즘 통치성algorithmic governmentality"[12]이라고 이해하는 데이터화의 성향을 드러낸다고 주장한다. 이러한 새

---

7) Ibid., 3 6.

8) Ibid., preface.

9) Philip M. Napoli, *Audience Economics: Media Institutions and the Audience Marketplace* (New York: Columbia University Press, 2003), 33-34.

10) "Netflix 'What You Want, When You Want' Promo" YouTube video, posted January 8, 2013. https://www.youtube.com/watch?v=A-90OwZtzT4 (검색일 2015.6.20)

11) Mark Andrejevic, "Surveillance and Alienation in the Online Economy," *Surveillance & Society* 8.3 (2011): 278-287.

로운 형태의 측정법은 온라인 이용자의 상호 작용에서 수집된 데이터를 모든 개인의 행위를 수집하고 통제하는 방법에 활용한다. 이러한 시청자 측정의 데이터화는 시청자의 행동을 좇는 것에서 미래의 시청자의 행동을 예측하고 통제하는 것으로의 중대한 변화를 보여준다.[13] 이것은 문화적으로 생산되고 (그리고 시청 경험을 통해 이루어진) 시청자의 정체성을 이해하는 측정 모델에서 데이터를 통해 생산되고 (그리고 데이터 알고리즘에 의해 정의된) 시청자의 정체성으로의 변화를 나타낸다. 현재까지, 데이터화를 향한 이러한 변화의 제도적·사회적 중요성에 대한 고려는 거의 없었다. 특히 시청자 기관, 정체성, 자율성에 미치는 영향의 맥락에서 그렇다. 이 장에서, 나는 이러한 문제를 전통적인 텔레비전 시청자 측정과 비교하여 데이터화에 의해 가능한 측정의 증가된 형태와 관련하여 검토한다. 나는 데이터화가 대중으로부터 개인의 자유를 시사하는 것이라고 할 수 있지만, 동일하게 넷플릭스와 같은 온라인 텔레비전 플랫폼에서 사용되는 데이터 알고리즘을 통해 만들어진 더 극심한 개별 조작과 통제를 감춘다고 주장하고자 한다.

넷플릭스는 텔레비전인가?

넷플릭스는 자체 스트리밍 플랫폼을 통해 텔레비전 콘텐츠의 중요한 공급자가 되었다. 드라마 시리즈에서 리얼리티 TV 프로그램에 이르는 텔레비전 콘텐츠 공급은 디지털과 온라인 시청의 증가와 동시에 일어났다.[14] 넷플릭

---

12) Antoinette Rouvroy, "The End(s) of Critique: Data-Behaviourism vs. Due-Process," in *Privacy, Due Process and the Computational Turn: The Philosophy of Law Meets the Philosophy of Technology*, eds Mireille Hildebrandt and Ekaterina De Vries (New York: Routledge, 2013), 143-168.

13) Andrejevic, "Surveillance and Alienation," 281.

스는 콘텐츠 배급뿐만 아니라 제작 분야에도 뛰어들었다. 이것은 넷플릭스를 텔레비전과 동일한 제도적 측면에 들어가게 했고, 텔레비전 시청자를 대상으로 텔레비전 산업의 경쟁자로 만들었다. 넷플릭스를 텔레비전으로 생각할 뿐만 아니라 텔레비전의 조종을 울리는 회사로서 여기는 폭넓은 역설적인 담론이 등장했다. 비평가, 비즈니스 분석가, 시청자 측정 기관 및 대중은 지속적으로 넷플릭스를 텔레비전과 동일시하고, 선형 TV와 새로운 인터넷 기반 텔레비전을 구별하면서 넷플릭스를 텔레비전에 대한 도전으로 인식했다.

넷플릭스와 선형 텔레비전 사이에는 분명하고 근본적인 차이점이 있다. 넷플릭스는 실시간으로 전송되지 않고, 토크 쇼chat show, 뉴스, 스포츠 등 생동감 넘치는 경험을 중시하는 스트리밍은 하지 않는다. 넷플릭스의 콘텐츠 공급은 배급 기간이 단축되고 있지만 주로 방송된 콘텐츠가 대부분이다. 넷플릭스는 스스로를 선형 텔레비전과 구별하면서, 인터넷 텔레비전이 단순히 선형 텔레비전의 경쟁자가 아니라 결국 대체할 것이라고 주장한다.[15] 마지막으로 넷플릭스는 선형 텔레비전과는 상당히 다른 시청 경험을 제공한다. 넷플릭스는 콘텐츠의 고정된 선형 흐름보다 시청자가 선택하는 제한된 콘텐츠 카탈로그를 제공한다. 인터페이스는 "추천"이라는 일종의 편성을 하지만, 시청자는 대신에 카탈로그를 둘러볼 수 있다. 한 번 재생되면 브랜드 메시지나 광고에 의해 콘텐츠가 중단되지 않지만, 2015년 현재 진화하고 있다.[16]

14) Cynthia Littleton, "Linear TV Watching Down, Digital Viewing Up in Nielsen's Q3 Report," *Variety*, December 3, 2014. http://variety.com/2014/tv/news/linear-tv-watching-downdigital-viewing-up-in-nielsens-q3-report-12013696651 (검색일 2015.6.12)

15) Jay Yarow, "Netflix CEO on the TV Industry: It Had a Great 50-Year Run, but It's Over Now," *Business Insider UK*, April 26, 2015. http://www.businessinsider.com/netflix-ceo-on-the-tvindustry-2015-4 (검색일 2015.6.10)

16) Alison Griswold, "Netflix Is Running Ads That It Insists Aren't Ads," *Slate*, June 1, 2015. http://www.slate.com/blogs/moneybox/2015/06/01/netflix_is_running_ads_for_its_own_content_says_they_re_not_really_ads.html (검색일 2015.6.10)

이 모든 것은 선형 TV와는 다른 형태의 시청자 상호 작용이 필요하며, 이는 다시 넷플릭스가 선택의 인식을 유지하면서도 시청자를 콘텐츠에 더 많이 참여하게 하고 가입하게 하는 이용자에 친화적인 인터페이스를 만들 것을 요구한다. 이러한 점에서 넷플릭스는 시청자가 보는 방법과 이유를 이해하기 위한 전략과 도구를 개발하는 데 있어서 선형적인 텔레비전의 시청 관행을 따른다.

전통적인 텔레비전 시청자 측정

물론 넷플릭스와 같은 콘텐츠 제공자들이 그들의 이용자를 이해하려고 노력하는 것은 필수적이고 당연한 일이다. 선형 텔레비전과 인터넷 텔레비전의 사업 모델은 모든 콘텐츠의 가장 큰 시청자 시장을 잡는 데 달려 있다. 나폴리Napoli가 제안했듯이 미디어 산업은 단순히 콘텐츠의 생산자가 아니라 동시에 수용자의 생산자다.[17] 그러므로 콘텐츠 제공자들은 그들의 제품, 즉 콘텐츠에 대한 접근을 제공할 뿐만 아니라, 그들은 시청자를 제공하는 역할을 한다. 콘텐츠가 시청자에게 제공되는 곳에서 시청자는 다양한 산업, 기업 및 상업적 관심사에 차례로 노출된다. 선형 텔레비전 산업의 수익 모델은 처음에 광고주에게 예측한 시청자를 제공하면서 작동하고, 다음에 닐슨과 같은 측정 회사가 측정한 시청자수에 따라서 광고비를 지불한다.[18] 그러므로, 텔레비전 회사들은 닐슨 시청률이 미래의 광고 수입의 기초를 형성하기 때문에 닐슨이 평가한 시청자의 크기와 구성에 의존한다. 이것이 처음에 미국 텔레비전 산업을 뒷받침한 방법으로 시청자에게는 콘텐츠를 무료로 제공하고, 비용

---

17) Napoli, *Audience Economics*, 3.
18) Ibid.

은 광고주에게 부과했다. 또한 콘텐츠는 몇 년 후에 케이블과 위성 시청자들에게 제공되었고, 이어서 (넷플릭스 같은) 구독형 회사에게 제공되었다. 오늘날 인터넷 텔레비전은 두 가지 접근 방식을 모두 사용하며, 넷플릭스는 가입료를 지불하는 시청자들에게 콘텐츠를 제공한다. 모든 경우에 있어서, 콘텐츠 제공자들이 시청자를 확보하는 것은 중요하다. 나폴리에 따르면, 콘텐츠 공급자들은 단순히 시청자만을 다루는 것이 아니라, 보다 구체적으로는 시청자들의 관심attention을 거래한다.

> 인간의 관심은 대부분의 다른 산업에서 일어나는 거래의 특징인 일종의 정확한 검증과 정량화를 꺼린다. 강철은 무게로 계량되고 보험은 특정 금액의 보상금으로 표현되며, 법률 자문은 일반적으로 자문을 만들고 전달하는 데 소요되는 시간으로 측정된다. 그러므로 측정이 파운드, 달러 또는 시간 단위로 되어 있을 때, 정밀하고 안정적인 합리적 측정 시스템이 이러한 거래를 촉진하며, 거래의 물품은 합리적인 실체가 된다.[19]

그리고, 관심은 강철과 같은 정량화할 수 있는 객체가 아니기 때문에 사람의 주의력을 측정하는 것은 쉽지 않다. 미디어 산업은 시청자의 관심을 합리적으로 반영할 수 있는 충분한 계량화 방법을 개발해왔다. 미디어 조직은 시청자를 측정하려는 이유가 다르면서도 때로는 상충되지만, 모두 그들의 시청자의 지식을 창출하는 데 사용된다. 텔레비전 조직들은 사업 모델이 시청자 참여와 콘텐츠의 관계에 크게 의존한다는 점을 고려할 때 아마도 시청자의 측정과 더 밀접하게 연관되어 있다. 배리 건터Barrie Gunter가 제안했듯이, "텔레비전 산업 내에서, 시청자 측정은 프로그램의 성과를 판단하고, 프로그램의 편성 결정에 대한 기준을 제공하고, 광고 기획과 거래를 하는 데 중요하

---

19) Ibid., 5.

다."[20] 이 (시청자에 대한—옮긴이) 지식은 때때로 특정 프로그램의 성공을 확인하는 방법으로 미디어 회사들이 추구한다. 더 흔하게는, 수용자에 대한 지식의 창출은 광고에서 상업적 과정의 일부분이다. 이 경우 닐슨과 같은 독립된 시청자 측정 회사들은 데이터를 방송사에 판매하고, 방송사는 광고 공간의 가격을 더 효과적으로 책정할 수 있도록 한다. HBO와 넷플릭스와 같은 가입 기반 텔레비전 사업자는 광고 수입에 의존하지 않지만, 지속적인 시청자의 관여가 가입자를 보장하기 때문에 여전히 시청자 측정에 대한 투자를 유지하고 있다.

수용자 관여에 대한 지식 창출에 꽤 투자함에도 불구하고, 시청자를 측정할 수 있는 도구는 여전히 한계가 있다. 수용자 측정 시스템과 조직은 역사적으로 샘플 크기와 가치 사이에서 타협해왔다. 즉, 그들은 미디어에 대한 개인적personal이고 개별적individual 관여뿐만 아니라 전체 시청자의 규모와 인구 통계학적 데이터를 형성하는 업무를 했다. 시청자 측정의 초창기에는, 샘플링이 표본 크기의 문제를 해결하기 위해 사용되었다. 일정 시간에 정확히 얼마나 많은 사람들이 듣고 있는지를 측정하는 것은 불가능했기 때문에, 전체 시청자의 청취율을 결정하거나 추정하기 위해 대표 샘플이 사용되었다. 웹스터Webster, 팔렌Phalen, 리치티Lichty가 말한 것처럼, 전화 샘플링은 1930년대에 사용되었는데, 당시 청취자들은 전날에 했던 일을 기억해내 달라고 요청받았다.[21] 이 시스템은 개별 청취자와의 직접적 관여에 의존했기 때문에 측정 도구는 참여와 동의에 의해 만들어졌다. 시청자들은 피드백을 해줄 것을 요청받았다. 그 후 몇 년 동안 청취자들은 청취자의 기억이 신뢰할 수 없는 것으로 판명되었기 때문에 특정 시간에 무엇을 보고 있었는지를 밝히라고 요청받

---

20) Barry Gunter, *Media Research Methods: Measuring Audiences, Reactions and Impact* (London: Sage, 2000), 116.

21) James G. Webster et al., *Ratings Analysis: Audience Measurement and Analytics,* 4th ed. (New York: Routledge, 2014), 22.

왔다.

그러나 두 경우 모두 형성되는 데이터의 양은 적었고, 종종 부정확했다. 예를 들어, 측정은 가정용 텔레비전을 소유한 시청자로 제한하여 라디오와 텔레비전의 실제 시청자수를 적게 만들었다. 일지는 나중에 이것을 극복하기 위해 사용되었다. 일지는 더 많은 모집단의 샘플에게 보낼 수 있고, 더 상세하고 정확한 피드백을 기록할 수 있다. 게다가, 인구 통계학적 정보도 포함될 수 있다. 이것은 여전히 답변자들의 참여와 피드백할 때 그들의 기억, 정확성, 정직성에 달려 있다. 사람의 실수에 대해 민감해지면서 측정은 보다 이론적이고 과학적인 데이터 수집 방법으로 점차 변화했다. 미터meter가 답변자가 직접 참여하는 것을 우회하는 도구로 사용되었다. 예를 들어, 텔레비전 셋톱 미터는 텔레비전으로부터 직접 데이터를 수집했고 그들의 시청은 자동적으로 기록되었다. 이는 응답자가 더 이상 직접 반응을 기록하지 않았다는 것을 의미한다. 셋톱 미터는 누가 시청하고 있는지 알려주지 않지만, 피플미터peo-plemeter의 개발은 이것을 극복하기 위해 시도되었다. 개인은 가족 중 누가 시청하고 있는지를 표시하기 위해 버튼을 눌러야 했다. 미터는 더 큰 규모로 설치하는 데 비용이 많이 들기 때문에 모든 텔레비전 수상기가 아닌 선택된 가구에 (계속해서) 설치되었다. 따라서, 시청 행태와 인구 통계학에 대한 더 자세한 데이터가 있는 곳에는 샘플 크기가 작았고 (여전히 작게 유지된다).

수용자의 데이터화 datafication

더 최근의 텔레비전과 인터넷 스트리밍 기술에는 이미 모니터링 도구가 내재되어 있다. 데이터화로의 전환은 이제 대표 샘플뿐만 아니라 특정 웹사이트나 온라인 미디어 플랫폼과 관련된 모든 활동을 측정하는 방법이 있다는 것을 의미한다. 웹스터, 팔렌, 리치티는 이것을 이용자 중심에서 서버 중심 측정으로의 전환이라고 언급해왔다.[22] 전통적인 기법이 이용자를 측정 중심에 두지만(즉, 여기서는 가구의 구성원은 측정된 TV에 관여한 경우 측정됨), 서비스 중심 측정은 서버를 측정의 중심에 위치시킨다(측정되는 것은 이용자가 서버와 상호작용한 크기임). 측정 회사들은 인터넷 시청자들을 측정하기 위해 전통적인 방법과 새로운 방법을 모두 이용할 수 있다. 예를 들어, 닐슨은 데스크톱 미터기를 사용하여 현재까지 가장 큰 표본 중 하나인 23만 명의 인터넷 사용량을 측정한다.[23] 이러한 유형의 측정은 직접 데이터(이용자, 위치, 플랫폼)뿐만 아니라 (이용자가 누구인지 고려한) 패널 데이터를 도출한다. 다른 개별 제공자는 이용자가 특정 서비스와 상호 작용하면서 발생한 데이터를 추적하면서 직접 데이터 마이닝을 통해 시청자 측정 회사를 거치지 않고 이용자와 시청자에 대한 지식과 이해를 스스로 만들어낼 수 있다. 넷플릭스는 후자의 측정 모델에 훨씬 더 가깝다. 넷플릭스는 이용자 상호 작용을 통해 발생된 데이터로부터 통찰력을 얻고 개별 가입자를 위한 추천 모델을 개발한다. 또한, 넷플릭스는 전반적인 통찰력과 전체 시청자의 패턴과 행태에 대한 데이터를 확보한다. 넷플릭스는 개별 자산(TV 프로그램 또는 영화)의 성과를 훨씬 더 정밀하고 정확하게 평가할 수 있다. 개별 프로그램, 영화 또는 장르에 대한 전반적인 이용자 관여에 관한 많은 양의 데이터를 가지고 보다 신속하게 (콘텐츠 구입하거나 제거하는) 조치를 할 수 있다. 넷플릭스는 이론적으로 시청 패턴을 예측하는 데 이러한 데이터를 사용할 수 있는 방법에 근거하여 이용자들에게 콘텐츠를 보다 효과적으로 제시할 수 있다.

이렇게 넷플릭스는 전통적인 시청자 측정의 많은 한계를 극복한다. 넷플

---

22) Ibid., 3 8.

23) "Nielsen Launches Largest, Most Representative Online Audience Measurement Panel in the U.S," *Nielsen*, July 13, 2009. http://www.nielsen.com/us/en/press-room/2009/Nielsen_Launches_Largest_Most_Representative_Online_Audience_Measurement_Panel.html (검색일 2015.6.11)

릭스는 모든 가입자를 실시간으로 측정할 수 있어 표본 크기 문제가 해결된다. 넷플릭스는 이용자의 (스크롤, 선택, 일시 중지, 인터페이스 복귀 등의 상호 작용을 통해) 관여 방법을 측정하면서 개별 이용자 관여를 매우 상세하게 평가할 수 있다. 넷플릭스는 사람의 실수로 샘플을 망칠 수 있는 인터뷰와 일지에서 발생하는 문제로 고민하지 않는다. 또한 개인 프로필을 만드는 것을 장려함으로써 피플미터의 한계를 극복하고, 개별 프로필의 사용이 개인화된 추천으로 연결된다. 게다가 넷플릭스 가입자는 개인의 취향과 가치에 따라 콘텐츠에 등급을 부여하도록 초대받는다. 전통적인 시청자 측정 시스템에서 개인별 가치 판단은 향후 편성에 거의 영향을 미치지 않는 반면, 넷플릭스의 데이터 알고리즘은 개별 이용자에게 콘텐츠를 맞출 것이다.

그리고, 넷플릭스는 샘플 크기, 인구 통계학적 프로파일, 관심 또는 라이프스타일을 포함한 시청자 구성과 구조에 대한 지식을 형성할 필요가 없다. 이 모든 것을 설명하고자 했던 경험적 연구의 많은 한계를 극복한다. 사실, 산업에서 만든 전통적인 시청자 측정 기법은 많은 비난을 받아왔다. 예를 들어, 앙은 "실제 시청자의 주관적 관행과 경험"을 무시하거나 놓치는 경향이 있는 텔레비전 시청자 측정 시스템의 중요한 맥락적 결여를 지적한다.[24] 그녀는 "크기와 인구 통계학적 구성"과 같은 좁은 프레임을 사용함으로써 시청자를 분류하고 식별하려는 노력은 시청자가 일관되고 알 수 있다는 오해를 낳았다고 주장한다.

연령, 성별, 인종, 소득, 직업, 교육 및 주거 지역 등의 요인을 시청 행동 변인들 (예: 시청량과 프로그램 선택)과 결합시키면 결과적으로 비교적 안정적인 "시청 습관"(주체과 객체의 완벽한 결합을 형성하는 일련의 귀속 행동 순서imputed behavioural routines)를 통계적으로 결정할 수 있다.[25]

---

24) Ang, *Desperately Seeking the Audience*, 62.

그러나, 이러한 시청자 "지도map"는 다소 자의적인 분류 시스템으로 축소시키는 역할을 했는데, 이 분류 중 어느 것도 시청 행위를 설명한다고 보장되지는 않았다. 마찬가지로, 설명이 보장되지 않는 점과 관련하여 시청자의 제도적 지도는 시청자의 즐거움, 동기, 의미와 같은 구체적 시청 행위의 특성을 무시했다. 넷플릭스가 이러한 문제들을 해결하는 듯한 시스템을 개발했다는 사실은 미디어 업계뿐만 아니라 시청자에게도 좋은 것처럼 보인다. 예측과 추천의 모형은 실제 이용자 인구 통계(최소한 확인할 수 있는 범위 내에서[26])에 따라 달라지거나 의존하지 않는다. 넷플릭스는 즐거움, 흥미, 싫어함 등 개인의 수준에서 시청 행위의 종합적인 내역을 평가할 수 있다. 넷플릭스가 이용자에게 등급제를 통해 서비스에 "응답speak back"할 수 있도록 하는 점에서 상호작용한다. 피드백을 제공하는 이 메커니즘은 전화 설문 조사 및 패널과 같은 이전의 시청자 연구의 방법을 떠오르게 하지만 주어진 인구를 반영하는 샘플보다 개인의 시청 선호도를 철저히 대표하는 장점이 추가되었다. 넷플릭스는 개인 이용자에 대한 보다 정확하고 상세하며 구체적인 데이터를 만들어내면서 전통적인 시청자 측정의 모호함과 추측을 제거한 듯하다.

예측 가능한 시청자

그럼에도 불구하고 나는 측정과 예측의 넷플릭스 모델이 기존의 측정 시스템보다 훨씬 더 이용자들의 맥락, 경험, 정체성을 없앤다고 주장하고 싶다. 넷플릭스가 생산한 지식의 종류는 대중, 사회적 공유 경험, 인간 동인human

---

25) Ibid.

26) "Netflix Goes Beyond Demographics," *Ware,* March 27, 2015.
https://www.warc.com/LatestNews/News/Netflix_goes_beyond_demographics.news?ID=34519 (검색일 2015.6.13)

agency의 감각을 부정하는 작용을 한다. 더 이상 시청자나 개인의 집합으로서 인식되지 않는 넷플릭스 이용자는 데이터 집합으로 분류되고, 이 데이터에서 도출된 정보는 넷플릭스에 의해 형성된 주요한 지식의 형태가 된다. 이러한 의미에서 넷플릭스는 앙투아네트 루브로이Antoinette Rouvroy가 "데이터 행동주의data behaviorism"라고 부르는 것에 관여한다. 데이터 행동주의란,

> 데이터에 의존하는 대신, 주체의 심리적 동기, 연설 또는 내러티브를 고려하지 않고 미래의 선호도, 태도, 행동 또는 사건에 대한 지식을 생산하는 것이다. 그러한 알고리즘 논리에 작용하는 기기의 "실시간 작동성real time operationality"은 인간 배우들에게 세계의 사건들을 기록하고, 해석하고, 평가할 부담과 책임을 덜어준다. 그리고 기록 또는 묘사, 제도화, 관습과 기호화하는 의미 생성 과정을 면하게 해 준다.[27]

따라서 데이터 행동주의는 데이터 그 자체가 지식을 창출하는 방식을 말한다. 경험적 연구, 해석, 판단, 분석은 더 이상 관련이 없거나 필요하지 않다. 데이터는 알고리즘을 통해 그 자체를 나타낸다. "개인화personalization"와 "개별성individuality"에 대한 데이터 마이닝의 전제는 인간의 행동, 개성, 성격을 제거하는 시스템과 일치하여 작동한다. 전통적인 시청자 측정 시스템은 사람들의 활동과 사회성을 데이터로 매핑함으로써 시청자의 지식을 형성하는 반면, 넷플릭스 모델의 지식 생산 방법은 인간을 디지털 흔적이나 사건으로 한정시킨다. 여기서 데이터는 지식 그 자체다. 의미는 데이터로 만들어진 것이 아니라 오히려 데이터가 모든 것을 의미한다. 루브로이가 제안했듯이, "'데이터 행동주의'는 실제 사실과 살과 피로 이루어진 사람을 시험하고, 질문하고, 조사하고, 평가하는 부담을 덜어준다. 이것은 사람들의 원인이나 의도를 시

---

27) Rouvroy, "The End(s) of Critique: Data-Behaviourism vs. Due-Process," 143.

험하거나 질문하기 위해서 … 사람들이 나타나지 않아도 되도록 해준다".[28] 넷플릭스의 경우, 데이터 마이닝을 통해 생성된 지식은 이용자에게 힘을 발휘할 수 있게 하고, 덜 자율적이게 된, 더욱더 많은 상호 작용은 서비스를 통해 일어난다. (알고리즘이 점점 더 이용자에게 제공된 콘텐츠의 범위를 결정하기 때문에.)

이용자의 디지털 상호 작용을 통해 형성된 지식은 이용자의 인간됨person-hood(취향, 사회적 가치 또는 비디지털 행동과 표현)에 영향을 미치지 않는다. 이 지식은 "근본적인 인구 통계학적 '진실'을 얻기 위한 시도가 아니라 생산적 상관관계를 위한 지속적인 검색"을 나타낸다.[29] 지속적인 검색은 개인을 설득력 있는 프로파일로 만드는 데이터 진실 체제를 생산한다. 루브로이에 의하면 이 데이터를 기반으로 만들어진 지식data-generated knowledge은, 세계로 뻗어 나가는 것이 아니라 "디지털 세계에서" 유래한다고 한다.[30] 즉, 넷플릭스를 통해 얻은 데이터는 서비스와 상호 작용하는 인간의 동인에 대해 추론하는 데 사용되지 않고, 대신 프로필과 데이터 상호 작용 사이의 상관관계를 찾아낸다. 이용자는 자신의 행위를 지배하는 자율적인 주체보다는 알고리즘을 통해 생성된 개인화 및 추천 시스템personalization and recommendations system(PRS)에 의해 추론된 디지털 정체성에 노출된다. 예를 들어, 넷플릭스 이용자가 〈오렌지 이즈 더 뉴 블랙〉의 어떤 에피소드를 시청하는 경우, 데이터는 이 이용자의 가능한 행동과 시청 패턴을 결정하는 PRS의 피드를 추적한다. 데이터는 이용자가 다음에 로그인할 때 일련의 새로운 추천 시리즈를 보여준다. 이 과정은 이용자의 행위에 따라 권장 사항을 수정하면서 계속된다. 이용자가 로그인할 때마다 알고리즘에 의해 더 구체화된 콘텐츠 목록을 접하게 된다. 그리고, PRS가 계속해서 새로운 상호 작용에 적응하고 있다는 점을 감안할 때,

---

28) Ibid., 149.

29) Andrejevic, "Surveillance and Alienation," 281.

30) Rouvroy, "The End(s) of Critique: Data-Behaviourism vs. Due-Process," 147.

콘텐츠의 범위는 더 자기만족스럽게self-fulfilling 된다. 이용자에 의한 진정성 있고, 자율적인 개방형 상호 작용보다 알고리즘 논리로 더 풍부해진 이용자 프로필을 만들면서 PRS는 점점 결정력이 높아진다. 그러므로 측정되는 것은 이용자의 자발적이고 의도적인 관여가 아니라, PRS가 행위를 형성하는 방식에 의해 조정된다.

이 알고리즘 결정론은 체니 리폴드Cheney Lippold가 말하는 "알고리즘 정체성algorithmic identity"을 만들어낸다.31) 이 정체성은 실질적 인간성보다는 디지털 정체성 또는 프로필을 통해 이용자의 정체성을 이해하기 위해 이용자의 데이터를 추적하는 알고리즘을 설계하고, 데이터를 모으고, 만드는 조직에 의해 생성된다. 여기서 중요한 점은 정체성이 명확하지 않아서 구체적인 개인과는 실제 관련성이 있을 필요는 없다는 것이다. 그러나 알고리즘은 이용자가 남긴 데이터 추적을 이해하기 위해 프로그래밍된 분류 체계를 사용하여 정체성을 지정하기도 한다. 넷플릭스의 PRS는 이용자 인구 통계학에서 도출하지는 못하지만, 이러한 인구 통계학은 장르를 표기하는 디자인과 시스템에서 만들어질 수는 있다. 이런 의미에서, 개인화와 자율성의 약속은 넷플릭스가 단순히 인구 통계학적 마커를 장르 태그로 전환하기 때문에 지켜지지 않는다. 정체성은 이용자에서 콘텐츠로 대체된다. 즉, 이용자는 영향을 미치는 복잡성과 함께 자신의 정체성을 플랫폼으로 가져오는 것이 아니라, 플랫폼이 자신의 정체성이 무엇을 의미하는지 결정한다. 그런 다음 PRS는 이용자를 콘텐츠로 유도할 수 있으며, 이용자를 사전에 인구 통계학적으로 분류된 콘텐츠 범주에 속하게도 할 수 있다.

이는 마케팅 담당자와 광고주가 이용자의 온라인 활동을 추적하기 위해 쿠키를 사용하는 방법과는 분명히 다르다. 알고리즘은 종종 온라인 데이터와

---

31) John Cheney-Lippold, "A New Algorithmic Identity: Soft Biopolitics and the Modulation of Control," *Theory, Culture & Society* 28.6 (2011): 164-181.

오프라인 인구 통계 데이터를 일치시키고, 이용자의 개인 프로필을 만들기 위해 사용된다. 이것은 광고주들이 그들의 광고를 이용자의 온라인 활동과 오프라인상의 사회적 지위에 의해 가정된 일련의 사회적 활동 분류 시스템을 통해 추론된 프로필에 타깃팅할 수 있도록 한다. 예를 들어, 검색 엔진이 화장품에 관한 정보를 찾기 위해 사용되는 경우 다른 웹사이트와 소셜 미디어에 다양한 광고를 띄울 것이다. 광고는 연령, 성별 또는 사회적 계층의 관점에 맞는 사회적 단위social body를 유추한다. 체니 리폴드는 수학 알고리즘에서 비롯된 이 알고리즘의 정체성이 사용하는 것은,

> 성별, 계급 또는 인종 자체의 실제 의미를 정의하는 것과 동시에 알고리즘적 방법으로 자신의 성별, 계급 또는 인종을 결정하기 위한 통계적 공통성 모델들이다. … 그것은 정체성의 정의를 완전히 디지털로 전환하여 측정할 수 있고 평이하게 만든다.[32]

따라서 온라인 세계는 정체성의 가능성을 유동적이고 변형적이며 자기 결정적인 것처럼 보이게 하지만, 사실 (미디어 기업들에 의한) 알고리즘의 사용은 정체성을 고정적이고 안정적으로 만드는 역할을 한다. 또한 알고리즘에 의해 추론된 정체성은 문제가 있는 대표적 효과를 영구화하는 데 많은 역할을 하며, "규범적" 정체성은 보이지 않고(추정되고), "차이"만 제시된다. 예를 들어, 아마존의 온라인 서점은 성 정체성과 관련된 많은 범주(예: "게이와 레즈비언"과 "여성 작가들과 소설")를 가지고 있지만, 이러한 정체성의 주변적 상태marginal status만 암시하는 경향이 있다.[33]

정체성에 대한 비슷한 구분이 넷플릭스에도 존재한다. 정체성 분류는 추

---

32) Ibid., 16 5.
33) Amazon UK, 2015.

천 카테고리와 "강한 여성이 이끌어가는with a strong female lead" 접미사가 붙은 태그가 붙은 하위 장르에서 분명하게 사용된다. 여기서 넷플릭스는 성별에 따라 시청 행태가 결정되었다는 것을 이전 이용자의 상호 작용에서 추론한다. 즉, 이용자가 적극적인 여성 주인공이 있는 텔레비전 프로그램을 시청하는 경우, PRS는 이것을 이용자가 (이용자 또는 주인공의) 성별 때문에 프로그램을 동일시하거나 관여하는 의미로 받아들인다. PRS가 이용자를 여성으로 식별하기 위해 작동하는 것은 그리 많지 않지만 성별의 개념은 이용자가 특정 프로그램에 대해 어떻게 판단하고 가치를 부여하는지를 결정하는 중요한 요인이다.

넷플릭스의 PRS는 분류 간의 분명한 차이를 만들고, 아마존처럼 "차이점"을 통해 문화적으로 코드화된 정체성들만을 표현해야 한다고 주장한다. 태그를 하위 장르를 형성하는 수단으로 사용하는 것은 인구학적 범주에 취향을 매핑하는 효과가 있지만, "비규범적" 정체성에 대해서만 적용된다. 이용자들은 태그의 차이를 통해 설명된다. 예를 들어, 인종은 장르의 태깅(예: "아프리카계 미국인 영화", "폭력적인 아프리카계 미국인 액션 및 어드벤처", "선정적인 아프리카계 미국인 코미디", "감성이 풍부한 아프리카계 미국인 드라마"[34])을 통해 생성된 하나의 하위 장르로 나타난다. 비슷한 태그가 백인이나 미국 백인에게는 존재하지 않는다. 여성은 장르로 태그되어 있지만, 남성은 그렇지 않다. 이런 의미에서 사회적으로 소외된 신분은 소외당하지 않은 신분과의 분리를 통해 정치적 논쟁거리가 된다. 이러한 정체성은 다름 것임 otherness과 타자성alterity*을 통해 생성되었고,

• 타자성alterity은 '다른 것임 otherness'을 뜻하는 용어이다. 타자성은 주체로 환원되지 않는, 다시 말해 인식 주체에 의해 대상화되거나 체험될 수 없는, 타자의 타자성을 극화할 때 성립하는 개념이다. [김미정, 「수치(shame)'와 근대」, ≪사회와 이론≫, 2호(2012), 141~189쪽]

---

34) Agid, *Netflix Genres*. https://docs.google.com/spreadsheets/d/1eISFvq42Sll1OxekyV-XQdwo G7_gjZpreNG40Pz8GOk/edit?pli=l#gid=1310164220 (검색일 2015.6.12)

백인, 남성, 미국인은 우월하고 만연하여 (특정할 필요가 없고), 비백인, 비남성, 비미국인은 구별되고 "기타"로 구별된다. 넷플릭스의 PRS는 인종, 성별, 국적이 어떠한 것들보다 사람의 정체성을 형성한다는 가정하에 작동된다.

따라서 넷플릭스는 이용자에 대해 환원주의적인reductive 주장을 한다. 넷플릭스 PRS는 이미 만들어낸 정체성을 적용하고 규정하도록 작동한다. 그러나 분산되고 모순되고 다양한 이용자 취향이 반복될 수 있지만, 알고리즘은 그 안에서의 공통점을 만들어내고, 프로파일링을 통해 이러한 공통점을 만들어 구체적인 ―종종 사회적으로 과대평가된― 정체성에 연결한다. 예를 들어, 이용자가 범죄 드라마를 선호한다고 가정해보자. 이용자는 〈브리지The Bridge〉, 〈톱 오브 더 레이크Top of the Lake〉, 〈굿 와이프The Good Wife〉를 보려고 선택할 수 있다. 어떤 이유로든 각각 선택한 이유가 있을 것이지만, 넷플릭스 PRS는 적극적인 여자 주인공의 패턴을 강조할 것이다. 이것은 미래 추천의 기초를 형성할 것이고, 이용자를 알고리즘을 바탕으로 한 정체성에 종속시킬 것이다. 추천이 플랫폼에 나타날 때, 추천에 의해 형성된 담론은 다음과 같은 정체성을 주장할 것이다. 정체성의 사례는 남성다움에 대한 비규범적인 상대로서의 여성다움, 여성의 비규범적인 나약함에 대한 여성의 힘이다. 따라서 넷플릭스는 체니 리폴드가 말한 "통계적 고정 관념statistical stereotyping"을 통해 "특정 카테고리"와 이용자 정체성을 규제하는 결과에 따라 복잡한 데이터를 환원주의적인 인구 통계학적 카테고리에 배치한다.[35]

넷플릭스는 이용자 상호 작용에서 정체성을 추론할 뿐만 아니라, 이용자가 스스로 취향을 선호하고 결정하는 것을 거부하고 무시한다. 넷플릭스는 다른 유형의 데이터에 다른 가치를 부여하는데, 더 보이지 않고 더 자동적인 데이터를 이용자가 제공한 자기 반영 데이터보다 우선한다. 넷플릭스는 (취향, 관심, 정체성과 관련하여) 이용자 행위와 이용자 표현을 구분한다. 그리고 (취향 선

---

35) Cheney-Lippold, "A New Algorithmic Identity," 170.

호도와 등급을 통해) 이용자 표현은 실제 상호 작용과 행위와는 밀접하게 상관관계가 없기 때문에 나쁜 데이터로 본다. 이용자가 제공하는 맥락, 즉 희망 시청 목록과 개인화를 통해 자신의 개성을 만든 지식은 알고리즘에 의해 형성되는 지식보다 부차적이다. PRS는 한결같고, 일관되고 예측 가능한 결과를 내기 위해 작동된다. 이용자의 선호도와 취향의 표현이 그들의 자발성, 취향의 다양성 또는 특정한 순간의 기분을 반영할 수 있지만, 이것은 쉽게 측정될 수 없으며 넷플릭스가 이용자 경험을 조정하고 통제하는 데 거의 도움이 되지 않는다.

넷플릭스에 관계된 사람들은 이용자 표현에 대한 거부감을 보였고 행위가 중심이 된 추천 알고리즘을 강조했다. 제품 혁신 담당 부사장인 토드 옐린 Todd Yellin은 다음과 같이 주장했다.

현재 대부분의 개인화는 [이용자가] 좋아하는 것이 아니라 실제로 본 것들에 기반을 두고 있다 ⋯ 왜냐하면 〈불편한 진실An Inconvenient Truth〉은 세상을 변화시키고 있어서가 아니라 〈폴 블라트: 몰 캅 2Paul Blart: Mall Cop 2〉를 몇 년 동안 세 번 더 볼 수도 있기 때문에 별 다섯 개를 줄 수 있다 ⋯ 하지만 여러분은 ⋯ 그래서 당신이 실제로 원하는 것과 당신이 원한다고 말하는 것은 매우 다르다.[36]

넷플릭스는 어떤 경우에는 인터뷰에서 설문 조사까지 전통적인 시청자 측정과 연구를 사용한다. 그러나 데이터 알고리즘을 통해 만들어진 지식에 대한 선호는 궁극적으로 "빅데이터 사고방식"을 나타낸다. 여기서 데이터는 행동과 정체성을 형성하는 정도를 고려하지 않고 사람의 행동과 정체성을 중립

---

36) Josh Lowinsohn, "The Science Behind Netflix's First Major Redesign in Four Years," *The Verge*, May 22, 2015. http://www.theverge.com/2015/5/22/8642359Ithe-sciencebehind-the-new-netflix-design (검색일 2015.6.11)

적이고 정확하게 측정하는 것으로 간주된다.[37]

알고리즘과 인간 동인 human agency *

정체성 규제는 프로필에 정체성을 각인시키고 이용자 자기 규정보다 추상적 데이터 행동을 선호함으로써 인간 동인에 연루된다. 기든스Giddens에 의하면, 인간 동인은 "개인이 가해자인 사건과 관련하여, 개인은 주어진 행동의 시퀀스에서 어느 단계에서도 다르게 행동할 수 있다는 의미에서" 이해될 수 있다.[38] 따라서 동인은 행동할(또는 행동하지 않을) 능력과 관련되고, 이 능력은 힘을 부여한다. 여기서 힘은 "주어진 일련의 사건에 개입하여 어떤 면을 변화시키는 능력"이다.[39] 알고리즘이 자신의 행동 능력을 점차적으로 결정하게 될 때 그것은 정확히 이런 형태의 동인이다. 데이터는 "이용자에 의해 만들어"질 수는 있지만, 데이터는 "이용자에 의해 통제되지 않는데, 이용자는 이 데이터가 언제 어떻게 만들어지는지에 대한 선택권이 거의 없고, 데이터가 어떻게 이용되는지에 대해서도 거의 말할 수 없다".[40] 넷플릭스는 PRS를

> * 인간 동인 human agency 은 인간이 선택을 할 수 있게 만들고 세상에 이런 선택을 이행하는 역량을 뜻한다. (https://psychology.wikia.org/wiki/Human_agency) 이정만은 인간의 주체적 역량이라고 번역 [인간생태학적 지역연구 방법론에 관한 고찰」, 《지리학 논총》 제29호(1997), 1~23쪽, http://s-space.snu.ac.kr/bitstream/10371/896 53/1/01.pdf] 했으나, 여기서는 인간 동인으로 번역 한다.

37) Jose van Dijck, "Datafication, Dataism and Dataveillance: Big Data Between Scientific Paradigm and Ideology," *Surveillance and Society* 12.2 (2014): 197-208.

38) Anthony Giddens, *The Constitution of Society* (Berkeley: University of California Press, 1984), 9.

39) Anthony Giddens, *The Nation-State and Violence* (Berkeley: University of California Press, 1987), 7.

40) Andrejevic, "Surveillance and Alienation," 286.

통치성 governmentality은 프랑스
철학자 미셸 푸코가 창안한 개념으로
개인들의 행동 목적과 이를 이룰 수
있는 수단을 규정하는 정치적인
이성, 합리성에 따라 주체들의 행동
방식을 통솔하고자 하는 권력의 작용
혹은 형식을 뜻한다. (https://cairos.
tistory.com/229)

통해 이용자가 콘텐츠와 상호 작용하는
방법을 예측하고 결정한다. 알고리즘 예
측을 통해 넷플릭스는 이용자를 대신하여
(또는 피해) 행동한다. 연구들은 이용자가
오직 추천의 25%만 무시한다는 결과를 보
여준다.[41] 이는 넷플릭스가 행하는 규제
력이 인간 동인에 영향을 미친다는 것을
의미한다. 그러한 인간 동인에 대한 규제력의 영향(데이터 기반으로 생성된 지식
처럼 만들어진)은 루브로이가 말한 "알고리즘 통치성"•을 낳는다. 루브로이는
이것을 법으로 규제되는 "일상의" 통치성과 대조하는데, 법은 주체의 복종에
의존하지만 결정적으로 그 사람의 행동을 결정할 수는 없다. 법과 위반의 대
가를 알고 있는 대상자는 법을 따를지 말지를 선택할 수 있다.[42] 이러한 인간
동인의 이해에 있어서, 대상자는 활동과 행동을 스스로 결정할 수 있는 힘을
보유하고 있다. 비교적으로, "알고리즘 정부algorithm government의 '힘'은 주체들
을 어떠한 것을 하거나 혹은 하지 않을 그들의 능력으로부터 분리시키는 데
있다. 예측과 선점에 대한 집중이 입증하듯이, 그 힘의 타깃은 '신체가 할 수
있는 것'이라는 공식의 조건화된 양식, 보통 말하는 우연성contingency이다".[43]

넷플릭스의 브랜드 정체성은 이용자 선택의 논리에 초점을 맞추고 있지만,
알고리즘은 적극적으로 선택을 무시하도록 작용한다. 인간 동인은 자신의 조
작을 감추는 PRS의 조심스러운 조작을 통해 침해당한다. 넷플릭스 서비스 전
체에서 프로필과 관계없이 이용자가 행동할 수 있는 능력은 제한된다. PRS는
선택을 빼앗아 이용자가 자기 정의와 자율성의 부담을 경험하지 않도록 할 것

---

41) Blake Hallinan and Ted Striphas, "Recommended for You: The Netflix Prize and the
Production of Algorithmic Culture," *New Media & Society* 18.1 (January 2016): 130.

42) Rouvroy, "The End(s) of Critique: Data-Behaviourism vs. Due-Process," 155.

43) Ibid.

이다. 넷플릭스가 행동하므로 이용자가 행동할 필요가 없다. 여기서 인간 동인은 방해물 취급을 당한다. 이용자는 불확실성에 압도당하지 않도록 항복하는 것이 최선이고, 나쁜 경우는 결정을 못하고 망설이는 것이다. 넷플릭스가 PRS를 통해 제공하는 편리한 서비스에 대한 대가로, 이용자는 자율적인 행위와 개인 선택에 의해 요구되는 노동을 포기하고 자신도 모르게 지속적인 데이터 모니터링을 따르는 또 다른 형태의 부담이 되지 않는 노동을 하게 된다.

따라서 알고리즘 통치성은 인간 동인과 관련된 불확실성을 최소화하도록 구성하는 불확실성 관리의 새로운 전략을 보여준다. 인간 동인은 사람이 신체적으로 할 수 있는 모든 것을 해야 할지 말아야 할지를 결정하는 능력이다. 정보와 물리적 아키텍처 및/또는 특정 사물이 불가능하거나 생각할 수 없는 환경의 재구성에 영향을 받고, 해석이나 심사숙고보다는 반사 작용을 유발하는 경고나 자극을 일으키면서 인간 동인은 각자의 에이전시, 즉 잠재성과 자발성이 실재하지 않는 가상의 영역에서 개인에게 영향을 미친다.[44]

전통적인 시청자 측정 시스템이 마주친 문제는 바로 이러한 자발성이다. 비록 측정 도구의 결점으로 판단되지만, 측정 및 조사 기관(그들의 데이터에 의존했던 미디어 회사)이 동일한 방식으로 시청 활동과 행동을 방해할 수 없다는 것은 대상자가 어느 정도의 인간 동인을 유지한다는 것을 의미했다. 따라서 빅데이터의 사용은 시청자를 알고 어떻게 행동하는지 파악하는 방법에 있어서 근본적인 변화를 의미한다. 전통적 시청자 측정 시스템은 추측할 수는 있지만 시청자의 행동을 예측할 수는 없다. 텔레비전 방송사들이 "시청자를 얻기 위해 싸우고" 시청자의 관심을 얻기 위해 경쟁한다는 것은 시청자들이 어떤 형태로든 힘을 갖고 있음을 시사한다. 앙이 말했듯이, 텔레비전 방송사들

---

44) Ibid., 155-156.

에게 시청자는 "정의하고, 확보하고, 유지하기가 극히 어렵다".[45] 텔레비전 방송사들은 계속해서 자신들을 홍보하고 광고하며 꾸준히 다양한 콘텐츠의 전체 편성표를 제공한다. 그들은 시청자 측정을 사용하여 일정한 형태의 규율과 통제를 시도한다. 그러나 그러한 측정은 항상 정보가 부족하여 시청자에 대한 지식을 완벽히 알거나 시청자에 대하여 힘을 행사할 수 없다는 사실에 대처해야 한다. 시청자들을 규제하고 에이전시를 억압하려는 텔레비전 산업의 능력은 제한되어 있다.

이는 미디어 기업, 시청자 측정 기관, 그리고 시청자 사이의 역사적 관계가 시청자 자율성을 포함하는 유토피아적 환상 속에서 이상적으로 형성되어야 한다는 것을 의미하지 않는다. 오히려 시청자를 알고자 하는 그들의 야망을 충족시키기 위해 시청자 측정 시스템이 실패하고, 이것을 통해 그들이 정체성을 구성하지 못하고 인간 동인을 침해하는 것에 대한 의미를 고려해야 할 수도 있다. 시청자의 행동과 정체성에 대하여 근본적으로 더 구체적으로 측정해내는 알고리즘은 시청자에 대한 새로운 형태의 지식을 만들어낸다. 특히 넷플릭스가 사용하는 알고리즘은 시청자의 구성원이 아니라 독특한 프로필로 시청자를 재구성하도록 한다. 따라서 빅데이터의 사용은 독특하고 개별적 시청 경험을 약속한다.

그러나 우리는 형성된 지식의 형태와 추천 형태로 이 지식을 활용하는 것은 인간 동인, 정체성, 그리고 자율성에 영향을 미친다는 것을 보아왔다. 추천을 통해 형성된 알고리즘 정체성은 형체가 없고, 비인격화되며, 비인간적이다. 넷플릭스 이용자는 PRS에 의해 측정과 예측이 가능한 데이터 집합이 되고, 항상 데이터 집합으로 만들어지고, 그에 따라 행동을 한다. 이용자는 더 이상 자신이 상호 작용하는 많은 사건, 상황, 접점과 복잡하고 자발적인 관계를 가진 세계에서 개인이 아니다. 이용자는 더 이상 시간에 따라 그리고

---

45) Ang, *Desperately Seeking the Audience*, preface.

끝없는 일련의 만남과 행동과 관련하여 구조화된 정체성을 구체화하지도 표현하지도 못한다. 이용자는 PRS에 의해 통제되고 표현되는 정체성과 상호 작용에 종속된다. 물론 넷플릭스만 혼자 이렇게 하는 것은 아니다. 인간의 행동을 측정하는 더 광범위한 트렌드가 있다. 하지만 넷플릭스의 사례에서 알 수 있듯이, 새로운 형태의 측정으로 데이터화를 지향하는 움직임은 알고리즘이 이룰 수 없는 어떤 것, 심사숙고와 해석의 대상이 되어야 한다.

제4장

창의적인 분류와 현혹적인 체계
넷플릭스 카테고리와 장르가 어떻게 롱테일 법칙을 재정의하나?

Imaginative Indices and Deceptive Domains: How Netflix's Categories and Genres Redefine the Long Tail

다니엘 스미스-로우지 Daniel Smith-Rowsey

머리말

크리스 앤더슨의 2006년도 책 『롱테일 법칙: 왜 미래 비즈니스는 중요한 소수가 아닌, 하찮은 다수에 주목하는가The Long Tail: Why the Future of Business Is Selling Less of More』(국내 번역서는 더숲에서 2012년 출간되었다—옮긴이)에서 저자인 ≪와이어드≫ 편집장은 이전의 사업 모델과 비교했을 때, 인터넷 회사들이 채택한 "세분화된 데이터 마이닝granular data mining"이 고객의 취향을 훨씬 더 정확히 맞출 수 있어 틈새시장 진출도 대중 시장 상품만큼 쉽게 제공한다고 설명했다.[1] 그러나 아스트라 테일러Astra Taylor 등이 그 이후로 쓴 글처럼, 실제 롱테일 전략은 창의적인 자유와 이용자 선택을 억제하고, 이용자가 만들어놓은 환경self-curated gardens을 멀리하게 하고, 이용자를 구글, 애플, 페이스북, 아마존, 넷플릭스와 같은 독점적 소수의oligarchic 인터넷 회사를 지원하는 광고로 유도한다.[2] 이러한 변화의 문제점을 설명하는 한 가지 방법은 이들 회사 중에서 하나를 조사하고, 그 사업의 중요한 측면을 해체하여 어떻게 롱테일이 과장된 이야기의 일부가 되었는지를 보여주는 것이다.

2006년 앤더슨은 21세기 최고의 미디어 기업으로 떠오른 넷플릭스의 CEO 리드 헤이스팅스와의 인터뷰를 통해 자신의 주장을 뒷받침했다. 넷플릭스는 아마도 실리콘 밸리와 할리우드의 시너지 효과와 긴장감을 가장 잘 보여주는 사례일 것이다. 넷플릭스는 디지털 방식으로 미디어 콘텐츠를 제공하는 선두 업체 중 하나이며 현재 전 세계적으로 6,500만 명(2020년 3월 말 기준 1억 7천만 명—옮긴이)이 넘는 가입자들이 스크린 플랫폼과 모바일 기기를 통해서 계속적으로 접속을 확장하고 있다. 한때 롱테일 전략의 총아였던 넷플릭스의 현재 홈페이지와 넷플릭스 제작 엔터테인먼트를 홍보하는 봉투 광고 —넷플릭스가 생산한 콘텐츠뿐만 아니라 빅 히트작 홍보— 는 전략이 기업의 이익에 의해 어떻게 왜곡되는지warped를 보여주는 증거이다. 이러한 변화는 구글, 애플, 페이스북, 아마존과 같은 선도적인 인터넷 미디어 회사들과 워너 브라더스/HBO, 유니버설/컴캐스트, 비아컴/파라마운트, 디즈니, 소니, 폭스 같은 "6대 메이저" 미디어 회사들에게도 심각한 영향을 미친다. 만약, ≪와이어드≫나 ≪버라이어티Variety≫와 같은 잡지에 있는 현대 거래 물품처럼, 10개 회사 모두가 현재의 넷플릭스의 표면적인 롱테일 전략을 모방하거나 능가한다면(즉, 소비자들이 원하는 것을 말해주는 것이 아니라 그들에게 맞추는 것), 그러한 정책들은 더 면밀하게 조사할 가치가 있다.

---

1) Chris Anderson, *The Long Tail: Why the Future of Business Is Selling Less of More* (New York: Hatchette Books, 2006).

2) Astra Taylor, *The People's Platform: Taking Back Power and Culture in the Digital Age* (New York: Metropolitan Books, 2014), 15.

• 부르디외적 권위Bourdieuan
authority: 프랑스의 유명한 철학자
부르디외는 문화적 취향을 정당한
취향legitimate taste, 중류적 취향
middle-brow taste, 대중적 취향
popular taste으로 구분했다. [이호영·
박현주·음수연, 「디지털 시대의 문화수용
방식에 관한 연구」(정보통신정책연구원,
2005), 연구 보고 05-08]

나는 넷플릭스가 배급 플랫폼으로서 내가 이름 붙인 '의도적 불안정성intentional instablily'을 갖고 프로그램되었다는 점을 강조하고 싶다. 나는 여기서 넷플릭스에게 있어 롱테일 방식의 세분화된 데이터 수집을 통해 제공되는 정보는 넷플릭스의 다소 부르디외적 권위Bourdieuan authority•에 의해 형성된 자본주의적 의무 및 위계 모두와 불안한 관계에 있다고 주장한다. 피에르 부르디외Pierre Bourdieu는 우리의 취향은 사회적 열망을 지향하는 사람들에 의해 결정된다고 주장했고, 넷플릭스도 사실상 우리를 이런 방식으로 대우한다. 이것은 해럴드 블룸Harold Bloom이 제안했듯이, 넷플릭스 또한 우리를 덜 예측할 수 있는 방향으로 밀어붙이더라도 사회가 돌아가기 위해 여전히 필요한 점이다.3) 나는 넷플릭스의 의도적 불안정성이 장르 재정의를 통해 가장 분명하게 증명된다는 것을 발견했다. 장르는 (2015년) 홈페이지의 검색창에 "제목, 사람, 장르"를 제안한 것에서 알 수 있듯이 넷플릭스 비즈니스 모델과 소비자에 대한 투사된 소구Projected appeal의 핵심적 측면이다. 따라서, 나는 장르에 대한 간략한 개요와 릭 알트만Rick Altman과 같은 학자들이 그러한 구별의 힘을 어떻게 설명하는지로 시작하고, 이어서 넷플릭스의 폭넓은 장르 카테고리의 장단점을 설명하고, "미시 장르micro genres"를 조사한 다음, 롱테일이 어떻게 줄어드는지에 대한 의견을 제시하며 끝맺을 것이다.

---

3) Harold Bloom, *The Western Canon: The Books and Schools of the Ages* (New York: Riverhead Trade, 1994).

상상력 있는 해결책과 기만적인 비해결책

릭 알트만은 배급과 상영 플랫폼이 시청자가 장르를 어떻게 인식하는지에 대해 결정론적 영향을 미친다고 주장한다.[4] 넷플릭스는 19개의 주요 장르, 약 400개의 하위 장르, 약 7만 3천 개의 미시 장르(예: "영상적으로 눈에 띄는 아버지와 아들 영화Visually Striking Father-Son Movies")로 구성된 "전체 장르 목록"을 제공한다. 넷플릭스는 스튜디오가 한정된 범위 내에서 영화/텔레비전 프로그램이 상영되면 안 되는 곳에서도 돈을 지불하고 상영할 수 있다는 점에서 일종의 자본주의가 주도하는 포스트모더니즘을 주장한다. 넷플릭스는 특정의 잘 연구된 색인을 감소시키는 동시에 이용자들이 이 과정을 이해하는 것을 막는다. "소실 수준effacement level"이라 불리는 것은 넷플릭스와 페이스북에서는 높은 수준이고; 아마존에서는 약간 낮은 수준인데 링크는 스폰서된 걸로 나타나지만 추천은 불분명하다; 구글에서도 다소 낮은 수준인데, 검색의 처음 세 개의 링크는 스폰서된 것으로 표시되고, 다음 링크들은 (위치와 이전 검색에 기초한) "진짜" 결과이다; 위키피디아에서는 특히 낮은데, 이용자는 모든 이용자 변화의 역사를 볼 수 있다. 넷플릭스는 추천 과정을 생략하면서 사실상 일부 영화, TV 쇼, 시청 형태를 특권화하며, 이용자가 영화와 TV 쇼를 생각할 때 넷플릭스의 6천만 이용자가 무엇을 생각하는지를 어느 정도 재구성한다.

대부분의 장르 비판은 장르를 분류하는 두 개의 주요 그룹으로 스튜디오와 시청자를 가정한다. 비디오 가게와 다른 배급업자들의 힘도 인정되지만, 세 번째의 결정적인 장르 구분 에이전트가 인정되는 경우는 드물다. 스티브 닐Steve Neale[5], 이본 타스커Yvonne Tasker[6], 그리고 다른 학자들은 스튜디오와 시

---

4) Rick Altman, *Film Genre* (London: British Film Institute, 1999), 33.

5) Steve Neale, *Genre and Hollywood* (London: Routledge Books, 2000), 12.

6) Yvonne Tasker, *The Action and Adventure Cinema* (London: Routledge, 2004), 73.

청자들 사이의 존재론적 과정을 도표화하여 우리에게 스튜디오의 변화하는 자본주의적 의무와 시청자의 변화하는 "이용성usability"에 대한 의무를 상기시킨다. 그럼에도 불구하고 아직 규모가 작은 배급사인 넷플릭스는 이 두 그룹 중 어느 한 그룹에 치우지지 않고 오히려 엄격하고 엄청난 수의 장르 인덱스를 제공한다. 과거에 스튜디오, 비평가, 그리고 관객들은 장르를 모호하게 표현했지만, 배급사인 넷플릭스에게 (권한을) 넘겨줌으로써 장르는 기술적 특징, 용어 코딩, 태그/링크 기능, 그리고 가장 중요한 것은 넷플릭스의 비즈니스 모델과 얽히게 되었다. 분명히 넷플릭스도 스튜디오의 자본주의적 규범을 공유하지만, 의견이 일치하지는 않는다. 특히, 넷플릭스는 스튜디오가 승인하지도 배포하지도 않는 수익성 있는 콘텐츠를 제공하는 해외 배급 업체나 유튜브, 훌루, 비메오, 바인Vine을 포함한 웹사이트에게 시장 점유율을 떨어뜨리기를 원치 않기 때문이다. 넷플릭스는 자사가 고객 지향적 경험을 추구한다고 마케팅하고 있지만, 예를 들어 인스타그램, 임구르Imgur, 레딧, 혹은 핀터레스트만큼 이용자가 큐레이션한다고 말할 수는 없다. 넷플릭스의 광범위하고 증가하는 도달률을 감안하면, 미래의 장르 평가는 장르 정의의 세 번째 기준을 고려하게 될 것이다.

알트만은 두 가지 상이한 계통의 장르 비평을 확립했다. 알트만에 의하면, 의례 비평가ritual critics는 영화가 현실 세계의 문제에 대한 *상상적인imaginative* 해결책을 제공하고, 이데올로기/마르크스주의 비평가는 영화가 너무 정부와 기업의 목적만을 위한 *기만적deceptive*인 비해결책non-solution을 내놓는다고 한다. 넷플릭스 힘의 일부는 상상력에 대한 표면적인 호소력 또는 알트만의 다음과 같은 표현에서 찾을 수 있다.

원시적 또는 민속적 서술의 예에 따라, 의례적인 접근은 시청자가 사실상 시대를 초월한 사회를 정당화하고 체계화하는 장르의 궁극적인 창조자라고 생각한다. 이 접근에 의하면, 일반 텍스트generic text의 서술 패턴은 창의적으로 그 시스템 안에서의 모순을 극복하면서 현존하는 사회적 시스템에서 자라난다. 이러한 관점에서, 시청자는 장르에 매우 특별한 투자를 한다. 왜냐하면 장르는 관점의 통일성을 보장하고 그 미래를 그려보는 시청자 자신만의 방법을 구성하기 때문이다. [이 접근은 특히 이전에 무시당하거나 비난받은 영역에 의미를 부여해주기 때문에 대중문화 옹호자들에게 환영을 받는다.[7]

그러나 이것은 창의적으로 만들어진 양의 옷을 입은 기만적인 늑대의 경우일 수도 있다. 알트만은 어떤 장르의 색인은 실제로 한 번에 양쪽에 존재하고, 넷플릭스의 주요 장르와 400개의 하위 장르라는 기만의 확장뿐만 아니라 상상력의 도약을 제안하고 북돋우면서 이러한 효과에 대한 추가적인 증거를 제공한다고 말한다. 예를 들어, 다음 섹션에서는 넷플릭스로 인해 사라지거나 감소되는 장르들에 주목할 것이다. 이것은 점점 넷플릭스화되는 세상에서 넷플릭스가 기존 장르의 존재를 위협하도록 개발한 것이다. 뉴욕 현대 미술관의 큐레이터가 현대 미술에 중요한 것이 무엇인지에 대해 상당한 분별력을 갖고 이야기한다면, 넷플릭스 큐레이터도 영화의 종류에 있어 무엇이 중요한지, 그리고 영화 자체에서도 무엇이 중요한지를 말해준다고 할 수 있다.

19개의 주요 장르와 400개의 하위 장르

넷플릭스가 찬사를 받았던 롱테일을 어떻게 덜 포괄적인 것으로 변화시켰는지 이해하려면, 넷플릭스의 19가지 주요 장르/카테고리 목록부터 시작해야 한다. 목록은 액션과 어드벤처, 일본 만화 영화와 애니메이션, 어린이와 가족, 클래식, 코미디, 다큐멘터리, 드라마, 믿음과 영성, 해외, 게이와 레즈비

---

7) Altman, 35.

언, 공포, 독립 영화, 음악과 뮤지컬, 로맨스, 공상 과학 영화와 판타지, 특별 관심사, 스포츠와 피트니스, 텔레비전, 스릴러이다. 그렇다, 몇 개의 하위 장르의 하이퍼링크는 한 개 이상의 헤더 아래에 나타난다. 예를 들어, 클래식 드라마용 하이퍼링크는 클래식이나 드라마에서 찾을 수 있으며, 링크는 같은 목록으로 연결된다. 이렇게 중복을 제거하면, 대략 400개의 하위 분류가 나온다. (넷플릭스 전체 장르 목록은 이 장 끝의 〈표 4.1〉을 참조하라.)

　여기서 나는 19개의 주요 장르나 400개의 하위 장르에 등장하지 않지만 몇 개의 잘 정리된 장르에 주목하고자 한다. 여기에는 폭력배Gangster, 멜로 드라마, 로드 영화road movies, 친구 영화buddy movies, 여성 타깃 영화chick flicks, 여성 영화women's pictures, 성인물pronography, 수위가 낮은 성인물soft-core porn, 고문 포르노torture porn, 일본 공포 영화J-horror, 한국 공포 영화K-horror, 풍경 영화scenics, 뉴스 영화newsreels 등이 있다. (틀림없이 더 많은 것이 누락되었을 것이다.) 한번은, 릭 알트만이 레너드 말틴Leonard Maltin에게 이 문제를 해결해달라고 요청했다. 〈텔마와 루이스Thelma and Louise〉가 "여자 타깃 영화인가, 친구 영화인가, 로드 영화인가, 아니면 다른 것인가?"[8] 넷플릭스의 경우 셋 다 아닌데, 넷플릭스는 이 세 카테고리가 없기 때문이다. 넷플릭스에 있는 〈텔마와 루이스〉의 두 장르는 드라마와 범죄 드라마이다. [내 추측으로는 넷플릭스의 "드라마" 카테고리가 "멜로 드라마"에도 포함된다는 것은 콧수염을 기른 악당이 철로에 금발을 묶는 장면을 상상하는 시청자도 이해할 수 있으며, "스릴러" 장르 밑에 있는 "조직폭력배" 하위 장르는 "갱스터 랩Gagster rap"(백인 지배의 사회에서 억압받으며 소외된 채 살고 있다고 생각하는 빈민촌의 흑인 청소년들이 혁명을 꿈꾸며 만들어 부르는 랩―옮긴이)과 조금의 밀접한 연관성도 없이 "갱스터"의 "하위"에 있다는 것을 의미한다. 그러나 교체는 1 대 1의 대체와 동일하지는 않다.]

　물론 대부분의 넷플릭스 제목에는 하나 이상의 장르/카테고리가 태그되어

---

8)　Ibid., 51.

있다. 자크 데리다Jacques Derrida의 표현대로 모든 텍스트는 하나 또는 여러 장르에 참여한다.[9] 스튜디오는 아무래도 자사 콘텐츠의 대부분이 세 가지 이상의 카테고리에 들어가는 것을 선호할 것이다. 스튜디오와 장르 학자들에게 문제가 되는 것은 넷플릭스의 장르/카테고리 연관성이 제한적이지 않다는 사실이다. 일부 영화(예: 〈반지의 제왕: 반지 원정대Lord of the Rings: The Fellowship of the Ring〉)는 무려 일곱 개의 장르/카테고리에 태그되어 있다. 따라서 이 영화가 멜로 드라마나 특정 종류의 공포 영화로 태그나 하이퍼링크됨으로써 어떻게 폐를 끼치는지 알기는 어렵다. 〈이지 라이더Easy Rider〉는 "로드 영화"로 태그된다고 해도, "드라마"나 "독립 영화" 또는 다른 어떤 것으로도 태그될 수 있을 것이다. 그러나 넷플릭스는 이 하위 카테고리가 불필요하다고 판단했기에 이용자들을 비슷한 종류의 카테고리로 살짝 움직이도록 했다.

하위 카테고리를 없애는 문제는 배급 플랫폼으로서 넷플릭스가 의도적 불안정성으로 프로그래밍했다는 사실에 의해 일어난다. 새라 아놀드와 네타 알렉산더가 이 책에서 쓴 글들에서 명확히 한 것처럼, 이용자의 "추천 목록"은 이용자의 취향과 이용자의 취향을 만들 수 있는 넷플릭스가 만들어낸 불안하고 타버릴 수 있는 산출물이다. 넷플릭스는 이용자들이 선호하는 알고리즘을 유지하지만, 의도적으로 알고리즘을 따르기도 하고 거스르기도 하는 콘텐츠를 제공한다. (예를 들면, 내가 조지 클루니George Clooney를 찾아봤으면, 나의 상단의 선택 목록에는 조지가 없는 로즈메리 클루니Rosemary Clooney 쇼 모음집이 나온다. 전에 선택했던 넷플릭스 목록의 어느 것도 내가 조지보다 로즈메리를 선호한다고 생각하도록 이끌지는 않는다. 사실상 정반대이다.) 넷플릭스가 자신의 논리 때문에 나의 결과를 재정의할 정도로 대담하다면, 왜 더 넓은 상호 참조cross-referencing의 길은 허용하지 않는가?

---

9) Jacques Derrida, "The Law of Genre," *Critical Inquiry* 7.1 (Autumn, 1980): 55-81. (Translated by Avital Ronell).

물론 의도적인 불안정성은 위키피디아나 IMDb와 같은 사이트와 달리 넷플릭스의 "추천 목록"을 큐레이션하는 것에서 배제된 이용자의 의도가 아니라 넷플릭스의 의도를 가리킨다. 이용자는 원한다고 해도 주된 분야로 "여성 타깃 영화" 장르를 만들 수 없다. 이용자는 또한 카테고리를 구분하는 변수를 알 수 없다. 예를 들어, 하위 카테고리를 구성하기 위해 (글을 쓰는 현시점에서) 몇 개의 타이틀이 필요한지 확신할 수 없다. "힐링과 기Healing and Reiki"("명상과 기도Mindfulness and Prayer"의 하위 장르이며 "명상과 기도"는 "신념과 영성Faithfulness and Spiritual" 아래에 있는 그룹임)는 정확히 20개의 타이틀이 해당된다. 다른 많은 것들(특히 "명상과 기도"와 비슷한 분야)도 마찬가지로 100개 미만의 타이틀이 해당된다. 갱스터나 멜로 드라마와 같은 가상의 넷플릭스 장르가 100개 이상의 타이틀에 태그될 수 있다고 추측하는 것은 크게 잘못된 것이 아니다. 공정하게 말하자면, 장르 재구성에 대한 문제는 넷플릭스에게만 한정된 것은 아니다. 마레이케 제너Marieke Jenner는 주문형 비디오(VOD)의 장르 재구성에 대한 의문을 보편적으로 제기하기 위한 광범위한 체계로서 텔레비전 장르에 제이슨 미텔Jason Mittell의 "담론적 군집discursive cluster" 접근법을 사용한다. TV와 장르의 관계에 문제가 있다는 것을 알고 있음에 불구하고 제너는 매체, 편성, 그리고 위에서 언급한 "미시 장르"에 대해서도 다음과 중요한 의문을 제기한다. 다양한 시청 매체, 시청자 자율성, 그리고 개인화된 장르가 기존의 장르를 선호하거나, 선호하지 않거나, 재정의하는가?[10]

넷플릭스가 바로 용어로서 장르의 의미론적 진화를 지원하고 있는지도 모른다. 이용자는 넷플릭스의 19개 혹은 400개의 장르가 정말로 분명하게 차이가 나는 것이라고 생각하지 않을 수도 있다. 19개 대분류에 있는 일부 장르 —

---

10) Marieke Jenner, "Is This TVIV? On Netflix, TVIII and Binge-Watching," *New Media & Society*, July 7, 2014. http://nms.sagepub.com/content/early/2014/07/03/1461444814541523 (검색일 2015.7.14)

예를 들면, 게이와 레즈비언, 특별 관심사, 스포츠와 피트니스─ 는 알트만이 말한 특정 장르를 수용하는 시청자의 감각 측면에서 "장르"와 실제로 일치하지 않는다. 그러나 이것은 오직 시간의 문제일 수도 있다. 그리고 IMDb나 위키피디아, 메타그리틱Metacritic 또는 로튼 토마토Rotten Tomatoes보다도 넷플릭스는 실제로 이미 오래된 논쟁들, 예를 들어 "스릴러"(상위

• 블랙스플로이테이션Blaxploitation: 1970년 전후에 나타났던 흑인 영웅이 등장하는, 흑인 관객들을 위한 영화의 총칭. 영화 관객으로서 흑인의 지위가 상승함에 따라 그들을 주관객으로 하는 흑인 영화가 나타났는데 1969년 로버트 앨런 오서Robert Alan Aurthur 감독의 〈실종된 사나이The Lost Man〉(1969)를 그 효시로 본다. (https://m.blog.naver.com/PostView.nhn?blogId=indeplus&logNo=40015240960&proxyReferer=https%3A%2F%2Fwww.google.com%2F)

장르), "블랙스플로이테이션Blaxploitation"*(액션 및 어드벤처 장르 하위), "마큐멘터리mockumentaries"(코미디와 다큐멘터리 하위)에 관한 몇 가지 논쟁을 해결하면서 정확한 장르를 찾을 수도 있고, 사실상 자신을 찾았을 수도 있다. 현재 넷플릭스는 "클래식" 장르에 있는 〈이 투 마마Y Tu Mama Tambien〉(2001)와 같은 21세기사의 영화를 보여주기 때문에 일반인이 "클래식Classics"이나 "고전classical"으로 정의하는 방법은 계속해서 바뀔 수 있다. "클래식"의 하위 장르로서, "무성 영화"를 분류하는 것은 어이없을 정도로 지나치게 단순화한 것일 수도 있다. "텔레비전"11), "다큐멘터리"12), "해외"13), "애니메이션"14)과 같은 용어를 일반적인 장르로 사용하는 것에 대한 학문적인 논쟁이 이미 있었다; 브래드

---

11) Jason Mittell, *Genre and Television: From Cop Shows to Cartoons in American Culture* (London: Routledge, 2004).

12) Michael Renov, "Toward a Poetics of Documentary," in *Theorizing Documentary,* ed. Michael Renov (London: Routledge, 1993).

13) Andrew Lapin, "Foreign Is Not a Film Genre," *Michigan Daily Film,* 2009. http://www.michigandaily.com/content/filmcolumn-foreign-films (검색일 2015.7.21)

14) Amid Amidi, "NY Times Unaware That Animation Is a Medium," *Cartoon Brew,* 2010. http://www.cartoonbrew.com/ideas-commentary/ny-times-doesnt-know-animation-is-ame dium-27566.html (검색일 2015.7.21)

버드Brad Bird가 2005년 아카데미 시상식에서 〈인크레더블The Incredibles〉(2004)로 최우수 애니메이션 영화 작품상을 받고 수상 연설을 하는 동안 의미 있는 일이 있었는데, 그는 "애니메이션은 장르가 아니다!"라고 외쳤다. 그럼에도 불구하고 "전체 목록"이 표기된 넷플릭스의 페이지 헤드라인의 19개 주요 장르에는 "애니메이션"이 4개나 있다.

하지만, 브래드 버드가 최후의 승자가 될지도 모른다. 왜냐하면 "애니메와 애니메이션"은 대부분 외국 영화와 별나고 하나뿐인 것들quirky one-offs(예: 아담 샌들러Adam Sandler의 〈에잇 크레이지 나이트Eight Crazy Nights〉)은 포함하지만 박스오피스 수입 상위 300위에 오른 만화들(예: 〈토이 스토리Toy Story〉, 〈슈렉Shrek〉, 〈슈퍼배드Despicable Me〉, 〈겨울왕국Frozen〉)은 없기 때문에 넷플릭스는 (때로는 이전의) 기업 파트너 디즈니, 픽사, 드림웍스 애니메이션과 함께 이러한 스튜디오의 품질이 보증되는 영화를 애니메이션이라기보다는 주요 카테고리인 "어린이 및 가족" 영화로 생각하도록 만든다. 실제로 "어린이 및 가족"에서 하위 장르인 "만화"는 단편 컬렉션만을 말하는 것이다. 여기서 넷플릭스는 의도적으로 덜 불안정해 보이고, 특정 애니메이션에 대해서는 의도적으로 더 반대하는 경향이 있는 것처럼 보인다.

"디즈니", "니켈로데온", 그리고 "SNLSaturday Night Live"처럼 기업 관련 명칭을 사용한 것은 400여 개의 하위 장르 중에서 단지 3개로 보이며, 그래서 이 브랜드들은 서부 영화나 로맨틱 코미디처럼 자연스럽게 만들어 거의 브랜드 속성을 없애는 것에 성공했다. 그뿐만 아니라, 넷플릭스는 (넷플릭스 장르가 없는) 파라마운트, 유니버설 및 워너 브라더스와 같은 디즈니의 경쟁자들이 꿈꾸는 방식으로 이 세 개의 브랜드/장르를 확장시킨다. 2013년 7월에 "디즈니"를 클릭했더니 나의 맨 윗 줄에 〈머펫 대소동The Muppets〉, 〈트론: 새로운 시작Tron: Legacy〉, 〈침팬지Chimpanzee〉, 그리고 〈프로포즈The Proposal〉(산드라 블록과 라이언 레이놀드 출연)가 나왔다. 또한 "니켈로데온"을 클릭했더니 〈아이칼리iCalrly〉, 〈스폰지밥Spongebob〉, 〈마다가스카The Penguins of Madagascar〉, 〈토끼네

집으로 오세요Max & Ruby〉와 같은 (제한된) 영화들이 나타났다. 그 시기쯤 "SNL"을 클릭했더니 아찔한 브랜드들이 추가되어서 SNL 컬렉션(예: 〈에이미 포엘러 베스트The Best of Amy Poehler〉, 〈에디 머피 베스트The Best of Eddie Murphy〉)과 SNL과 특별한 연관성이 없는 SNL에 나왔던 스타가 나오는 영화를 추천했다.

많은 비평가들은 인터넷에 포스트모더니즘과 자본주의에 대한 프레드릭 제임슨Fredric Jameson의 관찰을 따랐다. 디지털이 현실인 세상에서 자본주의와 사기업이 너무 자주 그리고 정기적으로 정의를 바꾸려고 공모하여 사적인 정의가 사라졌다.15) 그러나 이 의견은 가정된 롱테일 전략에 반하여 기업의 이익이 작용하는 복잡한 방식을 지나치게 단순화할 수 있다. 오웰Orwell의 『1984』에서, 오세아니아의 한 시민은 정부의 선언과 정반대의 말 —예를 들어 전쟁과 같은 허위 보도는 평화이고, 자유는 노예이며, 무지는 힘이다— 을 떠올리면서 단순하게 잘 살 것이다. 그러나 넷플릭스의 용감한 새로운 세계에서는, 절반의 기호는 타당하고, 나머지 절반은 바뀌고 있다. 하지만 무엇이 어떤 시점에 바뀌고 있는지는 모른다. 이것은 넷플릭스의 의도적 불안정성을 보여주는 중요한 표시 중 하나이다.

예를 들면, 나는 액션 및 어드벤처 장르에 들어가서 "블록버스터"를 클릭한다. 블록버스터는 다양한 정의를 갖고 있지만, 잠정적으로 스티브 닐Steve Neale의 두 가지 의미를 사용할 것이다. 하나는 그 시대 최고의 예산을 들여 만든 영화들 중 하나인 '의도된intended 블록버스터'이고 다른 하나는 적은 예산에도 불구하고 그 해의 최고 수입을 얻은 '우발적인accidental 블록버스터'이다.16) 첫 페이지에는 다소 예상할 수 있는 〈헝거게임〉, 〈어벤져스〉, 〈셜록홈

---

15) Fredric Jameson, "Postmodernism, or, the Cultural Logic of Late Capitalism," originally in *New Left Review*, 1984. http://www.marxists.org/reference/subject/philosophy/works/us/jameson.htm (검색일 2015.9.25)

16) Steve Neale, "Hollywood Blockbusters: Historical Dimensions," in *Movie Blockbusters*, ed. Julian Stringer (London: Routledge, 2003), 47-60.

즈), 〈미션 임파서블〉이 있고, 또한 액션 및 어드벤처 블록버스터라고는 누구도 생각하지 않을 〈헬프The Help〉, 〈맹세The Vow〉, 〈킹스 스피치〉도 보인다. 이것에 대해 자연스럽게 반박할 수 있는 것은 대체로 박스오피스에서 매우 성과가 좋은 영화들의 모습과 비슷하지만, 첫 페이지에 실패작도 아니지만, 대박도 아닌 〈익스펜더블The Expendables〉도 나온다. 스튜디오가 지원을 바꿈에 따라 기표 역시 바뀐다. 이용자는 조심스레 만족하기도 하고 만족하지 못하기도 하며, 그들이 좋아하는 쪽으로 움직이고 그들이 생각하는 쪽으로 다시 전환된다. 물론, 이용자는 넷플릭스 검색을 인스턴트왓처닷컴instantwatcher.com 이나 필름피시닷컴film-fish.com과 같은 좀 더 권위 있는 서비스로 보완할 수 있지만, 이것은 단지 영향을 받을 수 있는 새로운 기표를 제공할 뿐이다. 결국 넷플릭스 이용자는 (다른 모든 사람과 마찬가지로) 포스트모던한 불규칙한 발전을 받아들이고, 믿을 수 있는 것은 아무것도 없다는 사실을 고개를 갸우뚱하며 수용할 것이다. ─ 롱테일 법칙에서 앤더슨이 약속했던 다양하고 개인화된 선택을 가능케 하는 반응은 거의 없다.

앤더슨이 롱테일 법칙에서 넷플릭스가 일종의 영화 콘텐츠의 아마존이 되는 것이었다고 제안했다면, 그 야망은 회사의 특정 우선순위로부터 밀려난 것으로 보인다. 예를 들어 넷플릭스는 DVD로 이용하거나 할 수 있는 것보다 콘텐츠에 대한 편견을 유지하는 것으로 보인다. 넷플릭스에서 게임 쇼, 리얼리티 쇼, 아침 쇼, 토크 쇼, 법률 쇼, 연속 드라마, 일상적인 스포츠 (그리고 비디오 게임)와 같이 대부분 DVD로 나오지 않는 수많은 TV 프로그램은 제공하지 않는 것 같다. 반면에 훌루는 TV에 기반한 모든 면의 콘텐츠를 제공한다. 훌루는 주문형 TV에 훨씬 가깝고, 넷플릭스 스트리밍 서비스는 지금까지 발매된 모든 DVD를 스트리밍할 수 있다면 일어날 일에 더 가깝다. 아마도 넷플릭스가 〈하우스 오브 카드〉, 〈오렌지 이즈 더 뉴 블랙〉, 〈데어데블 Daredevil〉, 〈언브레이커블 키미 슈미트The Unbreakable Kimmy Schmidt〉, 〈못 말리는 패밀리Arrested Development〉와 같은 오리지널 콘텐츠를 잘 병행하는 아이디어는 훌루가 조금 더 편하고 덜 가식적일지라도 넷플릭스를 좀 더 명성 있게 유지하려는 것이다. 이런 종류의 브랜딩은 아마도 신체 공포물이나 포르노그래피와 같은 장르가 존재하지 않는 것과 관련이 있다.

미시 장르

넷플릭스의 19개 주요 장르나 400개의 하위 장르 중 어느 것도 특정 시기로 표시되어 있지 않다. 이것은 알트만이 말했던 장르는 초역사적이고 동시적이다라는 개념을 더 발전시키는 것이다. 따라서 제인 퓨어Jane Feuer가 말했던 장르의 "라이프 사이클"의 개념을 반박하도록 한다.[17] 대신에, 넷플릭스는 알트만의 제안을 따른다. 즉, "장르 세계에서는, 매일이 쥐라기 공원 시절"이며, 장르는 지금까지 존재했던 어떠한 장르와도 언제나 교류될 수 있다는 뜻이다.[18] 이론적으로 넷플릭스는 새로운 장르와 새로운 분류 시스템을 만들기 위해 적극적으로 노력할 수 있었다. 하지만, 사실상, 넷플릭스는 2006년 시네매치라는 추천 알고리즘을 재개발한 이후 가장 잠재력이 있는 교류를 적어도 19개의 주요 장르와 400개의 하위 장르 수준으로 남겨놓았다. 그러나 이것들은 넷플릭스가 거대한 카탈로그를 나타내는 유일한 방법은 아니다. 표면적으로는 이용자 취향에 알맞게 (보통 다섯 개의) 샘플 추천으로 정리된 칸으로 나타난다. 예를 들면 머리를 쓰는 사기 게임 스릴러, 영상적으로 눈에 띄는 아버지와 아들 영화, 폭력적인 악몽 휴가 영화, 절제된 독립 공간 영화, 감정적인 마약 다큐멘터리 등이다. 이러한 태그들을 갖고 작업하는 기자와 학

---

17) Jane Feuer, "Genre Study and Television," in *Channels of Discourse, Reassembled: Television and Contemporary Criticism,* ed. Robert C. Allen (Chapel Hill: The University of North Carolina Press, 1992), 138-160.

18) Altman, 62.

자들은 태그가 넷플릭스 영화 홈페이지에 속하지 않는 대신에 좀 더 미묘하게 추천하는 기능의 일부여서 넷플릭스의 의도적인 불안정성을 숨기고, 넷플릭스가 "기계 속의 유령"으로 기능할 필요성을 구체화하기 위해 작동하는 과정의 일부라는 것을 항상 확실하게 하지 않았다. 이런 장황한 카테고리는 알렉시스 마드리갈Alexis C. Madrigal이 2014년 1월 ≪애틀랜틱≫지에 "넷플릭스가 어떻게 엔지니어링된 할리우드를 뒤집는지"에서 "미시 장르"라고 명명하고, 7만 6,897개의 미시 장르를 분류했다. (기록상으로 7만 6,897개 중 "갱스터"나 "신체 공포"는 없다.) 하지만 퓨어가 희망했던 것처럼 말뭉치 일부는 "1950년부터" 혹은 "1980년부터"와 같이 뒤에 붙는 수식어를 통해서 증가하므로 넷플릭스는 기간을 나눈다. 마드리갈은 다음과 같이 설명한다.

영화를 보기 위해 특별히 훈련된 많은 사람들을 사용하여 넷플릭스는 할리우드를 해체했다. 사람들에게 돈을 주고 영화를 보게 하고 온갖 종류의 메타데이터를 이용하여 태그를 만들도록 했다. 이 과정은 매우 정교하고 정밀하여 태그를 붙이는 사람들은 성적인 콘텐츠, 유혈 정도, 로맨스 레벨, 그리고 심지어 플롯 완결 같은 서술적 요소들에 대해 어떻게 영화를 평가하는지의 방법을 설명하는 36페이지의 훈련 지침을 받는다. 그들은 수십 개의 다른 영화 특성들을 알아낸다. 심지어 캐릭터의 도덕성까지 평가한다.[19]

그러나 부르디외의 취향 이론이 수백만 명의 이용자들을 위해 수학적 또는 심지어 유사 수학적 공식으로 표현될 수 있을까? 어떠한 시나리오 설명서에서도 찾을 수 있는 고전적인 할리우드 스토리텔링 기법과는 다르지 않게 공

---

19) Alexis Madrigal, "How Netflix Reverse-Engineered Hollywood," *The Atlantic*, January 2, 2014. http://www.theatlantic.com/technology/archive/2014/01/hownetflix-reverse-engineered-hollywood/282679/ (검색일 2014.9.25)

식을 선호하는 미시 장르는 앤더슨이 롱테일 법칙에서 제안한 방식으로 영상 콘텐츠를 카테고리화하고, 거르고, 유포하는 혁명적인 방법을 제공하는 것 같다. 그러나 네타 알렉산더는 이 책의 제5장에서 미시 장르는 실제로 우리에게 공식적 결과를 제공하는 "필터 버블filter bubbles"을 만들어내고 따라서 독창성과 창의적 자유를 위협한다고 주장한다.

알렉산더나 나와 달리, 마드리갈은 이 과정을 총괄하는 넷플릭스의 토드 옐린을 인터뷰할 수 있었다. 비즈니스하는 회사로서 넷플릭스는 많은 할리우드 기업처럼 당신이 원하는 것을 정확히 제공해주지 않는다. 그 대신 당신이 원하는 것 일부를 제공하고 당신이 한 번 시도해본다면 좋아할 만한 것을 조금 더 제공한다. 내가 만약 마드리갈이었다면 나는 그 숫자들에 대해 물어봤을 것이다. 예를 들면, 이용자로서, 나는 A급, B급, C급의 선호도를 갖고 있는가? 넷플릭스는 나에게, 예를 들면, A급 50%, B급 25%, C급 20%, 그리고 내가 전혀 선호하지 않은 것 5%를 제공하는 것인가? 그게 아니라면, 이 중에서 비슷한 것이 있는가? 그리고 5% 그룹의 공식은 무엇인가? 이전의 예를 참조한다면, 당신은 어떻게 하면 조지 클루니 팬들에게, 말하자면 브래드 피트 대신에 그의 이모를 추천하기로 결정했는가?

넷플릭스의 의도적 불안정성은 확실히 일정한 규칙에 따라 작동하고, 그리고 이 글을 쓰는 지금 이용자는 어떤 규칙인지 알 수가 없다. 마드리갈의 5,000자 기사에는 대부분의 중요한 질문들에 대한 답변이 없다. 예를 들면 이렇다. 스튜디오는 영화를 카테고리에 넣기 위해 얼마나 자주 그리고 얼마를 지불하는가? 카테고리에 있는 영화들은 얼마나 자주 바뀌는가? 스튜디오는 얼마나 어떤 주기로 지불하는가? 1주일, 1개월, 1년? 넷플릭스가 이용자에게 카테고리화하는 더 많은 권한을 줄 계획이 있는가? 내가 만약 이용자로서 컴캐스트와 같은 카테고리 옵션에 만족하지 않고 조금 더 양자택일할 수 있는 것을 원한다면? 만약 내가 영화를 국내와 해외, 누 그룹으로 나누고 싶다면? 아니면 영화용 또는 TV용? 아니면 애니메이션 또는 비애니메이션? 혹은 심지어 3막 형태 또는 비3막 형태? 넷플릭스를 어떤 지역에서라도 이용자에게 통제력을 허용하게 만들 계획이 있는가?

넷플릭스는 이용자에게 자신만의 미시 장르를 만들 수 있도록 *분명한*apparent 능력을 제공한다. 이 기능을 사용하는 가장 쉬운 방법은 주어진 영화의 홈페이지에서 형용사 중 하나를 클릭하는 것이다. 주어진 영화 리스트와 관련된 장르 목록 아래에는 "이 영화는"이라고 적힌 문구가 있다. 그 뒤에 투지 있는Gritty, 신나는Exciting, 재치 있는Witty, 혹은 최소 200개의 다른 형용사가 있을 수 있다. 이용자는 형용사의 하이퍼링크를 누르면 "비슷한 것 더 보기more like this"라고 묻는 스크린으로 이동한다. 여기서 이용자는 한 칼럼에 몇 개(아마도 4~5개) 있는 용어의 옆에 있는 풍선을 누르며 선택을 한다. 이어서 그다음 칼럼, 그다음 칼럼을 반복한다. 이 인터페이스는 A칸에서 조금, B칸에서도 조금, C칸에서도 조금씩 시키는 전형적인 중국 음식 주문과 다르지 않다. 놀랄 것도 없이, 당신의 결과는 당신이 방금 요청했던 미시 장르와 별로 관계가 없는 협찬을 받고 등록된 영화들이 있는 "칸shelf"으로 당신을 안내한다. 그리고 겉으로는 이용자가 큐레이팅한 칸 밑에 있는 칸들은 당신이 제공하려 했던 기준과는 달리 더욱더 적은 연관성을 가질 수 있다. ≪버즈피드BuzzFeed≫는 최근에 정확히 하나의 영화에 적용되는 넷플릭스의 23개 미시 장르 목록을 발표했다.[20] 목록의 첫 번째 장르인, 강한 여성 주인공을 특징으로 하는 선정적인 TV 코미디는 넷플릭스의 〈오렌지 이즈 더 뉴 블랙〉으로 연결된다. 23개 각각은 특별히 기업 친화적인 기만적인 도메인이라고 부를 수 있다. 왜냐하면, 우리는 여러 개("코미디", "드라마")를 듣고, 그 세트는 정확히 한 작품의 특성을 나타내고 있기 때문이다.

---

20) Hunter Schwarz, "23 Oddly Specific Netflix Categories That Only Have One Show You Can Watch," *BuzzFeed*, January 11, 2014. http://www.buzzfeed.com/hunterschwarz/23-oddly specific-netflix-categories-that-only-have-one-show#pk9igq (검색일 2014.9.25)

긍정적인 면

넷플릭스 장르 카테고리가 롱테일 전략의 왜곡을 보여준다면, 카테고리는 이용자에게 다른 장점을 제공할 수 있는가? 이것에 답하기 전에, 어떠한 특정 시대의 대부분, 아마도 모든 영화학자들이 개별 비디오 가게에 걸어 들어가서 어떤 익명의 창의적인 직원이 미소를 띠게 하는 완전히 새로운 카테고리를 만들어낸 것을 관찰한 경험을 했다고 가정해보자. 나는 남자들이 코에 걸친 레이밴Ray-Ban 선글라스를 내리는 모습을 담은 1980년대 포스터가 들어 있는 상자들로만 채워진 영화 선반을 본 적이 있다. 블로그와 텀블러는 이러한 21세기의 형태를 잘 보여주는 것 같다. 우리는 이것을 알트만의 용어를 빌리면 창의적인 색인이라고 부를 수 있다. 이것은 현실 세계의 문제를 해결해주지 않지만 비슷한 것들을 함께 묶고, 특히 주위에서는 상상하지 못했을 것들을 카테고리화하고 그룹화하려는 우리의 본능적이고 진화적인 욕망에 대해 말해준다. 넷플릭스의 400개 하위 장르 중 다수는 이전에는 정통성이 없는 heterodox 성향이었을지 모르는 공통점을 갖고 있다. 이용자는 공포 장르에서 뱀파이어, 늑대, 좀비, 심지어 청소년 비명을 클릭할 수 있다. 어린이 및 가족에서는 책 캐릭터와 공룡과 같은 하위 장르가 있다. 음악에서는 복음 음악, 쇼 튠즈Show Tunes, 월드 퓨전, 레게, 그리고 따로 레게톤이 있다. 특별 관심사에서는 조각, 탭과 재즈 댄스, 사냥, 마술과 환상, 와인과 음료 감상, 공연 예술과 구술, 셰익스피어, 그리고 힐링과 기가 있다. 일반적으로 영화 연구는 교육용 비디오와 설득력이 부족한 다큐멘터리, 그리고 특히 스포츠는 털끝만큼도 관심이 없다. 넷플릭스 목록을 보면 새로운 길을 만들 수 있다는 것을 보여준다. 넷플릭스의 상위 19개 주요 장르는 아마도 코미디, 공포, 그리고 공상 과학, 판타지 학자들에게 안도감을 줄 것이다. 19개의 장르는 로맨스, 스릴러, 심지어 독립 영화를 위한 일반석이고 의미론석/통사론식 공간을 만든 사람들을 특별히 옹호하는 것으로 읽힐 수 있다. 그리고 19개의 주요 카테고리는 해야 할 일이나 다시 해야 할 작업을 제시해준다. "어린이와 가족"과 "믿음과 영성"은 사람들의 삶 속에서 눈에 띄는 것을 감안하면, 연구가 많이 되지 않은 두 가지 주제이다.

장르 비평(대부분은 책 분량의 영화 비평)은 변덕스러운 듯한 문제에 직면한다. 왜 이 영화들이고 다른 영화는 아닌가? 학자는 이런저런 영화들을 기초로 연구를 했고, 따라서 그 연구를 확장하는 것이 타당하다고 대답할 수 있다. … 그러나 새로운 기반을 만들기 위해 더 의미를 갖게 할 수는 없을까? 영향력을 어떻게 진실되게 측정할 수 있는가? 또는 품질은? 영화의 박스오피스 숫자는 조정된 달러라는 필수적 경고와 함께 만질 수 있는 형태로 나타난다. 그러나 극히 소수(어쩌면 아무도 없을 수도 있음)의 연구자들만이 지금까지 주어진 장르에서 상위 10위 또는 50위 또는 100위권 영화를 연구해야 한다고 주장한다. 그럼에도 불구하고 장르 연구는 '부분은 전체를 나타낸다'는 과소평가된 제유synecdoche의 가정하에서 몇 개의 중요 영화들을 배제하는 경향이 있다. 넷플릭스 목록을 대상으로 그러한 가정을 시험하는 것은 사실 꽤 많은 것을 얻을 수 있다.

예를 들어, 나는 넷플릭스의 19개 주요 장르의 첫 번째인 액션과 어드벤처로 돌아가 최근 학문에 대한 넷플릭스의 기여를 비교한다. 버나 도노반Barna William Donovan의 2010년도 책 『피, 총, 테스토스테론: 액션 영화, 관객, 폭력에 대한 갈증Blood, Guns, and Testosterone: Action Films, Audiences, and a Thirst for Violence』에서, 도노반은 적절한 선행 연구를 인용한다: 이본 타스커Yvonne Tasker, 존 카웰티John Cawelti, 존 피스크John Fiske, 마크 갤래거Mark Gallagher, 닐 킹neal King, 월 머레이Will Murray, 지나 마르세티Gina Marchetti 등등. 그들과 자신의 연구를 통해 그는 "현대 미국 액션 영화"를 정의하기 위해 기본적으로 프랜차이즈 영화를 선택했다: 제임스 본드가 나오는 영화, 〈더티 해리〉, 〈람보〉, 〈터미네이터〉, 〈리쎌 웨폰〉, 〈다이 하드〉, 〈미션 임파서블〉, 〈매트릭스〉, 〈배트맨〉, 〈스파이더맨〉, 〈아이언맨〉 등등. 도노반은 특별히 실베스터 스탤론, 아놀드 슈왈

츠제네거, 브루스 윌리스가 주연인 영화들을 선호한다. 그는 남성성의 위기라고 여겨지고 있는 것들에 대한 질문이 현대 액션 영화를 이해하는 데 있어 핵심이라고 말한다. 그는 인식론 장에서 다음과 같이 결론을 내린다: "액션 영화는 현대성과 포스트모더니티의 도덕적인 이야기로 기능하는데, 남자는 절대주의자이며 현대성 캠프에 있고, 여자는 포스트모던 성향이 증가하는 세계에 있다. 액션 장르의 남성 영웅은 종종 외로운 존재로 그려지는데, 그들의 존재 이유가 가족과 연인들이 그를 버림으로써 십자군같이 만들었다. 하지만 최종적으로 이 장르는 공격성과 남성의 능력에 관한 것이다. 액션 영화는 파괴의 장대한 광경을 중시한다."21)

공포 영화, 뮤지컬, 서부 영화, 그리고 다른 장르 영화의 학자들처럼, 도노반은 그의 관찰을 가장 수입이 많고 가장 예산이 많이 들어간 점들을 전제로 삼지 않았다. (도노반의 경우, 이런 목록에는 프랜차이즈 영화인 〈캐리비안의 해적〉, 〈반지의 제왕〉, 〈맨 인 블랙〉, 몇 개의 픽사/디즈니 만화 영화, 그리고 〈해리 포터〉가 포함될 것이고, 〈해리 포터〉만이 대략 언급할 가치가 있다.) 학자들에게 이 부분은 당연하다. 일정 정도를 골라 선택하는 것은 필요한 일이다. 문제는 수익을 가장 많이 올린 특이한 작품에 관한 것이 아니라, "액션 영화란 …"으로 시작하는 학문적인 일반화가 이러한 영화에 넷플릭스가 표기한 것(도노반의 경우, 미국의)과 같은 구분을 막아낼 수 있느냐이다. 넷플릭스의 커지는 영향력을 고려하여 도노반과 그와 같은 많은 학자들에게 물어볼 새로운 질문은 다음과 같다. 당신 장르의 핵심적인 특징에 대한 당신의 관찰이 넷플릭스가 이 장르의 일부라고 표시한 합리적인 영화의 예를 점검할 때 진실을 유지할 수 있는가? 도노반과 "액션과 모험"의 경우(액션과 모험은 서로 다른 장르라고 인정하고), 이 영화들은 대부분 정말로 외부의 위기를 통해서 내부의 위기를 해결하는 외로운 남

---

21) Barna William Donovan, *Blood, Guts, and Testosterone: Action Films, Audiences, and a Thirst for Violence* (New York: Scarecrow Books, 2009).

자에 대한 것인가? 아니면, 이것은 넷플릭스 액션 주요 장르, "액션 코미디", "아프리카계 미국인 액션", "도둑Heist 영화", "무술", "군대와 전쟁 액션", 그리고 "검술 영화Swashbucklers"와 같은 옵션의 하위 카테고리에 있는 영화들에 대항하지 못하는가? 넷플릭스의 400개 하위 장르 목록은 예전과 똑같은 텍스트의 특권을 주지는 않지만 달성할 수 있는 연구의 잠재적 길을 열어준다.

스티브 닐은 장르에 대한 많은 정의들이 할리우드와 미국 문화를 기본적인 기준 대상으로 삼는다고 지적한다. 사실 넷플릭스에서 외국 언어 영화는 영어 영화와 같은 구분 없이 다소 하나로 지정되어 있고ghettoized, 그래서 어떤 외국의 장르를 표기하지 않은genre-busting 영화가 미국 극장에서 성공할 가능성은 낮다.[22] 아직 해외 부문이 권위를 갖지는 못하더라도 이것은 넷플릭스의 해외 코미디, 해외 드라마, 해외 공포, 해외 뮤지컬, 해외 로맨스, 해외 공상 과학, 그리고 해외 스릴러 (각각의) 목록에 대한 하이퍼링크에 대하여 코미디, 드라마, 공포, 뮤지컬, 로맨스, 공상 과학, 스릴러에 대한 학문적인 가정을 조사하는 것보다 더 나쁠 수 있다. 그리고 외국과 외국어의 명시적 의미는 장르에 대한 수많은 연구에 유용한 발화점으로 작용할 수 있다.

결론

요약하자면 넷플릭스의 장르 재구성은 크리스 앤더슨이 제시한 롱테일 법칙에 의한 상당한 낙관론을 반박한다. 대신에 넷플릭스는 표면적으로는 이용자에게 길들여지지만 실제로는 이용자가 부분적으로 기업 이익에 만족하고 부분적으로는 기업 이익에 맞추도록 의도적인 불안정성을 갖고 설계한 인터넷 기반의 최신 포스트모던 자본주의에서 잘 나타난다. 넷플릭스의 19개의

---

22) Neale, *Genre and Hollywood*, 77.

주요 장르, 400개의 하위 장르, 그리고 7만 6,897개의 미시 장르는 덜 변하고 보다 데이터를 기반으로 하는 학구적인 연구를 위한 새로운 기회를 제공함에도 지금까지 연구를 감소시킨다고 위협한다. 넷플릭스는 자신이, 특히 알고리즘의 성격과 이용자의 더 많은 입력을 위한 계획과 관련해 대답해야 할 많은 질문들을 갖고 있다. 아마도 배급업자가 영화와 새로운 미디어의 현대적인 트렌드에 대해 다시 한 번 생각하도록 그렇게 많은 이유를 야기한 적이 없었다.

〈표 4.1〉 넷플릭스의 모든 장르 목록(오리지널 버전에 숫자는 없음)

1. 액션과 모험	2. 애니메와 애니메이션	3. 어린이와 가족
1. 액션 클래식	17. 성인 애니메이션	27. 0~2세
2. 액션 코미디	18. 애니메 액션	28. 2~4세
3. 액션 스릴러	19. 애니메 코미디	29. 5~7세
4. 어드벤처	20. 애니메 드라마	30. 8~10세
5. 아프리카계 미국인 액션	21. 애니메 판타지	31. 11~12세
6. 블랙스플로이테이션	22. 애니메 영화	32. 동물 이야기
7. 만화책 및 슈퍼 히어로	23. 애니메 공포	33. 책 캐릭터
8. 범죄 액션	24. 애니메 공상 과학	34. 카툰/만화
9. 엄청난 재난	25. 애니메 시리즈	35. 사춘기
10. 스파이 액션 및 어드벤처	26. 어린이 애니메	36. 공룡
11. 해외 액션 및 어드밴처		37. 디즈니
12. 도둑 영화		38. 학습과 지도
13. 무술		39. 가족 어드벤처
14. 군대 및 전쟁 액션		40. 가족 애니메이션
15. 스워시버클러		41. 가족 클래식
16. 서부 영화		42. 가족 드라마
		43. 가족 공상 과학 및 판타지
		44. 어린이 음악
		45. 어린이 TV
		46. 니켈레디온
		47. 청소년 코미디
		48. 청소년 드라마
		49. 청소년 로맨스

4. 클래식	5. 코미디	6. 다큐멘터리
50. 클래식 코미디	63. 아프리카계 미국인 코미디	79. 아프리카계 미국인 다큐
51. 클래식 드라마	64. 영국 유머 베스트	80. 자서전 다큐
52. 클래식 공상 과학 및 판타지	65. 컬트 코미디	81. 범죄 다큐멘터리
53. 클래식 스릴러	66. 다크 유머 및 블랙 코미디	82. 신앙 및 영성 다큐
54. 클래식 전쟁 이야기	67. 해외 코미디	83. 영감적인 자서전
55. 클래식 서부 영화	68. 라틴계 코미디	84. 종교 및 신화 다큐
56. 서사 영화	69. 정치 코미디	85. 영성 미스터리
57. 느와르 영화	70. 로맨틱 코미디	86. 해외 다큐멘터리
58. 해외 클래식	71. 토요일 밤 라이브	87. HBO 다큐멘터리
59. 해외 클래식 코미디	72. 스크루볼	88. 역사 다큐멘터리
60. 해외 클래식 드라마	73. 슬랩스틱	89. 인디 다큐멘터리
61. 해외 무성 영화	74. 패러디 및 풍자	90. 군대 다큐멘터리
62. 무성 영화	75. 스포츠 코미디	91. 기타 다큐
	76. 스탠드업	92. PBS 다큐멘터리
	77. 마큐멘터리	93. 정치 다큐멘터리
	78. 쇼비즈 코미디	94. 로큐멘터리
		95. 과학 및 자연 다큐
		96. 사회 및 문화 다큐
		97. 스포츠 다큐멘터리
		98. 여행 및 모험 다큐
		99. 마큐멘터리

7. 드라마	8. 신앙과 영성	9. 해외 영화
100. 아프리카계 미국 드라마	125. 신앙 및 영성 영화	146. 해외 액션 및 모험
101. 자서전	126. 영감적인 이야기	147. 해외 아트 하우스
102. 법정 드라마	127. 종교 및 신화 서사	148. 해외 어린이 및 가족
103. 범죄 드라마	128. 종교 및 신앙 드라마	149. 해외 코미디
104. 실생활 바탕 드라마	129. 종교 코미디 및 이야기	150. 지역-아프리카
105. 책 원작 드라마	130. 영감적인 자서전	151. 지역-아르헨티나
106. 베스트셀러 원작 드라마	131. 신앙적 미스터리	152. 지역-호주 및 뉴질랜드
107. 클래식 문학 원작 드라마	132. 영감적인 음악	153. 지역-벨기에
108. 현대적 문학 원작 드라마	133. 복음 음악	154. 지역-브라질
109. 해외 드라마	134. 영감적인 록 및 팝	155. 지역-중국
110. 도박 드라마	135. 뉴에이지	156. 지역-체코
111. 게이 및 레즈비언 드라마	136. 종교적 클래식 음악	157. 지역-동유럽
112. 인디 드라마	137. 종교적 토크 및 전통적	158. 지역-프랑스
113. 라틴계 드라마	음악	159. 지역-독일

114. 의학 드라마
115. 군대 및 전쟁 드라마
116. 시대극
117. 20세기 이전 시대극
118. 20세기 시대극
119. 정치 드라마
120. 로맨틱 드라마
121. 쇼비즈 드라마
122. 사회 이슈 드라마
123. 스포츠 드라마
124. 멜로 영화

138. 유대 문헌
139. 어린이 영감
140. 영감적인 노래 따라 부르기
141. 어린이용 영감적인 이야기
142. 마음 챙김 및 기도
143. 힐링 및 기
144. 명상 및 쉼
145. 기도 및 신앙 성장

160. 지역-그리스
161. 지역-홍콩
162. 지역-인도
163. 지역-이란
164. 지역-이스라엘
165. 지역-이탈리아
166. 지역-일본
167. 지역-한국
168. 지역-라틴 아메리카
169. 지역-멕시코
170. 지역-중동
171. 지역-네덜란드
172. 지역-필리핀
173. 지역-폴란드
174. 지역-러시아
175. 지역-스칸디나비아
176. 지역-동남 아시아
177. 지역-스페인
178. 지역-태국
179. 지역-영국
180. 지역 언어
181. 해외 뮤지컬
182. 해외 꼭 봐야 할 영화
183. 해외 로맨스
184. 해외 뜨거운 로맨스
185. 해외 텔레비전
186. 발리우드

10. 게이와 레즈비언	11. 공포 영화	12. 독립 영화
187. 게이 및 레즈비언 코미디	196. B급 공포 영화	212. 실험 영화
188. 게이 및 레즈비언 드라마	197. 괴물 영화	213. 인디 액션
189. 게이 및 레즈비언 로맨스	198. 컬트 공포	214. 인디 클래식
190. 해외 게이 및 레즈비언	199. 해외 공포	215. 인디 코미디
191. 인디 게이 및 레즈비언	200. 동양인 공포	216. 인디 드라마
192. 게이	201. 이탈리아 공포	217. 인디 게이 및 레즈비언
193. 레즈비언	202. 프랑켄슈타인	218. 인디 로맨스
194. 양성애자	203. 클래식 공포	219. 인디 긴장 및 스릴러
195. LOGO	204. 몬스터	

205. 사탄 이야기		
206. 슬래셔 및 연쇄 살인		
207. 초자연적인 공포		
208. 청소년 공포		
209. 뱀파이어		
210. 늑대인간		
211. 좀비		
13. 음악	**14. 로맨스**	**15. 공상 과학과 판타지**
220. 클래식 음악	257. 아프리카계 미국인 로맨스	263. 액션 공상 과학 및 판타지
221. 클래식 합창 음악	258. 해외 로맨스	264. 외계인 공상 과학
222. 클래식 악기 음악	259. 인디 로맨스	265. 클래식 공상 과학 및 판타지
223. 오페라 및 오페레타	260. 클래식 로맨스	266. 판타지
224. 컨트리 및 서양/민요	261. 로맨틱 드라마	267. 해외 공상 과학 및 판타지
225. 미국 민요 및 블루그래스	262. 뜨거운 로맨스	268. 공상 과학 및 모험
226. 클래식 컨트리 및 서양		269. 공상 과학 컬트 클래식
227. 뉴컨트리		270. 공상 과학 드라마
228. 영감적인 음악		271. 공상 과학 공포
229. 복음 음악		272. 초자연적 공상 과학
230. 재즈 및 듣기 편한 음악		
231. 아프리카 쿠바 및 라틴 재즈		
232. 클래식 재즈		
233. 현대 재즈		
234. 재즈 히트곡		
235. 스윙 및 빅 밴드		
236. 보컬 재즈		
237. 보컬 팝		
238. 가라오케		
239. 라틴 음악		
240. 브라질 음악		
241. 라틴 팝		
242. 레게톤		
243. 스페인어 록		
244. 전통 라틴 음악		
245. 음악 레슨		
246. 뮤지컬		
247. 클래식 영화 뮤지컬		
248. 클래식 무대 뮤지컬		

249. 현대 영화 뮤지컬		
250. 현대 무대 뮤지컬		
251. 해외 뮤지컬		
252. 꼭 봐야 할 뮤지컬		
253. 쇼 튠즈		
254. 음악 장르(예: 록)		
255. 꼭 봐야 할 콘서트		
256. 지역별 세계 음악		
16. 특별 관심	**17. 스포츠와 피트니스**	**18. 텔레비전**
273. 미술 및 디자인	310. 야구	353. 영국 TV
274. 컴퓨터 애니메이션	311. 농구	354. 영국 TV 코미디
275. 회화	312. 익스트림 스포츠	355. 영국 TV 드라마
276. 사진	313. 익스트림 전투 및	356. 어린이 TV
277. 조각	이종 격투기	357. TV 액션 및 모험
278. 직업 및 재정	314. 익스트림 모터스포츠	358. TV 클래식
279. 댄스	315. 익스트림 눈 및 얼음 스포츠	359. 클래식 TV 코미디
280. 발레 및 모던 댄스	316. 산악 사이클링	360. 클래식 TV 드라마
281. 벨리 댄스	317. 등산 및 클라이밍	361. 클래식 TV 공상 과학 및
282. 댄스 운동	318. 스케이트보딩	판타지
283. 힙합 및 현대 댄스	319. 스턴트 및 일반 혼란	362. TV 코미디
284. 라틴 및 볼룸 댄스	320. 미식축구	363. 꼭 봐야 할 TV 코미디
285. 탭 및 재즈 댄스	321. 골프	364. TV 애니메이션 코미디
286. 세계 댄스	322. 복싱 및 레슬링	365. TV 시트콤
287. 음식 및 와인	323. 일반 무술	366. TV 스케치 코미디
288. 요리 교육	324. 가라테	367. TV 다큐멘터리
289. 음식 이야기	325. 쿵후	368. HBO 다큐멘터리
290. 와인 및 음료 감상	326. 호신술	369. PBS 다큐멘터리
291. 취미 및 게임	327. 타이치 및 기공	370. TV 과학 및 자연
292. 보트 및 항해	328. 자동차 경주	371. TV 드라마
293. 차 문화	329. 오토바이 및 모토크로스	372. 꼭 봐야 할 TV 드라마
294. 낚시	330. 보디빌딩	373. TV 법정 드라마
295. 사냥	331. 사이클링	374. TV 범죄 드라마
296. 미술 및 환상	332. 경마	375. TV 드라메디
297. 포커 및 도박	333. 테니스	376. TV 가족 드라마
298. 집 및 정원	334. 눈 및 얼음 스포츠	377. TV 의학 드라마
299. 엔터테이닝	335. 아이스하키	378. TV 연속극
300. 집 가꾸기	336. 스키 및 스노보딩	379. TV 청소년 드라마

301. 애완동물	337. 축구	380. TV 미니 시리즈
302. 숙제 도움이	338. 스포츠 이야기	381. TV 미스터리
303. 영어 및 언어 아트	339. 올림픽 및 기타 게임	382. TV 리얼리티 프로그래밍
304. 역사 및 사회 공부	340. 스포츠 코미디	383. TV 공상 과학 및 판타지
305. 수학 및 과학	341. 언더독의 우승	384. TV 버라이어티 및 토크 쇼
306. 언어 교육	342. 여자 스포츠	385. TV 전쟁 및 정치
307. 아이맥스	343. 수상 스포츠	386. TV 서부극
308. 정신 및 몸	344. 서프 및 보드 스포츠	387. TV 영화
309. 건강한 삶	345. 복근 및 둔근 운동	
	346. 카디오 및 유산소 운동	
	347. 힘 및 유연성	
	348. 어린이 피트니스	
	349. 쉬운 운동	
	350. 필라테스 및 피트니스 볼	
	351. 임신 관련 피트니스	
	352. 요가	

19. 스릴러

387. 액션 스릴러		
388. 클래식 스릴러		
389. 범죄 스릴러		
390. 에로틱 스릴러		
391. 스파이 스릴러		
392. 해외 스릴러		
393. 인디 긴장 및 스릴러		
394. 조직폭력배		
395. 미스터리		
396. 정치 스릴러		
397. 정신적 스릴러		
398. 공상 과학 스릴러		
399. 초자연적 스릴러		
400. 서스펜스		

자료: http://dvd.netflix.com/ AllGenresList

제5장

미래의 자기 취향에 맞추다
넷플릭스의 "예측 개인화"와 취향의 수식화

Catered to Your Future Self: Netflix's "Predictive Personalization" and the Mathematization of Taste

네타 알렉산더 Neta Alexander

"눈"은 교육에 의해 재생산된 역사의 결과물이다.
_ 피에르 부르디외[1]

우리는 여기서 의견이 없고, 가설만 있다.
그리고 우리는 고객의 이익만을 위해 행동하는 것을 확신하기 위해 가설을 테스트한다.
_ 에릭 콜슨Eric Colson, 전 넷플릭스의 최고 데이터 분석가[2]

머리말

마크 랜돌프와 리드 헤이스팅스가 넷플릭스를 캘리포니아에 설립하기 1년 전인 1996년도에 글을 쓴 수잔 손탁Susan Sontag은 "시네필리아cinphilia"라는 개념을 훌륭하게 칭송했으며, ≪뉴욕타임스≫ 독자들에게 영화의 상업화는 "위대한 영화"를 접하기 점점 더 어렵게 한다고 경고했다. 손탁의 글에서 위대한 영화는 "자본주의 사회와 자본주의가 될 세계, 한마디로 어느 사회에서나 현

---

1) Pierre Bourdieu, *Distinction: A Social Critique of the judgment of Taste*, trans. Richard Nice (Cambridge, MA: Harvard University Press, 1984), 3.

2) Sapna Maheshwari, "Stitch Fix and the New Science Behind What Women Want to Wear," *BuzzFeed*, September 24, 2014. http://www.buzzfeed.com/sapna/stitch-fix-and-the-news cience-behind-what-women-want-to-wear (검색일: 2015.6.15)

재 영화 만드는 것을 지배하는 규범과 관행의 실질적 위반에 근거한 작업이다".[3] 손탁은 전형적인 예술의 기준을 밝힘으로써 그녀가 "영화의 쇠퇴"라고 부른 것에 모더니스트의 감성을 적용했다. 더 중요한 것은, 그녀가 알고리즘에 기반을 둔 추천 시스템의 개발자들이 직면하고 있는 중심 역설들 중 하나를 예시했다는 것이다. 즉, 가장 위대한 영화들은 분류하기 가장 어렵거나 태그와 카테고리로 쉽게 분류되지 않는 경향이 있다.

이 역설을 원점으로 삼아, 이 장은 넷플릭스가 콘텐츠 라이브러리에 있는 수많은 제목을 어떻게 넷플릭스의 "미시 태그microtags"와 "대체 장르altgenres"로 분류하는지 더 잘 이해할 수 있도록 할 것이다. 이것은 결국 넷플릭스가 "시네매치"라고 부르는 전용 알고리즘 집합뿐만 아니라 데이터 마이닝, 협업 필터링collaborative filtering 등의 방법에 근거하여 문화적 선호도를 형성하는 위험성과 전망을 신중히 검토하게 한다.[4]

넷플릭스는 2011년부터 기존 영화와 TV 쇼에 태그를 달았을 뿐만 아니라 웹사이트 (최소) 6,500만 명 가입자를 통해 수집된 데이터를 바탕으로 오리지널 콘텐츠를 제작하고 있다. 이렇게 동영상 콘텐츠를 제작하고, 상영하고, 소

---

3) Susan Sontag, "The Decay of Cinema," *The New York Times*, February 25, 1996. https://www.nytimes.com/books/00/03/12/specials/sontag-cinema.html (검색일: 2015.6.15)

4) 넷플릭스의 공식적 블로그에서 "시네매치"라는 용어가 가장 최근에 나온 것은 2012년 4월 6일이다. 넷플릭스의 엔지니어 새비에르 아마트리아인Xavier Amatriain과 저스틴 바실리카Justin Baslica는 시네매치를 "우리가 현재 사용하는 추천 시스템"이라고 소개했다. 이 사실에도 불구하고, 내가 아는 한 넷플릭스는 더 이상 공식적으로 시네매치라는 용어를 사용하지 않는다. 나는 이 장에서 시네매치의 추천 시스템의 단점을 지적할 것이다. 넷플릭스가 가입자에게 알리지 않고 일정 시간에 전용 알고리즘의 이름을 바꿀 수 있지만, 이 장에서 설명한 논리와 방법은 넷플릭스 자체 문서와 무역 신문에서 넷플릭스와 관련된 다양한 토론에서 지속적으로 발견될 수 있다. 아이러니하게도 시네매치라는 이름을 대체할 수 있는지에 대하여 결정하지 못한 것이 넷플릭스의 방법과 숨겨진 작업을 특징짓는 투명성과 관련하여 나의 주장을 강화하는 데 도움을 줄 수 있다. 넷플릭스가 "시네매치"라는 이름을 사용하는 것에 대해서는 다음을 참조하라. Xavier Amatriain and Justin Basilica, "Netflix Recommendations: Beyond the Five Stars," *Techblog*, April 6, 2012. http://techblog.netflix.com/2012/04/netflixrecommendations-beyond-5-stars.html (검색일 2015.7.21)

비하는 초기 형태는 흥미로운 궁금증을 불러일으킨다: "취향"과 같이 정의하기 어려운 카테고리가 경험적이고 수학에 기반을 둔 공식으로 전환될 수 있는가? 알고리즘 기반의 시스템이 어떤 방법으로 문화 전문가나 중개자mediator를 대체할 수 있는가? 마지막으로, "대체 장르"와 "미시 태그"는 동영상을 배포하고 소비하기 위한 혁명적인 방법을 제공하는가? 아니면 우리에게 동일한 형태의 콘텐츠를 공급하는 "필터 버블"을 만들어서 영화에 대한 열정의 문화와 영화 제작자의 창조적 자유를 위협하는가?

이러한 질문들을 던지기 시작하면서, 이 장은 몇 개의 역설을 중심으로 구성될 것인데, 첫 번째는 문화재(의류, 음식, 가구, 예술 작품, 책 등)의 소비를 통해 드러나는 주관적이고 개인적이며 일관된 선호의 집합으로서의 "취향"과 미디어 과점과 날로 증가하는 광고 예산에 의해 움직이고 형성될 수 있는 문화적 구조로서의 "취향" 사이의 긴장이다.

취향이 어떻게 생기고 형성되는가에 대한 질문은 미학에 대한 풍부한 문학의 초점이 되어왔고, "선"과 "아름다움"의 구별은 데이비드 흄David Hume의 "취향의 기준"과 임마누엘 칸트의 『판단의 비판Critique of Judgment』(원제는 『취향의 비판Critique of Taste』)으로 거슬러 올라갈 수 있다.[5] 그것은 헨리 앨리슨Henry Allison이 우리에게 상기시켜 주듯이 "취향의 세기the Century of Taste"라고도 알려진 18세기 "이성의 시대Age of Reason" 전반에 걸쳐 널리 퍼진 이상적이고 규범적인 취향에 대한 인식이다. 2001년에 쓴 글에서 앨리슨은 미학, 윤리학, 도덕을 함께 엮은 칸트의 취향 이론에서 상대주의와 개인을 선호하는 21세기 시대정신으로의 흐름을 다음과 같이 요약하고 있다.

---

5) In a letter written in 1877 Kant mentions he is writing a manuscript to be entitled "Critique of Taste." For the history of *Critique of Judgment* and an overview of Kantian esthetics, see Henry E. Allison, *Kant's Theory of Taste: A Reading of the Critique of Aesthetic Judgment* (Cambridge, UK: Cambridge University Press, 2001).

우리에게 질문이나 평가가 취향의 문제라고 말하는 것이 단지 규범성에 대해서는 어떠한 주장도 하지 않는 사적이고 주관적인 문제일 뿐이라는 것을 의미하지만, 18세기에는 전혀 그렇지 않았다. 가다머Gadamer가 지적했듯이, 취향은 합리적인 근거를 제시할 수 없지만 지식의 특별한 방법으로 생각되었다. 그럼에도 불구하고 취향은 내재된 보편성을 수반한다.[6]

그러나 취향은 더 이상 지식의 특별한 방법이 아니라 문화 자본의 한 형태로 생각된다. 피에르 부르디외는 취향의 사회적 구성social construction에 관한 그의 중요한 연구에서 미학과 계급 구조의 상호 관계를 다음과 같이 설명한다: "취향은 분류하고, 분류자를 또 분류한다. 그 분류에 의해 분류된 사회 주체는 그들이 만드는 구별에 의해 아름다움과 추함, 성공과 천박함이 구분된다. 객관적 분류에서 사회적 주체의 위치가 표현되거나 드러난다.[7] 그러므로 부르디외에게 "취향"은 끊임없이 변화하는 주관적인 선호의 집합이 아니라 오히려 문화 상품을 획득하고 전시함으로써 다른 사람들과의 관계에 따라 자신을 위치시키는 방법이다.[8] 이러한 논쟁에 따라, 예술 작품으로부터 즐거움을 끌어내는 능력은 눈의 상품화commodification of eye, 즉 "교육이 재생산한 역사적 산물"을 먼저 인정하지 않고서는 생각할 수 없다.[9] 시청자 상품을 "안구eyeballs" ─즉, 한때 시청자, 소비자, 시민 또는 단순히 인간으로 알려졌던 것에 대한 놀라운 은유법─ 라는 용어로 묘사하는 시대에, 즉 눈이 재조명되고 재생산되는 방법은 그 어느 때보다 광범위하다.

---

6) Ibid., 3.

7) Bourdieu, *Distinction*, 6.

8) 비슷한 논쟁을 토스타인 베블렌Thorstein Veblen의 "과시적 소비conspicuous consumption"의 개념에서 발견할 수 있다. 과시적 소비는 자신의 신분과 부를 공개적으로 보여주기 위해 값비싼 물품을 구매하는 것을 말한다. Thorstein Veblen, *Theory of the Leisure Class: An Economic Study in the Evolution of Institutions* (New York: Macmillan, 1994).

9) Bourdieu, *Distinction*, 3.

다양한 "문화 코드"를 해독할 수 있는 능력에 바탕을 둔 계급의 표식으로서 부르디외의 취향에 대한 정의는 개인 취향의 형성에 대한 논의에서 유용한 출발점이다. 아이러니하게도, 인간의 의사소통과 문화재의 소비가 모두 "판독의 행위, 해독"이라는 과정을 나타내기 위해 부르디외가 "코드"라는 단어를 은유적으로 사용한 것은 넷플릭스의 이용자 선호와 취향의 수식화를 위한 알고리즘 연구에 대한 기본적인 감각을 강화시킨다.

취향 형성 과정에 초점을 맞춤으로써 나는 세 가지 목적을 달성하기를 희망한다. 첫째, 시네매치에 대한 분명한 설명과 넷플릭스가 "개인 프로필"을 만드는 기술과 방법, 둘째, 넷플릭스 추천을 "내로캐스팅", "개인화", 틈새시장과 "선구매 경제"의 성장에 대한 폭넓은 역사적 서술 내에서의 맥락화, 그리고 마지막으로 그들이 부정하고 있는 것 같은 텐션, 파열과 "소음", 그리고 그 과정에서 종종 잃어버린 문화적 다양성을 미리 파악함으로써 이러한 새로운 분배 모델을 둘러싼 찬양 담론celebratory discourse을 문제화하기이다.

"취향 기계"의 탄생

미디어가 문화적 취향을 형성하는 데 사용될 수 있는 방법에 대한 매력은, 그리고 "시청 이용자viewsers"(댄 해리스Dan Harries의 "시청자"와 "이용자"의 혼합 단어)[10]를 안구로 바꿈으로써 이전의 세기적 전환기 동안에 다양한 쇼의 황금시대로 거슬러 올라갈 수 있다.[11] 시청자들에게 단편 액션 영화, 여행기, 화

---

10) Dan Harries, "Watching the Internet," in *The New Media Book,* ed. Dan Harries (London: The British Film Institute, 2002), 171-183.

11) 초기 영화 시대에 대중에게 공급된 새로운 감각적 경험에 대한 역사적 조망은 다음을 참고하라. Jennifer Lynn Peterson, *Education in the School of Dreams: Travelogues and Early Nonfiction Film* (Durham, NC/London: Duke University Press, 2013).

러한 장면, 동작 연구, 그리고 "개그 영화"를 제공함으로써 초기 프로그래머들은 가능한 한 최대한 넓은 범위의 시청자들에게 어필하고 다른 취향들과도 맞추려고 노력했다.

황금시대에, 다양한 포맷은 영화 제작자들이 영화를 매력적이고 교육적인 디바이스로서 마케팅할 수 있게 했다. 예를 들어, 여행기는 시청자에게 "미적 상품으로서 교훈적인 의도를 포장한 일종의 매력"을 줄 것이라는 약속을 바탕으로 새로운 종류의 "교훈적인 엔터테인먼트"로 홍보되었다.[12] 영화 사학자 제니퍼 피터슨Jennifer Lynn Peterson에 의해 증명되었듯이, 20세기 초 여행기의 확산은 5센트 극장Nickelodeon을 "여성들이 '플레이보이'에게 추행당하고 어린아이들이 불쾌한 영향들에 노출되었던 어두운 악의 동굴"이라는 평판에서 꺼내기 위한 시도의 일부였다.[13] 그래서 영화는 '절제, 절약, 순결, 사회적 청렴, 그리고 부의 축적이라는 부르주아 기준'에 바탕을 둔 시민을 만들기 위해 교육의 힘에 있어서 진보적인 시대의 믿음을 상징하는 "개선 운동uplift campaign"을 위해 채용되었다.[14] 그래서, 새로운 취향 기계가 탄생했다.

취향을 효과적으로 형성한다는 것은 "보편적 관객"에게 시도하고 소구하는 것을 의미한다. 린다 윌리엄스Linda Williams가 묘사한 바와 같이, 이러한 이성적 사고는 "다양한 인종, 계급, 성별, 사회화, 하위문화 친화성에 따른 다른 관객들의 이질성"을 부정한다.[15] "개선 운동"의 경우, "일반 관객"은 새로운 이민자를 나타냈다. 그래서 이 영화는 아직 용광로melting pot의 문화 코드에 흡수되지 못한 중하류 시청자를 "미국화Americanization"하기 위한 도구로 인식되었다. 훨씬 이후, 1950년대 텔레비전이 국내 지형을 장악했을 때, "교외 주

---

12) Ibid., 2.

13) Ibid., 107.

14) Ibid., 106.

15) Linda Williams, "Introduction," in *Viewing Positions: Ways of Seeing Films,* ed. Linda Williams (New Brunswick, NJ: Rutgers University Press, 1995), 14.

부"는 방송 프로그램의 새로운 토대가 되었다. 그때 교외에 새로 지은 집들이 아메리칸 드림의 이상적인 표현으로 묘사되었다.16)

그러나 넷플릭스의 뷰저는 상상했던 일반 관객과는 상당히 다르다. 넷플릭스가 오리지널 콘텐츠를 선보이기 전에, 이 서비스의 주요 장점은 개인 프로필과 "당신을 위한 추천" 기능이었다. 그 정도로, 회사의 비즈니스 모델은 대중 경제에서 개인화된 서비스의 틈새시장으로의 전환을 보여준다. 디지털 개인화의 초기에, "당신"은 이민자도 가정주부도 아니다. 대신에, 이 기호(당신)는 누적된 뷰저가 만든 선택의 누적 집합을 나타낸다. 이 시스템은 영화를 꼼꼼하게 기록한 시청 패턴과 활동(스크롤링, 재생, 되감기, 몰아 보기 등)을 기준으로 별 다섯 개의 등급을 매긴다. 넷플릭스 이용자는 그들이 받는 추천 리스트가 오직 이전에 그들이 제목별로 등급을 매겼던 것에 바탕을 두고 있다고 생각할 수 있다. 시네매치는 2001년에 출시된 이후 논리 및 운영 방식에 있어 가입자 또는 잠재적 경쟁자가 접근하지도 못할 만큼 훨씬 더 정교한 시스템으로 진화되었다.

사실 시네매치는 과거 선택을 바탕으로 가입자 각자에게 특정 제목을 추천할 수 있는 전자 중매 시스템을 넘어선다. 이것은 겉보기에 혼란스러워 보이는 행동을 반복적이고 따라서 예측 가능한 패턴으로 계속해서 해석하여 나아가는 시스템이다. 그리고 사람들이 지속적으로 일관성이 없다는 가정에 근거한다. 평일에는 텔레비전을 볼 수 있으나, 주말에는 할리우드 액션 영화에 빠질 수도 있다. 더 중요한 것은, 알고리즘 시스템이 매우 적응을 잘한다는 것이다. 우리의 선호도와 취향이 바뀜에 따라, 우리가 "당신을 위한 추천" 섹션에서 만나는 제목도 바뀔 것이다.

---

16) John Hartley, "Housing Television: Textual Traditions in TV and Cultural Studies, in *The Television Studies Book*, eds Christine Geraghty and David Lusted (London: Arnold, 1998), 33-50.

넷플릭스가 1997년에 출시되었지만, 초기 버전의 시네매치는 2000년이 되어서야 개발되었다. 『넷플릭스, 스타트업의 전설Netflixed: The Epic Battle for America's Eyeballs』에서 지나 키팅Gina Keating은 2010년 이후 "가입자는 더 이상 영화를 평가할 필요가 없다. 왜냐하면 셋톱 박스나 넷플릭스 웹사이트에 삽입되어 있는 프로그램이 선택한 콘텐츠가 인상 깊었는지 알아내기 위해 이용자가 어떤 TV 쇼와 영화를 보고, 어떻게 보았는지, 그리고 스트리밍 라이브러리에서 이용할 수 있는 영화에서 그 경험을 재현하는지 모니터했다"고 설명한다.17) 전 세계 수백만 명의 가입자들의 시청 습관에 대한 넷플릭스의 전례 없는 접근을 바탕으로 시네매치는 시스템이 수집하고 분석하는 메타데이터를 바탕으로 한 정보에 기반하여 의사 결정을 한다. 넷플릭스를 이용함으로써 우리는 시네매치에게 우리가 무엇을 보기를 좋아하고 언제 보기를 좋아하는지를 가르쳐주고 있다.

이 피드백 과정은 종종 숙제와 같은 형태로 보일 수 있다. 2009년에 넷플릭스가 "취향 선호Taste Preferences"를 출시했다. 취향 선호란 우리가 보고자 하는 제목의 이상적인 "분위기" 또는 "감정적인 어조"(예: 기분이 좋은, 어두운, 장난스러운, 현실적인 등등)에서 선호하는 "스토리라인"(예: 법정, 중년 위기)까지 보다 많은 정보를 서비스에 적극적으로 제공하도록 요구하는 일련의 정교한 질문이다. 넷플릭스 제품 관리 책임자인 토드 옐린은 2009년 3월 26일 자랑스럽게 서비스를 시작하면서 다음과 같이 말했다. "우리는 영화를 잘 발견하는 것에 중점을 두는 좀 더 개인화된 웹사이트에서 회원들을 기쁘게 하려는 취향 선호, 좀 더 개인화된 홈페이지, 그리고 맞춤형 브라우징 등 몇 가지 기능들을 출시했다."18)

---

17) See Gina Keating, *Netflixed: The Epic Battle for America's Eyeballs* (London: Penguin Books, 2012), 196.

18) Todd Yellin, "Netflix Launches New Personalization Features," March 26, 2009. http://blog.netflix.com/2009/03/netflixlaunches-new-personalization.html(검색일: 2015.6.3)

엘린이 "개인화", "선호", 그리고 "맞춤화"라는 마법의 단어를 사용한 것은 스트리밍이 시청자의 동인과 통제력을 높이기 위한 수단이라는 정교화 담론을 상징적으로 보여주고 있다. 실제로 시네매치는 레프 마노비치Lev Manovich가 "모던 미디어"(타자기, 사진, 라디오, 영화, 텔레비전 등)와 디지털 기반의 "뉴미디어"를 구별하도록 추진한 전환의 일부로 보인다. "뉴미디어는 대량 생산 시대의 표준화보다는 개인 맞춤화라는 후기 산업화 사회의 전혀 다른 논리를 따르고 있으나 실제로는 선행하고 있다."[19] 이 새로운 경제의 주된 역할은 2014년 모토로라의 "모토 X" 스마트폰 캠페인의 동어 반복적 슬로건 '선택을 선택하라Choose Choice'에서 찾을 수 있다. 하지만 우리는 정확히 무엇을 선택하고, 언제 선택을 결정하는가? 선택을 바탕으로 한 유토피아에서 제외되는 것은 누구이며 무엇인가? 그리고 우리가 하는 선택과 알고리즘이 우리를 대신해서 해주는 선택을 구분하는 것이 가능한가? 이러한 질문에 답하기 위해서는 우선 시네매치가 기반하는 "협업 필터링"과 "메타데이터"에 대한 아이디어를 간단하게나마 살펴봐야 한다.

개인화와 "온디맨드 유토피아"에 대한 신화

이러한 질문에 대한 해답은 연결된 시청 시대에 동인과 무한 선택 이론을 복잡하게 할 수 있다. 마노비치에 이어 미디어 학자 헨리 젠킨스는 "예약 기반 모델appointment-based model"(즉, 레이먼드 윌리엄스Raymond Williams의 "계획적 흐름 planned flow")에서 이용자가 더 이상 방송사가 편성한 엄격한 일정에 의존하지 않는 "관여 기반 모델engagement-based model"로의 이동을 탐구한다.[20]

---

19) Lev Manovich, *The Language of New Media* (Cambridge, MA: MIT Press, 2001), 29.
20) Henry Jenkins, *Spreadable Media: Creating Value and Meaning in a Networked Culture*

그러나 젠킨스는 우리에게 이러한 변화의 지나친 단순화에 대해 경고하고 디지털 모델 안에 내재된 역설을 설명한다: "한편으로는, 우리의 필요에 맞게 맞춰진 개인화된 콘텐츠를 끝없이 제공하면서 이러한 새로운 '온디맨드' 생활 양식을 유토피아로 보이게 해줄 수 있다. 또 한편으로 이 끝없는 소비 경제는 중독성이 강하고 과하게 행동하게 하며 믿을 수 없을 정도로 시간을 소비하게 한다."[21]

젠킨스가 디지털 미디어 소비에서 유발된 불안을 인식하는 것은 타당할 수 있지만, 그의 주장은 최소 두 가지의 결점을 갖고 있다. 우리가 해야 할 선택은 정말 "끝이 없다"는 가정과 우리가 소비하는 콘텐츠는 특별히 "개인화"되어 있다는 착각이다. 반복적으로 증명된 바와 같이, 우리의 모든 문화적 세계가 디지털화의 길을 걷고 있다는 생각은 오해의 소지가 있고, 실행 불가능하며, 문제가 대단히 많다. 왜냐하면, 이것은 아날로그와 디지털 미디어의 차이를 부정하고 있기 때문이다.[22] 이러한 부정의 결과가 플랫폼 애그노스틱plat-form-agnostic 접근법(어떤 운영 체제나 프로세서의 조합에 대한 지식 없이도 기능을 수행할 수 있는 소프트웨어 기술—옮긴이)인데, 영화를 "순수한 콘텐츠"로 보게 하고, 오리지널 포맷에 내재된 동질성을 무시하면서 "콘텐츠를 전달하는 방식과 관계없이 존재하는 것으로 보게 하고, 다양한 미디어에서 전송될 수 있는 정보"로 보게 한다.[23] 포맷과 압축 방식이 끊임없이 변화되고 있기에, DVD류, 책자, 기념품에서부터 제프리 스콘스Jeffrey Sconce가 "텔레비전 광고, 정부 위생 영화, 청소년 일탈 다큐멘터리 또는 소프트 코어 성인물"로 묘사하는 "유사

(New York: NYU Press, 2013), 116.

21) Henry Jenkins, *Convergence Culture: Where Old and New Media Collide* (New York: NYU Press, 2006).

22) "온디맨드 유토피아"의 생각과 무한한 자료로서 인터넷에 대한 유용한 비판은 다음 책을 참조하라. *Film Curatorship: Archives, Museums, and the Digital Marketplace*, eds Paolo Cherchi U sai et al. (Vienna: Osterreichisches Filmmuseum, 2008).

23) Ibid., 19 5.

영화paracinema"24)까지 수많은 문화 상품은 한물간 기술 때문에 사라지거나 버려진다. "나쁜 취향"과 "반미학counter-aesthetic"의 다양한 상품은 넷플릭스, 아마존 프라임, 구글 플레이와 같은 가족 친화적인 스트리밍 서비스에서는 너무 시장이 작아서 디지털화되는 경우가 거의 없다.25)

넷플릭스의 경우, 이용자 인터페이스는 가입자에게 선택할 것이 끝없이 많다는 환상을 주도록 설계되었고, 만료된 라이선스 계약으로 인해 웹사이트의 콘텐츠 라이브러리가 끊임없이 변화하고, "가입자가 가장 보고 싶어 하는 콘텐츠를 구입할 수 없게 되었다"는 사실을 인지하지 못하게 하고 있다.26) 우리가 넷플릭스에서 즐길 수 있는 영화나 TV 시리즈를 다 찾을 수 없을 뿐만 아니라, 우리가 찾은 것들은 미래에 다시 찾으려 할 때 없을 수도 있다.

넷플릭스의 세계는 한정적이고 계속 바뀌기 때문에, "우리의 필요에 맞춰진" 콘텐츠를 제공할 수 있는 능력은 일련의 제한과 기준에 달려 있다. 자동화와 맞춤화 사이의 긴장을 부정하면서, 시네매치 시스템은 "집단적 개인화collective personalization"라 부를 수 있는 형태를 보여준다. 수십 명의 넷플릭스 프로그래머와 직원들과 긴밀한 대화를 통해 연구한 키팅은 추천 시스템이 원래 "고객 클러스터", 즉 영화를 비슷하게 평가한 사람들이라는 아이디어에 바

---

24) 스콘스가 명명한 조어 "유사 시네마Paracinema"는 주변부에서 생산되고 유통되는 문화 작품을 뜻하며, 학자의 연구에서는 관심을 받지 못하고 있다. 이 개념에 대해서는 다음을 참조하라. Jeffrey Sconce, "'trashing' the Academy: Taste, Excess, and an Emerging Politics of Cinematic Style," *Screen* 36.4 (Winter 1995): 371-393.

25) 본래 넷플릭스는 가입자에게 가벼운 포르노 타이틀을 제공하려고 했으나, 리드 헤이스팅스가 캘리포니아 교육 위원으로 임명된 2000년 초반에 포기했다. 키팅에 따르면 "헤이스팅스는 성인 영화를 배급하는 것은 정치적 논란이 될 수 있다고 믿었고 […] 엔지니어들은 하루의 나머지와 밤에 시청자의 영화 목록과 인벤토리에서 부적절한 영화를 삭제했다." Keating, *Netflixed*, 57.

26) 넷플릭스 콘텐츠 라이브러리와 넷플릭스가 제공하는 투명성 부족에 대한 비판은 다음을 참조하라. Felix Salmon, "Netflix's Dumbed-down Algorithms," *Reuters*, January 1, 2014. http://blogs.reuters.com/felixsalmon/2014/01/03/netflixs-dumbed-down-algorithms/ (검색일: 2015.6.1)

• 하이브 마인드: 벌 군집을 모티브로 탄생한 개념으로 다수의 개체와 몸을 지배하는 하나의 정신을 뜻하며, 지식이나 의견을 공유하고 무비판적 화합이나 집단 지성을 산출하는 개념적 실체이다. (https://namu.wiki/w/%ED%95%98%EC%9D%B4%EB%B8%8C%20%EB%A7%88%EC%9D%B8%EB%93%9C)

• 정동 경제 affective economy: 네트워크 속 인구들의 다양한 활동에서 파생되는 막대한 개인 데이터와 그들이 수많은 플랫폼에서 자발적으로 생산하고 공유하는 지적 재산이 창출하는 가치를 사적으로 전유하는 경제 질서를 말한다. (http://contents.kocw.or.kr/KOCW/document/2014/Chungbuk/LeeHangwoo/11.pdf)

탕을 두었다고 밝혔다. 알고리즘을 통한 중개자를 만드는 "시네매치는 특정 가입자의 취향이 중복된다는 점에 주목하여, 이전에 넷플릭스에서 빌리거나 등급을 매기지 않았던 그 클러스터에 속하는 이용자들에게 클러스터 회원들이 높게 평가한 영화를 제공했다."[27] 이 "하이브 마인드"• 모델은 우리에게 개별적이고 주관적인 과정으로서 취향의 형태를 다시 한 번 생각해보도록 한다. 탐색하거나 통제할 수 없는 "고객 클러스터"의 일부가 되는 것은 같은 생각을 가진 영화광들의 상상의 커뮤니티와는 매우 다르다. 그리고 VCR 시대는 즉석에서 만들어진 "시네 클럽"[28]에서부터 빌리거나 대여한 비디오 테이프의 "다음 이용자를 위해 친절하게 되감기" 예절까지 새로운 형태의 공동체적 경험을 하게 했지만, 넷플릭스 가입자는 미래에 같은 타이틀을 시청할 수 있는 사람들에 대한 공동체적 책임을 공유하지는 않는다.

더욱이 버퍼링이나 정지 화면 동안 다른 인터넷 이용자들은 "대역폭 호그 bandwidth hog"(불안과 좌절의 정동 경제 affective economy•를 불러일으키는 방식으로 우리와 동일한 한정된 자원을 놓고 경쟁하는 것)로 생각될 수 있다. 이러한 한계는 이용자의 미디어 경험을 더욱 개인화하는데, "프리미엄 서비스"의 비용을 지불할 수 있는 뷰저부터 "디지털 격차 digital divide"의 철의 장막에 남겨지고 연결성과

---

27) *Keating, Netflixed*, 61.

28) 미국에서 "시네 클럽"의 출현에 대한 역사적 현황에 대해서는 다음을 참조하라. Barbara Klinger, *Beyond the Multiplex: Cinema, New Technologies, and the Home* (Berkeley: University of California Press, 2006).

와이파이에 대한 지역 차별을 받은 이용자까지 미디어 시청에 대한 특별한 종류의 계급 시스템을 형성하고 있다.[29]

"친구"와 같은 기능(가입자들이 페이스북 친구들과 시청 기록과 목록을 공유할 수 있게 해주는 것)을 추가해 시청자 경험을 보다 공유하려는 넷플릭스의 시도는 사생활 침해라는 주장 때문에 실패했다. 그 결과, "'친구 기능'은 가입자들이 자신들이 선택한 영화 목록을 공유하는 것이 불편했다고 말했기 때문에 6년 동안 가입자의 10% 이내에 불과한 가입자를 확보하는 데 그쳤다."[30] 뷰저는 분명히 그들의 친구들과 사랑하는 사람들의 문화적 중개자 역할을 하고 싶어하는 열망과는 거리가 멀었다. 가입자들은 2010년에 넷플릭스에게 이 기능을 취소하라고 요구했지만, 그들의 선택으로 인해 다른 사람들의 선호도에 영향을 준다(그리고 반대로도 적용됨)는 사실을 알지 못했다. 자기 위주의 방식으로 보면, 그들은 "당신을 위한 추천"의 "당신"과 우연히 모두 비슷한 선택을 한 낯선 사람의 무리보다 독특하고 복잡한 개인을 혼동한다. 아이러니하게도, 시네매치의 추천 기준이 아직까지도 숨겨져 있다는 사실은 개인화라는 신화를 유지하는 데 기여한다. 왜 하나의 타이틀이 다른 것보다 추천되었는지 정확히 알 수 없기 때문에, 우리는 넷플릭스가 우리를 알고 있다고 추측할 뿐이다. 이 신은 기계 안에 존재하며, 다른 신과 비현실적인 실체처럼 알 수 없고 볼 수도 없다. 그러나 넷플릭스는 예측 개인화의 알고리즘 논리를 발명하지 않았다. 디지털 추천과 개인 프로필은 1994년 아마존 창업자 제프 베조스가 빅데이터와 "협업 필터링"을 기반으로 한 경제 모델을 개발하면서 등장했다. 베조스는 자신의 자서전에서 회상하기를, 원래의 비전은 온라인 서적

---

29) 이 장의 제한된 범위 때문에 나는 "디지털 격차"에 대한 다양한 설명과 정의를 상세히 언급할 수 없다. "디지털 격차", "글로벌 디지털 격차", 둘 사이의 차이에 대한 개요에 대해서는 다음을 참고하라. Faye Ginsburg, "Rethinking the Digital Age," in *The Media and Social Theory*, eds David Hesmondhalgh and Jason Toynbee (New York: Routledge, 2008).

30) Ibid., 147.

판매를 "너를 되게 잘 알게 된 작은 서적상 시절로 돌아가서 '나는 너가 존 어빙을 좋아하는 것을 알아. 그리고 있잖아, 여기 이 새로운 작가가 있어. 나는 그가 존 어빙과 많이 닮았다고 생각해'"라고 말을 하는 시절로 이동시키는 것이었다.[31]

베조스가 구상했던 혁명은 "빅데이터" 시대에만 가능했는데, 이 용어는 "기본적으로 사용되는 소프트웨어 도구가 최대 가능한 경과 시간 내에 데이터를 캡처, 관리 및 처리할 수 없는 크기의 데이터 세트"를 뜻한다.[32] 2015년 기준 빅데이터 크기는 보통 단일 데이터 세트에서 수십 테라바이트(10^{12})에서 수 페타바이트(10^{15})에 이른다.

베조스가 아마존을 설립하고 20년 후 개인화는 디지털 교역의 존재 이유 raison d'etre가 되었다. 구글이 2009년 12월, "당신이 누구였으며 당신이 좋아할 만한 사이트"[33]를 결정하는 57개의 "신호" 또는 변수 시스템을 사용하여 검색 결과를 개인화하기 시작한 후, 수많은 다른 디지털 서비스들이 그 뒤를 따랐다. 엘리 패리서Eli Pariser는 그의 베스트셀러 『필터 버블The Filter Bubble』에서, "당신의 컴퓨터 모니터는 알고리즘 관찰자가 당신이 클릭하는 것을 관찰하면서 당신의 관심사를 반영하여 점점 더 일방향만 보이는 거울이 된다"고 주장한다.[34] 앞에서 언급했듯이, 이러한 과정은 투명하지 않다. 실제로 대부분의 이용자는 자신의 시청 습관이 지속적으로 기록되고 있다는 사실을 알지 못하거나, 자신의 행동이 추천으로 변환되는 수많은 방법을 추적하고 접근하고 이해할 수 없다.

---

31) Eli Pariser, *The Filter Bubble: How the New Personalized Web Is Changing What We Read and How We Think* (New York: Penguin Press, 2011), 25.

32) "빅데이터"에 대한 역사적 개요에 대해서는 다음을 참조하라. Lev Manovich, "Trending: The Promises and the Challenges of Big Social Data," in *Debates in the Digital Humanities*, ed. Mathew K. Gold (Minneapolis: University of Minnesota Press, 2012), 460-476.

33) Ibid., 53.

34) Ibid., 3.

개인화 및 적응 알고리즘의 증가에 대한 패리서의 놀라운 설명은 이 새로운 경제 모델이 우리가 도전하거나, 당황하거나, 도발할 수 있는 어떤 것도 직면하지 않게 할 것 같은 "평행하지만 분리된 우주"를 만든다고 경고한다(손탁이 "위대한 영화"의 속성으로 설명한 똑같은 기질). 이 장에서 디지털 시대의 프라이버시와 감시에 관한 현재 진행 중인 논쟁에 대해 조사할 수는 없지만, 우리는 "데이터 마이닝"이 우리에게 파우스트식 거래Faustian contract를 하게 한다는 것을 명심해야 한다. 파우스트식 거래는 "당신이 무료 서비스를 받고 있다면, 비용은 당신의 정보 값"이라는 뜻이다.[35] 게다가, "개인화"의 추구는 인공지능, 기계 학습, 그리고 우리의 미래 선택을 예측할 수 있는 알고리즘 개발 능력에 대한 무수한 연구를 촉발시켜왔다. 구글의 에릭 슈미트의 말을 빌리자면, "내가 늘 만들고 싶었던 제품은 내가 타이핑하려고 하는 것을 추측할 수 있는 구글 코드다".[36] 미래 용어인 "마음 읽기mind reading"는 우리 손이 마우스에 닿기 (또는 우리 몸에 부착하거나 이식된 센서를 작동시키기) 전에 모든 지식을 가진 알고리즘이 우리의 생각을 읽을 수 있는 중개되지 않은 현실을 암시한다. 이것은 데이터 수집뿐만 아니라 행동 패턴을 예측하고 공부하기 위한 코드를 쓰는 것을 요구한다.

초기에, 넷플릭스의 창업자 리드 헤이스팅스는 "개성과 사진이 있고 고객에게 넷플릭스 라이브러리에서 원하는 영화를 지정할 수 있는 "디지털 쇼핑 도우미"를 만들어냄으로써 웹사이트의 인터페이스에 대한 친밀감을 불러일으킬 수 있다고 제안했다.[37] 결국, 이름 없는 알고리즘 시스템이 훨씬 더 이득이 되는 해결책으로 증명이 되었다. 뷰저는 넷플릭스의 개인 프로필과 친밀한 관계를 느끼기 위해 마이크Mike나 존Jon이라는 쇼핑 도우미가 필요하지

---

35) Ibid., 6.
36) Pariser, *The Filter Bubble*, 8.
37) *Keating, Netflixed*, 36.

않다. 그들이 정말 필요로 하는 것은 서비스가 그들의 친구, 가족, 심지어 결혼한 배우자들보다 그들을 더 잘 알고 있다는 느낌이다. 그러므로 시네매치 모델의 압도적인 성공은 인간이 다른 방법보다 행동을 예측하는 시스템에 지능과 개성을 준다는 것을 암시한다. 넷플릭스의 예측 알고리즘은 가입자와 대중 언론 모두에게 놀라울 정도로 의인화되었다. 키팅이 설명했듯이, 충성도 높은 가입자들에게 "넷플릭스는 단지 영화 배달 서비스가 아니었다 … 진정으로 그들을 기쁘게 하는 것에 대한 그들의 깊은 비밀을 공유하는 친구였고, 다음에 만났을 때 훨씬 더 나은 경험을 제공해주기를 믿는 누군가였다. 이 모든 것이 그저 많은 알고리즘들뿐이라고 생각되는 것은 도저히 참을 수 없을 만큼 가슴 아픈 일이었다".[38] 비통함을 완화하고 넷플릭스의 예측 개인화를 더 잘 이해하기 위해, 태그 시스템에 대한 조사가 진행되고 있다.

취향에 대한 대수 방정식

알렉산더 갈로웨이Alexander Galloway가 『인터페이스 효과Interface Effect』에서 보여주듯이 알고리즘은 약분을 통한 해석이다: "컴퓨터 코드는 상태와 상태 변화의 정의를 통해 작동할 뿐만 아니라, 컴퓨터 자체는 세계를 명목화하고, 변수와 기능을 이용하여 그 행동을 정의하고 모델링하는 특별한 기계이다."[39] 넷플릭스의 경우, 이용자의 기본 설정을 "감정적 싸움 시스템 다큐멘터리" 또는 "왕족에 대한 실제 생활 시대물"과 같이 구체적인 7만 6,897개의 미시 장르로 구분한다.

기술 저널리스트 알렉시스 마드리갈이 입증한 바와 같이, 이러한 "변수"는

---

38) Ibid., 254.

39) Alexander Galloway, *The Interface Effect* (Cambridge: Polity Press, 2012).

넷플릭스 라이브러리에 있는 모든 작품을 줄거리, 촬영지 또는 배우뿐만 아니라 "톤", "도덕성", 또는 "감정 효과"와 같은 훨씬 더 광범위한 철학적 카테고리에 관련된 거대한 일련의 태그들로 세분화하여 정의된다. 나중에 넷플릭스가 부르는 "대안 장르alt-genres"는 넷플릭스 가입자에게 스트리밍 포털이 사실상 점쟁이라는 묘한 느낌을 주는 방식으로 이용자들의 시청 습관과 맥을 같이한다. 40)

즉, 넷플릭스 개인화는 인간에 의한 힘겨운 태깅과 컴퓨터 기반 알고리즘 이 두 가지 과정을 기반으로 이루어진다. 마드리갈의 시각에서 이 과정은 내가 도전하고 싶은 그 서술로 귀결된다.

[넷플릭스]는 강렬하고 대부분 특이하게 개인화된 장르를 추천한다. 왜 그러냐면, 7년 전 넷플릭스에서 영화에 집착한 토드 옐린이 모든 영화를 데이터로 세분화하기 시작했기 때문이다. 그는 떠오르는 시나리오 작가를 고용하여 돈을 지불하고 영화를 보게 하여 사랑, 징그러움, 기묘함 그리고 줄거리 해결 수준을 평가하게 했다. 어떤 의미에서 옐린은 모든 할리우드 공식들을 역설계re-verse-engineer해서 넷플릭스가 당신이 좋아할 것 같은 영화들을 수학적으로 보여줄 수 있도록 하고 싶었다. 이제 이것은 넷플릭스의 커다란 판매 포인트 중 하나가 되었다. 넷플릭스는 단순히 스트리밍 영화와 TV 쇼를 제공하는 것이 아니다. 넷플릭스는 [오리지널을 중요하게 여기는] 당신을 안다. 41)

마드리갈은 넷플릭스의 마케팅 용어를 채택하는 데 열심이고, 그의 저널리즘 작업은 시네매치를 분명히 설명해주는 유용한 첫걸음이다. 이 과제에 접

---

40) Alexis C. Madrigal, "How Netflix Reverse Engineered Hollywood," *The Atlantic*, January 2, 2014. http://www.theatlantic.com/technology/archive/2014/01/hownetflix-reverse engineer ed-hollywood/282679/ (검색일: 2015.7.21)

41) Ibid.

제5장 미래의 자기 취향에 맞추다　147

근하는 또 다른 유용한 방법은 전문 프로그래머들이 이용자들에게 넷플릭스의 의제와 목표를 엿볼 수 있는 공식 온라인 플랫폼 "기술 블로그"를 자세히 읽는 것이다. 2012년에 게재된 한 블로그는 넷플릭스가 2006년에 시작한 "영화 등급 예측을 위한 기계 학습 및 데이터 마이닝 경쟁"에서 오랜 기간에 걸쳐 나온 수상자들을 소개하며 취향의 수식화에 대한 과정을 설명하고 있다:

> 우리는 시네매치라는 기존 시스템의 정확성을 10% 향상시킨 사람에게 백만 달러를 줬다. 우리 사업의 핵심 부분인 회원들에게 제공되는 추천을 개선할 새로운 방법을 찾기 위해 이 대회를 개최했다. 그러나, 우리는 평가하고 정량화하기 더 쉬운 대리 질문을 생각해내야 했다. 그것은 예측된 비율의 평균 제곱근 편차 RMSE이다. 시합은 현재의 0.9525 RMSE를 개선하여 0.8572 이하로 낮추면 결승선을 통과하는 것이었다.[42]

이후, 블로거들은 "예측 가능성"과 "취향"과 같은 추상적인 카테고리를 대수 방정식으로 공식화하는 개인화된 순위 함수에 대한 예를 제시한다: "솔직함frank(u,v) = w1 p(v) + w2 r(u, v) + b이며, 여기서 u = user(이용자), v = video item(비디오 항목), p = popularity(인기도), r = predicted rating(예측 순위)"이다.[43] 이러한 공식에 당황할 수 있는 독자들을 위해 넷플릭스는 회사의 비즈니스 모델을 기술하는 간단한 설명을 제공한다. "우리의 목표는 각 회원이 가장 많이 보고 즐길 수 있는 제목을 추천하는 것이라는 점을 상기하라. 이것에 접근하는 분명한 한 가지 방법은 각 항목에 대한 회원의 예측 등급을 항목 인기의 부속물로 활용하는 것이다." 넷플릭스가 가입자수와 그들이 콘텐츠를 스트리밍하는 시간을 극대화하려 한다는 사실은 놀랄 만한 일은 아니다. 그러나, 다

---

42) Amatriain and Basilica, "Netflix Recommendations."
43) Ibid.

음 내용은 약간 더 충격적이다. "자신의 예측 순위를 기능으로 활용하는 것은 추천하기에 너무 지엽적이거나 생소한 항목을 추천하는 것으로 이어질 수 있다."[44] 따라서 넷플릭스는 가입자가 "너무 지엽적"이거나 "생소한" 작품을 만나게 될 것을 우려하고 있다. 이것은 엘리 패리서가 "필터 버블의 역설filter bubble paradox"이라 부르는 결과를 낳는다. 즉, 당신이 (의식적이든 무의식적이든) 넷플릭스에게 더 많은 정보를 줄수록 당신의 안심 영역 밖에서 어떠한 "위대한 영화"와 마주칠 가능성이 줄어들 것이다.[45]

넷플릭스는 추천 항목의 "다양성"을 높이기 위해 알고리즘을 개발하고 통합했다고 말하지만, 가입자를 행복하게 할 수 있는 가장 확실한 방법은 가입자가 별 네 개나 다섯 개로 최고 등급을 부여할 가능성이 있는 영화를 보여주는 것이다. 게다가, 2007년에 도입한 스트리밍 서비스는 넷플릭스의 가입자들이 선택해서 소비하는 콘텐츠를 급격하게 변화시켰다. 블로그에는 다음과 같이 설명되어 있다.

DVD의 경우, 우리의 목표는 사람들이 보고 싶은 목록queue을 앞으로 며칠에서 몇 주 동안 우편으로 받을 제목들로 채우는 것을 돕는 것이다. 선택하면 볼 수 있는 것과는 시간적으로 차이가 발생하고, DVD를 다른 것으로 교체하면 하루 이상이 소요되기 때문에 사람들은 주의 깊게 선택한다. 그리고 시청하는 동안에는 아무 피드백을 받지 않는다. 스트리밍 회원들은 지금 당장 볼 만한 것을

---

44) Ibid.

45) "안심 영역comfort zone"에 대한 문화적 집착의 또 하나의 표현은 교육적 환경에서 "촉발하는 경고trigger warnings"의 필요성과 학생들이 논란이 많거나 폭력적이거나 자극적인 콘텐츠에 노출되어야 하는 문제와 관련된 지속적인 토론이다. 이 이슈에 대해 2014년 이후 펼쳐지고 있는 "학교에서의 논쟁campus war"에 대해서는 다음을 참조하라. Judith Shulevitz, "In College and Hiding from Scary Ideas," *New York Times*, March 21, 2015. http://www.nytimes.com/2015/03/22/opinion/sunday/judithshulevitz-hiding-from-scary-ideas.html?_r=O (검색일: 2015.7.21)

찾고 있다. 무엇을 볼지 결정하기 전에 몇 개의 비디오를 미리 보기 할 수 있고, 하나의 세션에서 여러 개를 볼 수 있으며, 우리는 비디오를 끝까지 다 봤는지 아니면 부분적으로만 봤는지와 같은 시청 통계를 확인할 수 있다.[46]

이 변화는 디지털 뷰저의 "현재 모습"과 "미래 모습" 사이의 인식되지 않은 차이를 보여준다. 간단히 말해서, 나는 나를 클로드 란즈만Claude Lanzmann의 〈쇼아Shoah〉를 몰아 보는 영화광이라고 하고 싶지만, 다음날은 〈쇼아〉를 조슈아 오펜하이머Joshua Oppenheimer의 〈액트 오브 킬링The Act of Killing〉과 비교하며, 슬픈 사실은 도서관에서 연구로 긴 하루를 보내고 러시아워 동안 45분간의 지하철을 탄 후에는 〈배트맨 대 슈퍼맨Batman vs. Superman〉이나 〈오피스The Office〉 에피소드 한 편이 더 끌린다는 사실이다. 사실, 나의 미래 모습은 이러한 선택들에 대해 당황할 수 있다. 하지만 온디맨드 문화는 끝이 없는 지금이란 세계에만 존재하고 우리의 즉각적인 선택은 지연되고 미래적인 취향 예측과는 상당히 다른 것으로 증명될 수 있다.

동시에, "안심 영역"의 추구는, 취향 형성에 있어서 우발성, 행운, 그리고 잠재성의 중요성을 부정하는 것에 근거한다. 지난 세기 동안, 면접 조사에서 시청률 조사 시스템까지 다양한 "시청자 측정"은 "시청자 상품 검색"[47] 방법을 만들어냈고, 예측 가능성과 통제 아이디어들이 신자유주의 시장을 장악했다.[48] 예측 가능하다는 것은 우발성과 잠재성을 부정하는 것을 의미한다. 이 두 원칙은 웬디 희경 전Wendy Hui Kyong Chun이 설명한 "프로그램 가능성"의 논

---

46) Ibid.

47) 시청자 측정 분야에 대한 역사적인 현황은 다음을 참조하라. Ien Ang, *Desperately Seeking the Audience* (London: Routeldge, 1991).

48) 1990년대 후반부터 퀴어Queer 학자들은 신자유주의와 "예측 가능한 성인"을 도출할 필요성 사이의 상호 관계에 대해 많은 연구를 했다. Judith Halberstam, *The Queer Art of Failure* (Durham, NC: Duke University Press, 2011).

리를 벗어난다. 컴퓨터의 논리 내에서 "알 수 없는"이란 존재할 수 없다. 모든 것은 측정이 가능하고, 수량화가 가능하며, 그리고 더 나아가서 통제가 가능하고 추적이 가능하다.[49] 결국 넷플릭스는 삶을 예측할 수 있고 자동적인 과정으로 만들고자 하는 신자유주의적 욕망의 증상이다.

이 논리에 따라 넷플릭스는 개별적인 취향 형성의 알 수 없고, 다양하며, 끊임없이 변화하는 과정에 대해 고려하지 않는다. 넷플릭스의 알고리즘은 소셜 미디어의 시대정신에 잘 맞는다. 우리는 페이스북 상태 업데이트에 "좋아요"를 누르거나, 많은 모바일 앱에서 우리가 좋아하는 레스토랑, 상점, 심지어 택시 운전사에게 "별점"을 주고 등급을 매기도록 끊임없이 요청받는다. 하지만, 우리가 친구에게 "좋아요"를 누를 때 우리는 정확히 무엇을 좋아하는가? 이것은 사실 대답이 불가능한 질문이다. 부르디외가 문제를 제기한 것처럼 "모든 것은 전문적 평가자들 사이에서도, 모든 판단의 근거가 되는 '전형적 작품'의 문체적 특성을 정의하는 기준은 보통 분명하지 않은 것 같다".[50] 이 주장에 따르면 빅데이터의 시대에 어떠한 알고리즘도 우리가 어두운 인디 다큐멘터리, 자연 영화, 베르너 헤어초크Werner Herzog 영화, 자살 소설, 또는 위의 모든 것을 즐기기 때문에 우리가 〈그리즐리 맨Grizzly Man〉에게 별 다섯 개를 주었는지 결정할 수 없다.

따라서 넷플릭스의 시네매치 시스템은 세 가지 다른 방법에 기반을 둔다. 세 가지는 이용자의 개인 프로필(과거 선택, 별 다섯 개 평가 시스템, 스크롤 움직임 및 시청 습관), "고객 클러스터"에 의한 협업 필터링, 그리고 밀접하게 관련된 영화나 "이웃 영화neighboring films"(같은 감독이 만들거나 같은 배우가 출연하는 영화, 같은 대안 장르에 있는 영화, 또는 비슷한 주제를 가진 영화 등)를 함께 묶는 것을 의미

49) Wendy Hui Kyong Chun, *Programmed Visions: Software and Memory* (Cambridge: MIT Press, 2011).

50) Bourdieu, *Distinction*, xxvii.

하는 태그 시스템이다.

이 세 가지 구조에 비해 중요하지 않다고 할 수 없는 네 번째 특징을 추가해야 한다. 바로 넷플릭스 자신의 의제와 상업적 우선순위이다. 넷플릭스는 고객에게 알리지 않고 서비스의 오리지널 콘텐츠를 홍보하기 위해 알고리즘을 수정할 수 있는 권한을 보유하고 있다. 실제로 2015년에 〈블러드라인 Bloodline〉이나 〈하우스 오브 카드〉 등 넷플릭스가 제작한 TV 시리즈 광고를 시작했다. 이러한 프로모션은 자동 상영 기능의 일부로도 나타난다. 가입자가 텔레비전 시리즈 시청을 마치면, 시네매치는 넷플릭스의 오리지널 제목 중 하나를 즉시 추천한다.[51] 넷플릭스가 영화 중심 서비스로 설립된 반면, 시네매치에 의해 수집된 데이터는 이러한 논리가 틀렸다는 것을 증명했다. 사실, 서비스 가입자들은 영화 작품보다 텔레비전 시리즈를 더 자주 보는 경향이 있다. 2011년, 넷플릭스는 이러한 변화를 반영하기 위해 카탈로그를 수정했고, 그 이후 텔레비전 쇼 제작에 주력해왔다. 키팅에 따르면 경제 감각은 분명하다. "각 TV 시리즈는 각 영화의 두세 시간과 비교하여 수십 시간을 제작하여 결과적으로 가입자의 이용과 만족도가 더 큰 비율로 높아진다."[52] 이것은 시네매치와 같은 추천 시스템이 피드백 과정을 효과적으로 만드는 방법의 한 예일 뿐이다. 시청 습관과 소비 패턴을 기록함으로써, 추천 시스템은 점차적으로 이와 동일한 활동을 변화시킨다. 영화광의 이상적인 본거지로서 시작한 것이 케이블 텔레비전의 디지털 버전에 상응하는 것으로 바뀌었다.

---

51) Jason Koehler, "What's New on Netflix: Advertisements," *Vice*, June 1, 2015.
http://motherboard.vice.com/read/netflix-isexperimenting-with-advertisements
?trk_source=popular (검색일: 2015.6.25)

52) Keating, *Netflixed*, 256.

"전문가"의 쇠퇴(또는 윤리원칙의 이탈)

이처럼 다른 종류의 피드백 과정은 넷플릭스에 의해 잊혀진 반면, 개인화의 신화는 살아남았다. 그러므로 누군가에게 넷플릭스 비밀번호를 공유하라고 요청하는 것은 놀랄 만한 은밀한 행동이므로 사회적으로 금지되어 있다. "개인 프로필"을 보는 것은 아마도 그의 영혼, 욕망, 환상, 그리고 집착하는 것들을 엿볼 수 있는 것이다. 넷플릭스 비밀번호를 내가 공유한다면, 나는 당신이 누구인지, 당신이 누구와 인생을 공유하는지, 그리고 당신이 어떤 사람이 되고 싶어 하는지 말할 수 있다.

이것은 차례로 사회와 심리학 간에 구분이 무너지는 결과를 가져온다. 프랑스 철학자 브루노 라투르Bruno Latour가 묘사한 바와 같이, 이것은 사실 "추적 가능성traceability" 시대의 가장 중요한 부작용 중 하나이다.

한편으로는 사회적인 그리고 다른 한편으로는 심리적인 고전적 구분은 대체로 다양한 종류의 운반체들의 추적 가능성 사이에서 빚어지는 비대칭성의 산물이었다. 프루스트의 해설자가 그의 영웅들과 무엇을 하고 있었는지는 아무도 말할 수 없었기 때문에 그것은 사적인 것이 되었고 심리학에게 맡겨졌다. 프루스트가 그의 책에서 얻은 것은 계산 가능한 것이어서 사회적 또는 경제적 영역의 일부가 되었다. 그러나 오늘날 아마존 닷컴의 데이터 뱅크는 나의 가장 예민한 선호뿐만 아니라 비자 카드에 동시에 접근할 수 있다. 나는 웹에서 구입하자마자, 단지 내가 남긴 일련의 흔적들 때문에 발생하는 사회적·경제적, 그리고 심리적인 차이를 삭제한다.[53]

---

53) Bruno Latour, "Beware, Your Imagination Leaves Digital Traces," *Times Higher Literary Supplement*, April 6, 2007. http://www.bruno-latour.fr/node/245 (검색일 2015.7.21)

그렇다면 사회적 영역과 심리적 영역, 집단적 영역과 주관적 영역 사이의 경계가 사라질 때 취향에는 어떤 영향이 있는가? 우선, "전문가"와 "소비자"의 구분이 무너진다. 소비자가 구매할 가능성이 가장 높은 제품을 예측하기 위해 빅데이터를 사용하는 "예약 경제"의 시대는 권한과 통제를 알고리즘 기반 시스템에 넘겨준다. 그 결과는 문화재의 소비에 대한 낭만적인 접근과는 매우 다르다. 예를 들어, 칸트Kant는 어떤 인간은 미적 판단에 뛰어난 재능을 갖고 태어난 것 같다고 믿었다. 토머스 데이븐포트Thomas Davenport와 잔느 해리스Jeanne Harris에 의해 미적 감각이 타고난 것이고 선천적인 재능이라는 믿음은 21세기까지 꽤 널리 퍼졌다.

역사적으로, "문화 상품"의 제작자나 유통 업체는 상품의 성공 가능성을 결정하려고 데이터, 통계, 예측 모델링을 사용하지 않았다. 대신에 기업들은 사람들이 무엇을 구매할 것인지를 예측하고 분위기를 조성하기 위해 취향 메이커들의 탁월함에 의존했다. 만약 코코 샤넬Coco Chanel이 단끝hemline이 올라가고 있다고 말했다면, 실제로 그랬다. 데이터가 아닌 느낌이 중요했다. 컬럼비아 픽처스의 창립자인 해리 콘Harry Cohn은 그가 시청하는 도중 그의 등짝이 움찔하는지 안 하는지에(움찔하면, 영화는 좋지 않았다) 바탕하여 영화가 얼마나 성공적일지를 예측할 수 있다고 믿었다.[54]

후기 자본주의에서는 전문가의 직감이 경험적 계산으로 대체되었다. 역설적으로, "프로그램 가능성"의 논리는, 알고리즘이 어떤 종류의 도덕적 또는 윤리적 판단도 불가능하다는 사실에도 불구하고 (아마도 그 때문에) 알고리즘

---

54) Thomas H. Davenport and Jeanne G. Harris, "What People Want (and How to Predict It)," *Harvard Business Review*, January 1, 2009. https://hbr.org/product/what-people-want-andhow-to-predict-it/an/SMR298-PDF-ENG (검색일: 2015.3.15)

을 우리에게 좋은 것을 알려주는 데 필요한 지식으로 가득 채운다.

물론, 코드의 기초가 되는 기본적인 가정이 우리에게 알려지지 않았거나 보이지 않았다는 사실은 프로그래머와 컴퓨터 엔지니어들이 윤리적인 책무와 관심을 회피한다고 의미하지는 않는다. 코드 쓰기는 인간의 행동, 욕망, 필요에 관한 다른 규범과 가정에 의해 영향을 받는다. 그러나 방송사 경영자나 스튜디오 소유주와는 달리 프로그래머는 대부분 집단적 상상력의 그늘에 있다.

빅데이터를 둘러싼 기술적·경험적 전문 용어는 종종 알고리즘과 코드가 일련의 근본적인 가정과 문화적·사회적·인종적 편견으로 가득 차 있다는 사실을 모호하게 하기 위해 사용된다.[55] 시네매치와 같은 시스템은 몇 년 동안 지속될 수 있는 고되고 다면적인 과정의 결과물이다. 매튜 키르센바움Matthew Kirschenbaum의 말에 따르면, "소프트웨어는 백서, 엔지니어링 보고서, 대화와 협력, 직관적인 통찰력, 전문 지식, 벤처 자본(즉, 돈), 야근(즉, 노동), 카페인, 기타 인공 흥분제의 산물이다".[56] 이러한 과정의 길이와 복잡성은 디지털 시대에 책임감을 보여주고 이해하는 우리의 능력을 복잡하게 만든다. 만약 우리가 "에이전시"를 "인지 차원이 부가된 행동"[57]이라고 아드리안 맥켄지Adrian Mackenzie의 정의를 채택한다면, 알고리즘은 "에이전시의 커트라인agential cut"[58]

---

55) Tara McPherson, "U.S. Operating Systems at Mid-Century: The Intertwining of Race and UNIX," in *Race After the Internet,* eds Lisa Nakamura and Peter Chow-White(New York: Routledge, 2012), 21-37.

56) Matthew Kirschenbaum, *Mechanisms: New Media and the Forensic Imagination* (Cambridge: MIT Press, 2008), 16.

57) Adrian Mackenzie, *Cutting Code: Software and Sociality* (New York: Peter Lang, 2006), 8.

58) 알고리즘이나 네트워크가 에이전트로 묘사될 수 있는지에 대한 문제는 행위자 네트워크actor-network 이론과 객체 지향의 이론에 대한 최근 논문에서 중심을 차지하고 있다. 예를 들면, 맥켄지는 "어떤 주요 에이전트의 에이전시를 보조하거나 확장하는 2차적 에이전시"가 존재한다고 주장한다. "에이전트 커트라인"에 대해서는 다음을 참조하라. Karen Barad, "Posthumanist Performativity: Toward an Understanding of How Matter Comes to Matter," *Signs: Journal of Women in Culture and Society* 28.3 (2003): 801-830.

을 통과하지 못한다고 주장할 수도 있다. 그럼에도 불구하고, 그들은 현재 전통적으로 인간 동인이 속했던 위치를 차지하고 있다.

코드의 기초가 되는 논리와 기본적인 가정은 대부분 접근할 수 없는 상태로 남아 있다. 하드웨어는 대부분의 전자 제품의 "블랙박스" 구조 때문에 설계상 수리할 수 없는 반면, 소프트웨어는 OS의 핵심부인 커널kernel과 명령어를 해석하는 프로그램인 셸shell로 구분된다. UNIX에 관한 글을 쓴 타라 맥퍼슨Tara McPherson은 컴퓨터 소프트웨에는 항상 그녀가 말하는 렌즈 논리lenticular logic에 기초한다고 주장한다. 렌즈 논리는 "조각 또는 덩어리의 논리이고, 세계를 별개의 모듈이나 노드로 보는 방식이며, 관계와 맥락을 숨기는 모드이다. 이와 같이 렌즈도 복잡성을 관리하고 통제한다".[59] 렌즈 논리는 차례로 (보이지 않는) "커널"과 (보이는) "셸"의 분리를 요구한다. (이 논리는 폴 두리시Paul Dourish, 장 프랑수아 블랑쳇Jean-François Blanchette 등이 확신을 갖고 반박한 디지털 비물질성의 신화에 근거를 제공한다.)[60] 맥퍼슨은 다음과 같이 썼다.

> 유닉스의 강력한 모듈성과 정보 숨기기 능력은 커널을 셸에서 분리하는 방식의 설계에 의해 강화되었다. 커널은 컴퓨터가 시작할 때에 메모리에 로드되며, 사용자에게는 숨겨져 있지만 유닉스의 "심장"이다. 셸 (또는 명령을 해석하는 프로그램)은 사용자와 컴퓨터의 내부 작업 사이의 매개체이다. 그들은 이용자를 셸 뒤에 두어 운영 체제의 세부 사항을 숨기고, 유닉스 프로그래밍 규칙에서 모듈성을 확장하여 유닉스 자체를 설계한다.[61]

---

59) McPherson, "U.S. Operating Systems at Mid-Century," 26.

60) Paul Dourish, "Protocols, Packets, and Proximity: The Materiality of Internet Routing," in *Signal Traffic: Critical Studies of Media Infrastructures,* eds Lisa Parks and Nicole Starosielski (Urbana: University of Illinois Press, 2015), 183-204; Jean-François Blanchette, "A Material History of Bits," *Journal of the American Society for Information Science and Technology* 62.6 (June 2011): 1042-1057.

61) McPherson, "U.S. Operating Systems at Mid-Century," 29.

유닉스와 시네매치는 실질적으로 다르지만, 비슷한 논리를 따른다. 둘 다 숨겨진 작업과 기초하고 있는 기본적인 가정들을 숨기는 방식으로 설계되었다. 시네매치의 경우, 이러한 가정들은 가입자들이 "안전 영역"의 경계 내에 머무르려고 애쓴다는 것이다. 추천 시스템은 독특한 미적 감각이나 예술적 감수성을 가진 전문가만큼 기능하지는 못하지만, 접근 영역 내에서 끊임없이 작품을 재정의하는 검열관보다는 더 잘 작동한다. 그러나 그것은 위장된 검열이고, 서비스 홈페이지는 우리에게 엔터테인먼트 선택권이 무궁무진하다는 환상을 제공하도록 설계되었다.

결국, 넷플릭스는 음악 서비스 사업자 판도라Pandora나 옷 서비스 사업자 스티치 픽스Stitch Fix와 같은 다른 디지털 서비스와 마찬가지로 비슷한 선택을 한 다른 사람들에게도 똑같은 추천을 한다. 이러한 서비스는 우리의 역사와 습관에 대해 배우기 때문에 그 결과는 무서울 정도로 정확하다. 그러나 그렇다고 해서 그들이 우리의 취향과 성격을 상세하게 파악할 수 있다는 뜻은 아니다. 마노비치의 말을 인용하면, "알튀세르Althusser '호명interpellation'의 업데이트 버전으로 읽혀지는 것에서 우리는 누군가의 마음의 구조를 우리 자신의 것으로 착각하도록 요청받는다".[62]

스티치 픽스와 넷플릭스의 유사점은 우연이 아니다. 실제로 의류 회사의 알고리즘은 이전에 넷플릭스 데이터 과학과 엔지니어링 팀을 이끌었던 스티치 픽스의 "알고리즘 최고 책임자"인 에릭 콜슨Eric Colson이 개발했다. 최근 스티치 픽스의 성공을 추천하는 인터뷰에서 콜슨은 "승패는 확인하지 않는 게 없고, 가설만을 가지고 있으며, 고객의 이익만을 위해 행동하고 있는지 확인하기 위해 그것을 테스트한다"고 밝혔다.[63] 콜슨의 세계에서, 마우스 커서는 뷰져 자신의, 단일한 주관성을 표현한 순수한 전형이다. 직감은 죽었고, 메타

62) Manovich, *The Language of New Media*, 58.

63) Maheshwari, "Stitch Fix."

데이터는 오래 살아남는다.

결론

넷플릭스의 논리를 뒷받침하는 일련의 역설을 찾아보면서 나는 온디맨드 유토피아 서술에서 벗어나고 대신에 예측 개인화의 보다 복잡한 개요를 제안하고 싶었다. 아무리 정교할지라도 넷플릭스의 태깅 프로세스, 메타데이터, 협업 필터는 개인 취향 형성을 완전히 흉내낼 수 없다. 대신 이용자의 시청 기록과 자주 바뀌는 콘텐츠 라이브러리와 협상하면서 정보에 기반한 선택을 한다.

이 과정 속에서 많은 요소들이 사라진다. 첫째로, 우리는 더 이상 정기적으로 스토리텔링의 규범을 위반하는 영화에 우연히 노출되지 않는다. 동시에, 디지털 시청 문화는 어떠한 공동체 의식도 없다. 우리가 한때 시청자와 나누었던 친밀감은 이제는 기기와 그들이 우리에게 사용을 허용한 "개인화된 프로필"로 대체되었다.

결국, 온디맨드 유토피아 신화는 디지털 미디어와의 만남에 내재된 실패와 붕괴의 순간을 부정함으로써만 지속될 수 있다. 여기에는 버퍼링, 패리서가 "개인화된 인터넷의 위험The You Loop"이라고 부른 것을 만드는 "필터 버블", 그리고 넷플릭스이 자품, 압고리즘, 추천(다른 것과 함께, 대역폭 또는 배터리 수명과 같은 플랫폼별 장애물)과 관련될 때 투명성의 부족 등이 포함되지만, 이것들에 제한되지 않는다.

가장 중요한 것은 마침내 자유롭게 자신의 취향을 개발할 수 있는 "온디맨드 유토피아"에 도달했다는 개념과 필터 버블, 숨겨진 커널, 다양한 디지털 소음과 검열의 발현이라는 신자유주의적 현실 사이에는 모순이 존재한다는 것이다. 예측 개인화의 성장은 인공지능과 기계 학습 연구에는 좋은 소식이

겠지만, 손탁이 말하는 "위대한 영화"를 만나기 원하는 사람에게는 나쁜 소식이다. 맞다, 우리는 끊임없이 선택을 하도록 초대받는다. 그러나 우리의 선택이 모토로라, 넷플릭스, 판도라, 또는 아마존의 마법의 온디맨드 왕국 안에서 일어나는 경우에만 가능하다.

제2부

변화하는 엔터테인먼트 산업

제6장

"앞으로 전진"
넷플릭스의 〈하우스 오브 카드〉 몰아 보기

"Forward Is the Battle Cry": BingeViewing Netflix's House of Cards

케이시 맥코믹 Casey J. McCormick

몰아 보기 구조

VODvideo-on-demad와 SVODsubscription VOD 기술의 이용성이 높아지면서 몰아 보기binge-viewing, binge-watching가 빠르게 TV 소비의 주요한 형태가 되었다. 최근 많은 조사[1]에서는 시청자 대다수가 "몰아 보기"를 하는 것으로 나타났

---

1) "'Binging' is the New Viewing for Over-the-Top Streamers," *Nielsen*, September 18, 2013. http://www.nielsen.com/us/en/insights/news/2013/binging-is-the-new-viewing-forover-the-top-streamers.html; Pamela Marsh, Zeus Ferrao, and Gintare Anuseviciute, "The Impact of Binge Viewing," *Annalect*, July 2014. http://www.annalect.com/impactbinge-viewing; "Can't Stop, Won't Stop: Binge-Viewing Is Our New Favourite Addiction," *Miner & Co., Studio*, April 29, 2014. http://www.minerandcostudio.com/#!binge/cm7c; "Across the Globe,

고, 많은 연구자들이 몰아 보기를 연속해서 3회나 그 이상의 에피소드를 시청하는 것이라고 정의한다. 몰아 보기의 인기는 미디어 연구에서 가장 중심적인 논쟁인 수동적 소비 대 능동적 소비, 서사적 상호작용성, 미디어 생산자와 소비자 사이의 변화하는 힘의 역할과 관련된 TV의 전환

> • 시간성 temporality: 독일 철학자 하이데거의 개념으로, 인간 존재가 존재의 의미를 망각하고 일상에 빠져 있는 실존의 상태를 설명하고 여기에서 벗어나 본래성을 회복하고자 도입한 것이다. 이는 기계적 시간이나 일직선상의 시간과 달리 미래의 죽음의 가능성을 현재에 소환하는 방식으로 이루어진다. (두산백과)

에 대한 모든 담론을 만들어내고 있다. 이 장에서, 서사적 구조와 디지털 인터페이스가 어떻게 결합되어 역사적으로 정의되는 TV의 여러 특징과 동시에 동의하고 또 반대하는 '몰아 보기'를 만들어내는지 보여주려고 한다. 몰아 보기는 시청 경험의 시간성temporality•을 재해석하여 감정적 강도와 스토리 몰입도를 최적화 하기위해 서사적 참여의 판도를 바꾼다. 몰아 보기의 역사와 이론을 간단하게 살펴본 후, TV 제작, 유통, 소비의 방식이 어떻게 점점 "온디맨드 문화"[2]에서 변화하고 있는지 보여주기 위해 대표 작품인 〈하우스 오브 카드〉(넷플릭스, 2013~현재)를 살펴볼 것이다. 〈하우스 오브 카드〉의 성공과 SVOD 플랫폼의 증가는 "복잡한 TVComplex TV"[3]를 즐기기 위한 몰아 보기의 힘 —아마도 필요성— 을 보여준다. 나는 〈하우스 오브 카드〉가 비전통적인 제작 및 유통 모델뿐만 아니라 시청자를 명시적으로 몰아 보게 함으로써 시리

Consumers Seek Increased Personalization from Entertainment," Arris Consumer Entertainment Index, May 28, 2014. http://storage.pardot.com/10832/114254/ARRIS_infographic_May2014.png; Tom Huddleston, Jr., "Survey: Pretty Much Everybody Is Binge-Watching TV," Fortune, June 30, 2015. http://fortune.com/2015/06/30/bingeviewing-study (검색일: 2015. 7.17)

2) Chuck Tryon, *On Demand Culture: Digital Delivery and the Future of Movies* (New Brunswick: Rutgers University Press, 2013).

3) Jason Mittell, *Complex TV: The Poetics of Contemporary Television Storytelling,* pre-publication edition (MediaCommons Press, 2012-13).

즈가 가능하게 하는 일련의 서사적 경험에서도 변혁적이라고 주장한다.

2013년 넷플릭스가 〈하우스 오브 카드〉 시즌1을 발표하기 전날에 올린 인터뷰에서 쇼러너 뷰 윌리먼Beau Willimon은 "우리의 목표는 미국의 일부를 하루 종일 폐쇄하는 것"이라고 말했다.[4] 몰아 보기에 대한 환호는 TV 유통에 있어 급격한 변화를 보여준다. 13개의 에피소드를 한 번에 개봉함으로써, 〈하우스 오브 카드〉는 시청자가 이야기 세계에 완전히 몰입하게 하고 스토리텔링이 탄력이 붙도록 유도하고, 심지어 몰아 보기에 도전한다. 몰입감 있는 시청을 촉진할 뿐만 아니라, 전체 시즌의 동시 공개는 유통 방법과 연속성seriality 사이의 가정된 관계를 복잡하게 한다. 제니퍼 헤이워드Jennifer Hayward가 언급했듯이, "이야기의 연속은 정의상 *연속된 부분에서 나오는* 진행 중인 이야기다".[5] 따라서 〈하우스 오브 카드〉는 TV 스토리텔링의 많은 관습뿐만 아니라 이야기 카테고리화에 대한 오랜 정의에 도전한다. 넷플릭스의 콘텐츠 책임자인 테드 사란도스는 넷플릭스의 원작 시리즈의 작가들에게 주어진 독특한 가능성, 예를 들면 요약이나 강요된 강렬한 엔딩cliffhangers을 필요로 하지 않는 것을 내세운다. "[당신은] 정말로 더 나은 스토리텔링이나 이야기의 풍성함을 느낄 수 있다. 그리고 13시간 정도 시청하면 당신은 그 사람들과 더 많은 시간을 보내게 된 것이다."[6] 사란도스가 언급한 사람들은 마이클 뉴먼Michael Newman이 말한 것처럼 몰아 보기가 매주 보는 것보다 시청자/등장인물에 대해 더 강한 애착을 불러일으킨다고 말하는 것이다.

---

4) Brian Stelter, "New Way to Deliver a Drama: All 13 Episodes at Once," *The New York Times*, January 31, 2013. http://www.nytimes.com/2013/02/01/business/media/netflix-todeliver-all-13-episodes-of-house-of-cards-on-one-day.html

5) Jennifer Hayward, *Consuming Pleasures: Active Audiences and Serial Fictions from Dickens to Soap Opera* (Lexington: University of Kentucky Press, 1997), 3 (이탤릭체는 저자가 강조).

6) Ted Sarandos, "Netflix Shows Don't Need Annoying Recaps," *Cnn.com*, June 6, 2014. http://money.cnn.com/video/media/2014/06/06/netflix-no-annoying-recaps-tedsarandos.cnnmoney/

등장인물과 함께 몇 년을 보내면서 그들은 마치 우리가 매주 같은 곳에서 보는 친구처럼 우리 거실의 정기적 방문자가 된다. 몰아 보기는 등장인물을 우리 삶에 더 많이 존재하게 함으로써 이러한 만남의 즐거움을 더 강화시킨다. 이 관계는 한동안은 우리를 잘 살게 하지만, 불가피하게 슬프게 끝날 때는 우리를 공허하게 하고, 길을 잃게 하는 회오리바람처럼 정열적이면서도 불운한 일이 된다.[7]

뉴먼의 몰아 보기에 소요되는 감정적 투자에 대한 다소 암울한 관점과는 대조적으로, 사란도스의 서사적 몰입의 긍정적인 프레임은 일시 중단과 멈춤보다 응집력 있는 텍스트 경험으로 나아가는 TV 콘텐츠의 온톨로지onto-

> • 온톨로지ontology란 철학 분야에서는 '존재론'이라 하며 원래 사물의 존재 의미를 논의하는 철학적인 연구 영역을 뜻하고, 컴퓨터 과학 분야에서는 모든 개체 entity들 간의 관계를 '주어 subject - 서술어 predicate - 목적어 object' 형태로 정의한 것을 뜻한다.
> (https://helloitworld.tistory.com/10)

logy*를 제시한다. 사란도스, 월리먼, 넷플릭스, 기타 SVOD 콘텐츠 제작자들은 광고 명령과 프로그래밍 흐름의 단방향 구조에 대한 사용자/텍스트 관계를 부여하는 연속적 서사를 제시하는 새로운 방법을 고안하고 있다. 몰아 보기는 다른 형태의 시간 이동과 모바일 소비와 함께 새로운 TV 경험 구조의 핵심이다.

"몰아 보기"라는 용어는 지난 몇 년 동안 널리 사용되었지만(〈그림 6.1〉 참조), 새로운 현상은 아니다. VCR은 사용자가 몰아 보기를 위한 에피소드를 녹화할 수 있도록 이동했고, 방송사는 신디케이션의 부상 이후 다양한 길이를 연속하여 한 회씩 방송했으며, DVD 박스 세트는 2000년 이후의 시리즈의 모든 시즌을 제공했다.[8] 또한, 온디맨드 케이블 서비스, PVR 및 DVR은 몰아

---

7) Michael Newman, "TV Binge," *FlowTV.org* 9.5 (January 23, 2009).

8) Derek Kompare, *Rerun Nation: How Repeats Invented American Television* (New York: Routledge, 2005), 200.

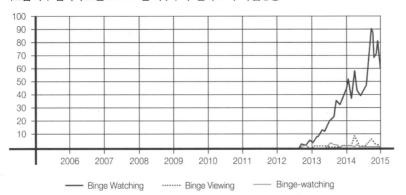

〈그림 6.1〉 검색어 트렌드: 2013년 이후부터 "몰아 보기"의 급상승

——— Binge Watching　　········ Binge Viewing　　——— Binge-watching

주: Y축은 당시 전체 검색량 대비 구글 전체 검색량을 나타낸다. 이 트렌드는 절대적 검색량이
　아니라 검색 단어의 전반적 인기를 나타낸다.
자료: 구글 트렌드.

보기를 하게끔 도와주고 "자신의 상황에 맞게" 시청하는 경향의 증가에 중요
한 역할을 했다. 그러나 다양한 몰아 보기가 가능한 기술은 계속 확대되었고,
학자들은 이 변화가 어떻게 서사적 경험에 영향을 미치는지 연구하기 시작했
다. 기존의 몰아 보기 관련 연구의 대부분은 DVD 박스 세트 모델을 기반으
로 하고 있기 때문에, 나는 온라인 스트리밍이 다른 몰아 보기 기술과는 어떻
게 다른 종류의 경험을 제공하는지에 관심이 있다. 데릭 콤파레Derek Kompare
에 따르면 "DVD 박스 세트는 텔레비전 프로그래밍을 시청자와 좀 더 직접적
이고 반복적이며 소유 관계에 놓았다". [9] 한편, 넷플릭스와 다른 스트리밍 기
술은 VOD를 비물질 구입, 알고리즘 추천을 통한 반복, 그리고 (더 많은) 모바
일 소비라는 다른 온톨로지로 재구상하도록 했다.
　제이슨 미텔은 "시리얼을 모아놓은 것은 시청자가 시리즈를 다르게 볼 수
있게 해주고, 우리가 전통적으로 별개의 문화 작품에 사용되어온 미적 가치

---

9)　Ibid. (이탤릭체는 저자가 강조).

를 진행 중인 서사로 인식할 수 있게
해준다고 말했다. DVD 버전은 단일
성, 복잡성, 그리고 매주 방송을 통
해서는 확인하기 어려운 속성인 연
속성seriality의 명확한 시작과 끝을 강
조하는 것을 도와준다".10) 그러나,
DVD로 몰아 보는 것과 SVOD 플랫

> • 파라텍스트para-text는 제라르 주네트의
> 『문턱 Seuils』에서 처음으로 사용된 용어로
> 제목, 저자 이름, 장르 표시, 서문, 발문, 각주
> 등으로 주텍스트(본문)를 보완하는 텍스트를
> 가리킨다. 그는 파라텍스트의 방식과 수단은
> 시대, 문화, 장르, 작가, 작품, 편집 등 다양한
> 외현적 조건에 따라 변화한다고 말한다.
> (네이버 지식백과)

폼에서 몰아 보는 차이를 고려할 때, 어떻게 다른 인터페이스들이 내가 말하
는 "매끄러운 몰아 보기smooth binging"를 경험하게 도와주는지(혹은 때로는 방해
하는지)를 분석해야 한다. DVD 메뉴는 보통 특별 장면을 포함한 파라텍스트
para-text* 패키징을 제공하지만, 이러한 인터페이스는 종종 산만하다. "모두 재
생" 버튼이 없는 DVD 인터페이스에서 몰아 보기는 다음 에피소드로 가기 위
한 메뉴 내비게이션이 필요하여 일시 정지 상태를 두는 것이 특징이다. 반면
넷플릭스 같은 SVOD 인터페이스는 몰아 보기를 계속하기 위해 사용자 조치
가 많이 필요하지 않은 "자동 재생" 구조가 기본으로 되어 있다. 특정 인터페
이스가 어떻게 몰아 보기를 가능하게 하는지 분석하고, 매끄러운 몰아 보기
를 하도록 하는 인터페이스 개발을 살펴봄으로써, 우리는 TV 시청이 "몰아
보기 문화"11)에서 어떻게 작용하는지를 알아보는 것을 시작할 수 있다. 넷플
릭스는 홍보 캠페인(가장 최근에는 만우절 홍보 비디오)에서 몰아 보기 플랫폼이
라는 명성을 충분히 활용한다.12)

---

10) Mittell, *Complex TV*, "Complexity in Context."

11) 나는 "몰아 보기 문화"를 트라이온Tryon의 "온디맨드 문화ondemand cultur"를 확장하기 위해 사
    용했다. 이 개념은 본래 연결되지만, "온디맨드 문화"의 진화에서 분명한 차이가 나는 용어로
    인식한다.

12) 2015년 4월 1일 넷플릭스는 몰아 보기의 "위험"에 대하여 패러디 홍보 시리즈를 공개했다. 각
    비디오는 약 30초 분량이고, 넷플릭스 오리지널에 출연한 많은 유명한 배우가 나온다.

더 나아가기 전에, "몰아 보기" 은유와 그것이 어떻게 TV에 대한 역사적 태도, 그리고 더 일반적으로는 허구의 소비와 관련되는지를 분석하는 데 시간을 투자할 가치가 있다. "몰아 보기"라는 용어가 중독, 과잉, 죄책감, 통제력 부족, 욕심 등 많은 부정적인 내포를 불러일으킨다는 것에는 의심의 여지가 없다. 그것은 무엇보다도 *극심한* 소비와 탐욕스러운 섭취를 비유하는 것이다. 이 은유는 또한 현대 미디어 연구에서 매우 중요한 서사적 상호 작용의 수사학에 대립하며 주제/객체 (그리고 생산자/소비자)라는 대비 관계를 강화한다. 샬롯 브룬슨Charlotte Brundson은 "'몰아 보기'의 육체적somatic 은유"[13]를 허구의 중독성에 대한 아이디어와 연결시켜, "이 은유 속에는…, 시청각적, 허구 세계에서 몰입에 대한 지속적인 수치심의 흔적이 있다"고 주장한다.[14] TV가 지난 10년간 "고품질 TV"와 "TV의 새로운 황금시대"로 성장했다는 치하에도 불구하고, "바보 상자" 또는 "바보 튜브"라는 오명이 계속 지속되고 있는 것은 사실이다. 그러나 나는 시청자들이 자제력의 상실에 대한 자기 인식, 가끔은 아이러니한 담론에 관여하기 때문에 몰아 보기에 대한 문화적 태도가 부정적인 의미를 악화시키는 것이라고 주장한다. 이렇게 의식적인 실천으로서의 몰아 보기 개념은 〈하우스 오브 카드〉가 중심에 있다. 이 작품의 주제와 구조에 대한 투자는 추가적으로 넷플릭스의 홍보 캠페인에 녹아 있는 몰아 보기 문화의 특권과 연결되고, "고품질" 프로그램과 몰아 보기 사이의 관계의 전략적 요청을 대변한다. 실제로, "가장 많이 몰아 본 쇼"[15]에 관한 통계는 이 연관성을 뒷받침한다. 그리고 "고품질 TV"는 종종 중독을 주제로 삼은 이

---

13) Charlotte Brundson, "Binging on Box-Sets: The National and the Digital in Television Crime Drama," in *Relocating Television: Television in the Digital Context,* ed. Jostein Gripsrud (New York: Routledge, 2010), 64-65.

14) Ibid., 67.

15) Dina Gachman, "Breaking Bad, House of Cards Most Binge-Watched Shows," *Forbes.com,* June 25, 2014. http://www.forbes.com/sites/dinagachman/2014/06/25/breakingbad-house-of-cards-most-binge-watched-shows/

후,16) 넷플릭스의 〈하우스 오브 카드〉를 통한 이 관계의 솔직한 설명은 다양한 다른 시리즈들의 몰아 보기성bingeability을 조명하도록 한다.

자신의 이용 습관을 묘사하는 "몰아 보기"와 다른 강박증 용어를 이용하는 TV 시청자의 증가는 중독에 대한 담론을 재형성하고, 그 과정을 적극이고 의도적인 것이라고 주장하는 신호이다. 몰아 보기의 묘사가 통제 불가능한 중독의 상태를 더 많이 강조(가끔은 과장)하고, 우리가 몰아 보는 동안 실제로 이야기 흐름에 더 많이 빠져드는 만큼, 나는 몰아 보기는 생산적이고, 자주 의도적이며, 잠재적으로 시청 방식을 전환시킨다고 주장한다. 그러므로, 나는 몰아 보기의 중독이 현실로 되는 잠재적인 문제를 무시하지 않지만 나는 몰아 보기의 살아 있는 경험들이 서사적 힘의 더 복잡한 관계를 보여준다고 생각한다. 팀 우가 "대중문화에 대한 넷플릭스 전쟁"에서 쓴 것처럼, SVOD는

> 전통적인 TV모델을 인터넷 세대의 행동과 가치에 따라 결정되는 모델로 대체하는 것을 추구한다. 집단 정체성을 널리 호소력 있는 콘텐츠로 만드는 대신, 스트리머들은 독단적인 편성 시간대보다는 공유된 취향에 의해 연대하는 문화를 상상한다. 넷플릭스는 할리우드에서 가장 깊이 자리 잡고 있는 많은 계층 구조와 규범에 역행하는 전략을 추구하면서 단지 미국인 자신들을 재프로그래밍하려고 한다. 만약 성공하면 우리 대중문화는 어떻게 될까?17)

몰아 보기의 역사는 매일 새롭게 펼쳐지는데, 매우 빠르고 (더) 새로운 기술의 발전, 산업과 시청률 구조의 변화, TV의 미래를 재편할 미디어 정책 수립 등이 그렇다. 넷플릭스는 확실히 SVOD의 대표적인 아이콘이지만, 훌루,

---

16) 예: *MadMen*(AMC, 2007-15), *The Wire*(HBO, 2002-8), *Breaking Bad*(AMC, 2008-13), *Deadwood*(HBO, 2004-6), *Dexter*(Showtime, 2006-13), *True Blood*(HBO, 2008-14), *Black Mirror* (Channel 4, 2011-present), and *Orange is The New Black*(Netflix, 2013-present).

17) Tim Wu, "Niche Is the New Mass," *New Republic* 244.20 (2013): 30.

크래클Crackle, 쇼미Shomi, 아마존 인스턴트, 야후 스크린 등을 포함한 플랫폼 수의 증가는 우리가 앞으로 다가올 몇 년 안에 다양한 SVOD 유통과 소비 방법을 경험할 것이라는 의미이다.

"앞으로 전진": 몰아 보기 할 수 있는 쇼의 해부학

내가 읽은 〈하우스 오브 카드〉 몰아 보기 가능성에 대한 글은 주로 넷플릭스 인터페이스와 유통 모델의 중요한 역할과 결합된 구조적인 주제와 관련된 분석이다.[18] 우선, 〈하우스 오브 카드〉의 시간적 구조는 몰아 보기 경험의 궤적을 반영한다. 이야기 안에는 앞으로 전개되는 뚜렷한 전환점이 있고, 에피소드 사이의 시간 흐름은 다양하게 진행되고, 과거 회상[19]이나 미래 회상 flashforward이 없으며 (또한 "과거에"도 없으며), 모든 시즌은 약 1년 정도 진행된다. 게다가, 이 쇼의 중독, 권력, 그리고 신체적인 피로에 대한 주제의 강조는 TV 몰아 보기의 신체적·심리적 요소에 대해 관심을 끌게 한다. 〈하우스 오브 카드〉는 계속 몰아 보기가 하이퍼다이제스틱 연출[*] 형태(시청자는 소비 과정에서 몰입의 강도에 직면해야 함)를 표현한다는 것을 인정한다. 텍스트와 수용 트렌드를 조사함으로써 나는 〈하우스 오브 카드〉가 어떻게 몰아 보기 문화로 완전히 빠졌는지 보여줄 것이다.

첫 에피소드부터, 〈하우스 오브 카드〉는 몰아 보기 할 수 있는 텍스트로

> • 하이퍼다이제시스Hyperdiegesis란 텍스트 내에서 식섭 보이거나 마주치는 방대하고 세밀한 서사 공간을 창출하는 것을 뜻한다.
> (https://hyperdiegesis.wordpress.com/2014/07/01/the-hyperdiegesis/)

---

18) 이 글을 쓸 때, 시즌3이 방송되고 있었고, 시즌4는 제작 중이었음을 밝힌다.

19) 예외는 미래 회상을 냉담하게 보여준 후에 "한 달 전"이라고 서사 구조를 배치한 시즌3의 7화이다.

표시하는 서사적 매개 변수를 설정한다. 파라텍스트를 구성하는 수준에서 에피소드는 독특한 제목을 갖고 있지 않고, 대신 넷플릭스는 인터페이스에서 "장Chapter"으로 표현했다. 다른 서사 매체(책)에 대한 이 조치는 여러 가지 기능을 한다. 〈하우스 오브 카드〉를 연속된 허구의 역사와 연결시키고, 체계화된 TV의 주도적 편성 방식과 차별화하며, 시즌에 걸쳐서 연속성을 만들어낸다. (시즌2는 "14장"으로 시작한다). 게다가, 챕터 포맷의 사용은 〈하우스 오브 카드〉는 TV 대신 문학의 권위와 관계가 있는 것처럼 텍스트를 암묵적으로 "고급" 또는 "좋은" 문화적 객체로 보이도록 한다. 이 시리즈의 공식 발표에서 미디어의 융합conflation은 "13시간짜리 영화"[20]의 동시 개봉 모델과 연관되어 회자되었고, 서사는 역사적으로 더 "고급" 매체로 여겨졌던 것과 다시 연결된다.[21] 마지막으로, 기본적인 구조 차원에서 이 드라마의 서사적 복잡성, 강렬한 연속성, 그리고 정치 스릴러 장르와의 연관성 등 모든 것이 넷플릭스 인터페이스와 결합하여 몰아 보기를 위한 텍스트의 마중물 역할을 한다.

나는 복잡한 서사적 시간성temporalitiy과 일시적 보기temporal play가 시청 경험에서 시간의 기능에 주의를 끌어 몰아 보기를 격려한다고 생각한다. 폴 부스Paul Booth는 서사적 시간성의 비전통적인 표현은 복잡한 TV의 좀 더 광범위한 트렌드의 중요한 특징이라고 주장했다.[22] 〈하우스 오브 카드〉의 시간적 모멘텀은 세심한 관찰을 통해 협상이 필요한 이야기 공백을 만들어낸다. 왜

---

20) Nathan Mattise, *House of Cards*: The '13-Hour Movie' Defining the Netflix Experience," *ArsTechnica.com*, February 1, 2013. http://arstechnica.com/business/2013/02/house-of-cardsthe-13-hour-movie-defining-the-netflix-experience/

21) 많은 미디어 학자가 언급했듯이, 영화와 TV 간의 문화적 계급 구조는 극적으로 5~10년 사이에 변했다. 그러나 물론 계급 구조의 영향은 지속되고 있다. 데이비드 핀처David Fincher가 에피소드 1~2를 감독한 역할은 영화에 대한 연결을 강조한다. 그럼에도 시리즈의 시작 크레딧에서 영화 시나리오 작가인 윌리먼Willimon이 "텔레비전용으로 각색했다"는 것을 강조하는 것은 중요하다.

22) Paul Booth, *Time on TV: Temporal Displacement and Mashup Television* (New York: Peter Lang, 2012).

냐하면, 서사는 마지막 에피소드에서 일정한 시간이 경과한 이후 그 생략된 부분에서 어떤 종류의 사건이 일어났는지에 대한 미묘한 힌트만 제공하기 때문이다. 게다가, 이 시리즈는 이야기의 시간과 현실 세계의 시간 사이에서 상호 작용을 하면서 진행된다. 각 시즌의 서사는 실제 개봉 날짜와 매우 근접한 지점에서 시작하여 몰아 보기의 시간성이 일으키는 시간 여행을 하도록 하면서 시청자를 미래로 밀어 넣는다. 이러한 가속화된 시간 흐름은 신체에 작용하는 방식에 대해서도 관심을 끌게 한다.[23] 우리는 등장인물의 몸이 우리의 비교적으로 변하지 않고 있는 몸과 대조되는 속도로 변화하지만, 다른 한편으로는, 몰아 보기를 하며 발생할 수 있는 신체적인 피로를 반영하는 것을 알 수 있다. 물론, 이런 시간적 영향은 언제 그리고 얼마나 빨리 시청자가 시리즈를 보는가에 달려 있다. 예를 들어, 만약 지금 시리즈를 보기 시작한다면, 시간이 앞으로 가는 것이 아니라 뒤로 이동하게 될 것이다. 그리고 시청자가 몰아 보기를 하지 않기로 선택한다면, 시간 흐름이 주는 표현은 이와 같은 효과를 만들지 못한다. 드라마 창작자들이 몰아 보기를 이상적인 소비 형태로 강조한다는 사실은 어쨌든 이야기 시간과 시청 시간 사이의 강화된 시간성과 시청에 의존하는 선호하는 읽기를 설정한 것이다.

몰아 보기를 증폭시키는 또 다른 중요한 전술은 주인공 프랭크Frank의 시청자를 향한 직접적인 대사 또는 셰익스피어의 방백을 사용하는 것이다. 이러한 방백은 〈하우스 오브 카드〉의 영국 버전(그리고 〈리처드 3세Richard III〉의 오리지널 원작)의 일부이기도 했지만, 넷플릭스의 맥락에서 새로운 의미를 갖게 되었다. 최근 통계에 따르면 텔레비전에서 SVOD 서비스에 접속할 수 있는 다양한 방법이 있음에도 불구하고 컴퓨터로 콘텐츠를 시청하는 SVOD 사용자 수가 증가하고 있다. 그러므로, 우리는 넷플릭스 시청자 분석을 할 때 일정

---

23) 가속화된 시간의 주제는 또한 워싱턴 DC의 회전하는 타임랩스 파노라마로 구성된 오프닝 크레딧 시퀀스에서 강조된다.

정도의 *화면 친밀도*screen intimacy가 있다고 가정할 수 있다. 화면은 어쩌면 시청자의 무릎 위나 침대에 있어 시청자와 더 가까울 것이고, 이 화면은 다양한 형태의 개인적인 의사소통을 할 때 사용되는 화면과 같다. 그래서 프랭크가 카메라를 들여다보며 첫 에피소드 제목이 나오기 직전에 "워싱턴에 온 것을 환영한다"라고 말할 때, 텍스트는 이미 시청자와 특별한 관계를 설정했다. 우리는 심지어 프랭크의 방백을 서사, 특히 프랭크 자신과 비디오로 대화하는 *스카이프 온톨로지*Skype ontology의 관점으로 생각할 수 있다. 이 구조적 선택은 서사적 상호 작용의 꿈에 작용하는데, 물론, 시청자가 프랭크에게 말대꾸를 허용하지 않는다. 그럼에도 불구하고, 케빈 스페이시의 시선에 의해 증폭된 이러한 직접적인 대사는 이러한 관계를 유지하기 위한 수단으로서 몰아보기를 조장하는 텍스트의 친밀감을 확립한다.

몰아 보기를 불러일으키는 쇼의 주제와 관련된 요소들도 첫 번째 에피소드부터 나타난다. 프랭크는 "1장"에서 복수극을 꾸민 뒤[24] 아내 클레어Claire에게 "이런 밤들을 많이 보내게 될 거예요. 계획을 짜고, 잠도 잘 못 자면서 말이에요". 그녀는 "나는 예상하고 있었고, 걱정 되지 않아요"라고 대답하고, 부부는 담배를 나눠 피웠다. 이 장면은 힘든 과정에 처한 프랭크와 클레어를 몰아 보기와 연상시키도록 하고, 심리적 (그리고 육체적인) 준비를 하게 한다. 이 장면은 시리즈가 지속되는 내내 모티브가 되는 그들의 중독 중 하나인 담배 중독을 드러낸다. 첫 에피소드에서 우리가 보는 또 다른 모티브는 프랭크의 비디오 게임에 대한 중독이다. 그가 게임을 할 때, 헤드폰을 끼고 화면에 완전히 집중한다. 집중과 몰입의 주제를 강조하는 것 외에도, 프랭크가 게임을 한다는 사실은 시청자가 참여하는 것과 같은 종류의 경험인 미디어 상호 작

---

24) 《하우스 오브 카드》는 케빈스페이시의 연기과 디시거께 프랭크 언더우드Frank Underwood가 강력하게 권력으로 상승하는 이야기를 따른다. (그의 경우에는 새롭게 선출된 대통령의 내각에서 약속된 자리에서 제외된 후이다.)

용과 서사적 게임을 강조한다. 마침내, "1장"이 끝나갈 무렵, 권력을 잡으려는 음모의 씨앗을 심기 시작한 프랭크는 카메라를 직접 처다보며 "앞으로 전진"이라고 말한다. 만약 에피소드가 그 역할을 해냈다면, 시청자는 이 전쟁의 외침을 자신의 것으로 받아들이고 나머지 시즌을 몰아 보기 시작한다.

몰아 보기의 경험을 반영하는 다른 주요한 주제와 관련된 트렌드는 첫 시즌 내내 전개된다. 진행 중인 중독이라는 주제 외에도 소비, 운동, 피로 등의 모티브가 잘 드러난다. "1장"은 프랭크가 좋아하는 바비큐 집BBQ joint에서 갈비를 하나 더 먹겠냐는 주인의 말에 "오늘 배가 고프다"고 말하면서 동의하는 장면으로 끝난다. 프랭크의 자제("4장"에서 샐러드를 먹는 것)와 과식("8장"에서 술을 진탕 마시는 것)을 번갈아 하는 습관은 몰아 보기 시청자의 소비 욕망을 계속해서 반영한다. "2장"에서 클레어는 프랭크가 자신을 더 잘 돌본다고 주장하고, 운동을 강조하지만 전진 모멘텀을 시뮬레이션하는 장치라고 설명된 로잉머신 운동 기구를 사준다. 시즌 마지막에서 로잉머신이 고장나자 프랭크가 클레어와 달리기 시작하면서 시뮬레이션되었던 모멘텀은 실제 모멘텀으로 전환된다. 두 주인공이 쌀쌀한 워싱턴 DC를 저녁에 조깅할 때, 시청자 또한 이야기의 통제에서 해방되고 새로운 이동에 따른 자유 감정을 경험하게 된다. 최소한 다음 시즌이 개봉되기 전까지는 그렇다.[25]

〈하우스 오브 카드〉가 시청자를 몰아 보기 시청자로 다루기 위해 사용하는 가장 효과적이고 복합적인 방법 중 하나는 대리 등장인물surrogate character을 배치하는 것이다. 대리 등장인물, 즉 시청자를 대신해 배치하는 등장인물들은 흔한 서사적 도구이지만, 텔레비전의 콘텍스트에서 연구가 많이 되지 않았다.[26] 〈하우스 오브 카드〉에서 모든 대리 등장인물들은 이런저런 종류

---

25) 〈하우스 오브 카드〉 시즌2는 텍스트가 몰아 보기 할 수 있는 것으로 특징되는 시즌1의 서사 기술을 강화한다. 소비는 더 드러나는 주제가 되고, 중독에 대한 담론은 더 복잡해지고, 소비에 대한 주제가 중심적 역할을 한다.

26) 시청자 동일성과 관련하여 많은 중요한 연구가 영화에서 성과 인종 표현의 문제를 강조하는

의 중독자이고, 그들이 중독에 대처하는 방법들은 다양한 범위의 "좋은" 그리고 "나쁜" 중독 행위를 보여준다. 이 다양한 행위는 어떻게 좋은 몰아 보기 시청자가 되는지에 대해 일종의 매뉴얼 역할을 한다. 새로운 대리 등장인물들이 소개되고 사라지면서, 그들의 실패를 경고 또는 적어도 시청자의 경험을 표시한 것을 보게 된다. 예를 들어 시즌1에서 피터 루소Peter Russo 의원은 우리의 주요 대리 등장인물 중 한 명이다. 그의 중독적인 성향은 프랭크가 그를 주요 음모에 끌어들이도록 이끌었다. 왜냐하면, 프랭크는 그가 조종할 수 있는 누군가가 필요했기 때문이다. 피터가 술, 마약, 성에 대한 중독으로 힘들어하는 것을 보며, 이야기는 그를 평범한 남자로 설정한다("기업이 이렇게 대마초 마는 법roll a joint을 버릴 수 있는가?"27)). 프랭크가 피터를 펜실베니아 주지사에 출마하도록 부추길 때, 피터는 그의 과거 중독을 억지로 공개하게 한다. 〈하우스 오브 카드〉 시청자는 종종 따라오는 수치심을 현저하게 뒤집지만 (소셜 미디어 통해서든 아니든) 몰아 보기 역사에 대해 잘 이해할 수 있다. 피터는 중독을 끊게 되지만, 오래가지 않는다. 그리고 그가 자제력을 잃고, 완전히 중독에 빠지면, 시청자도 자신의 몰입적인 행동을 "항복"으로 인정해야 한다. 피터가 너무 깊이 중독되어 쓸모가 없다는 것이 확실해질 때 프랭크는 신속하게 조치한다. 두 남자가 피터의 차고에 앉아 있을 때 프랭크는 달래는 듯한 목소리로 다음과 같이 설명한다.

내가 많이 아파하는 거 알아, 피터. 하지만 오늘 밤은 아무 고통을 느끼지 않았으면 좋겠어. 여기, [그에게 술병을 건네주며] 내일 다시 새롭게 시작할 수 있네. 어서 마시게. 자네를 판단하지 않을게. 아니, 자네와 같이 마실게. 긴장 풀게나.

연구에서 이루어졌다(예: 멀비Mulvey, 훅hooks 등). 이 장에서 나는 "대리"를 시청자의 관심을 반영하는 모든 캐릭터를 언급하기 위해 비교적 중립적인 의미로 사용한다.
27) *House of Cards*, "Chapter 2."

〈그림 6.2〉 프랭크 언더우드가 시청자에게 경고한다(〈하우스 오브 카드〉, 11장)

자네는 이제 집이야. 내일 감당해야 할 것이 무엇이든 지금 직면할 필요 없네. 지금은 자네와 나뿐이고, 나머지 세상은 중요하지 않네. 자네의 아이들과 크리스티나는 자네를 용서해줄 거네. 왜냐하면, 자네는 사랑받으니까, 피터. … 그냥 눈 감아, 다 잊어버리게. 우리는 세상 모든 시간을 갖고 있네.[28]

이 대사는 중독적인 시청에 굴복하라고 초대하는 것처럼 1차적으로는 읽힐 수 있지만, 프랭크가 피터를 곧바로 죽인다는 사실은 프랭크의 겉으로만 위안하는 말들의 표리부동함을 드러낸다. 카메라는 우리를 차 안에 앉히고(〈그림 6.2〉 참조), 그 독백은 피터에게 하는 것같이 우리에게도 똑같이 말하는 것 같다(한편으로는 프랭크가 거의 무의식 상태였기 때문에). 프랭크가 자살하는 장면을 연출하고 차고에서 나온 후 카메라는 차 안에 남아 시청자를 피터와 같

---

28) Ibid., "Chapter 11."

이 무덤에 넣는다. 이러한 영화적 일체감은 시청자에게 "모든 것을 떠나보낼 수" 없고, "세상의 모든 시간을 가질 수" 없다고 경고하게 된다. 오히려, 이것은 시즌1의 마지막 두 장에 다시 집중하게 만드는 모멘텀이다.

시즌1의 또 다른 주요 시청자 대리인은 프랭크가 자신의 정치권력 장악을 위해 대중 의견을 조종하는 데 이용하는 저널리스트 조 반스Zoe Barnes다. 피터의 직설적인 (그리고 더 문화적으로 인정받는) 물질 중독과는 대조적으로 조이는 정보에 중독되어 있다. 그녀의 행동을 중독적인 것으로 강조하기 위해, 그녀가 프랭크에게 정보를 "달라feed her"[29]고 요구할 때 소비 은유를 사용하는 것으로 알 수 있고, 신체적 그리고 정보적 탐욕의 측면에서 그들의 음란한 관계가 형성된다. 그녀의 지식욕은 수수께끼 같은 드라마의 복잡한 연속성을 강화시키며 시청자의 욕구를 반영한다. 미텔Mittell이 복잡한 TV가 시청자들을 "아마추어 해설자"로 만든다고 주장하는 것처럼,[30] 조Zoe와의 동일시는 시청자들을 아마추어 저널리스트로 만든다. 특히, 시청자가 소셜 미디어를 통해 활동하면서 세컨드 스크린과 연결되어 있다면 그렇다. 그러나 우리가 피터를 동일시했던 것처럼, 조에게 영향받았던 시청 방법들도 비슷한 상황에 처하게 한다. 주요한 서사의 놀람을 표현하는 데 있어서, 프랭크는 시즌2의 첫 에피소드에서 조이를 움직이는 열차 앞으로 밀고 가서, 갑자기 시청자 대리인인 그녀와 우리의 관계를 단절한다. 피터의 살인 장면은 영화적 기법을 모방함으로써 우리는 조의 관점과 훨씬 더 가까이 있게 된다. 그녀와 프랭크가 기차 승강장에서 대화할 때 카메라는 우리를 그녀의 입장에 놓는다. 그리고 프랭크가 갑자기 조를 잡고 180도 돌릴 때, 우리는 그녀가 선로에 떨어지는 짧지만 충격적인 시점의 장면을 보게 된다 (〈그림 6.3〉 참조). 전통적으로

---

29) Ibid., "Chapter 4"; "정보 제공feeding information"은 일반적인 관용어이지만, 두 개의 캐릭터 사이에서 일어나는 전이를 통해 배가 단기는 오용적 표현이다.

30) Jason Mittell, "Narrative Complexity in Contemporary American Television," *The Velvet Light Trap* 58.1 (2006): 38.

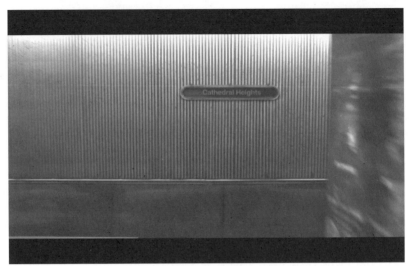

〈그림 6.3〉 또 다른 시청자 대리인의 갑작스러운 죽음(〈하우스 오브 카드〉, 14장)

"시즌 예고"가 될 만한 충격적인 장면을 사용한 것은 텔레비전 모델이 놀람과 긴장감을 표현하는 반전을 보여주는 것이다. 이것은 전통적으로는 시즌 마지막에 적합한 서사적 움직임이다. 이러한 반전은 또한 시청자들을 몰아 보게끔 만든다. 첫 한 시간이 끝날 때 흥분과 호기심을 돋게 하면서, 조의 죽음은 시즌2의 서사적 미끼가 된다. 더 나아가, 이 예상치 못한 캐릭터의 죽음은 시즌을 보기 위해 오래 기다린 사람들에게 잠재적인 벌potential punishment을 설정하면서 그 자리에서 매우 중요한 스포일러의 기회를 만들어낸다.

프랭크의 참모장이자 가장 가까운 동지인 더그 스탬퍼Doug Stamper는 제3의 시청자 대리인으로 기능하며, 프랭크의 음모에 대한 내부자로서의 지식(과 공모)에서 피터와 조하고는 차이가 난다. 더그는 전에 알코올 중독자였으며, 이 시리즈가 시작될 때 14년 동안 술을 마시지 않았으며, 따라서 중독성 있는 성향을 통제하는 그의 초기 능력은 그를 모델 시청의 이상적인 후보로 만들었다. 그러나 시즌2에서 그는 피터 루소의 계략에 연루되어 있는 젊은 창녀 레이첼Rachel에게 빠져든다. "24장"에서 더그는 익명 알코올 중독자Alcoholics Anonymous(AA) 모임에 참석하여 그룹에게 다음과 같이 설명한다.

난 열심히 일한다. 나는 심플함을 유지한다. 나는 내 우선순위가 무엇인지 알고 있다. 이러 … 이러한 사람이 있다. 그녀는 주변부를 제외하고 내 인생에조차 없고, 무언가를 모호하게 만든다. 그녀는 술을 마시라고 유혹하지 않는다. 내가 술을 마셨을 때 느꼈던 그녀가 느꼈을 법한 것 이상이다. 내가 충분히 마실 수 없었을 때처럼. 아무리 술을 많이 마셔도 한 잔 더 마시고 싶었던 것처럼.

이 독백 동안 카메라는 더그 머리 뒤에서 시작하여 우리가 그와 함께 그처럼 자리 잡은 다음, 마지막 대사에서 (나에게 직접 하는 대사라는 환상을 만들면서) 그의 얼굴을 클로즈업한 상태에서 천천히 회전하고 정지한다. 이 독백은 두 가지 차원에서 작용한다. 곧 닥칠 더그가 절제를 참지 못하는 설정과 몰아 보기 경험의 감정적 투자에 대한 다소 정확한 설명을 제공한다. "26장"의 마지막 순간, 더그는 말 그대로 그의 중독에 의해 무너진다. 그녀가 도망치려고 한 후, 레이첼은 돌로 더그의 머리를 여러 번 내리친다. 카메라는 마치 우리가 그의 시체(로 보이는 것)와 마주 보고 누워 있는 것처럼 우리를 더그 몸 옆의 지면으로 낮춘다.

시즌2가 진행되는 동안, 더그의 레이첼에 대한 중독은 더 깊어지고. 이상석인 시정자를 명백하게 구현하는 한 명의 대리 캐릭터가 등장하게 된다. 바로 언더우드 부부의 개인 경호원, 에드워드 미컴Edward Meechum이다. 시즌1에서 미컴은 전문적인 중독자가 되기 위한 훈련을 받았으며, 그의 중독 대상은 언더우드 부부이다. 프랭크가 미컴에게 처음으로 건넨 말은, 시리즈 내내 속도와 추진력에 대한 많은 참고 중 하나인 "운전을 빨리하나요?"이다. 31) 그러

---

31) *House of Cards*, "Chapter 3."

〈그림 6.4〉 모델 시청자 에드워드 미첨은 친밀함의 불안정한 수준으로 보상받는다(〈하우스 오브 카드〉, 24장)

다가 "6장"에서 미첨이 언더우드의 집을 지키지 못한 후에(실제로는 프랭크가 꾸민 실수), 두 번째 기회를 달라고 간청한다. 프랭크는 미첨을 다시 고용하는 데 동의하지만, 다음과 같이 주의사항을 준다. "내가 하려고 하는 말을 자세히 들게나. 이 순간부터 자네는 돌이네. 아무것도 흡수하지 않고, 아무 말도 하지 말게나. 그리고 어떤 것도 자네를 부러뜨릴 수가 없네. 알아들었나?" 미첨과 시청자에게 보내는 이 경고는 기훅헤 보이기만, 시청가를 훈련시키는 모티브를 가진 라인으로서는 완벽하다. 프랭크는 미첨에게 다가올 도전에 대비하기 위해 엄격히 대하고, 결국 미첨의 정성 어린 헌신에 대해 보상한다. "24장"에서 프랭크, 클레어, 그리고 미첨은 3인조가 된다. 카메라가 대리 캐릭터들이 죽음을 맞이할 때 시청자를 함께 배치하는 방식과 유사하게, 여기서 우리는 3인조 안의 미첨처럼 자리를 잡아 그들의 성적 행위의 일부가 된다(〈그림 6.4〉 참조). 그래서 만약 미첨이 언더우드와의 이런 친밀한 교류로 보상을 받는다면, 시청자는 동시에 시청하는 헌신에 대한 보상을 받게 된다. 그러나,

주요한 대리인이자 모델 시청자로서의 미컴의 위치는 시즌3에서 훼손되는데, 시즌3에서 언더우드의 신뢰할 수 있는 부하로 남아 있지만, 이야기와 시각 분야에서 꾸준히 가장자리로 밀려 나고 있다. 미컴이 배경으로 희미해진 것은 시청자/캐릭터 관계의 한계를 보여주는 것일 수도 있다. 시청자에게 미컴이 언더우드와 달성한 친밀도는 그야말로 지속성이 없다.

시즌2에서 프랭크의 부통령 위치는 게렛 워커Garrett Walker 대통령이 서사에 있어서 시즌1보다 더 중요한 역할을 하도록 한다. "자유세계의 리더"로 동일시하는 것이 이상하게 보일지 모르지만, 워커는 시청자의 가장 무기력한 모델을 나타내는 또 다른 잠재적인 대리 시청자로 등장한다. 정치권력을 갖고 있음에도 불구하고, 워커는 약하고, 조종당하기 쉽고, 심지어 중독자라는 것을 드러낸다. 시즌2에서 워커에 대한 가장 흥미로운 부분은 그의 피로함의 궤적이다. 그는 단순히 서사를 따라잡을 수 없다. "23장"에서 프랭크는 워커에게 백악관 사무실 소파에서 낮잠을 자도록 설득한 다음, 카메라를 향해 고개를 돌리며 "나는 항상 수면의 필요성을 혐오해왔다. 죽음과 마찬가지로 잠은 가장 힘센 자들까지도 등 뒤로 밀쳐낸다"라고 밝힌다. 워커는 시즌이 지남에 따라 시청자의 피로를 반영하면서 동시에 그 피로에 대한 결과를 경고하면서 점점 더 초췌해 보인다. 워커는 탄핵 위기에 직면하고, 시즌2 마지막회에 사임하게 되는데, 이는 이야기상 권력을 잃는 것과 피로에 굴복하는 것 사이의 상관관계를 만들어낸다. 결국, 프랭크는 대통령직에 오른다. 자유세계의 지도자가 되는 것보다 정치권력의 장악에 대한 음모에서 더 분명한 서사적 목적telos을 상상하기란 어렵다. 그래서 프랭크의 성공은 분명한 끝을 맺는 표현이다. 넷플릭스가 〈하우스 오브 카드〉를 두 시즌 미리 확정한 사실을 알고 있는 우리는 이 에피소드를 시리즈의 잠재적인 마지막회로 생각할 수 있었지만, 넷플릭스는 시즌2가 출시되기 전에 이 드라마의 시즌3을 제작한다고 발표했다. 따라서 프랭크가 백악관 사무실로 들어가 책상 뒤에 서서 의자를 옆으로 밀치고 그의 트레이드 마크인 주먹을 툭툭 칠 때, 이 엔딩은 시즌3을 향한 모멘텀을 주는 또 하나의 서사적 단초가 된다.

시즌2가 주요 캐릭터(조)의 예상치 못한 죽음에서 시작된 반면 시즌3은 뜻밖의 부활과 함께 시작한다. "26장"에서 움직이지 못하는 몸의 오싹한 샷으로 죽은 것으로 추정된 더그는 비록 심각한 신체적·정서적 손상을 입었지만, 눈을 뜨고 저 너머를 응시하며 살아 있다. 프랭크의 보좌진에서 제외된 더그는 뉴스를 보면서 정치적 목표를 수행한다. 그는 전문적인 TV 시청자가 되고 시즌3에서 가장 확실한 대리 캐릭터가 된다. 시즌 내내 술을 끊는 자제력을 가졌다 잃었다를 반복하면서 그가 가고자 하는 길은 중독의 올바른 대상(프랭크)과 다시 관계를 쌓기 위해 나쁜 중독들(레이첼, 술)로부터 회복하는 과정이다. 실제로 그는 결국 레이첼을 살해하고 프랭크의 비서실장 역할을 되찾는다. 다시 한 번 이 이야기는 등장인물과 시청자에게 프랭크에 대한 충성심과 헌신이 보상받을 것이라고 강조한다. 그러나 그 대가는 무엇인가?

대리 캐릭터들에 대한 논의가 증명되었듯이, 〈하우스 오브 카드〉는 우리가 프랭크 언더우드 가까이에 있다는 것이 어떤 느낌인지 보여주고 싶어 한다. 그러나 그의 아내, 무자비하면서도 매력적인 면이 동일한 캐릭터인 클레어보다 그와 더 가까운 사람은 아무도 없다. 시즌3은 클레어에게 이전 시즌보다 더 많은 비중을 두고 있으며, 클레어가 프랭크와 점점 더 가까이 있을 수 없는 미묘하지만, 필수적인 궤적을 보여주고 있다. 인기 있는 많은 TV 안티 히어로(예; 월터 화이트Walter White, 덱스터 몰갠Dexter Morgan, 토니 소프라노Tony Soprano, 던 드레이퍼Don Draper)처럼 프랭크도 도덕적으로 구제할 수 없다. 이러한 부패는 우리가 그를 보는 것을 좋아하는 이유이자 왜 우리가 그를 둘러싼 사람들이 그의 행동에 어떻게 대처하는지를 보는 것을 좋아하는 이유다. 프랭크가 시즌3에서 재선을 위해 선거 운동을 하면서 그의 약점이 전면에 나온다. 그때 이야기는 클레어의 정치적 강점과 프랭크에게는 명백히 결여된 그녀의 도덕적 규범의 유지를 강조한다. 따라서, 시즌3이 끝날 때 그녀가 카메라를 향해 걸어가면서 갑자기 검은 화면으로 바뀌면서 훨씬 깊은 인상을 심어준 클레어가 프랭크를 떠나기로 한 결정은 교훈적이다. 그녀는 그동안 우리의 가장 중요한 대리인이었고, 그녀는 가장 많은 서사적 힘을 지니고 있다. 시즌4는 의심할 여지 없이 이러한 이별의 악영향에 초점을 맞출 것이고 시청자에게 캐릭터에 대한 동일시 과정을 다시 고려해보도록 더 많은 부담을 줄 것이다.

디지털 흐름과 사회적 몰아 보기

〈하우스 오브 카드〉는 TV 드라마인 만큼 소셜 미디어 이벤트이다. 시즌1은 획기적인 생산과 유통 방법으로 엄청난 언론의 주목을 받았다. 시즌2는 더 많은 소셜 미디어에서 인기를 얻었다. 2014년 2월까지 시즌1의 성공(〈오렌지 이즈 더 뉴 블랙〉, 〈못 말리는 패밀리〉 등 포함)에 따른 잔물결 같은 효과는 폭넓게 증가하는 몰아 보기의 가시성과 결합하여 시즌2를 진정한 몰아 보기 이벤트처럼 만들었다. 시즌2의 공개 전날 버락 오바마 대통령조차 "내일": @〈하우스 오브 카드〉. 스포일러 금지, 제발"이라고 트위터에 올렸다. 이것은 많은 시청자가 시즌을 빨리 몰아 보고 혹시라도 아직 보지 못한 사람들에게 주요 줄거리를 유출할 수 있다는 사실을 인정하는 것이다. 2015년 〈하우스 오브 카드〉 시즌3이 나왔을 때 몰아 보기와 연속 프로그래밍의 동시 개봉은 표준이 되었다. 유통 전략의 새로움은 퇴색되었을지 모르지만, 몰아 보기는 시리즈를 소비하는 주요한 방법으로 남았다. 전체 넷플릭스 가입자 중 약 2%가 개봉된 주말에 시리즈 전체를 다 시청했다. 이 계획된 몰아 보기의 증거는 시청 관행에서 흥미로운 변화를 보여주는 것이고, 이것은 넷플릭스 브랜드의 동일성과 분명히 연결되어 있다. 가장 중요하게는, 많은 학자들과 비평가들이 주장한 온디맨드 문화에서 잃어버린 시청의 공동체적 요소를 재주장한다. 몇 주와 시즌에 걸쳐 개봉되는 드라마를 보는 공유된 경험과 달리, 계획된 몰아 보기는 다른 종류의 공동체 유대감을 만들어낸다. 소셜 미디어의 대화는 이야기 속에서 일어나고 있는 일뿐만 아니라 우리가 몰아 보기 하면서 우리에게 어떠한 일이 (육체적으로 그리고 감정적으로) 일어나고 있는지에 대한 것이다. 나는 홀로 몰아 보기 하는 것과 그룹으로 몰아 보기 하는 것에는 경험적인 차이가 있다고 장담한다. 그래서 개봉 주말에 일어나는 다수의 〈하우스 오브 카드〉 몰아 보기는 그룹 몰아 보기의 사회성을 세계적인 수준으로 끌어올린다. 몰아 보기는 항상 팬 활동에서 중심적인 역할을 해왔다. 우리는 다시 보기 위해 (또는 다른 미디어에서는 특정한 영화감독의 모든 작품을 몰아 보든지 최애 책을 재빨리 다시 읽는 것처럼) 팬의 욕구로써 첫 몰아 보기 한 것을 기억할 수 있을 것이다. 그러나 SVOD, 특히 넷플릭스의 동시 유통 모델로서 몰아 보기는 초기 팬 경험의 전형적인 부분이 될 수 있다: 많은 비평가와 학자들이 "TV 예약" 기능의 사라짐에 대해 슬퍼하지만, SVOD 시청 패턴은 이러한 시청 스타일이 몰아 보기로 인해 새로운 강도 및 해석 가능성과 함께 지속되고 있다. TV 유통과 소비의 전통 모델에서 벗어나 넷플릭스와 SVOD는 내가 말하는 "디지털 몰입digital flows"의 창출을 가능하게 한다.

1974년 레이먼드 윌리엄스Raymond Williams는 "고정된 유통 개념"에 대립하는 개념으로 "모바일 몰입 개념mobile concept of flow"을 강조함으로써 우리가 TV 프로그램을 보는 방식을 재구성했다.32) 그는 TV의 "개별 단위discrete units"33) 보다 "시퀀스" 분석이 어떻게 미디어가 눈와 세工도메 개의 어시루 비께개는 데 도움이 되는지 밝혔다. 윌리엄스의 개념을 확장하여 우리는 넷플릭스와 같은 인터페이스가 어떻게 새로운 종류의 흐름을 만들어내는지 알 수 있

---

32) Raymond Williams, *Television: Technology and Cultural Form*. Ed. Ederyn Williams (London: Routledge, 2005), 71.

33) Ibid., 86-87.

으며, 여기서 시청자는 시퀀스의 콘텐츠에서 자율성을 얻는다. 그러나 반드시 그 콘텐츠가 중독적으로 견인할 필요는 없다. 몰아 보기는 서사 관계의 지연된 만족 모델로부터 하나의 즉각적인 만족 모델로의 전환을 나타낸다. 만약 텔레비전에 대한 몰입이 "세계의 감각을 확립하는 것"[34]이라면, 몰아 보기는 이전의 미디어 순간들과는 다른 방법으로 우리 세계에 질서를 만든다. 온디맨드와 몰아 보기 문화에서, 스트리밍 플랫폼은 윌리엄스가 "저녁 시청"의 "계획된" 본질이라고 부른 것을 증가시키면서 이용자가 자신의 흐름을 설계하도록 유도하는 인터페이스를 제공한다.[35] 비슷한 방법론적 표현에서 윌리엄 유리치오William Uricchio는 "시청자와 텔레비전 사이의 인터페이스와 시청 경험에서 일련의 근본적인 변화를 스케치하는 수단으로서 몰입을 재배치할 것"을 제안한다.[36] 그는 디지털 인터페이스에서 "시청자도 텔레비전 프로그래머도 몰입의 개념을 지배하지 않는다. 대신, 적용된 메타데이터 프로토콜 … 필터의 조합인 새로운 요소가 방정식에 적용된다"고 주장한다.[37] 그러므로 디지털 몰입에 대한 명백한 사용자 자율성은 여전히 알고리즘의 비인간적인 논리뿐만 아니라 주어진 기술의 가능성과 제한에 종속된다는 것을 기억하는 것이 중요하다.

2004년에 쓴 유리치오는 VOD의 목적을 예상한다. "예상한 결과는 몰입의 주요한 사례가 되는 듯하다. 이 몰입은 우리의 변화하는 리듬과 기분에 접촉을 유지하도록 고안되고, 우리 파트에서는 어떠한 노력 없이도 선택되거나 접근할 수 있는 수준한 프로그램의 흐름이다."[38] 그는 계속해서 "경험상, 새

---

34) Ibid., 110.

35) Ibid., 85.

36) William Uricchio, "Television's Next Generation: Technology/Interface Culture/Flow," in *Television After TV: Essays on a Medium in Transition*, eds Lynn Spigel and Jan Olsson (Durham: Duke University Press, 2004), 165.

37) Ibid., 176-177.

로운 기술들은 엄청난 양의 프로그램을 스캔하고 그 과정에서 관련 프로그램들을 끊임없이 맞춤화된 즐거움의 흐름으로 묶어낼 것을 약속한다"고 주장한다.[39] 유리치오의 예측은 10년 전 다소 과장된 것으로 읽혔을지 모르지만 2015년 SVOD 경험의 현실은 이 개념과 크게 다르지 않다. 넷플릭스와 같은 플랫폼은 일련의 시청 패턴을 허용하지만, 이 장에서는 다양한 서사적 경험을 가능하게 하는 트랜스미디어 환경에서 몰아 보기가 가져오는 독특한 역할을 밝혔다. 나는 〈하우스 오브 카드〉가 복잡한 디지털 몰입의 생산에서 서사 형태와 스트리밍 인터페이스를 연결하면서 "앞으로 흥미로운 일들이 있을 거라는 반복된 약속"[40]을 통해 몰아 보기를 격려한다고 주장했다.

SVOD와 스트리밍 기술에서 비롯된 관행은 TV 문화와 개인이 미디어 산업에 의해 변조되는 방식을 변화시킨다. 더 많은 서사적 내용과 그 내용에 대한 더 많은 접근 방법이 유리치오가 예측한 일종의 "맞춤화된 즐거움"을 가능하게 한다. 팀 우의 주장대로, "잃어버린 공동체는 공동체를 얻을 수 있고, 대중문화가 약해지면서 그렇지 않으면 밖으로 밀려 나갈 수 있는 집단cohort을 위한 공간을 만든다. … 공유된 시각에서 비롯된 소규모 팬 커뮤니티는 지리적 우연에서 비롯된 국가적 정체성보다 더 진정한 소속감을 준다".[41] 더욱 분산된 미디어 지형을 향한 움직임과 모든 텍스트 주변에 형성되는 공동체는 19세기와 20세기 비평가들과 이론가들이 그렇게 해롭다고 생각했던 대중문화mass cultural의 헤게모니를 약화시킨다. 출시되는 새로운 SVOD 서비스 중 넷플릭스는 미디어 산업의 지형 변화에서 선두주자로 남아 있다. 어떤 다른 서비스도 영화와 텔레비전의 모습을 그렇게 드라마틱하게 바꾼 것에 대해 인정

---

38) Ibid., 177.

39) Ibid., 178.

40) Williams, *Television*, 87.

41) Wu, "Netflix's War."

(혹은 비난) 받지 않았다. 마찬가지로, 〈하우스 오브 카드〉는 현재 동시 개봉 형식을 따르는 많은 시리즈 중 하나지만, 그렇게 한 첫 번째 시리즈로서의 역할은 경시되어서는 안 된다. 어떤 텍스트도 혼자의 힘으로 미디어의 과정을 바꾼 것은 없지만, 〈하우스 오브 카드〉는 변형적인 콘텐츠transformative content를 생산하기 위해 TV와 인터넷의 융합을 이끈 가장 영향력 있는 시리즈 중 하나이다.

제7장

몰아 보기의 인지 심리적 효과

The Cognitive Psychological Effect of Binge-Watching

재커리 스나이더 Zachary Snider

조던 카펜터Jordan M. Carpenter와 멜라니 그린Melanie C. Green은 시청자들을 위한 이야기 전송narrative transpotation의 설득력을 강조한다. "사회 인지 이론은 엔터테인먼트 교육 분야의 많은 연구에 이론적인 근거를 제공했고, 이것은 전 세계의 건강과 사회 문제에 대한 영향을 입증했다."[1] 이야기 전송은 어떤 이야기(특히 이 장에서는, 시청자가 텔레비전 시리즈에 관여하게 되는 공감적 깊이)에서 시청자의 감정적 자기 몰입과 그들이 경험하는 이야기 때문에 시청자의 태도,

---

[1] Jordan M. Carpenter and Melanie C. Green, "Flying with Icarus: Narrative Transportation and the Persuasiveness of Entertainment," in *The Psychology of Entertainment Media: Blurring the Lines Between Entertainment and Persuasion*, ed. L. J. Shrum(New York: Routledge, 2012), 187.

신념, 그리고 자신의 사회적 관계에 대한 의견이 바뀌는 방식을 말한다. 이제 너무나도 많은 텔레비전 시리즈를 넷플릭스와 같은 스트리밍 서비스에서 이용할 수 있으므로, 시청자의 이야기 몰입은 몰아 보기에 의해 빨라질 수 있다. 몰아 보기는 모든 시리즈는 아니더라도 특정 시리즈의 모든 시즌을 시청하는 과정으로 많은 시간 동안 중단 없이 모든 에피소드를 연속해서 시청하는 것이다.

인지 심리학 분야에서 카펜터와 그린의 연구는 허구적 서사를 시청자들에게 심리적인 탈출구로 얼마나 효과적으로 제공하는지, 또한 텔레비전 드라마를 몰아 보는 같은 엔터테인먼트 미디어의 대량 소비가 어떻게 이러한 서사를 정신적으로 지각하고 처리하는 능력에 영향을 미치는지를 탐구한다. 카펜터와 그린은 시청자들이 "서사가 있는 사건에 감정적으로 반응할 가능성이 증가하면서 마치 실제처럼 반응하는 경향이 있고,"[2] "시청자가 서사에 반응하는 참여적 반응은 그들의 감정적 반응, 서사 사건에 대한 기억력, 그리고 현실 세계의 판단에 영향을 미칠 수 있다"[3]고 말한다. 이야기 전송에 대한 이론은 넷플릭스 스트리밍 서비스를 몰아 보기 하는 시청자들의 인지 심리 과정에 잘 적용된다. 〈매드맨〉, 〈브레이킹 배드〉, 〈오렌지 이즈 더 뉴 블랙〉, 〈하우스 오브 카드〉, 〈데미지Damages〉와 같은 복잡한 드라마들의 몰아 보기는 심리적으로 드라마의 캐릭터들에 대한 공감률을 높여 시청자의 현실 인식에 영향을 미치고, 시청자가 이러한 서사를 너무 빨리 처리할 때 혼란을 일으켜 궁극적으로 시청자의 현실 판단과 대인 관계를 방해한다.

텔레비전 시청, 특히 몰아 보기는 한 사람의 일반적인 "믿음과 행동의 전략"[4]에서부터 한 사람의 "행동 패턴"[5]이 미디어 소비에 의해 어떻게 영향을

---

2) Ibid., 174.

3) Ibid., 175.

4) Judith S. Beck, *Cognitive Behavior Therapy, Second Edition: Basics and Beyond* (New York: Guilford Press, 2011), 2.

받는가, 어떻게 한 사람의 "생각과 신념 체계"가 "영속적인 감정과 행동 변화를 가져오도록"[6] 변형되는가에 이르는 다양한 인지 기능을 보여주는 데 작용한다. 또한, 몰아 보기는 인지 심리학이 "능동적 참여"[7]의 협력적인 형태와 연관시키는 문제 해결 기술의 유형을 상기시킨다. 이것은 시청자들이 혼자 보든 다른 사람들과 함께 보든 상관없이 넷플릭스가 제시하는 몰아 보기 할 가치가 있는 드라마는 높은 관여와 시청자들이 복잡한 줄거리와 캐릭터 개발을 구분하기 위해 이야기 세계와 상호 작용하는 참여를 요구한다는 것을 의미한다.

최근 뉴욕 브루클린의 한 병원에서 입원한 3일 동안 나는 바로 이 과정을 거치고 있는 내 자신을 발견했다. 2박 3일 동안, 나는 소음 방지 헤드폰을 끼고 침대에 앉아 잠도 (아주) 간헐적으로 자고, 너무 아파서 식사를 할 수 없었으며, 대부분 글렌Glenn과 토드 케슬러Todd Kessler의 법률 스릴러 〈데미지〉 시즌 1~4를 몰아 보았다. 내가 계속해서 〈데미지〉의 악한 뉴욕 시티로 도망치는 것은 곧 나의 구역질나는 병실보다 더 현실적이 되었다. 퇴원할 즈음에 나는 패티 휴즈Patty Hewes(글렌 클로즈Glenn Close 분)를 위해 일하고 싶었다. 그래서 그녀처럼 강해지고 공모하는 사람이 되어, 아마도 그녀를 죽일 것 같았다. 나는 또한 엘린 파슨스Ellen Parsons(로즈 번Rose Byrne 분)가 휴즈에서 영원히 벗어나도록 도와주고 싶었고, 드라마에 나오는 인물들의 절반을 친구로 삼아 그들이 어떤 끔찍한 곤경에 처해 있는지 그들에게 경고해주고 싶었다.

내가 병원에서 퇴원했을 때, 브루클린 파크 슬로프의 거리는 내가 입원했던 아침과는 다르게 느껴졌고 훨씬 더 편집증을 유발하는 것 같았다. 운명적으로, 3일 만에 처음으로 브루클린 보도에 발을 내딛는 순간, 나는 〈데미지〉

---

5) Ibid.
6) Ibid.
7) Ibid., 8.

에서 커티스 게이츠Curtis Gates 지방 검사 역을 맡은 배우 벤 셴크만Ben Shenkman 을 발견했다. 그는 아내로 보이는 사람과 친구들과 함께 모퉁이에 서서 7번 가를 건너려고 신호등이 바뀌기를 기다리고 있었다. 나는 셴크맨에게 달려갔 다. 그 당시 나는 그가 정말 D. A.게이츠라 생각했고, 그에게 페티 휴즈가 그 와 엘렌 파슨스를 배신할 계획이었고, 목숨이 위험하다고 경고했다. 나는 3 일 동안 샤워도 하지 않았던 상태였고, 양팔에 링거 주사 바늘 구멍이 있었으 며, 체액과 식욕을 모두 잃은 하얀 귀신 같았다. 나는 마약 중독 노숙자처럼 보였다. 셴크맨은 처음에는 나의 미친 짓을 편하지는 않지만 웃어넘기려 했 다. 그러나 내가 휴즈가 그를 잡으려 한다고 주장한 이후에는 그는 나에게 고맙 다는 인사를 하고 재빨리 나에게서 멀어져 그의 사랑하는 사람들에게 갔다.

카펜터와 그린은 〈데미지〉 몰아 보기 이후 나와 게이츠/셴크만이 연결되 었기 때문에 단지 내가 그를 돕게 하려고 했다고 주장할 수도 있다. "허구적 텔레비전 프로그램의 열렬한 시청자는 선행은 반드시 보상받아야 하며, 불행 을 겪는 사람은 어떻게든 [더 나은 대우를] 받아야 하는 정의로운 세상을 믿을 가능성이 더 있다."8) 즉, 그날 아침, 나는 진심으로 게이츠/셴크만을 도왔다 고 믿었고, 〈데미지〉의 마지막 시즌을 몰아 보기 하여 시리즈를 마치기 위해 아파트로 급히 돌아왔다.

텔레비전 서사가 어떻게 현실 세계의 인식과 개인 가치를 형성하는지에 대 한 그들의 연구에서, 슈룸Shrum과 리Lee는 다음과 같이 말한다: "과도한 텔레 비전 시청은 더 큰 불안과 두려움 … 그리고 더 큰 대인 관계의 불신과 관련 이 있는 것으로 나타났다."9) 편집증 입원 환자로서 나는 미디어의 심리적 영

---

8) Carpenter and Green, "Flying with Icarus," 176.

9) L. J. Shrum and Jaehoon Lee, "The Stories TV Tells: How Fictional TV Narratives Shape Normative Perceptions and Personal Values," in *The Psychology of Entertainment Media: Blurring the Lines Between Entertainment and Persuasion,* ed. L. J. Shrum (New York: Routledge, 2012), 149.

향에 대해 강의하는 (보통의) 제정신 상태의 대학교수가 아니었다. 대신 나는 〈데미지〉의 위험하고 허구적인 세상에 갇혔다. 또한 〈데미지〉에서 표현된 세상이 극적으로 효과적이었는지 혹은 아주 약간이라도 타당한지에 대해 형제와 농담을 하지 않으며 혼자서 다섯 시즌을 몰아 봤다는 것을 주목하는 것이 중요하다. 고독 속에서, 나는 패티 휴스의 난해한 음모의 복잡한 서사 요소를 따라가고, 〈데미지〉 줄거리의 반전, 변화, 뻔뻔한 비밀들을 알았다. 슈룸과 리가 "사람들이 직관적으로heuristically 처리할 때, 그들은 판단을 구성하기 전에 기억 속에 있는 모든 정보를 충분히 고려하지 않고, 대신 인지적인 지름길을 택하고 모든 정보의 작은 부분만을 고려한다"고 썼다. 마찬가지로, 카펜터와 그린도 다음과 같이 설명한다.

> 몰입한 [시청자는] 상상력으로 그들의 주변 환경을 뒤로하고 이야기 세계로 들어갔다. 중요한 것은, 이야기 안으로의 몰입은 강한 인지와 감정적 결과를 가져오고, [시청자를] 경험하고 있는 이야기 주제에서 쉽게 변할 수 있도록 남겨둔다는 것이다. 10)

나는 사실 이 극도의 초현실적인 상황에 몰입되었지만, 나의 간절한 도피 상황도 드물지는 않다. 많은 시청자들이 넷플릭스가 제공하는 것과 같은 스트리밍 서비스에서 품질이 뛰어나고, 두뇌에 도전적인 텔레비전 드라마를 도피 수단으로 몰아 본다. 도피는 일(〈브레이킹 배드〉를 보고 허구적 도피를 통해 자신의 복수심 있는 보스가 되라!), 가족과 파트너 문제(〈매드맨〉을 몰아 보고 혼외정사를 하고 당신의 과거를 어둡게 만들어라!), 사랑 문제(〈오렌지 이즈 더 뉴 블랙〉의 모든 에피소드를 보고 남자 약혼자와 상습적으로 수감되는 레즈비언을 애인으로 만들어라!), 미국 정치에 대한 반대(〈하우스 오브 카드〉를 스트리밍하고 미국 정부가 죄악으로 흐트러지

---

10) Carpenter and Green, "Flying with Icarus," 170.

기 시작하는 것을 지켜봐라!) 등에서 벗어나는 것이다. 그리고 끔찍한 병실 등에
서도 일어난다. 물론 환상적인 텔레비전 서사를 통한 현실 도피는 새롭지 않
지만, 한 시리즈가 스트리밍할 수 있는 시즌 수에 따라 몇 시간 또는 며칠에
걸쳐 같은 드라마의 독특한 세계로 도피할 수 있는 능력은 새로운 고급스러
움이다. 이 도피는 또한 정신 상태, 대인 관계, 현실에 대한 인지 심리학적 이
해, 그리고 궁극적으로 개인의 전반적인 행복과 정신적 행복에 해로울 수도
있다.

　2015년 2월, ≪타임≫지는 "몰아 보기가 그들의 불편한 감정들로부터 도피
할 수 있게 해주기"[11] 때문에 "외로움과 우울증에 시달리는 사람들이 남들보
다 텔레비전 몰아 보기를 더 많이 할 가능성이 높다고 [밝힌] 텍사스 대학교의
한 연구"[12]를 인용했다. 이 연구는 또한 "자제 능력이 낮은 사람이 몰아 보기
를 더 많이 한다"[13]고 주장했고, 따라서 "몰아 보기는 더 이상 '무해한 중독
harmless addiction'으로 보면 안 되고 [연구자는] 이 행위가 비만, 피로, 그리고 다
른 건강 문제와 관련된다고 지적했다."[14] 이렇게 서사적으로 복잡한 텔레비
전 시리즈에 지나치게 몰입하는 것은 이 이야기 안에 시청자가 시간을 같이
보내고 싶어 하는 캐릭터를 포함하기 때문에 인지적으로나 심리적으로 해롭
게 된다. 드라마들은 또한 시청자들을 현실 세계보다 흥미진진한 활동이 더
자주 일어나서 감정적으로 빠르게 진행되는 줄거리에 노출시킨다. 카펜터와
그린은 이러한 서사가 "현실 세계가 어디서든 찾을 수 있는 흥미롭고 생생한
서사에 비해 너무 지루해 보이게 하는 대조적인 효과를 만들어낼 수도 있다

---

11) Sarah Begley, "Lonely, Depressed People Are More Likely to Binge-Watch TV," *Time*,
　　February 3, 2015. http://time.com/3689264/lonely-depressed-binge-watching/ (검색일: 2015.
　　8.6)

12) Ibid.

13) Ibid.

14) Ibid.

… [그것이] 어떤 경우에는 개인들이 그들의 일상을 평가 절하하게 만드는 전반적인 대조를 만들어낼 수 있다"15)라고 말한다. 이러한 현실 평가 절하는 시청자들이 선호하는 시리즈를 훨씬 더 많이, 그리고 더 빠른 소비율로 몰아 보도록 자극한다. 왜냐하면, 이러한 복잡한 시리즈는 시청자들이 자신들과 그들이 좋아하는 캐릭터들 사이에 존재한다고 믿는 더 많은 즐거움과 (가짜) 동지애를 제공하기 때문이다.

피터 보더러Peter Vorderer는 과도한 텔레비전 시청과 같은 상호 작용의 미디어 소비가 일으킬 수 있는 위험에 대한 글에서 다음과 같이 말한다. "모든 개인은 자신이 속해 있는 가상 공동체의 일부를 느낄 수 있는 잠재력을 가지고 있다 … 그러나 이러한 소속감은 미디어가 실제로 현실을 반영하고 묘사한다는 환상에 달려 있다."16) 즉, 텔레비전 쇼의 줄거리, 등장인물, 제작 등을 통해 현실이 보다 더 사실적으로 보일수록 더 많은 시청자가 몰아 보게 되고 실제 현실에서 자신을 배제하게 된다. 이와 유사하게 스티븐 존슨Steven Johnson은 훌륭한 베스트셀러 『바보 상자의 역습Everything Bad is Good for You』에서 밀레니얼 미디어들(멀티 서사적 텔레비전 시리즈, 인터넷 스트리밍 서비스, 복잡한 비디오 게임 스토리라인)의 인지적·심리적 영향이 혼자서 이러한 미디어를 소비하는 시청자에게 어떠한 영향을 미치는지에 대해 설명했다. "인지 심리학자들이 주장하기를 가장 효과적인 학습은 학생이 이미 습득한 지식을 바탕으로 쌓이고, 그러나 그에게 해결해야 할 새로운 문제에 도전하면서, 학생 역량의 가장자리에서 일어난다."17) 텔레비전 몰아 보기와 관련하여, 존슨의 인지 학습에

---

15) Carpenter and Green, "Flying with Icarus," 189.

16) Peter Verderer, "Interactive Entertainment and Beyond," in *Media Entertainment: The Psychology of Its Appeal,* eds Dolf Zillman and Peter Verderer (Mahwah, NJ: Lawrence Erlbaum Associates, Inc., 2000), 21-36.

17) Steven Johnson, *Everything Bad Is Good for You* (New York: Berkeley Publishing Group, 2005), 177.

대한 설명은 서사적으로 복잡한 텔레비전 드라마의 작가들이 시청자에게 다수의 등장인물에 대해 알아내게끔 연속적인 서사 요소를 많이 포함시킨다는 것을 의미한다. 이것은 앞에 언급했던 〈데미지〉, 〈브레이킹 배드〉, 〈매드 맨〉, 〈하우스 오브 카드〉, 〈오렌지 이즈 더 뉴 블랙〉을 포함하고, 〈덱스터 Dexter〉, 〈FNL〉, 그리고 〈웨스트윙The West Wing〉 또한 포함될 수 있다. 이 모든 것을 넷플릭스에서 스트리밍해 볼 수 있다. 사람에 따라서는 넷플릭스가 스트리밍 권한이 없는 많은 HBO의 독점 드라마 시리즈인 〈소프라노스The Sopranos〉, 〈식스 핏 언더Six Feet Under〉, 〈트루 디텍티브True Detective〉, 〈더 와이어The Wire〉 등을 추가할 수 있다. 따라서 인지적으로 보상받는 다수의 캐릭터 변화character arc는 시청자들이 서사 요소의 과도한 풍부함, 등장인물의 상호작용, 그리고 이와 같은 드라마에서 가장 흔한 등장인물들의 사기, 거짓말, 그리고 계획들을 이성적으로 정리해야 한다고 요구한다. 이 시리즈 중 하나에 자신을 맡기는 것은 이러한 모든 서사적 복잡성들을 암기하기 위해 시청자가 완전히 집중하는 것만 요구하는 것이 아니다. 또한, 시청자가 (몰아 보기 시청자에게는 개인 승리인) 이 시리즈를 성공적으로 다 끝내기 위해서는 집단적 초현실성을 통해 시리즈를 따라갈 수 있도록 감정적으로 심리적으로 충분히 몰입해야 한다는 것을 의미한다.

인지 심리학의 기본 이념은 사람이 정신적으로 어떻게 타인의 행동과 이러한 행동의 효과, 특히 문제 해결 능력, 연역적·개인적 추론, 언어 이해력, 기억력 등의 측면에서 이해하는가에 초점을 맞추고 있다. 넷플릭스의 오리지널 드라마 코미디 〈오렌지 이즈 더 뉴 블랙〉과 같은 쇼를 시청할 때, 시청자는 다음과 같이 할 것을 요구받는다. 여자 수감자 캐릭터들의 이질적인 행동에 대해 심리적으로 평가하기; 이러한 공격적인 여자들이 서로를 조종하는 수많은 이야기 요소를 인지적으로 그려내기; 이 캐릭터들의 사악한 음모에 대해 감정적으로 느끼는 방법을 해석하기(〈오렌지 이즈 더 뉴 블랙〉에서는 각 캐너터가 "현실"이란 뒷이야기와 현재 교도소의 초현실 두 가지에 다 속해 있기 때문에 두 배로 어렵다); 각 캐릭터의 언어 사용과 남용을 해독하기(예: 푸시 워싱턴Poussey Washington은 두 개의 말을 쓴다. 하나는 적절한 어투를 쓰는 "실제 세계"이고 다른 하나는 대부분의 캐릭터가 쓰는 거친 소녀의 "교도소 언어"이다); 그리고 마지막으로, 심리적 그리고 인지적으로 이 모든 것을 이해하기다. 마이어Maier와 젠타일Gentile은 미디어 커뮤니케이션의 심리적 분석에 대한 연구에서 "인간은 개념의 새로운 정신적 표현을 만들어내고, 공간적 배열의 창조적 인지 지도를 통해 인지 개념을 서로 연관시켜서 배운다"고 설명한다.[18] 이 말은 시청자가 드라마의 혼란스러운 이야기 요소들을 맞추면서 텔레비전 시리즈의 허구 세계에 대해 스스로 가르친다는 것을 의미한다. TV 시청은 특정 드라마를 몰아 보기 하는 동안에 기억이 모든 것을 이해할 수 있도록 작동할 수 없는 퍼즐이 되었다. 시청자는 이러한 캐릭터들이 시즌 내내 장난과 사기에 관여하는 것을 보고, 만약 시청자가 몰아 보기로 매 시즌을 빨리 본다면, 그는 그 자신의 현실에 비해 〈오렌지 이즈 더 뉴 블랙〉의 허구 세계에 대한 인지 정보 과부하와 감정적 혼란의 위험을 무릅쓰게 된다.

〈오렌지 이즈 더 뉴 블랙〉과 같이 인지적으로 그리고 심리적으로 복잡한 시리즈를 몰아 보는 것은 지치는 일이고, 그렇게 하지 않으면 건강할 정신 상태에 부정적인 영향을 미칠 수 있다. 마이어와 젠타일도 다음과 같이 말했다.

많은 인지적 개념들은 그것들과 연관된 감정적 요소들을 가지고 있다. 예를 들어, 태도와 고정 관념은 사람들의 상황이나 유형에 대한 인지적 "사실"뿐만 아니라, 그것에 대한 우리의 감정에 기초하고 있다 … 더 나아가, 특정한 감정 상태를 경험하거나 연습할 수 있는 반복적인 기회는 인지적 개념들을 특정으로

---

18) Julia A. Maier and Douglas A. Gentile, "Learning Aggression Through the Media: Comparing Psychological and Media Communication Approaches," in *The Psychology of Entertainment Media: Blurring the Lines Between Entertainment and Persuasion*, ed. L. J. Shrum (New York: Routledge, 2012), 280.

굳어지게 유도할 수 있다. 이것은 인지적 혹은 행동적 습관이 성격적 특성이 되는 방법과 유사하다.

내가 이 쇼의 캐릭터들의 성격을 채택하고 싶지는 않지만, 인지 심리학 연구는 그렇게 될 수 있다고 밝힌다. 제인 브라운Jane Brown은 시청자의 개성에 대한 TV의 영향에 대한 그녀의 글에서 "인지적 사회 학습 이론은 … 배우들이 다른 사람들의 행동에 대해 보상을 받거나 벌을 받지 않을 때 그들의 행동을 모방할 것이라고 [예측한다] … 그들은 공격적인 [행동] 패턴 또한 배울 가능성이 있다".19) 패티 휴즈가 〈데미지〉에서 저지른 부패 행위로 인해 아무런 피해를 입지 않은 것처럼, 돈 드레이퍼Don Draper(존 햄JOn Hamm 분)가 〈매드맨〉에서 저지른 비윤리적 잘못에 대한 대가를 치러야 하는 경우는 거의 없으며, 프랭크와 클레어 언더우드(케빈 스페이시와 로빈 라이트 분)가 〈하우스 오브 카드〉에서 사기, 명예훼손, 살인으로부터 벗어나고, 〈오렌지 이즈 더 뉴 블랙〉의 여성들은 아이러니하게 교도소에서 저지르는 불법 행위에 대해 종종 처벌을 받지 않는다. 이것은 시청자에게 특권, 불법, 비윤리적 행동이 허용되는 초현실을 적극적으로 알리는 것이다.

그러면 우리가 TV 캐릭터들과 형성하는 이러한 심리적 관계는 건강하지 못하게 된다. 비록 존슨이 말한 것처럼, 이러한 캐릭터들에 대한 우리의 감정이입이 인간의 본성에 대한 이해를 향상시키고, "우리의 사회적 지능이라고 불리는 감정 IQ의 구성 요소를 활성화한다. 사회적 지성은 우리 주변 인구와 상호 작용하는 뚜렷한 벡터vector를 감시하고 회상하는 능력이다".20) 캐릭터들의 성격 특징을 수용하는 것과 더 잘 공감할 수 있는 능력에 대해 슈룸과

---

19) Jane D. Brown, "Mass Media Influences on Sexuality," *Journal of Sex Research* 39.1 (2002): 42-45.

20) Johnson, *Everything Bad Is Good for You*, 107.

리는 문화 계발 이론Cultivation Theory으로 설명한다. 즉, "이러한 [이미지와 캐릭터]에 대한 빈번한 노출이 결과적으로 그들에게 내재화된다. 사람들이 텔레비전을 많이 보면 볼수록 텔레비전에서 묘사되는 세상과 일치하는 가치, 태도, 신념, 인식을 발전시킨다".21) 다시 말해서 텔레비전 시리즈 줄거리 안에 일어나는 일을 인지적으로 처리함으로써 이러한 캐릭터들의 현실이 우리 자신의 현실이라고 믿도록 심리적으로 우리를 속인다.

비록 이렇게 서사적으로 복잡한 시리즈 중 하나를 감동 없이 볼 가능성이 있고, 그렇게 해서 능동적 시청자가 아닌 수동적 시청자가 될 수 있지만, 그렇게 하는 것은 시청자로서 나는 드라마의 줄거리와 캐릭터 변화에 감정적으로 얽히지 않을 거라는 점을 의미한다. 많은 시청자는 예를 들어 , 내가 병원에 입원하여 몰아 보기 한 것만큼 과도하게 몰아 보기 하지 않을 것이라고 가정하지만, 한 시리즈에 완전히 몰입한다면 결과적으로 한 사람의 현실에 대해 심리적으로 변화된 인식을 초래한다는 것을 주목하는 것이 중요하다. 만약 허구적 또는 사실에 기반을 둔 텔레비전 쇼가 서사적 신뢰를 쌓는 데 성공한다면, 시청자의 인지적·감정적 상태도 영향을 받을 것이다. 예를 들어, 내가 〈오렌지 이즈 더 뉴 블랙〉을 몰아 봤을 때, 나는 며칠 밤을 연속으로 범죄자가 아닌 남자인 내가 쇼 안의 정신 나간 캐릭터들과 함께 여자 교도소에 갇혀 있는 불편한 꿈을 꾸었다. 낮에는 이 불안한 꿈속에서, 반의식적인 상태로 몽상을 하고 있는 나 자신을 발견했다. 몽상은 어떤 갱단에 들어가서 지지할 것인지에 대한 것인데, 당연히 내가 저녁을 필요로 함에 따라 레드Red's(케이드 멀그류Kate Mulgrew 분)가 되겠지만, 그녀가 나를 다시 좋아할 때까지 배가 고프고 싶지 않을 것이다. 그리고 마약 소지 혐의로 복역하는 동안 파이퍼Pipe가 래리Larry(제이슨 빅스Jason Biggs 분)와 알렉스Alex(로라 프레폰Laura Prepon 분)에게 했던 것처럼 내가 만약 나의 부인을 속이고 전처와 바람을 폈다면 얼마나 죄책

---

21) Shrum and Lee, "The Stories TV Tells," 148.

감을 느낄지, 그리고 "현실"에서 감방 생활에 이르는 적응 기간 동안 얼마나 우울해질 것인가 등이다.

골치 아픈 캐릭터들에 대한 시청자의 공감은 오직 이러한 시리즈의 복잡한 서사 때문에 일어나는데, 이것은 우리의 뇌를 속여 이 캐릭터들의 삶이 우리의 것보다 더 흥미롭고, 더 복잡하고, 더 중요하며, 그리고 확실히 더 드라마틱하다고 생각하게 한다. 존슨에 따르면,

> 그 인지 연구의 일부는 여러 개의 맥락을 따라가는 것에서 비롯되며, 당신이 시청하는 동안 머릿속에서 빽빽하게 짜여진 줄거리를 구별하게 한다. 그러나 또 다른 부분은 시청자의 '채우기filling in'와 관련된다. 채우기는 의도적으로 보류되었거나 모호하게 남겨둔 정보의 의미를 이해하는 것이다 … 당신이 분석할 일이다.[22]

그리고 우리가 하는 것을 분석하라. 왜냐하면, 우리는 이 캐릭터들의 삶의 일부분을 느끼며, 반대로, 즉 그들을 우리 삶의 일부로 잘못 포함시키면서 이 캐릭터들에게 공감한다. 우리는 그들 이야기의 빈칸을 '채울' 책임이 있기 때문에, 이 캐릭터들을 도와주고, 그들을 살려주고, 그들을 죽이고, 그들이 붙잡히도록 하거나, 적어도 그들의 과거와 그들의 잘못에 대한 퍼즐을 알아내기를 원한다. 한 시청자는 돈 드레이퍼의 과거의 미스터리를 풀어낸 것을 자축하고 그의 피해를 심리적으로 파악하기 위해 〈매드맨〉의 일곱 개의 시즌을 빠르게 시청할 것이다. 동일한 시청자는 〈브레이킹 배드〉 다섯 개의 시즌을 몰아 볼 것이고, 드레이퍼와 그랬던 것처럼 월터 화이트Walter White(브라이언 크랜스톤Bryan Cranston 분)와 감정적으로 얽히게 될 것이다. 왜냐하면, 비록 이 남자들은 성격과 생활 방식이 매우 다르지만, 시청자는 현재 화이트의 폭력

---

22) Johnson, *Everything Bad Is Good for You*, 63-64.

적인 성향과 뛰어난 메스암페타민(중추 신경을 흥분시키는 마약—옮긴이) 제조 실력을 지지하기 때문이다. 이 두 명의 캐릭터 사례 모두 상당한 인지 기억력, 문제 해결 기술 및 배신이 요구되는 쇼에 나온다. 이에 대해 존슨은 "어떤 의미에서는, 이것은 마치 미디어 거물이 우리의 두뇌에게 더 많은 실마리가 동시에 일어나는 맥락을 따르는 조건을 부여하기로 결정한 것처럼, 화면상에서 발전되는 지도와 같이 대중의 생각에 따라 변화하는 인지 지도이다".[23] 〈매드맨〉이나 〈소프라노스〉나 〈더 와이어〉나 〈오렌지 이즈 더 뉴 블랙〉이나 〈하우스 오브 카드〉 혹은 〈덱스터〉를 보는 것은 자기 학대처럼 자기 자신을 고통스럽고, 깜짝 놀랄 만한 기억의 과부하에 관여시키는 것이다. 이 쇼들 중 어떤 하나라도 몰아 보기 하는 것은 심리적으로 한 사람의 기억 기능을 고문하고 인지적으로 정보를 처리하는 능력을 남용하는 것이다.

이러한 캐릭터의 변화와 배경, 그리고 주변 스토리를 몰아 보기 하면서 모든 줄거리 내용을 그렇게 빨리 파악하고 처리하기 어렵다. 이것은 몰아 보기를 통해 훌륭한 프로그램의 가치와 제작을 약화시키고 있다는 점을 나타낸다. 다른 채널에서 첫 방송 했지만 현재 넷플릭스에서 스트리밍이 가능한 프로그램(예: AMC의 〈매드맨〉과 〈브레이킹 배드〉)은 엄청난 인지적 분류, 정서적 공감, 그리고 심리적 이해가 필요하기 때문에 그렇게 빠른 속도로 소비되게끔 만들어지지 않았다. 넷플릭스는 몰아 보기 시청자를 위해 쇼의 전달 형식을 변경했고, 이것은 결국 우리 몰아 보기 하는 사람들이 서사를 수용하고 처리하는 방식에 영향을 미친다. 그래서, 우리가 몰아 볼 때, 조금 더 우리의 편의를 위해 우리는 반의식적으로 우리의 경험에 기반하여 도피할 수 있는 쇼를 선택한다. 그 쇼는 이제 우리에게 조건화된 감정적 공감과 어려운 다중 서사 요소를 인지적으로 처리할 수 있는 강한 능력을 제공한다. "심리적인 관점에서",[24] 개리 벤트Gary Bente와 안스가 파이스트Ansgar Feist는 개인 미디어 선택에

---

23) Ibid., 70.

관한 글에서 공개 토론과 언론 비판의 네 가지 공통된 특징을 다음과 같이 설명한다.

- 개인화Personalization: 이야기는 개인의 특별한 경험과 관련이 있다…
- 진정성Authenticity: 너와 나처럼 실제의, 중요하지 않은 사람들의 [겉보기에는 그럴싸한] 사실적인 이야기…
- 친밀성Intimacy: 사적 영역과 공적 영역 사이의 전통적 한계frontiers…
- 감성성Emotionality: 쇼 내의 제작 방법과 대인 커뮤니케이션 방식은 감성적 반응을 일으키고 개인적인 태도를 드러내게끔 설정되었다.25)

우리가 텔레비전 시리즈를 스트리밍하기 시작할 때, 우리는 캐릭터들과 그들의 "진실적인" 이야기를 통해 친밀함과 감정적인 연결을 기대한다. 그다음 몇 에피소드를 보고 이 친밀감을 얻으면 몰아 보기 과정은 진행되고, 그래서 사회와 가족을 외면하는 현상도 일어난다. 보더러는 "사람들은 개인적으로 자신에게 맞는 [서사를 선호하는 경향이 있다, 이것은 그들의 행동뿐만 아니라, 그들의 일반적인 선호와 취향과 관계있다. 그 결과 … [이러한 서사에 대한 관여는] 프로그램을 더욱 개별화한다"고 주장한다.26) 이 두 개의 연구는, 대부분의 시청자가 바라건대 연쇄 살인범(〈덱스터〉), 1960년대 광고 대행사 바람둥이들(〈매드맨〉), 감금된 여성들의 삶을 위한 반코미디적 싸움(〈오렌지 이즈 더 뉴 블랙〉), 또는 부패한 변호사와 정치인들(〈데미지〉와 〈하우스 오브 카드〉)과 쉽게 동일시할 수 없을 거라는 점을 고려하면, 다소 아이러니하다.

---

24) Gary Bente and Ansgar Feist. "Affect-Talk and Its Kin," in *Media Entertainment: The Psychology of Its Appeal*, eds Dolf Zillman and Peter Verderer (Mahwah, New Jersey: Lawrence Erlbaum Associates, Inc., 2000), 21-36.

25) Ibid., 114.

26) Vorderer, "Interactive Entertainment and Beyond," 27.

나는 기만, 살인, 간통, 탐욕, 그리고 다른 불법적인 행동들에 대한 복잡한 줄거리는 공감적인 캐릭터의 연결에 비하면 2차적인 중요성을 지닌다고 주장한다. 나는 〈덱스터〉를 그의 남성적인 공격성과 내면의 분노 그리고 그의 고립된 감정과 연계하려고 몰아 봤지만, 그 시리즈를 본 것이 결코 나를 살인자로 만들지 않았다. 나는 정확히 같은 이유로 〈매드맨〉을 몰아 봤고, 다른 많은 시청자와 마찬가지로 나는 그 쇼의 의상이나 제작 디자인 측면을 좋아한다. 나는 〈오렌지 이즈 더 뉴 블랙〉을 그 여자들의 삶을 영원히 바꾼 그녀들이 저지른 실수들에 공감하기 위해, 또한 나 역시 (다른 시청자/사람들이 그랬던 것처럼) 바꿀 수 없는 실수를 저질렀기에 몰아 봤다. 그리고 나는 〈데미지〉와 〈하우스 오브 카드〉를 몰아 봤다. 왜냐하면, 이 드라마들의 반영웅들과는 달리, 나는 나의 직업에서 아무 소득 없이 거짓말, 조작, 그리고 책략을 통해 힘을 얻을 수 없어서 대신에 나는 내 자신을 캐릭터들의 부도덕한 행동을 경험하기 위해 시리즈 안으로 이야기 몰입을 해야 했기 때문이다. 이 예의 경우, 내가 빠르게 소비한 이 캐릭터들이 내 자신의 성격적 특성과 환상적인 욕구를 과장시켰다는 것에 주목하는 것도 중요하다. 혹은 벤트와 안스가가 말했듯이, 이 캐릭터들은 내가 그들과 함께 "친밀"하고 "감정적"일 수 있게 연결시키는 "진정성"[27]을 갖고 있다. 그리고, 이것이 대부분의 시청자가 이런 악명 높은 못된 캐릭터들과 연결하는 이유라고 가정하는 것은 일반적이 아니다.

또한 보더러의 연구는 시청자들이 "과거에 그랬던 것처럼 사회적 연대를 위해 제공되는 방향, 가치, 목표를 참조하지 않고, 오히려 개별적으로 자신의 방향을 선택한다"[28]고 지적한다. 그리고 몰아 보기와 그 영향은 매우 빠른 속도로 "현실적인" 사람들(즉, 텔레비전 캐릭터)과 연결하려는 노력에서 우리가 의도적으로 혼자 겪는 단독 과정임을 더욱 명확히 한다. 존슨은 이 이론에 동의

---

27) Bente and Ansgar, "Affect-Talk and Its Kin," 114.
28) Vorderer, "Interactive Entertainment and Beyond," 27.

하지 않는데, 시청 습관은 대신 "대량 광고의 규칙에 기반한다고 주장한다. 경우에 따라서는, 입소문이 훨씬 효과적이고,"[29] 우리는 다른 소비자를 따라서 몰아 보기를 선택하는데, 다른 소비자는 "자신들의 팝 문화의 전문성, 새로운 쇼와 떠오르는 탤런트를 알아보는 안목에 대한 자부심"을 갖고 있다.[30] 존슨의 이론은 몰아 보기는 실제로 시청자들이 함께 몰아 보거나 혹은 최소 함께 모여 그것에 대해 이야기를 나누는 공동의 경험 이상이라고 주장한다.

2014년 가을 처음 방송한 NBC 시트콤 〈결혼해줘Marry Me〉는 이러한 공동 텔레비전 스트리밍 경험을 풍자했다. 내용은 한 에피소드에서 두 주인공 제이크Jake와 애니Annie가 보통 함께 시청하기 좋아하는 텔레비전 시리즈를 각자 스트리밍하며 시청함으로써 서로에게 "바람을 피웠다"는 것이다. 그들은 매우 조심스럽게 그리고 많은 죄책감을 가지고 이 사실을 서로에게 숨겼다. 그들은 누가 "바람을 피웠는지" 알아보기 위해 각자 거짓말 탐지기 검사를 받았다.[31] 2015년 봄, ≪타임≫지는 "몰아 보기: 현대 사랑의 새로운 경계"라는 기사를 실었는데 사라 리처드Sarah Elizabeth Richards 기자는 그녀의 몰아 보기가 남편에 대한 바람을 핀 스캔들이라고 죄책감을 고백하고, 그녀의 결혼한 친구 몇 명이 부부가 서로 좋아하는 시리즈를 혼자 스트리밍했을 때 바람을 핀 행위라고 썼다. "지난 12월, 넷플릭스는 해리스Harris 여론 조사 결과를 발표했는데, 1,500명의 응답자 중 61%가 2~6개의 에피소드를 한자리에서 정기적으로 시청한다고 했고, 그중 절반 이상이 누군가와 함께 시청하는 것을 선호한다고 했다."[32] 이것은 시청자들이 동반자와 함께 몰아 보기를 하는 것은 매주

29) Johnson, *Everything Bad Is Good for You*, 173-174.

30) Ibid., 174.

31) "Spoil Me," *Marry Me*, NBC, originally aired January 13, 2015.

32) Sarah Elizabeth Richards, "Binge Watching: Modern Love's New Frontier," *Time*, February 18, 2014. http://ideas.time.com/2014/02/14/binge-watching-modern-lovesnew-frontier/ (검색일: 2015.8.6)

에피소드를 방송하는 전통적인 텔레비전 모델과 공통점이 있다는 것을 보여준다. 왜냐하면, 충성도 높은 시청자는 그들의 시청 파트너와 함께 시리즈의 에피소드를 따라잡기 위해 기다려야 하기 때문이다. 문화 인류학자 그랜트 맥크라켄Grant McCracken도 비슷한 평가를 내리고 있다, "사람들은 두 사람이 같이 좋아하는 쇼를 찾을 때 협상을 한다. 이 규칙이 깨지면 노골적인 적개심을 일으키는 약한 자극이 된다"고 말했다.33) 반면, 리처드는 "넷플릭스의 '최근 시청 목록' 기능이 쉽게 들통나게 하는 데 도움이 되지 않는다"고 덧붙였다.34)

그래도, 또 다른 인구 통계학적 연구에서는 "[정기적으로 몰아 보는 넷플릭스 시청자 중] 38%는 몇 시간 동안 계속해서 혼자 쇼를 보는 것을 선호한다"고 밝혀, 넷플릭스 몰아 보기 시청자의 약 5분의 2는 사회적 노력보다는 시리즈의 복잡한 캐릭터와 다수의 서사에 관여하기 위해 스스로를 사회적으로 고립시키고 있음이 확인되었다. 페이스북, 트위터, 인스타그램 등 소셜 미디어가 겉보기에 이용자들의 통합을 추구하는 것 같지만, 이러한 소셜 네트워킹 어플리케이션의 과도한 남용은 고립, 외로움, 우울증, 불안감을 초래한다.35) 샤론 스트로버Sharron Strover와 윌리엄 모너William Moner는 어떻게 스트리밍 서비스가 몰아 보기를 유발하는지에 대한 연구에서 다음과 같이 말한다. "일부 학자들은 인터랙티브 TV 시스템을 '소셜 TV'로 다시 브랜딩하는 것을 제안하든지 간에 미디어의 사회적 본질을 포괄하기 위해 엔터테인먼트의 개념을 재편할 것을 제안했다."36) 이것은 몰아 보기가 인기 있는 소셜 네트워킹 사이트

---

33) Ibid.

34) Ibid.

35) Jennifer Garam, "Social Media Makes Me Feel Bad About Myself: Reading Face book and Twitter Streams Can Destroy My Self-Esteem," *Psychology Today*, September 26, 2011. https://www.psychologytoday.com/blog/progress-notperfection/201109/social-media-makes-me-feel-bad-aboutmyself (검색일: 2015.8.6)

36) Sharon Strover and William Maner, "The Contours of OnDemand Viewing," in *Connected Viewing*, eds Jennifer Holt and Kevin Sanson (New York: Routledge, 2014), 238.

들과 마찬가지로 고립될 수 있다는 것을 의미한다. 우리는 보통 사람들의 페이스북 페이지나 인스타그램을 다른 사람들과 함께 공유하지 않는다. 이것은 우리의 개인 기기에서 행하는 단일 활동이기 때문이다. 따라서, 우리가 혼자 몰아 볼 때에, 우리의 인지 능력을 방해하고 개인적으로나 사회적으로 우리의 심리적 전개에 부정적인 영향을 미칠 수 있다.

개인 대 공동처럼 이렇게 반대적인 시청 행위는 사실상 몰아 보기 시청자의 사회화에 대한 편안함과 전반적인 정신 사회적 능력에 영향을 미친다. 예를 들어, 내 배우자와 나는 〈브레이킹 배드〉를 남편이 힘들어졌을 때까지 시즌1과 시즌2를 몰아 봤고, 시리즈를 보며 받은 그 엄청난 불안감 때문에 우리 둘 다 쇼의 주제인 폭력, 배신, 그리고 수많은 죽음의 이미지가 나오는 악몽을 꾸었다. 그가 월터 화이트와 제시 핑크맨Jesse Pinkman을 버렸을 때, 나는 그에게 버림받은 기분이 들었다, 왜냐하면 제시의 불법을 이제 나 혼자서 보아야 했고 〈브레이킹 배드〉의 비밀과 거짓말에 대해 나만 알고 그는 아무것도 몰랐기 때문에 집에서 혼자 고립되었다는 느낌이 들었다. 나는 여전히 그 쇼와 매우 친밀했지만, 더 이상 나의 불안과 편집증을 낭만적으로 나눌 사람이 없다. 수많은 커플들이 〈브레이킹 배드〉에 관해 그들도 실제로 우리와 비슷한 상황에 처해 있다고 말했다. 한 배우자는 쇼가 너무 불쾌하여 스트레스와 불안감을 유발하는 심리적 영향을 끼쳤고, 다른 배우자는 반면 월터와 제시의 소름 끼치는 방탕에 계속 참여하고 공감해야만 했다고 밝혔다. 나의 배우자가 〈브레이킹 배드〉 시청을 거부하고 여유롭게 지내는 반면, 나의 악몽은 지속되었고, 나는 그 쇼의 에피소드를 연속적으로 몰아 본 후 눈에 띄게 더 불안하고 편집증적이 되었다. 화이트와 핑크맨이 우리 가정과 우리 결혼 생활에 침투했지만, 오직 나만이 그들에게 충실했다. 혼자 텔레비전 시리즈에 전념하는 것에 관한 이 모든 연구는, 고독 속에서 스트리밍 쇼가 시청자들을 더 소외시킬 뿐만 아니라, 공유되고 집단적으로 공감하며 사회적 시청 경험을 통해 타협하는 능력을 감소시킴으로써 우리가 원하는 것을 우리가 원할 때마다, 우리 스스로 소비할 자격을 갖췄다는 것을 보여준다.

　이러한 시청 습관과 선택에 대해 카펜터와 그린은 시청자들이 "실제 세계의 진실보다 그럴듯함에 더 관심이 있고, 만약 이야기가 '진실로 들리면', 사건과 캐릭터가 완전히 날조되어도 믿음에 영향을 미칠 수 있다 … 인지 심리학은 개인이 허구로부터 '허위 사실'을 배운다는 것을 증명하고 있다".[37] 나는 그의 사막 트레일러에서 메스암페타민을 요리하는 고등학교 화학 교사/약물 판매상이었던 적이 없기 때문에, 화이트의 "실생활"에 대한 나의 인지적 이해는 전적으로 진실되어 보였다. 그래서, 나는 그와 그의 이야기와 친밀해졌다. 이러한 친밀함은 내가 화이트의 일상적인 활동을 몰아 볼 때에 빠르게 향상되었다. 내가 〈브레이킹 배드〉를 몰아 보기 한 후에 일반적으로 불안하고 긴장되었고, 나의 심리 기질은 진실된 감정과 시청 공감을 분리하는 능력에서 불안정해졌다. 왜냐하면, 시간과 텔레비전의 초점은 내가 내 모든 공감과 인지 문제 해결 능력을 화이트와 핑크맨의 범죄에 바칠 것을 요구했기 때문이다. 반대로, 내가 첫 두 시즌에 비해 훨씬 못하다고 느꼈던 〈하우스 오브 카드〉 시즌3을 "포기"했을 때, 나의 배우자는 계속해서 시리즈를 시청했고, 클레어 언더우드의 대중적인 당혹감에는 동감하고, 프랭크 언더우드의 욕심은 싫어하면서 외롭고 불안한 것을 확인했다. 우리 둘 중 한 명이 각자의 쇼에 대해 서로 이야기하려 했을 때, 상대방은 쇼의 줄거리 포인트나 주제에 대해 인지적으로 말할 수 없었고, 또한 한 명이 특정 인물에 대해 공감하며 길게 말했을 때 다른 한 사람은 공감할 수 없었다. 우리는 텔레비전 몰아 보기로 인해 우리의 결혼 생활 안에서 외면을 당했다. 프랭크 언더우드가 이런 식으로 시청자에게 반복적으로 이야기하듯이, 배우자가 우리 집 여러 구석과 가구를 향해 짧고 날카로운 독백을 하며 걸어 다니는 것을 발견했을 때, 상황이 특히 문제가 되었다. 내가 감정적으로 공감하지 못하고 인지적으로 다수

---

37) Carpenter and Green, "Flying with Icarus," 179.

의 서사를 정리하지 못하기 때문에, 나의 배우자는 나와 대화하는 대신에 언더우드가 카메라를 바로 쳐다보며 말하는 방식을 따라서 감정적으로 가상의 시청자와 교감한다. 왜냐하면, 그는 〈하우스 오브 카드〉로부터 제4의 벽을 깨는* 방법을 배웠기 때문이다.

> • 제4의 벽 깨기breaking the fourth wall: 연극, 영화, 소설 등 매체 속에 존재하는 허구의 인물이 객석, 관람객, 독자 등을 향한 제4의 벽을 무너뜨리고 자신을 노출하는 것. 제4의 벽은 무대와 관객 사이를 떼어놓는 보이지 않는 수직면이나 공간을 의미한다. (나무위키)

　개인적인 텔레비전 쇼 선택이 개인의 정체성과 공감 능력에 뿌리를 두고 있는 심리적 즐거움에 바탕을 둔 것처럼, 우리는 또한 이제 다양한 형태의 기술을 통해 캐릭터들과 연결되는 방법도 선택한다. 그리고 넷플릭스는 이에 대해 안다. 이제 우리가 좋아하지만 단명하는 텔레비전 쇼를 소비하는 방식 때문에, 이러한 몰아 보기 방식에서 벗어나는 것은 점점 더 불가능해 보인다. 2015년 4월 ≪소비자 리포트Consumer Reports≫ 평가에 의하면 "평균 이용자들은 일주일에 다섯 개의 TV 쇼와 세 개의 영화를 시청하고",38) 그리고 "소비자 또한 넷플릭스를 통해 스트리밍하는 것이 더 쉽다는 것을 알고 있는 [것] 같다. 넷플릭스의 스트리밍은 미국과 캐나다 인터넷 트래픽의 35%를 차지한다." 이것은 분명히 매주 단위로 해야 할 많은 인지 처리와 심리적인 정서affectation이며, 이것은 우리가 알고 있는 것보다 더 빨리 우리 자신들을 소외시키고 있다는 것을 뜻한다. 우리는 우리가 (임시로) 좋아하는 시리즈 혹은 제프리 울린Jeffrey Ulin이 말하는 "쇼를 마케팅하는 [데 도움이 되는] 격의 없는 대화watercooler conversation"39)에 대해 이야기를 나눌 친구가 더 이상 없다는 의미이다. 울린은 또한 "넷플릭스는 당신이 컴퓨터, 엑스박스, 태블릿, 혹은 어떤 박스

---

38) "Video Streaming," *Consumer Reports Money Advisor May 2015*, Vol.12, Issue 5, 7.

39) Jeff Ulin, *The Business of Media Distribution: Monetizing Film, TV, and Video Content* (Burlington, MA: Focal Press, 2010), 373.

를 통해 접속하는지에 상관하지 않는다"고 말한다. 40) 마찬가지로, 몰아 보기를 추구하는 스트리밍 서비스의 증가에 대한 스트로버와 모너의 연구에 따르면, "텔레비전 산업은 텔레비전 산업의 담론을 재구성했고, [그리고] 산업은 시청자가 이용할 수 있는 다양한 전송 시스템을 인식하고 그들의 콘텐츠 제공을 여러 기기와 여러 가지 보기 모드로 파편화하여 대응하고 있다."41)

≪스마트 비즈니스Smart Business≫에서 마이클 마제크Michael Marzec는 넷플릭스 쇼가 (오리지널 및 스트리밍 라이선스를 가진 제품 모두) 매우 "폭넓게 인기"42)가 있다고 말한다. 그 이유는 "넷플릭스가 한번에 전체 에피소드를 공개해 그들의 시청 방식을 변경하도록 요청해서가 아니라",43) "사람들에게 그들이 가장 좋아하는 쇼를 어떤 방법으로 그리고 언제든지 그들이 원할 때 보도록 허락하기 때문이다 ⋯ [시청자의 기대치가 달라졌다. 고객과 잠재 고객은 더 이상 [스트리밍 서비스와] 어떻게 상호 작용할 것인지에 대한 선택을 원하는 것이 아니라, 단지 기대하고 있다."44) 이러한 충격적인 통계는 계속해서 증가할 것이다. 왜냐하면 자격 있는 젊은 세대들이 그들의 집단적 성격과 신념 체계에 맞고, 다양한 형태에 전송되며, 그리고 대량의 에피소드로 구성된 엔터테인먼트를 요구하기 때문이다. 45)

---

40) Ibid., 396.

41) Strover and Maner, "The Contours of On-Demand Viewing," 236.

42) Michael Marzec, "The Netflix Effect," *Smart Business Northern California* 7.12 (November 2014), 10.

43) Ibid.

44) Ibid.

45) Chuck Tryon and Max Dawson, "Streaming U: College Students and Connected Viewing," in *Connected Viewing,* eds Jennifer Holt and Kevin Sanson (New York: Routledge, 2014), 225.

제8장

집에서 "느와르" 몰아 보기
넷플릭스를 통한 영화 보기와 유통의 재해석

Binge-Watching "Noir" at Home: Reimagining Cinematic Reception and Distribution via Netflix

셰리 치넨 비에슨 Sheri Chinen Biesen

넷플릭스와 영화를 디지털로 스트리밍하는 뉴미디어를 집에서 시청하는 것은 1946년 프랑스 비평가들이 제2차 세계 대전 당시와 직후에 할리우드에서 나오는 어둡고 실존적인 미국 범죄 영화들의 새로운 암울한 주기를 확인한 즈음에는 확실히 존재하지 않았다. 그들은 이 장르를 "느와르 영화film noir", 글자 그대로 "검은 영화black film" 또는 "어두운 영화dark cinema"라고 불렀다.[1] 그러나 느와르 영화의 음울한 그림자, 지저분한 부패, 그리고 이중적인

---

[1] 느와르 영화에 대해 더 많은 정보는 다음을 참고하라. Sheri Chinen Biesen, *Blackout: World War II and the Origins of Film Noir* (Baltimore: Johns Hopkins University Press, 2005); Paul Schrader, "Notes on Film Nair," *Film Comment* 8,1 (1972): 8-10.

행위들은 넷플릭스 덕분에 진화하는 디지털 미디어 시청 환경에서 살아나고 있다. 그리고 이 영화들은 프랑스와 미국 영화관 스크린에서 상영되었던 것만큼 놀랍고 매력적이며 매혹적이다. 당시 제작된 고전적인 느와르 영화는 다음과 같다. 빌리 월더Billy Wilder의 〈이중 배상Double Indemnity〉(1994), 〈잃어버린 주말The Lost Weekend〉[2](1945), 〈선셋 대로Sunset Boulevard〉(1950), 그리고 〈비장의 술수Ace in the Hole〉(1951), 프리츠 랭Fritz Lang의 〈우먼 인 윈도The Woman in the Window〉(1944), 〈스칼렛 거리Scarlet Street〉(1945), 오토 프리밍거Otto Preminger의 〈로라Laura〉(1944), 에드거 얼머Edgar Ulmer의 〈우회Detour〉(1945)는 1940년대와 1950년대에 영화 관객을 사로잡기 위해 개봉했다. 넷플릭스는 가정에서 느와르 영화의 시청 맥락을 재해석하여, 디지털 뉴미디어로서 느와르 영화와 네오느와르neo-noir의 영화 경험을 향상시킨다. 나는 넷플릭스가 전통적인 영화 수용과 유통을 재해석하는 방식으로 느와르 영화의 "몰아 보기"를 조장하는 융합적인 새로운 미디어 시청 환경을 어떻게 조성하는지에 대해 살펴볼 것이다.

10년 이상 넷플릭스는 엔터테인먼트 업계에서 영향력 있는 경쟁자였고, 영화와 텔레비전의 새로운 방향을 개척하는 회사였으며, 그리고 미디어의 유통과 수신 방식에 영향을 미치는 서비스 제공자exhibitor였다. 이것은 특히 "온디맨드 비디오(VOD) 및 실시간 스트리밍과 동의어가 된 홈시청의 영역에서 인정된다. VOD는 수년 전부터 존재해왔지만, 넷플릭스는 속도, 품질, 신뢰성, 사용자 인터페이스 및 알고리즘을 개선하여 빠르게 "구독형 온디맨드 비디오"(SVOD) 스트리밍 비디오 시장을 장악했다.[3]

---

2) 〈잃어버린 주말〉은 아이러니하게도 강한 느와르 영화 "몰아 보기" 경험을 적절하게 묘사한다.

3) 넷플릭스는 다른 주요 글로벌 미디어 기업, 방송사, 스튜디오에게 영화와 텔레비전 프로그램을 넷플릭스를 통해 스트리밍하는 계약을 체결하여, 넷플릭스의 성공적인 유통 모델을 모방하고, 그들 자신의 SVOD 스트리밍 서비스(Amazon, Hulu, Warner Instant, HBO, CBS, Showtime, TCM, ABC, iTunes, Apple TV, PBS, FOX, Sling TV, You Tube, and Cafe Nair

넷플릭스는 새로운 디지털 미디어의 중요한 대표 주자이다. 넷플릭스는 유통과 상영의 근본적인 변혁에 도움을 준 새로운 디지털 기술과 연관되어 있으며, 소비자들이 미디어에 관여하는 방식을 변화시켰다. 이런 점에서 넷플릭스는 제2차 세계 대전의 여파로 등장하여 1940~1950년대 스타일로 알려진 느와르 영화와 거의 공통점이 없어 보일 것이다. 느와르 영화는 범죄, 부패, 부정직한 주인공들에 대해 어둡게 묘사하는 것으로 유명하다. 넷플릭스는 때때로 미디어의 미래와 매우 밀접하게 연관되어 있어서 과거와 돌이킬 수 없을 정도로 단절된 것처럼 보인다. 더 특별하게 말하면 느와르를 중요한 문화적·비판적 특징으로 떠오르게 한 일종의 영화 평론가처럼 보인다. 이러한 등장에도 불구하고, 이 장은 넷플릭스와 느와르가 스트리밍 서비스의 느와르 타이틀 제공을 뛰어넘는 중요한 연결 고리를 가지고 있다고 주장한다. 넷플릭스와 느와르는 예상 밖의 시너지를 만들어냈다. 느와르는 여러 방면에서 트랜스미디어의 융합에 중점을 두고 있으며 넷플릭스는 느와르를 하이브리드 비즈니스 모델의 중요한 부분으로 여긴다. 또한, 1940~1950년대 형식의 느와르는 열정적인 관중의 출현(제2차 세계 대전에서 남성은 참전하고 여성은 가정을 유지함에 따라 성별로 차별화됨), 보다 최근에 몰아 보기라고 불리는 현상, 그리고 장기간의 관여를 선호하는 것에서 발견된다. 이러한 역동성이 넷플릭스와 느와르에게 상호 도움이 되지만, 이 관계는 단점을 갖고 있다. 즉, 넷플릭스가 개발한 스트리밍 환경은 불안정성이 다시 나타나고, 고전적인 느와르 타이틀이 사라지면서 기업의 관심도 느와르에서 멀어지게 되었다. 이러한 단점에도 불구하고, 넷플릭스는 궁극적으로 새로운 세대에게 1940~1950년대의 느와르 미학을 소개해주고 있으며, 그렇게 함으로써, 이 1940~1950년대 스타일과 영화 역사를 언제까지나 빛나게 유지하는 데 도움이 될 호기심과 관심을 촉발시키고 있다.

등)와 경쟁하도록 설득했다.

그러나, 그것이 현대 시청자들에게 느와르 미학을 소개하고, 영화사가 살아 있도록 하는 데 도움을 주는 것처럼 보이는 것에도 불구하고, 넷플릭스는 이러한 미학의 계보를 왜곡한다고 위협받는다. 왜냐하면, 느와르의 역사적 발전을 모호하게 하고 느와르를 창작 당시의 영화 문화와 역사적 조건에 반하는 일종의 포스트모던 모방 작품pastiche으로 전락시켰다는 것이다. 헨리 젠킨스의 트랜스미디어 융합에 대한 설명은 현대 미디어, 예를 들어 할리우드 블록버스터와 미디어 프랜차이즈와 크게 연관되어 있는데, 하나의 작품은 여러 형식과 플랫폼에 걸쳐 다른 형태로 출시된다. 젠킨스의 "컨버전스 문화"에서, "멀티미디어 플랫폼에 걸친 콘텐츠의 흐름"에서 "시너지에 대한 완전히 새로운 비전"을 가진 "트랜스미디어 스토리텔링"은 혁신적인 "기술, 산업, 문화, 사회적" 맥락을 제공한다. 여기서 "스토리텔링의 기술은 예술가들이 하나의 작품이나 심지어 하나의 매체 안에서 완전히 설명하거나 다룰 수 없는 강력한 환경을 만들어냄으로써 세계를 건설하는 기술이 된다."[4] 이런 의미에서 트랜스미디어는 특정 브랜드나 상품을 가능한 한 많은 상업적 기회에 걸치게 하는 것과 관련되어 있는 매우 상품화된 과정이다.

젠킨스가 시너지가 일어나는 "트랜스미디어 스토리텔링"이라고 표현한 진화하는 "융합적" 뉴미디어 이슈와 관련하여, 넷플릭스는 미디어 유통과 수용을 변화시켜왔다. 여기에는 미디어 플랫폼에 걸친 디지털 스트리밍 시대에 느와르와 네오느와르를 보는 경험을 포함한다. 또한, 넷플릭스는 앞으로 몇 년 동안 우리가 영화와 텔레비전을 경험하는 방식에도 계속해서 영향을 미칠 것이다. 예를 들어, 넷플릭스의 최고 기술 제품 담당자인 닐 헌트Neil Hunt는 미래에 미디어는 계속해서 변모할 것이라고 예측한다. 그는 넷플릭스가 이미 텔레비전에서 보여준 효과에 대해 언급하고 어떻게 "인터넷 TV"가 영화 제작

---

4) Henry Jenkins, *Convergence Culture: Where Old and New Media Collide* (New York: New York University Press, 2006), 104, 114.

자들을 전통적인 주간 30분 및 1시간짜리 고정 텔레비전 형식에서 해방시키고, 그 정해진 시간 프레임에 시청자를 "끌리게" 해야 하는지에 대해 설명했다. 대신 프로그램들은 "당신이 원하는 만큼 길거나 짧을 수 있고, 다음 에피소드를 바로 몰아 볼 수 있기 때문에 다음 에피소드를 보게끔 당신을 유도할 필요가 없다." 헌트는 궁극적으로 우리가 "TV 쇼라는 것을 인식"하지 못할 수도 있다고 주장한다.[5]

그러나 젠킨스의 경우 트랜스미디어 현상은 또한 시청자에게 미디어 텍스트에 관여하고 다른 플랫폼과 문맥의 교차점 때문에 새로운 의미를 만드는 새로운 방법을 제공한다. 이런 점에서 느와르는 이 새로운 미디어 개발의 전조로 보일 수 있다. 영화 장르, 특히 느와르 영화의 경우에는 관객들이 다중의 텍스트에 걸친 서사적 패턴과 스타일 패턴을 구분하게 한다. 느와르 영화는 (비록 1940년대 할리우드 스튜디오와 산업 거래가 느와르 영화에 대해 다른 마케팅 미사여구를 가졌을지라도) 관객과 평론가들에 의해 만들어진 1940~1950년대 스타일이었기 때문에 이러한 표현에 부합한다.[6] 시청자들이 다양한 영화 분류에 걸친 스타일과 주제의 유사성을 알아봤을 뿐만 아니라 느와르를 다른 미디어와 사회적 발전을 묶는 문화적 감수성으로 인식한다. 예를 들어, 느와르에서 필립 말로Philip Marlow나 샘 스페이드Sam Spade와 같이 자주 나오는 등장인물은 다양한 형태와 변형을 보여준다. (영화를 넘어 싸구려 저속 소설pulp novel, 잡지, 만화까지 다양한 서사에 등장하면서 다른 영화에서는 다른 배우들이 연기한다.) 마찬가지로, 오슨 웰리스Orson Welles, 험프리 보가트Humphrey Bogart, 리타 헤이워스Rita Hayworth

---

5) Issie Lapowsky, "What Television Will Look Like in 2025, According to Netflix," *Wired*, May 19, 2014. Anirban Mahanti, "The Evolving Streaming Media Landscape," *IEEE Internet Computing*, January/February 2014, 4-6; Mareike Jenner, "Is This TVIV? On Netflix, TVIII and Binge-Watching," *New Media & Society*, Sage Journals, 2014.

6) Biesen, *Blackout*, 2005, 1-10. See also Biesen, "Censoring and Selling Film Nair," *Between* 9 (2015): 1-22.

처럼 느와르를 구별하는 데 도움을 준 주요 배우들 중 일부는 하드보일드 hard-boiled 탐정이나 팜므파탈과 같은 주요 역할을 보강하는 강한 텍스트 간 페르소나 역할을 했다.

느와르 영화의 트랜스미디어 품질은 넷플릭스의 비즈니스 모델의 중요한 부분이다. 초기 역사를 통틀어 넷플릭스는 롱테일 접근법으로 유명하다. 즉, 블록버스터와 같은 주도적인 비디오 체인과 넷플릭스를 차별화한 것은 DVD를 우편으로 보내는 서비스로, 느와르 영화와 같이 오래된 영화와 장르를 강조한 풍부한 카탈로그로 폭넓은 영화를 제공했다. 넷플릭스는 또한 추천 필터링 소프트웨어를 사용하여 사용자에게 선호도에 기반한 영화를 안내하고, (그리고 더 일반적으로, 인터페이스 디자인은 사용자가 블록버스터에서 흔히 볼 수 있는 것보다 기하급수적으로 더 광범위한 선택을 하기 쉽게 만들었다.) 즉, 만약 당신이 〈로라〉나 〈선셋 대로〉를 즐겼다면, 넷플릭스는 〈고릴라Raw Deal〉와 〈스칼렛 거리〉를 찾기 쉽게 만들었다. 어떤 의미에서 젠킨스가 말하는 트랜스미디어 융합은 넷플릭스가 플랫폼으로서 시청자들을 미디어와 연결시키는 방식에서 만들어졌다. 넷플릭스는 사용자들이 특정 유형의 이야기 세상에 살 수 있기를 원한다고 가정하는데, 그 세상은 개별 텍스트를 넘어 서로를 강화하거나 확장시키는 공통 요소가 있는 곳이다. 또한, 미디어 소비를 즐기는 것은 이러한 유형의 패턴이 서사적이거나, 주제적이거나, 스타일적이거나 초텍스트적인지 해독할 수 있는 능력이라고 가정한다. 넷플릭스는 기본적으로 사용자들이 1940년대와 1950년대에 비평가들과 관객들이 접근했던 동일한 방식과 젠킨스가 현대 팬들이 좋아하는 대중문화 형태에 관여한다고 주장하는 방법으로 미디어에 접근한다고 가정한다. 그래서 상호 유익하고 다이내믹한 교류의 일환으로 더욱 강화되고 풍요로워질 수 있는 일종의 활력을 가진다.

넷플릭스가 DVD 우편 배송 서비스에서 스트리밍 위주의 서비스로 전환하면서 기존 롱테일 모델을 버렸다. 비록 넷플릭스가 계속해서 오래된 영화를 제공하고, 여러 면에서 새로운 할리우드 블록버스터보다 오래된 느와르 영화들을 스트리밍하는 것이 더 쉬웠지만, 새로운 VOD 플랫폼을 재빠르게 강조했다. 처크 트라이온Chuck Tryon과 찰스 아크랜드Charles Acland와 같은 학자들이 언급한 바와 같이, 이러한 플랫폼은 빨라진 유통과 미디어가 각각 다른 유통 윈도우에서 훨씬 더 빠르게 배포되는 일반적인 속도감과 밀접한 연관이 있다.[7] 이른바 24시간 뉴스 주기에서처럼, 이것은 시간을 압축하고 증가하는 속도로 정보를 소비하고 소화하는 것이 중요하다고 강조한다. 이것은 현재 디지털 미디어 지형 내에서 중요한 매력이지만, 넷플릭스에게 있어서는 덜 중요해졌다. 사실, 넷플릭스는 신속성을 추구하는 것과 새로 나온 또는 프리미엄 할리우드 콘텐츠를 라이선스할 때 야기되는 재정적인 제약 사이에서 균형을 맞추려는 여러 전략을 개발했다. 지금까지 텔레비전 프로그램으로의 전환과 다수의 오리지널 시리즈로 이러한 균형을 맞추는 데 큰 성공을 거두었는데, 이들 중 다수는 느와르 미학과 명시적이거나 암묵적인 관계를 맺고 있다. 이것은 넷플릭스의 시그니처 시리즈로 부패한 정치인의 음습한 처사를 묘사하는 〈하우스 오브 카드〉에서 가장 명백하다. 하지만 〈블러드라인〉이나 〈데어데블〉과 같은 최근 시리즈에서도 분명하다. 느와르와의 연관성은 AMC나 FX와 케이블 네트워크에서 호평을 받고, 넷플릭스가 뛰어나다고 평가한 일부 연속형 드라마에서도 뚜렷하다. 〈매드맨〉과 〈브레이킹 배드〉와 같은 쇼는 장르상으로 별로 눈에 띄지 않지만, 결점이 있거나 부패한 주인공들, 범죄 세계와 부도덕한 방탕에 관한 정교하게 중첩되는 줄거리 그리고 뚜렷한 시각적 스타일 등의 강한 느와르 요소들을 지니고 있다. 햇볕에 그을린 뉴멕시코가 느와르의 일반적인 가정과 상반되게 진행되지만, 〈브레이킹 배드〉는 이것을 드라마의 이야기 세계를 알리는 일종의 특징 요소로 사용한다.

---

7) Charles Acland, "Theatrical Exhibition: Accelerated Cinema," in *The Contemporary Holly-wood Film Industry*, eds Paul McDonald and Janet Wasko (Malden, MA: Blackwell, 2008), 83-105.

이 쇼들은 넷플릭스에서 여러 면에서 엄청나게 가치가 있다. 〈매드맨〉과 같은 쇼를 스트리밍할 라이선싱 권리와 〈하우스 오브 카드〉와 같은 오리지 널 시리즈 제작 비용이 증가하고 있음에도 불구하고 이 프로그램은 넷플릭스 의 전체 예산의 극히 일부만을 사용하므로 여전히 매우 효율적이다. 특히 넷 플릭스가 얻은 중요한 평가와 넷플릭스가 창출한 전반적 미디어 관심을 고려 하면 말이다. 더 중요한 것은, 이러한 쇼들은 트랜스미디어 융합의 요소를 새 로운 종류의 수용으로 활용하여, 시청자 관여를 강화시키고 잠재적으로는 확 장할 수 있었다는 점이다. TV 프로그래밍은 이야기가 개별 에피소드나 시즌 을 넘어선다는 점에서 본질적으로 트랜스미디어이다. 몰아 보기를 장려한다 는 점에서 넷플릭스는 여러 에피소드와 시즌의 서사적이고 주제가 있는 패턴 을 강조하는 가속화된 방식으로 시청자들이 이러한 프로그램을 소비할 수 있 게 해준다. 더 중요한 것은, 이러한 최근 쇼들의 성공은 시청자를 1940년대와 1950년대의 초기 느와르 영화, 1970년대와 1980년대의 네오느와르 영화와 유사 장르, 그리고 많이 홍보하지 않고 극장에서 많이 상영되지 않았던 독립 영화들로 이끌 가능성을 갖고 있다. 이는 넷플릭스가 라이브러리의 가치를 최적화해야 한다는 점에서 중요하며, 이런 방식으로 느와르는 넷플릭스가 특 히 텔레비전 프로그램 및 연속 드라마를 중요하게 여기고, 이용자가 거의 알 려지지 않은 오래된 타이틀을 보도록 하는 초기 롱테일 접근을 하는 가운데 예상 밖의 시너지를 창출한다. 이것은 또한 트랜스미디어 융합의 확장된 예 를 제공한다는 점에서 중요하다. 이러한 현상은 블록버스터 프랜차이즈를 중 심으로 구성될 필요가 없고 공유된 스타일이나 주제 패턴을 통해 각각 다른 텍스트에서 개발될 수 있다. 넷플릭스의 현재 전략은 또한 이 새로운 미디어 현상이 미래 지향적일 필요가 없다는 것을 보여준다. 그것은 또한 새로운 형 태의 미디어 관여가 가속화될 수 있고(시즌 전체를 동시에 개봉함으로써 소비 또한 더 빠르게 일어날 수 있는 것), 감속될 수 있는 것(보통 주제 패턴을 해독하는 즐거움이 여러 에피소드와 시즌에 걸쳐 더 긴 기간 동안 지속되는 것)처럼 초기의 반복으로 시간을 돌릴 수 있는 잠재력이 있다.

이런 상황 변화를 고려할 때, 집에서 넷플릭스를 통해 느와르 영화를 몰아 보는 것은 시청자가 강한 미디어 몰입에서 혼자나 공동 인식의 영화적 경험에 잠기며 어떻게 느와르 영화의 어둡고, 불쾌한 밤의 세계로 들어갈 수 있는지를 보여준다. 예를 들어, 〈이중 배상〉은 자동차가 그림자 속에서 쌩 소리를 내며 질주하는 동안 검은 심연으로 들어가는 장면으로 시작한다.8) 느와르 영화가 영화와 시네마틱 텔레비전 시리즈로 만들어짐에 따라, 넷플릭스는 몰아 보기 좋은 이상적인 홈시청 환경을 제공한다.9) 많은 사람들은 넷플릭스의 SVOD 스트리밍(그리고 아마존과 같은 다른 경쟁 서비스)은 결국 기존의 텔레비전과 영화 시청을 대체할 것이라고 본다.10) 이것은 특히 다음과 같은 경우에 사실이다. 영화 팬들이 극장에서 보고 싶은 영화를 보기 위해 멀리 또는 나쁜 날씨에 가야 하는 경우, 품질이 좋지 않은(또는 나쁜 선택) 경우, 또는 다른 사람들이 관람을 방해하는 경우(핸드폰, 문자, 소음, 조명, 시끄러운 대화 또는 음식 먹기, 장비 또는 상영 문제, 음향 문제)가 해당된다. 향상된 기술과 더 빠른 컴퓨팅 속도는 넷플릭스의 SVOD 스트리밍 기능을 향상시켰을 뿐만 아니라 느와르 영화의 시청과 몰아 보기를 위한 영상 품질을 유의미한 수준으로 향상시켰다. 이 영화의 독특한 공식적·미적 "외관"인 미장센, 그리고 독특한 느와르 스타일

---

8) 시청자가 약간의 하드보일드 대사를 놓치거나 피곤하면, 느와르 영화를 멈추고 나중에 다시 볼 수 있다. 시청자가 정말로 〈하우스 오브 카드〉, 〈매드맨〉, 〈브레이킹 배드〉, 〈블러드라인〉, 〈데어데블〉같이 에피소드가 있는 시즌을 가진 오래 진행되는 네오느와르에 중독되거나 빠졌다면 모든 시간을 마음의 콘텐츠에 사용할 수 있다.

9) 넷플릭스는 느와르 영화를 보고 경험하기 위한 최적의 음향과 영상 품질뿐만 아니라 스트리밍과 이용자 인터페이스를 제공한다.

10) 최근 몇 년 동안 명확했듯이, 넷플릭스의 스트리밍 성공이 이를 증명한다. 기술이 발달함에 따라 빨라진 컴퓨팅은 넷플릭스의 SVOD 용량에 정말로 도움이 되는 속도와 품질을 향상시켰다. 또한, 극장에서 35mm(또는 70mm) 필름 상영이 더 이상 없고, 넷째 셀룰로이드도 촬영된 영화 상영이 감소함에 따라, 영화 관객이 극장에서 상영되는 디지털 미디어를 위해 집에서 디지털 스트리밍을 포기하는 장점이 거의 없다.

의 명암 강조chiaroscuro 조명, 그늘이 진 디자인, 그리고 표현주의적인 촬영 방식을 분석하는 것은 특히 중요하며, 최적의 영상과 음향 디자인을 위해 보강된 오디오 품질로 날카로운 선명성, 높은 대비, 그리고 명확하고 깊이 있는 포커스crisp deep focus의 영화 이미지를 필요로 한다.

1940년대에 느와르 영화가 영화적 상상력으로 출현한 이후 수십 년 동안 느와르 영화의 수용과 유통 맥락은 느와르의 "외관 및 느낌"과 함께 변모했다. 1940년대 제2차 세계 대전 당시 느와르 영화가 촬영되었을 때, 예를 들어, 느와르 영화는 정전된 전시 로스앤젤레스에서 제트 블랙 질산염 필름 재료로 촬영되었으며, 해외 영화 시장에 영향을 미쳤던 해외의 분쟁으로 인해 국제 영화들의 유통이 축소됨에 따라 집 근처의 극장에서 주로 국내 관객들에게 상영되었다. (이 느와르 영화들이 해외의 연합군에게도 상영되기는 했다.) 1950년대까지 할리우드는 느와르 영화를 느와르 사진과는 다른 외양과 느낌을 가진 아세트산염 안전 재료로 촬영했으며, 또한, 수십 년 후, 영화는 전형적인 도시의 "최초 상영first run" 영화관뿐만 아니라 교외의 야외 자동차 극장drive-in, 독립 "예술 영화" 전용관, 텔레비전(특히 1948년 이전의 느와르 영화), 멀티플렉스, 그리고 (분쟁 후 재개되어) 증가하는 국제 시장에서도 상영되었다.[11] 따라서, 느와르 영화에 대한 외양과 느낌은 질산염에서 아세테이트염 필름 재료로의 전환과 함께 변화되고 진화했다. 더욱이, 영화 팬들이 1940년대와 1950년대 극장에서 경험했던 것과 달리 미디어 시청 환경, 수용 및 유통 환경은 변화되었다.

넷플릭스에 나오는 많은 현대 영화와 쇼는[12] "느와르 필름"과 "네오느와

---

11) 변화하는 영화 필름, 미학, 기술, 제작, 느와르 영화의 수용 환경에 대해서는 다음을 참조하라. 특히 전쟁 동안에 대해서는 Biesen, *Blackout*, 1950년대 전쟁 이후 1950년대의 아세테이트염으로 전환하고, 느와르 필름의 외양, 스타일, 시청 조건에 대해서는 Biesen, *Music in the Shadows* (Baltimore: Johns Hopkins University Press, 2014).

12) 케리 후쿠나가Cary Fukunaga의 2011년 BBC의 고딕 풍 〈제인 에어〉 리메이크, AMC의 〈매드

르"라는 익숙한 영화적 지형의 느낌을 풍긴다. 예를 들어 아무도 믿을 수 없는 어둡고 침울하고 그늘진 분위기 속에서 범죄가 사방에 도사리고 있고, 사회 전반에 만연해 있는 부패 환경을 투사하는 불안하고 운명론적이고 실존적인 느와르 세계는 클래식 느와르 영화 〈스칼렛 거리〉와 〈이중 배상〉에서 볼 수 있는 전형적인 "도시 정글" 설정이다. 고문을 당한 반영웅과 팜므파탈이 느와르 영화와 〈하우스 오브 카드〉의 키아로스쿠로 조명의 그림자 안에서 화를 곱씹고, 음모를 세우고, 살인할 때, 홈시청자는 "몰아 보기"를 할 수 있다. 만약 미장센과 영상 디자인이 지나치게 노출되거나 음향 설계가 엉망인 경우, 그들은 적당하게 어둡고 긴장감 있는 영화적 경험을 위해 그들의 영상과 오디오 선호도를 조정할 수 있다. 넷플릭스가 미국판 네오느와르로 〈하우스 오브 카드〉를 선택한 것은 분위기상 느와르 영상 디자인 측면에서 영국 원작 시리즈보다 더 어둡고 표현주의적이라는 점도 주목할 만한 가치가 있다. 〈하우스 오브 카드〉와 같이 〈데어데블〉이 위험한 폐점 시간의 지하 세계 대도시(뉴욕 시티)를 덮는 것도 어두운 느와르 촬영 기법에 흠뻑 젖어 있어서 그런 것이다.

최근 느와르에 영향받은 장편 오리지널 시리즈의 증가는 느와르 영화의 지속적인 영향과 넷플릭스가 홈시청 환경에 느와르를 재배치하기 위해 어떻게 몰아 보기를 활용했는지를 보여준다. 이런 점에서 넷플릭스는 느와르 영화의 이미지를 재조합한 느와르 영화와 시리즈를 몰아 보게 하려고 개인화된 "온 디맨드" 영화 경험을 만들었다. 넷플릭스는 새로운 수용 환경에서 공동의 느와르 경험을 시험하기 위해 방송된 TV 영화와 영화 시상식 동안에 극장에서 네오느와르 〈하우스 오브 카드〉와 같은 오리지널 느와르 작품을 홍보한다. 넷플릭스에 의해 조성된 느와르 영화 및 미디어를 시청하고 경험하는 이 새

맨)과 〈브레이킹 배드〉, 넷플릭스 오리지널 〈하우스 오브 카드〉 시리즈(미국 수도의 가려진 밤의 워싱턴 DC 거리가 배경), 〈블러드라인〉, 〈데어데블〉을 포함한다.

로운 방식은 영화 유통의 변화 방식과 느와르 영화가 가정이나 모바일 장치에 유통되는 방식과 관련하여 고려될 수 있다. 처크 트라이온은 "디지털 유통은 우리가 영화를 언제, 어떻게, 어디에서 접하고, 이 모델이 엔터테인먼트 문화에 무엇을 의미하는지에 대한 새로운 의문을 제기한다. 디지털 미디어는 미디어 텍스트가 이전보다 더 빠르고, 저렴하고, 광범위하게 유통된다는 것을 약속하는 것처럼 보인다"고 주장한다. 이것은 느와르와 네오느와르 영화 그리고 프로그램들이 "몰아 보기"에 더 폭넓게 이용된다는 것을 의미한다.[13] 따라서, 느와르 영화는 넷플릭스와 같은 스트리밍 플랫폼에서 "몰아 보기" 할 수 있도록 온디맨드 방식으로 어디서나 이용할 수 있게 될 것이다. 대부분의 경우, 넷플릭스는 실제로 오리지널 네오느와르 작품인 〈하우스 오브 카드〉와 같은 특정 쇼들의 성공을 지지했고 인기와 평가 등급을 향상시켰다. 또한 AMC의 〈매드맨〉과 〈브레이킹 배드〉와 같은 다른 네트워크에서 제작된 프로그램들도 몰아 보기 하는 중독적인 시청 습관의 도움을 받았다. 토머스 샤츠는 "마케팅에 있어 AMC와 참된 파트너십과 히트 시리즈의 (케이블과 인터넷에서) 이중 론칭은 최근 넷플릭스의 상승에 필수적이다"라고 주장했다.[14]

하루 종일, 밤새도록, 주말 내내 느와르 영화 보는 것을 의무적인 마라톤 시청으로 만들거나 말거나, 넷플릭스의 느와르 몰아 보기 패러다임은 꽤 중독적이다. 나를 포함한 많은 사람들은 〈선셋 대로〉, 〈스칼렛 거리〉, 〈고릴라〉, 그리고 〈이중 배상〉[15]과 같은 영화를 넷플릭스에서 연속으로 시청하며

---

13) 그러나 트라이온은 경고하기를, "다양한 범위의 미디어 콘텐츠를 언제 어디서나 즉시 이용하는 것을 약속함에도 불구하고, 디지털 유통은 주로 메이저 미디어 기업들이 언제, 어디에, 어떻게 콘텐츠를 유통할지를 통제하기 위해 더 좋은 메커니즘을 개발하려는 지속적인 노력과 관련된다". Chuck Tryon, *On-Demand Culture: Digital Delivery and the Future of Movies* (New Brunswick, NJ: Rutgers University Press, 2013), 3-4.

14) 넷플릭스는 〈브레이킹 배드〉와 〈매드맨〉 같은 시리즈를 홍보하고 AMC의 신규 시즌을 출시하면서 전체 시즌을 스트리밍하는 전략적인 협조를 하면서 몰아 보기 관행을 한 차원 끌어올리고, 몰아 보기 용어를 인기 있는 담론으로 만들었다". Thomas Schatz, "HBO and Netflix-Getting Back to the Future," *Flow,* 19, January 20, 2014.

많은 시간을 보냈다. 어쩌면 광적인 클래식 느와르 영화 팬들에게는 만족스럽지 않을지 모르지만, 몰아 보기의 경험으로 볼 때 넷플릭스에서 〈하우스 오브 카드〉나 〈데어데블〉과 같은 새로 완결된 네오느와르 오리지널 시리즈에 빠져 주말을 보내는 것은 더 중독적인 것이다. 이 느와르 몰아 보기 패러다임이 얼마나 강력한지에 대한 증거로서, 최근 우리 가정이 끔찍하고 괴로운 기관지염으로 몸 상태들이 안 좋았을 때, 그럼에도 불구하고 우리는 느와르 영화와 네오느와르 시리즈를 집에서 몇 시간 동안, 꼭두새벽까지 몰아 보는 방법을 찾아냈다. 그러나 나와 함께 보기에는 너무 아파서 잠들었던 나의 아픈 배우자는 나중에 소셜 미디어에다 내가 그이 없이 혼자 〈하우스 오브 카드〉와 〈데어데블〉을 시청했다고 불평했고, 주말에 내가 없을 때 예상대로 시청해 따라잡으려고 애썼지만, 오리지널 느와르 몰아 보기 시간을 놓친 것에 대해 여전히 불만을 품고 있었다.

집에서 느와르 영화 몰아 보기를 하면서, 넷플릭스는 내가 매우 그리워했던 시네마 문화의 감각을 되살렸다. 시네마 문화는 "예술 영화" 전용관이나 우리가 사는 곳에 비디오 대여점이 사라지면서 최근 몇 년 사이에 약해졌다. 트라이온이 말하듯이 영화 유통은 이제 "새롭고 가속화된 유통 모델에 의해 특정지어지는데, 여기서 영화는 극장(큰 스크린에서 상영하기나 한다면)에서 대형 박스 매장의 DVD 잔여 보관함이나 아마도 더 가능성이 높은 스트리밍에 활용하는 비디오의 보관함에 도착하기 전에 VOD와 DVD로 빠르게 이동한다. 스트리밍은 넷플릭스와 같은 구독형 서비스이거나 무비닷컴Mubi.com, 부두Vudu, 아마존 같은 건별 과금Pay-per-view 옵션이 있다."[16] 더욱이, 찰스 아크랜드는 이렇게 변화하는 유통 모델은 "스크린에서 스크린으로, 포맷에서 포맷으로, 그리고 상대적으로 독립성이 있는 문화 회로에서 다른 접근하기 쉬운

---

15) 〈히읗 배싱〉은 최근에 사라졌으나, 이전에는 이용할 수 있었다.

16) Tryon, *On-Demand Culture*, 2013, 9.

회로로 이동하기 때문에 동영상의 속도"에 영향을 미친다고 밝혔다.[17] 플랫폼을 건너 스크린에서 스크린으로 이동하는 동영상의 가속화된 속도는 넷플릭스를 통해 느와르 영화와 미디어에 대한 영화 유통과 수용 차원의 재해석에 기여한다. 그래서 "느와르" 시네마 및 "네오느와르" 작품의 개인적인 "몰아 보기" 홈시청을 자극한다. 이 몰입감 있는 경험은 시네마 문화의 필수적인 감각을 만들어냈고, 영화 애호가들이 느와르 영화와 클래식 예술 영화의 세계로 빠져드는 것을 도왔다. 넷플릭스에서 느와르 몰아 보기는 특히 근처에 클래식 영화관이 없고 대여하거나 구입할 수 있는 DVD가 없을 때 홈뷰잉 환경에서 강렬하고 몰입적인 시네마틱 경험을 재현한다.[18] 게다가, 느와르 시네마를 가르치는 영화학자로서, 나는 최근 몇 년 동안 나의 학생들이 넷플릭스 수업을 위해 느와르 영화와 네오느와르 시리즈를 자주 보는 것을 종종 발견했다. 특히 공부하기 위해 느와르 영화를 보는 것을 선호한다거나, 수업 시간에 상영의 일부를 놓친 경우에 그렇다. 그들은 종종 심야 공부를 할 때 느와르 영화 몰아 보기에 빠진다고 하는데, 이것은 느와르 영화 수업을 공부할 때 뜻밖의 뜻밖의 즐거운 활동이 되었다.

신생아가 있는 한 동료는 그녀와 배우자가 한밤중에 교대로 일어나면서 아기와 함께 짧은 시간 동안 네오느와르 시리즈 〈매드맨〉과 〈브레이킹 배드〉를 몰아 보는 열정적인 시간을 보냈다는 사실을 인정했다. 이러한 심야 느와르 몰아 보기 세션은 또한 아기를 재우려고 애쓰며 지친 부모들에게 어른이 환영할 만한 휴식 시간을 제공했다. 이처럼, 이런 종류의 느와르 몰아 보기는

---

17) Acland, "Theatrical Exhibition: Accelerated Cinema," 94.

18) 더구나, 넷플릭스에서 마라톤 몰아 보기 세션으로 〈선셋 대로〉, 〈스칼렛 거리〉, 〈고릴라〉, 〈하우스 오브 카드〉, 〈데어데블〉 같은 느와르를 연속해서 시청하는 모든 과정은, 시리즈로서 느와르 영화를 고려할 때 장편 느와르 서사를 만든다. 마치 몰입적인 영화 학교 학생이 몇 년 전에 살아 있고 숨 쉬는 고전 느와르 시네마 문화의 강렬한 감각을 향상시키는 경험을 한 것과 같기 때문이다.

사실 꽤 흔한 일이며, 특히 어린아이를 기르는 가정은, 제한적인 상황으로 볼 때 우는 아이를 데리고 영화관에서 느와르 영화를 보는 것이 매우 어렵거나 심지어 불가능하게 느껴질 것이다. 특히 그들이 주요 도시나 교외의 극장에서 멀리 떨어져 산다면 그렇다.

게다가, 클래식 느와르 영화와 네오느와르 영화의 선택은 보통 제한된다. 왜냐하면, 특별한 느와르 영화 시리즈나 축제가 없는 한 실제로 느와르 영화를 상영하는 영화관은 거의 없다. 따라서 대형 스크린에 상영하는 느와르 영화 시리즈나 영화제가 없는 한, 넷플릭스 스트리밍은 느와르 영화와 네오느와르 시청을 늘리고 접속할 수 있는 효과적인 수단이 되었다. 넷플릭스에서 느와르 몰아 보기의 영향과 결과는 훨씬 더 강렬하고 몰입적인 시청 경험을 만든다. 동시에 느와르 영화와 네오느와르 미디어가 어떻게 언제 어디서 어떤 방식으로 그리고 어떤 부분이 홈시청 환경에서 경험되고 소비되는지에 대한 더 많은 자유와 유연성을 부여한다.

넷플릭스가 새로운 오리지널 장편 네오느와르 텔레비전 시리즈 제작으로 초점을 옮김으로써, 이 서비스는 느와르 [영화]와 미디어를 보고 경험하는 것의 의미를 바꾸어놓았다. 이와 같이 변화하는 느와르 시청 환경에 기여하면서, 제임스 수로위키James Surowiecki는 넷플릭스의 영향력 있는 혁신의 역사를 인식하고, 넷플릭스가 "온라인 DVD 대여와 비디오 스트리밍이라는 두 개의 시장을 맨 처음부터 만들었다"고 주장한다. 또한, 넷플릭스에 의한 이러한 변화와 제도적 재창조는 물론 느와르 제공에도 영향을 미치고 재구성했다. 수로위키가 설명했듯이, 넷플릭스는 "HBO나 쇼타임과 같은 유료 TV 서비스보다 구매한 콘텐츠의 카탈로그가 훨씬 많고 오리지널 콘텐츠가 적다. 하지만 차이는 줄어들고 있다. 현재 스트리밍은 유료 방송에서는 더 중요한 반면 넷플릭스는 더 많은 오리지널 쇼와 영화를 추가하고 있다. 많은 TV 쇼와 영화를 라이선싱하고 자체 제작을 시작한 아마존 스트리밍 서비스를 이용하면 매우 혼잡한 시장을 바라보고 있을 것이다".19)

홍미롭게도, 아니 어쩌면 예상했듯이, 넷플릭스가 더 성공할수록, 영화와 TV를 보는 인기 있는 방식으로 떠오를수록, 더 많은 미디어 대기업들(영화 제작 스튜디오, 유통사, 텔레비전 케이블 회사 포함)은 넷플릭스를 시청자가 이용할 수 있는 느와르 영화와 프로그램을 만드는 보완적인 수단이라기보다는 경쟁자로 보기 시작했다. 좋은 느와르 영화 시청의 최적의 유통사로서 넷플릭스는 많은 면에서 성공에 있어서 피해자가 되었다. 초기에는 할리우드 영화 스튜디오, 텔레비전 미디어 대기업, 그리고 케이블 회사(HBO, 쇼타임의 경쟁 상대인 스타즈Starz 같은 유료 채널 포함)가 SVOD 스트리밍의 수익성의 잠재력과 인기를 과소평가했고, 그래서 넷플릭스에서 느와르 영화를 이용할 수 있게 되어 기뻤다. 수로위키가 설명했듯이, 초기 스트리밍에서 넷플릭스가 차별화된 점은 이 회사가 "다른 누구보다 훨씬 더 많고, 그리고 훨씬 더 좋은 콘텐츠를 가지고 있다는 것이었다. 스트리밍 시장은 여전히 작고 할리우드가 추가 수익을 얻는 것에 대해 기뻐했기 때문에, 넷플릭스는 저렴하게 상당량의 영화 카탈로그를 만들 수 있었다." 넷플릭스는 "스타즈 유료 채널에서 수백 편의 영화를 1년에 단지 2,500만 달러에" 라이선싱을 했기 때문에 많은 영화 타이틀을 확보했다. 그러나, 많은 느와르 필름을 가능하게 한 이 원래의 합의와는 대조적으로, "일단 콘텐츠 공급자들이 스트리밍이 얼마나 많은 인기를 얻고 있는지를 확인하고, 그들은 콘텐츠 가격을 대폭 상승시켰다. 넷플릭스의 성공은 또한 (아마존처럼) 새로운 경쟁자들을 시장에 뛰어들게 했고, (HBO와 같은) 기존 경쟁자들한테는 스트리밍에 더 많은 투자를 하도록 부추겼다".[20]

넷플릭스에서 느와르 영화의 감소는 최근에 일어난 현상 때문이라고 볼 수 있다. 왜냐하면, 현재 스트리밍 시청자들을 향한 치열한 경쟁이 있기 때문이다. 그리고 제프리 울린이 관찰한 바와 같이, "콘텐츠를 확보하기가 더 어려

19) James Surowiecki, "What's Next for Netflix?" *The New Yorker,* October 20, 2014.
20) Surowiecki, "What's Next for Netflix?" 2014.

워졌다 … 그리고 당신이 확보한 콘텐츠는 비용이 더 많이 든다". 그 결과 최근 몇 년간 넷플릭스가 "라이선싱 계약이 만료되면서 수천 편의 영화가 빠지면서" 넷플릭스가 제공하는 클래식 느와르 영화를 상실한 것에 대해 많은 사람들이 안타까워한다. 따라서 넷플릭스에서 느와르 영화를 보는 관점에서 "넷플릭스가 여전히 많은 훌륭한 영화를 스트리밍하고 있지만, 더 이상 아무도 그것을 하늘에 있는 꿈의 비디오 가게로 생각하지 않는다".21) 스타즈는 디즈니와 소니와의 유료 TV 배급 계약의 일부로 이러한 권리를 확보했다. 스타즈는 그 당시 넷플릭스에게 SVOD 권리를 허가했다. 디즈니, 웨인스타인 컴퍼니The Weinstein Company, 파라마운트, 라이온스 게이트, MGM을 포함한 많은 스튜디오들은 2012년에 스타즈와 거래가 끝나자 넷플릭스와 직접 SVOD 계약을 체결했다.22)

넷플릭스는 영화 스튜디오와 계약이 끝나면서 선택할 수 있는 클래식 느와르 영화가 풍부하지 않게 되었다.23) 여전히 홈시청을 통한 스트리밍과 "몰아보기"를 위한 거대하고 방대한 종류의 클래식 영화, 특히 느와르 영화를 위한 가시적인 시장이 있다. 클래식 느와르를 몰아 보기 위해, 경쟁사인 TCM(터너 클래식 영화)이 마침내 스트리밍을 제공했지만, 실제로는 (넷플릭스와 비교되는) 독립형 서비스가 아니다. 왜냐하면 (비교적 비싼 20달러를 내고 애플 TV나 로쿠Roku

---

21) 중요한 것은, 클래식 느와르 영화는 넷플릭스의 인기가 높아졌을 때, 넷플릭스에서 사라지기 시작했다. 많은 느와르 영화는 스타즈와 계약이 2012년에 끝난 후에 느와르 시청 옵션이 사라지면서 없어졌다. 넷플릭스가 느와르 영화 타이틀을 확보하기 위해 지불하는 금액을 힌트를 준다면, 넷플릭스는 2014년에 콘텐츠 확보를 위해 최소한 30억 달러를 지출했다. Surowiecki, "What's Next for Netflix?" 2014.

22) 넷플릭스에서 〈명탐정 필립The Big Sleep〉, 〈말타의 매The Maltese Falcon〉, 〈과거로부터Out of the Past〉, 〈다크 패시지Dark Passage〉, 〈제3의 사나이The Third Man〉, 알프레드 히치콕의 〈의혹의 그림자Shadow of a Doubt〉 등 많은 느와르 영화는 대여용 DVD로는 이용 가능하나 더 인기 있는 선택인 스트리밍으로 이용할 수 없다.

23) 넷플릭스와 경쟁하기 위해 아마존은 2015년에 프라임에 스트리밍하는 타이틀로 험프리 보가트와 로렌 바칼이 나오는 워너 브라더스의 〈다크 패시지〉를 추가했다. 이것은 넷플릭스에서는 이용할 수 없다.

와 같은 셋톱과 함께) 위성 디시Dish의 "슬링Sling TV"에 (케이블 번들을 구성하여) 추가 가입해야 하기 때문이다.[24] 따라서 실제 비용은 넷플릭스보다 훨씬 비싸다. 게다가, 그것은 스트리밍을 통해 더 많은 종류의 느와르 영화를 몰아 보게 할 것이라고 약속했음에도 불구하고, 트라이온이 지적하듯이, 미디어 대기업들이 그럼에도 클래식 느와르 영화를 "언제, 어디서, 어떻게" "유통"시키고 집에서 몰아 보기를 가능하게 하는 것을 통제하는지를 보여준다.[25] 또한, 넷플릭스의 알고리즘이 항상 직관적인 것은 아니다. 많은 가정에서 다른 시청자(가족 멤버 등)는 충돌하는 옵션에 대해 혼동하고 있으며, 대부분의 사용자들은 그런 혼란을 피하기 위해 서로 다른 프로필 계정을 설정하는 것이 번거롭다고 한다. 결과적으로, 넷플릭스가 어떤 영화/TV 타이틀을 추천할 것인지를 고려할 때, 느끼한 TV 쇼나 어린이 프로그램 중 한 편은 보고 싶은 클래식 느와르 영화나 예술 영화 옵션들과 충돌이 될 수 있다.[26]

넷플릭스와 같은 VOD 스트리밍 서비스가 느와르 영화가 현재 흔히 볼 수 있는 강렬한 시청을 촉발시켰다는 흥미로운 연결점이 있다. 프랑스 비평가들의 느와르 영화에 대한 개념은 제2차 세계 대전 이후 유럽으로 들어온 미국 영화들에 근거한다. 이러한 상황은 관여 기간을 압축시켰다. 즉, 시청자들은 짧은 시간 안에 다양한 선택의 작품을 볼 수 있었고, 이것은 차례로 느와르의 기초가 된 주제적·양식적 특성을 인식할 수 있게 하고 이를 중요하게 여기도록 했다. 이것은 또한 1950년대에 텔레비전이 출연하면서 어느 정도 일어났으며, 비슷하게 더 다양한 영화들에 더 쉽게 관여하도록 만들었다. 이것은 많

---

24) 또한, HBO의 새로운 스트리밍 서비스에서 오리지널 공급은 오직 케이블을 재전송하는 슬링 TV 번들이나 애플 TV 또는 아이패드에서 애드온으로만 이용 가능하다. (나중에 로쿠에 애드 될 것이라고 밝혔다.) 그래서 처음에 이 서비스는 단독으로 제공된다고 홍보했음에도 불구하고 폭넓게 이용되지 못했다.

25) Tryon, *On-Demand Culture*, 2013, 3-4.

26) Netflix now offers a children's setting for families.

은 느와르 영화를 포함하며 특히 텔레비전용으로 허가된 1948년 이전의 영화 타이틀이 해당된다. 예를 들어, 심야 동시 상영이나 주말 영화 몰아 보기를 하며 범죄나 탐정 영화 여러 개를 연속적으로 보면 주제적·시각적, 그리고 텍스트 외적extra-textual 유사점들이 조금 더 쉽게 눈에 띄었다. 프랑스에서 느와르 영화에 대한 평가는 새로운 형태의 영화 비판의 출현과 동시에 일어났는데, 이것은 영화광에게 이미 확립된 기호를 지속시키고 확장했다. 이 새로운 비판은 미장센 분석(주제와 관련된 통찰력을 전달하는 영상 스타일을 이해하기)과 (일부 개성파 영화감독auteur의 비판으로서) 제작의 산업 시스템 내에서 개인 특성을 알아내는 능력을 강조했다. 이것은 강화된 관람intensified spectatorship이 비판적 통찰력을 창출하고, 장르나 문화 스타일의 중요성을 더 잘 이해하게 하는 방법으로 유익하다는 것을 의미한다.

넷플릭스와 느와르가 그럴 것 같지 않은 트랜스미디어의 시너지 효과를 형성한 반면, 강화된 관객성이 이상하게 나란히 놓이는 것을 의미한다. 몰아 보기가 넷플릭스를 중요 미디어 채널로 만드는 데 도움을 주고, 특정 유형 프로그래밍을 촉진하는 데 중요한 역할을 해왔지만, 어떤 면에서는 VOD 서비스가 느와르를 좋아했던 원래 비평가들에게 외면받게도 했다. 비록 느와르의 최초 수용이 주요 특징들을 찾는 데 있어 중요한 강화된 관여를 허락했지만, 또한 문화적 탈구dislocation가 전제되었다. 이것은 느와르가 (종종 덜 명성이 있거나 주류에서 처지는 'B급' 영화의) 할리우드 영화에 대한 프랑스의 특징이라는 의미에서 중요하다. 또한, 느와르 미학 그 자체가 문화적 탈구의 부산물, 즉 나치즘의 발흥에서 벗어나 유럽인, 특히 독일인 영화 제작자의 영향이기 때문에 중요하다. 이러한 전위의 요소는 VOD의 매력을 둘러싼 많은 수사학과 배치된다. 즉, 그것은 그 사람의 집(혹은 침대)에서 편안하게 그리고 어떠한 핸드폰 기기에서도 아무 때나 편안하게 소비될 수 있다. 집의 편안함은 어떤 탈구 느낌을 최소화할 것이고, 이것은 이런 방식으로 소비되는 느와르의 질을 더 높이 평가하기 어렵게 만들 것이다. 동시에, 모바일 기기에서 미디어에 접속할 수 있는 능력은 무한한 편리함을 만들어 홈시청의 편안함을 높여줄 것을 약속하지만, 이것은 실제로 무정주성homelessness이나 탈구의 감정을 더 강조한다. VOD에 의해 가능해진 강화된 관객 형태는 넷플릭스가 트랜스미디어 시너지를 강조하는 부분으로서 느와르 또는 복수 텍스트의 전반적인 고유의 특성들을 증폭시킬 수 있는 가능성을 지니고 있다. 그러나 그것은 또한 일종의 문화적 탈구나 무정주성을 상기시킬 수 있는 잠재력이 있다. 무정주성이란 초기의 느와르 제작과 수용에서 하나의 요인이었던 함의와 같은 유형이지만, 그것은 VOD 미디어 소비의 편리함을 둘러싼 수사학과 불안한 조화를 이룬다. 이러한 유사성에도 불구하고, 이것은 현재 미디어 지형이 극장이든 가정에서든 하나의 콘텍스트에서 완전히 즐기거나 미디어를 보는 것을 불가능하게 만드는 적절한 사례일 것이다. 왜냐하면, 영구적인 이동성을 전제한 소비의 형태로 대체되기 때문이다. 대신 이는 느와르에 대한 관심에 불을 붙이고 최근 새로운 느와르 장르의 시리얼 드라마들이 부활하는 이유일지 모르는 영구적 혼란 상태를 만든다.

또한 느와르와 넷플릭스의 관계에도 몇 가지 단점이 있다. 작은 비디오 스크린에서 느와르 영화를 보는 것은 1940년대와 1950년대 비평가들이 지적하는 조명 스타일과 필름 특성과 관련된 몇 가지의 형식적인 특징들을 감상하는 것을 더 어렵게 만든다. VOD 시청 플랫폼은 느와르 미학의 형식적인 풍부함을 감소시킬 뿐만 아니라, 보다 일반적으로 이러한 수용의 형태는 느와르를 시각적 또는 주제적인 구별이 매우 중요한 것에서 서사가 더 중요한 차원으로 변화시킨다. 이것이 최근 연속형 드라마에서 느와르 요소들이 다른 요소들과 다른 잠재적인 장르 특징들(혹은 그것의 부족)에 의해 가려졌던 이유다. 또 다른 결점은 현재 미디어 환경이 무한한 선택과 유비쿼터스한 이용성을 약속하고 있음에도 불구하고, 항상 그렇지는 않다는 점이다. 넷플릭스는 이용성의 변덕을 보여주는 대표적인 예다. 넷플릭스의 라이브러리는 자주 변경되며 이러한 변경 사항을 추적하거나 언제 변경될지 미리 알 수 있는 방법이 없다. 이것은 불안정과 잠재적 결핍의 상황을 만든다. 예를 들면 〈이중 보상〉과 같은 특정 DVD가 절판된 방식을 상기시킨다. 왜 절판되었는지 이유를 알 수 없었고, 언제 또 추가될 것인지 알 수 없었으며, 복제품 품귀 현상을 만들면서 중고 제품의 가격을 상승시켰다. 어떤 면에서는, 이것은 느와르 영화가 신중하고 고된 노력을 필요로 했던 대규모 영화 문화의 일부였던 이전의 시대를 상기시킨다. 1970년대와 1980년대에 걸쳐 대부분의 느와르 영화는 표준 멀티플렉스에서는 못 보고 예술 전용관이나 2차 상영관 또는 전문 영화제와 기타 일회성 상영관을 통해야만 접근할 수 있었다. 느와르 영화가 VHS와 DVD로 이용할 수 있게 되면서, 더 쉽게 접근할 수 있었지만, 주류 비디오 판매점에서 그다지 많이 찾을 수 없어서 독립 비디오 대여점이나 대학 도서관 같은 전문 보관소까지 찾아가야 했다. 이러한 별도의 노력은 느와르 영화가 일종의 초텍스트적인 지식을 요구하고 보상하는 특징을 가졌다는 사실과 더 일반적으로는 영화와 미디어와 관계에서 그 지식의 자기 반영적 인식과 연관되어 있다. 온라인 포럼은 이런 종류의 팬 커뮤니티를 복제할 수 있지만, 동시에 추천 엔진과 인터넷 아키텍처는 일반적으로 느와르를 찾고 그것의 근본적인 중요성을 파악하는 부담을 최소화한다. 이것은 넷플릭스와 같은 현재의 VOD 서비스가 강화된 시청과 트랜스미디어 이해도를 증진시키더라도, 그들은 느와르를 식별한 비평가들과 같은 종류의 문화적 함의에 대한 비판적인 통찰력을 제공하지 않을 것이라는 의미일 수 있다. 마지막으로, 넷플릭스와 같은 서비스에서 느와르 타이틀의 이용 가능성의 변화는 이러한 오래된 영화 가치를 극대화하려는 기업의 이익이 존재한다는 사실을 지적한다. 넷플릭스의 성공은 다른 기업에게 이전에 별 가치가 없다고 여겼던 타이틀에 대한 라이선스 권리를 경쟁하게 만들었다. 이 과정의 일부로, 새로운 경쟁자들은 새로운 플랫폼을 지원하기 위해 독점을 활용하려고 한다. 이것은 추가적인 장벽을 만들고 이전 세대에 팽배했던 것과 같은 종류의 불안정성와 불균일한 용이성을 다시 강조한다.

미디어 학자들과 업계 분석가들은 거대 기업 할리우드의 뉴미디어에 대한 고려사항에서 경제적·재정적 우려가 케이블 방송사 수익에서 발생하는 자금에 의존하는 (수평적으로 통합된) 글로벌 엔터테인먼트 산업에 작용하고 있음을 인정한다. 그러나 단기적으로는 이러한 기존 패러다임의 재정적인 수익에도 불구하고, 주어진 대안들을 고려할 때, 뉴미디어 지형이 변화하고 성장함에 따라, 뉴미디어는 스튜디오에게 가장 관심이 있을 것이며, 마찬가지로 가정의 몰아 보기 시청자, 넷플릭스와 거래를 하는 영화와 텔레비전 회사들에게도 관심이 있을 것이다. 반대로 아마존, HBO, CBS, (플레이스테이션으로 스트리밍하는) 소니, 기타 여러 미디어 기업[쇼타임, TCM, 애플(즉, 애플 TV, 아이튠즈, 애플 뮤직), ABC, NBC, 스타즈, 디시(즉, 슬링 TV) 등]이 넷플릭스의 성공을 계기로 뒤늦게 자체 스트리밍 제품을 내놓는 쪽으로 이동하고 있다. 돌이켜보면, 역사적으로 산업은 신기술을 적용하는 데 있어서 수많은 장애물(과 초기 저항)을 극복했다. 여기에는 유성 영화 프로세스, 컬러, 와이드스크린, 입체 음향, 텔레비전, VCR, 홈 비디오, 그리고 현재는 스트리밍이 해당된다.[27)]

우리가 어떻게 영화 및 TV를 보고 경험하고 상호 작용하는지에 대한 방법을 재정의하면서 넷플릭스는 우리가 미디어 시청(즉, 경험, "몰아 보기"와 관여뿐만 아니라 소비)의 미래를 위해 어떻게 혁신적인 영화적 비전을 수립할 것인지에 대한 다양한 고려사항을 제기한다. 이러한 융합적인 뉴미디어 요인들은 넷플릭스의 즉각적인 스트리밍 서비스가, 어떻게 영화와 TV가 보여지고 무엇을 보여주는지에 대한 전통적인 영화 경험을 변화시키고 재조명하는 "느와르" 미디어의 "몰아 보기"를 촉진하는 이상적인 홈시청 환경을 조성하는지를 보여준다. 클래식 느와르(와 네오느와르) 영화는 영화광들이 볼 수 있도록 넷플릭스(그리고 극장)에서 제공되어야 한다. 아이러니하게도, 일부 극장 체인들은

---

27) 스튜디오가 스타즈에게 넷플릭스와 계약을 종료하라고 강요한 압력을 고려할 때를 상기할 가치가 있다.

새로운 주요 영화/텔레비전 유통 모델이 되었음에도 같은 날 VOD를 스트리밍하는 것 때문에 넷플릭스의 상업 영화 개봉을 거부하기를 원한다. 뉴욕의 레퍼토리 영화계repertory cinema(클래식하거나 유명한 오래된 영화를 전문적으로 보여주는 극장—옮긴이)를 취재하는 영화 애호가 조셉 웰시Joseph Walsh는 "그것이 새로운 모델, 즉 영화 개봉일에 VOD를 출시하는 것이다. 1~2년 이내에 틀림없이 표준이 될 것이다"라고 예상했다.[28] 우리가 넷플릭스를 통해 영화 수용과 유통을 다시 상상해보면, 이 느와르 영화 애호가는 미래에 그들의 집에서 더 많은 느와르 영화를 확실히 몰아 보기 할 것이다.

---

[28] 2015년 3월 조셉 웰시 조사 연구인은 nitratestock.net 영화 블로그에서 뉴욕의 레퍼토리 영화관을 다루었다. 파라마운트와 같은 스튜디오는 극장과 디지털 HD 홈시청 스크린 사이의 유통 윈도우를 이미 단축했다고 밝혔다.

넷플릭스와 다큐멘터리 인기
Netflix and the Documentary Boom

수디프 샤르마 Sudeep Sharma

어린이 및 아카이브 텔레비전 프로그램과 함께, 다큐멘터리는 넷플릭스의 스트리밍 서비스 중 가입자들에게 가장 큰 관심 분야이다. 정확한 숫자는 얻기 어렵지만, 다큐멘터리는 시청자들이 보고 싶어 하는 온디맨드 콘텐츠를 제공하는 넷플릭스 브랜드의 한 부분으로 널리 인식되고 있다. 이렇게 호소력이 있는 몇 가지 이유는 의식을 고양시키고 교육적이면서, 여전히 재미있는 형태라는 다큐의 본질에 바탕을 두고 있다. 하지만 넷플릭스에서 다큐가 성장하는 또 다른 중요한 이유는 다큐멘터리 영화 산업의 세부 사항과 관련이 있다. 많은 자금 투자자, 실무자, 그리고 역사를 갖고 있는 성숙한 산업임에도 불구하고, PBS, HBO, 다큐멘터리, 디스커버리 채널, 내셔널 지오그래픽이 대부분 장악하고 있는 소수의 타이틀과 방송 유통을 제외하고는 극장에서 크게 성공한 것은 찾아보기 어렵다. 일반적으로 장편 다큐멘터리는 리얼리티를 바탕으로 한 텔레비전과 일정한 유사성을 공유하지만, 리얼리티 텔레비전(예: 〈현실 세계The Real World〉, 〈생존자Survivor〉, 〈아메리칸 아이돌American Idol〉), 다큐멘터리 시즌(예: 〈플래닛 어스Planet Earth〉, 〈인생Life〉, 〈언덕The Hills〉)과 뉴스 프로그래밍을 포함하여 전 분야를 범주화하는 것은 역사적·산업적 관점 모두에서 뚜렷하게 다르다. 그리고 리얼리티 프로그램은 지난 20년 동안 TV에서 큰 상업적 성공을 누린 반면, 장편 다큐는 하나의 장르로서 많이 활용되지 않았고 인정도 많이 받지 못했다.[1]

그러나 넷플릭스는 이러한 경향의 몇 안 되는 예외 중 하나이다. 넷플릭스는 퀄리티 좋은 영화와 연관성을 강조하는 방법으로 활용하고, 자신의 카탈로그를 평범한 텔레비전 프로그래밍과 구별하기 위해서 장편 다큐멘터리를 서비스의 핵심 분야core pillar로 만들었다. 이와 같은 다큐멘터리에 대한 중시는 넷플릭스의 성장 요인이고 또한 다큐멘터리 영화 산업에서 변화를 이끌었다. 이 장에서 나는 넷플릭스와 다큐멘터리 영화계의 복잡하고 변화하는 관계를 살펴볼 것이다. 이번 연구의 일환으로, 나는 넷플릭스가 어떻게 도서관보다는 신문 가판대처럼 기능하는지와 넷플릭스의 최근 "직접 구매"의 증가는 어떻게 다큐멘터리 영화가 진화하는 성격과 매력에 기여하는지 자세히 설명할 것이다. 나는 경력 스펙트럼의 양쪽 끝에 있는 두 명의 익명의 전문 다큐멘터리 영화 제작자의 경험과 견해를 공유함으로써 이러한 변화에 대해 더

---

[1] 다큐멘터러 영화가 전체적으로 하나의 장르 또는 유형이나 모드mode로 정의될 수 있는지에 대한 것은 이 장의 범위를 벗어난다. 장르로서 다큐멘터리의 지위는 다음 책에서 논의되었다. Erik Barnouw, *Documentary: A History of the Non-Fiction Film* (New York: Oxford University Press, 1974)과 Bill Nichols, *Representing Reality: Issues and Concepts of Documentary* (Bloomington: Indiana University Press, 1992). 나는 여기서 다큐멘터리를 장르로서 언급학 것이다. 왜냐하며, 시청자는 시청할 때 기대하고, 마케팅/유통 담당기는 패키징할 때 사용하기 때문이다. 장르는 넷플릭스가 시청자에게 영화를 분류하는 방법을 고려할 때, 가장 적절한 것으로 보인다.

깊이 생각해볼 것이다. 이러한 변화들의 장기적 영향이 어떻게 미칠지는 말할 수 없지만, 이러한 영화 제작자들의 경험은 넷플릭스와 다큐멘터리의 관계가 복잡하고 때로는 모순(더 큰 전반적인 노출을 높이는 수단이자 새로운 우려의 근원)이 된다는 것을 보여준다.

도서관으로서의 넷플릭스 vs. 신문 가판대로서의 넷플릭스

더 많은 틈새와 보존 자료의 가치를 높이는 넷플릭스의 능력은 다른 학자들이 논의해온 것이지만, 다큐멘터리는 이러한 관행의 특별한 예다. 넷플릭스의 다큐멘터리 영화를 위한 신규 청취자와 가능성에 대한 약속은 종종 그야말로 혁명적이라고 표현된다. 다큐멘터리를 스트리밍하는 서비스로서 넷플릭스는 대중적으로 도서관과 같은 모델로 이해되었기 때문에 환영을 받았다. 도서관이라는 비유는 마치 사람들이 넷플릭스를 이용자들에게 그들이 원하는 개별 타이틀을 대출할 수 있도록 모든 다큐멘터리를 보유하는 곳이라고 생각하게 만든다. 사실 넷플릭스는 전통적인 대출 기관의 물리적 세계에 묶여 있지 않다는 점에서 도서관을 능가한다.[2] 넷플릭스는 영화 장르의 모든 역사를 위한 저장소이고, 스트리밍을 통해 어느 하나의 장소나 커뮤니티를 초월하여 거대한 가입자의 수요를 충족시킬 수 있다.

그러나, 넷플릭스를 도서관에 비유하는 문제는 바로 넷플릭스가 상업적 필요를 넘어서는 더 큰 관심을 취한다고 가정하는 것이다. 넷플릭스는 다양한 자료에 대하여 접근하도록 하고 있는데, 이는 순수하게 자료에 대한 접근이

---

2) 나는 도서관 vs. 신문 가판대 모델을 다음 책에 논의한 바대로 사용하고 있다. Timothy Havens and Amanda D. Lotz, *Understanding Media Industries* (London: Oxford University Press, 2011), 153.

어떤 면에서 넷플릭스의 이익을 향상시킬 것이라는 가정하에 이루어지고 있다. 넷플릭스는 상업 기업으로서, 캐나다 국립 영화 위원회나 여성 제작 영화 협회Women Make Movies 같은 유통과 전시 조직 같은 유사 도서관과는 다르다. 이러한 기관은 경제적 이익을 초월하여 사회적 또는 국가적 목적을 위해 영화를 제공해야 하는 의무에서 벗어나 운영된다. 심지어 넷플릭스가 제공하는 의류boutique나 명품prestige 콘텐츠는 궁극적으로 넷플릭스라는 브랜드에 가치를 더하는 것으로 측정된다. 학술적 필요와 역사적 목적을 토대로 수집과 자료를 관리하는 도서관이나 비영리 기관과는 다르게 넷플릭스 자료들은 상업적 목적으로 운영된다. 도서관 비유는 특히 영화 다큐멘터리에 문제가 되는데, 대부분의 시청자는 스트리밍 서비스(유통 윈도우가 제한된 텔레비전 쇼나 메이저 상업용 극장 개봉과 비교하여, 시청자가 잘 숙달된 어떤 것)에서 다큐멘터리를 만나기 때문이다. 넷플릭스를 다큐멘터리 텍스트의 도서관으로 생각하는 것은 이용자에게 넷플릭스 서비스의 주요한 의무는 장르의 접근 및 보전과 일반적 이용자 교육이라는 잘못된 인식을 준다. (예를 들어, 비즈니스 인사이더Business Insider 기사 참조, "당신의 사업 지식을 확장하는 빠르고 재미있는 방법: 넷플릭스에서 다큐멘터리 스트리밍 하기".[3])

또 다른 도서관 모델과 중요한 차이점은, 넷플릭스는 일반적으로 제한된 시간 프레임 안에 주어진 쇼나 영화를 제공한다. ≪CNET≫, ≪허핑턴 포스트Huffinton Post≫, 그리고 ≪슬래시필름SlashFilm≫ 같은 인기 있는 사이트의 기사들이 주어진 기간 동안 넷플릭스에 들어오고 빠져나가는 것에 대해 밝히는 바에 따르면, 넷플릭스에 있는 콘텐츠들은 끊임없이 바뀌고 있다. 이 점을 고려하면, 넷플릭스를 도서관에 비유하는 것보다 더 나은 비유가 있다. 이 서비

---

3) Jenna Goudreau, "12 Documentaries on Netflix that Will Make You Smarter About Business," *Business Insider*, May 28, 2015. http://www.businessinsider.com/netflix-business-documentaries-to-watch-instantly-2015-5 (검색일 2015.8.6)

제9장 넷플릭스와 다큐멘터리 인기   235

스는 신문 판매대 이상의 기능을 하는데, 판매대는 (소멸할 수 있는) 자료의 이용성과 소비자의 표면적 욕망에 기초하여 계속적으로 변화하는 회전의 원칙에 따라 자료를 제공한다. 넷플릭스는 전시자를 위한 "대리 소비자" 역할을 한다. 넷플릭스는 대중에게 단순히 텍스트에 접할 수 있게 하는 것보다, 티머시 헤븐스Timothy Havens와 아만다 로츠Amanda D. Lotz가 주장하듯 자신들이 원하는 것들을 끄집어내기보다 소비자들에게 특정 정보를 *밀어* 넣는 데 관여한다.[4]

넷플릭스의 도서관 비유와 신문 판매대 비유의 차이점은 넷플릭스가 어떻게 돈을 벌고 구독자 기반을 만들었는지에 대한 이해를 제공한다. 넷플릭스에 대한 전통적인 의미에서의 시청률이 공개되지 않음에도 불구하고, 서비스에서 프로그램을 볼 수 있어야 한다. 그들은 시청률을 높여야 한다. 넷플릭스가 지금 당장은 콘텐츠를 가지고 실험할 수 있는 상황에 있을지는 모르지만, 신문 가판대 모델의 근본적인 진실은 사라지지 않을 것이다. 이 구분은 다큐멘터리에 있어서도 중요하다. 왜냐하면, 이 형태의 깊은 영화 역사에도 불구하고, 그 프로그래밍은 여전히 속보 뉴스 보도와 같은 방식으로 시청자들에게 적절해야 하기 때문이다. 내 생각에는 그것이 그 서비스의 첫 "오리지널"로 제작했던 타이틀이 주제 문제와 관련하여 신속하고, 폭넓은 익숙함을 갖게 된 이유이다.

〈표 9.1〉 도서관 vs. 신문 가판대

넷플릭스	도서관	신문 가판대
의무	접근/보존	광고
자료의 이용성	평생/장편	회전/숏폼
이용자	풀 텍스트(Pull texts from)	푸시 텍스트(Text pushed on)
성공 측정 방식	수집 범위 및 표현	가입이 필요하다는 느낌 만들기

---

4) Havens and Lotz, *Understanding Media Industries*, 153.

사고 연습을 넘어, 이러한 차이점들은 소비자와 콘텐츠 제작자 모두에게 실질적인 영향을 미친다. 소비자들은 넷플릭스가 콘텐츠의 인기보다 다큐멘터리의 역사나 현대의 발전에 덜 투자하고 있다고 말한다. 넷플릭스는 스트리밍 다큐멘터리에 있어 경쟁자는 없지만, 다큐멘터리에 대한 기록 보관소 같은 접근 방식이 부족하여 가입자들에게 다큐멘터리 영화 타이틀에 대한 보다 완전하고 중요한 정보를 제공하고자 하는 무비Muvi, 팬도Fandor, 선댄스 다큐 클럽Sundance Doc Club과 같은 대체 서비스를 위한 공간을 만들었다고 생각한다. 영화 제작자는 신문 가판대로서의 넷플릭스는 특히 그들의 영화가 서비스에서 갱신될 경우 관객들을 얻고 유지하는 것만 중요하다고 강조한다. 넷플릭스는 관객들을 위해 다큐멘터리를 보존하기 위해 이타적으로 움직이지 않는다. 대신에, 넷플릭스는 모든 상영자들이 지금까지 한 일을 해냈고, "고도로 높은 수준의 선택과 소비자 수요의 형성"을 증명했다.[5] 넷플릭스는 다큐멘터리 영화를 스트리밍하는 공간을 장악하면서 많은 가입자들에게 서비스의 필수 불가결한 특징에 대한 비판적 인식을 덧붙일 수 있었다.

"당신에게 좋은" 다큐멘터리

독점적이고 품질이 높고 문화적으로 관련된 (〈오렌지 이즈 더 뉴 블랙〉과 〈하우스 오브 카드〉와 같은) 오리지널 프로그램들을 볼 수 있는 것은 넷플릭스에게 분명히 명성을 부여한다. 그러나 다큐멘터리의 교훈적이고 사회적으로 중요한 특성은 넷플릭스를 종종 질병으로 묘사되는 반복적인 시청과 비교하여 의미 있고 사려 깊게 시간을 사용한다고 브랜드화하는 데 도움이 된다.[6]

---

5) Ibid., 154.
6) 우리가 HBO의 모토 "우리는 TV가 아니라, 바로 HBO"를 상기하듯, 프리미엄 텔레비전 서비

"몰아 보기"는 재미있고 널리 공유되는 관습이지만, "몰아 보기"라는 단어는 불쾌한 의미를 내포하고 있어, 한자리에서 많은 텔레비전을 소비하는 것은 개인을 파괴한다고 주장한다. 넷플릭스는 네트워크 텔레비전의 "흐름flow"과 같은 모델에는 존재하지 않지만, 방해받지 않고 반복적인 시간 흐름과 같은 유사한 경험을 이끌어낸다. 전통적인 텔레비전과 넷플릭스는 모두 시청자가 서비스에 계속 관여하게 하고 다른 곳으로 돌릴 동기를 감소시킨다. 넷플릭스의 주된 차이점은 그 프로그램이 하루의 시간이 아니라 시청자의 욕구 중심으로 만들어졌다는 것이다. 저렴한 월 이용료로 몇 시간의 엔터테인먼트를 제공(2015년 표준 스트리밍 패키지가 월 8.99달러로 2014년 영화 티켓 평균 가격 8.17달러에 상응함)하면서, 넷플릭스가 마케팅과 셀프 브랜딩에 대해 강조하는 것은 당신이 존재한다는 것을 모르지만 보고 싶어 할 만한 엔터테인먼트 옵션을 제공하는 능력이다.[7] 장르 태그의 분석과 사용에 관한 많은 글들은 넷플릭스 서비스가 당신이 소비하고 싶어 하는 엔터테인먼트의 퍼즐을 깨뜨릴 수 있고, 깨뜨릴 것이라는 생각으로 되돌아온다.[8]

반면에 다큐멘터리는 현실 세계의 무언가를 보는 느낌을 만들어내고, 여기에서 배움을 준다. 물론 이것은 다큐멘터리 영화가 픽션 영화 제작만큼이나 기교를 부린다는 점에서 일종의 환상이다. 그러나, 현실 세계를 반영하는 것은 다큐멘터리가 갖는 매력의 일부분이다. 빌 니콜스Bill Nichols가 주장하듯이, "다큐멘터리는 다른 허구의 텍스트의 속성을 공유하지만, [그러나] 그것은 우리가 상상하며 사는 세계보다는 우리가 정말로 살고 있는 세계를 전달한

스는 종종 그들 자신을 단순 텔레비전"보다 나은 것"으로 동일시하고 있다.

7) Brent Lang, "Average Movie Ticket Prices Increase to $8.17 for 2014," *Variety*, January 20, 2015. http://variety.com/2015/film/news/movie-ticket-prices-increasedin-2014-1201409670/ (검색일: 2015.8.6)

8) Alexis Madrigal, "How Netflix Reverse-Engineered Hollywood," *The Atlantic*, January 2, 2014. http://www.theatlantic.com/technology/archive/2014/01/how-netflix-reverse-engineered-hollywood/282679/ (검색일: 2014.9.25)

다."9) 다큐멘터리는 분명히 오락적일 수 있지만, 서비스에서 제공되는 많은 나머지 것들과 독립적으로 존재한다. 모든 서비스가 동일한 장르를 만드는 공식에 따라 분류되지만, 다큐멘터리는 서비스의 대본에 따라 제작된 프로그램과 차별된다.

다큐멘터리는 다양한 서비스, 현실 세계와의 관련성, 그리고 가장 중요한 것으로 명성을 제공한다. 존경심과 소비자에게 꼭 필요하다는 것의 느낌은 몇 개의 타이틀을 구입하거나 제공해서 되는 것이 아니다. 산업적으로 장편 다큐멘터리 영화를 위한 중심점centralized home이 부족하다는 점을 고려하면, 넷플릭스가 자신을 그러한 중심점으로 주장하는 것은 (로맨틱 코미디나 액션같이) 다른 어떤 장르의 이름난 영화도 하지 않았던 방식으로 중요한 미디어 플랫폼을 만드는 데 도움이 된다. 실제로, 다큐멘터리에 있어 넷플릭스의 위치는 오리지널 제작으로 옮겨 가려는 전조로 볼 수 있다. 왜냐하면, 장편 다큐멘터리의 경우에 넷플릭스가 대본이 있는 오리지널 콘텐츠의 제작자보다는 다큐멘터리 구매 회사로서 행동했다는 중요한 사실이 있기 때문이다.

넷플릭스의 다큐멘터리 구매와 "오리지널 제작" 움직임

다큐멘터리 영화의 전통적이고 전형적인 수입 창출 윈도우는 영화제 출품 festival circuit에서 작은 규모의 극장 상영, 텔레비전 방송, 그리고 홈 비디오로 옮겨 간다. 대체로 대부분의 다큐멘터리는 독립 영화로 제작할 것으로 간주되고, 다른 독립 영화와 같이 한정된 예산과 배급처와 협상한다. 넷플릭스는 다큐멘터리 영화의 지형을 극적으로 변화시켰다. 왜냐하면, 넷플릭스가 대중에게 다큐멘터리를 접할 수 있는 폭넓은 플랫폼을 제공했기 때문이다. 넷플

---

9) Nichols, *Representing Reality*, 112.

릭스는 한 해의 가장 유명한 다큐멘터리부터 소수의 관객들에게만 호소하는 영화까지 가정의 시청자들이 쉽게 영상을 볼 수 있게 해주었다. 넷플릭스의 최고 콘텐츠 책임자 테드 사란도스는 한 연설에서 청중들에게 아카데미 시상식에서 최고의 다큐멘터리 상을 수상한 〈꿈꾸는 카메라: 사창가에서 태어나 Born into Brothels〉(2005)는 넷플릭스에서만 볼 수 있다고 강조했다.[10] 유명한 다큐멘터리 프로듀서 댄 코건Dan Cogan도 넷플릭스가 시청자에게 어떻게 쉽게 다큐멘터리를 볼 수 있게 했는지 다음과 같이 의견을 피력했다. "나는 영화계에 있지 않은 많은 사람들에게, '오, 나는 결코 다큐멘터리를 보지 않습니다'라는 말을 들었습니다. 그러나 우리는 지금 넷플릭스 덕분에 다큐멘터리를 보러 영화관까지 가지 않아도 됩니다. 많은 시간의 투입이 필요한 일이 아닙니다."[11] 편리성이 주요한 요인일 뿐만 아니라 특별한 영화가 바로 넷플릭스에 존재한다는 것이고, 넷플릭스 알고리즘이 때때로 강조하고, 따라서 다른 플랫폼에서 대체할 수 없는 가시성이 뛰어나다는 점이다. 오리지널 DVD 구독은 이미 극장이나 비디오 가게에 가는 것보다 자동화된 특성(영화를 집으로 배송시킬 목록 순서queue를 설정하는 것) 덕분에 유익하다. 심지어 인기 있는 스트리밍 서비스는 예전에는 쉽게 하지 못한 수준에서 다큐멘터리를 시청하도록 도울 수 있다.

추가적으로, 넷플릭스는 독점적으로 직접 구매한 다큐멘터리 때문에 평판이 높아졌다. 〈꿈꾸는 카메라: 사창가에서 태어나〉처럼, 〈코미디의 코미디언 The Comedians of Comedy〉(2005)과 〈이 영화는 아직 등급이 없다This Film is Not Yet

---

10) Ted Sarandos, "Read the Speech That Sent a Wake Up Call to TV and Film Studios: Netflix Chief Ted Sarandos Explains His Company's Success at the FIND Forum," *Indiewire*, October 31, 2013. http://www.indiewire.com/article/read-lastweekends-ted-sarandos-speech-tv-is-where-indie-productionis-happening (검색일 2015.8.5)

11) Paula Bernstein, "What Does Netflix's Investment in Documentaries Mean for Filmmakers?" *Indiewire*, March 9, 2015. http://www.indiewire.com/article/whatdoes-netflixs-investment-in-documentaries-mean -forfilmmakers-20150309 (검색일 2015.5.14)

Rated〉(2006)와 같은 독점 다큐멘터리를 확보했다. 2012년에 〈하우스 오브 카드〉의 성공과 공격적인 오리지널 제작의 확장에 따라 스트리밍을 위한 다큐멘터리 확보는 크게 늘어났다. 초기의 사례로는 예한 누자임Jehane Noujaim 감독의 이집트 혁명 이야기 〈더 스퀘어The Square〉(2013)와 미트 롬니Mitt Romney의 2012년 대선 실패를 다룬 〈미트 롬니, 그의 대선 출마 이야기Mitt〉(2014)가 있다. 〈미트 롬니, 그의 대선 출마 이야기〉는 선댄스 페스티벌에서 상영하고 단지 몇 주 후에 넷플릭스에서 스트리밍되었다. 그래서 극장판 개봉을 못하게 되었다. 〈비룽가Virunga〉(2014), 〈E-팀E-Team〉(2014), 〈미션 블루Mission Blue〉(2014) 및 〈3D 프린팅: 전설을 만들다Print the Legend〉(2014)와 같은 다큐멘터리와 함께 넷플릭스는 "넷플릭스 오리지널"이라는 큰 카테고리 아래에 다큐멘터리를 추가시켰다. 넷플릭스 오리지널은 또한 더 전통적으로 대본 있는 허구를 토대로 제작한 작품을 포함하고 있다.

이러한 구입은 넷플릭스를 직접적으로 가정 시청자의 다큐멘터리 시장을 장악하고 있는 HBO 다큐멘터리와 직접적으로 경쟁하게 만들었다. 30년 가까이 쉐일라 네빈스Sheila Nevins가 이끌고 있는 HBO 다큐멘터리는 수십 개의 에미상, 피버디상 및 아카데미상을 수상한 다큐멘터리를 개발, 제작, 상영 및 배포했다. 〈실낙원Paradise Lost〉(1996)같이 지원하기 어려운 프로젝트 경험, 최근 다큐멘터리 〈시티즌포Citizenfour〉(2014)와 같은 오스카상을 수상하는 경향성, 알레스 기브니Alex Gibney, 조 버링거Joe Berlinger, 로렌 그린필드Lauren Greenfield, 닉 브룸필드Nick Broomfield와 같은 영화 기획자의 박스 실적, 그리고 다른 시장이 없는 단편 다큐멘터리에 대한 펀딩과 구매에 대한 명성을 고려할 때, HBO 다큐멘터리는 다큐멘터리 영화 산업에서 오랫동안 제일의 권력thousand-pound gorilla을 유지했다. HBO 다큐멘터리는 거의 수년 동안 다큐멘터리 부문에서 도전받지 않는 절대자의 지위를 갖고 있어서, 넷플릭스의 출현은 다큐멘터리 영화에 있어서 새로운 수입 및 판매원이 생긴 것이기 때문에 매우 큰 이점이라고 환영받았다. 한 업계 소식통이 넷플릭스와 관련하여 웹진 ≪인디와이어Indiewire≫에 "매우 좋습니다! 판매 대행사로서, 넷플릭스는 시장에 또 하나의 구매자/플랫폼이고, 고품질 다큐멘터리 영화를 볼 수 있는 곳으로 알려져 있습니다"라고 말했다.[12]

넷플릭스의 다큐멘터리에 돈을 투자하려는 의지는 다큐멘터리 영화 커뮤니티가 넷플릭스를 수용하는 주요 요소가 된 듯하다. 그러나 넷플릭스의 다큐멘터리에 대한 지출은 항상 현재 수준에 도달한 것은 아니다. 일부 전문가의 보고에 따르면, 2013년에 수용하는 것밖에 대안이 없는 영화 제작자에게 거의 10만 달러에 가까운 거래가 체결되었다.[13] 2015년 무렵 넷플릭스는 영화를 구매하기 위해 비용을 쓰려는 의지와 다큐멘터리 영화 제작자에 대해 상당히 진전된 태도를 보여주었다. 넷플릭스는 매우 경쟁력 있고, 때로는 영화 제작자를 압도하는 거래를 하는 것으로 유명해졌다. 넷플릭스와 아마존과 같은 온라인 경쟁 업체는 독립 영화(서사와 다큐멘터리)에 대한 독점권을 확보하기 위해 2015년 선댄스 영화제를 시작으로 본격적으로 주요 영화제에 참석했다. 넷플릭스는 선댄스 첫날 상영 영화 〈니나 시몬: 영혼의 노래What Happened, Miss Simone?〉(2015)를 시사회 전에 구입했고, 2015년 여름 서비스를 실시했다. 이것은 (오스카상을 받을 작은 규모의 상영은 예외로 하고) 다시 한 번 전통적인 극장을 먼저 상영하는 경로를 이탈한 것이다.

하지만 다큐멘터리와 내러티브 영화 모두에서 돈이 항상 상영을 결정하는 요소는 아니다. (내가 비밀리에 나눈 대화로 확인한) 많은 보고서는 넷플릭스가 극장 배급사보다 더 높은 금액을 제시했을 때조차 영화 제작자들이 때로는 돈

12) Bernstein, "Netflix Dives Deeper into Documentaries, Nabbing Award-Winning 'Virunga'," *Indiewire*, July 28, 2014. http://www.indiewire.com/article/netflix-dives-deeper-intodocumentaries-nabbing-award-winning-virunga-20140728 (검색일 2014.7.29)

13) Tom Roston, "Netflix Streaming Deals for Documentary Filmmakers -Some Numbers," *POV Blog I PBS*, June 10, 2013. http://www.pbs.org/pov/blog/docsoup/2013/06/netflix-streaming-deals-for-documentary-filmmakers-some-numbers/ (검색일 2015.5.14)

을 덜 받더라도 더 전통적인 극장 개봉 계약을 받아들였다고 밝혔다. 영화 제작자들이 청구서를 지불하는 상업적인 일에 많은 일용직이 필요한 것을 고려하면, 좀 더 개인적인 프로젝트에 시간과 에너지를 소비하는 것은 그들을 단순히 최고 입찰자에게 팔지 못하게 만들었다. 말할 것도 없이, 경제학이 중요하지 않다는 것이 아니다. 그러나 영화 제작자들에게는 더 복잡하게 계산할 요인이 남아 있다. 여기에는 국가적 화제의 일부가 되거나 꼭 봐야 할 상품이 되는 것인데, 이 목표는 오직 극장 상영을 통해서만 달성할 수 있는 것이다. 한 영화 제작자가 나에게 묘사한 것처럼, 그는 자신의 영화를 위해 관객들을 극장에서 영화를 보기 위해 돈을 지불하는 사람들로 보았고, 그 때문에 그는 극장 배급업자가 첫 공개를 하도록 넷플릭스의 현금 보증을 기꺼이 포기하려고 했다.

이 모든 것을 고려해볼 때, 넷플릭스의 "오리지널" 다큐멘터리 확보는 주제에 따라 다르지만, 영화 스타일과 포맷 면에서 매우 전통적인 것이라는 점에 주목하는 것이 중요하다. 넷플릭스도 평균적인 영화 관람객이 다큐멘터리에서 기대하는 것을 알고 있다. 구체적으로 이 영화들은 종종 사회 문제(환경, 국세 갈등)나 장면/아카이브 자료 뒤에 전개되는 유명한 사람들의 전기를 다룬다. 영화들은 "로맨틱 코미디"와 "전쟁 영화"와 같은 다른 넷플릭스 카테고리에서 시청자의 장르를 기반으로 한 기대와 완전히 일치한다. 창의적인 선택과 도전적인 콘텐츠가 허용이 된다는 전제하에, 나는 이 다큐멘터리가 마케팅하기 쉽고 종종 관객들의 기존 인식에 바탕을 둔다는 점에서 압도적으로 상업적이라고 주장한다. 할리우드 블록버스터적 의미에서 상업적이지는 않지만, 그러한 영화들은 다큐멘터리 영화 제작에서 비판적 관심을 얻고 있는 예술적 경향에 기여하는 좀 더 접근이 가능하고, 보다 친숙한 다큐멘터리 콘텐츠이다. 이들에는 하버드 감각 민족학 연구소가 제작한 영화들, 〈리바이어던Leviathan〉(2012)과 〈마나카나마Manakamana〉(2013) 같은 영화들, 조슈아 오펜하이머Joshua Oppenheimer 감독의 화제작 〈액트 오브 킬링The Act of Killig〉(2012)과

〈침묵의 시선The Look of Silence〉(2015) 등이 있다. 실험적이고 더 영역을 파괴하는boundary-pushing 다큐멘터리는 전적으로 넷플릭스에 있지만, 다큐멘터리는 단순히 넷플릭스가 구매하거나 오리지널로 제작하거나, 가입자에 대한 보여주기에만 초점이 있지는 않다. 사실 한 다큐멘터리 제작자가 나에게 넷플릭스는 영화가 성공적으로 끝난다면 서비스될 것이라는 믿음만 갖고서는 더 "멋진edgy" 다큐멘터리를 제작하는 데 투자하지 않는다고 말했다. 상업 영화에 대한 강조는, 전문적이고 작은 장르의 장편 다큐멘터리에서조차도, 스트리밍 서비스를 신문 판매대로 볼 필요성을 강조하는 것이다. 왜냐하면, 우리에게 스트리밍 서비스가 재정적이고, 여전히 시청률을 바탕으로 한다는 점이 주요 관심사라는 것을 상기시켜주기 때문이다. 이어지는 논의에서 다큐멘터리 제작자와 인터뷰하면서 토론한 것처럼, 모든 긍정적이고 지원하는 행동에도 불구하고 넷플릭스의 논리mandate는 도서관처럼 공적인 차원이 아니라 상업적인 상영 서비스의 차원을 따른다.

넷플릭스와 영화 제작자

나는 두 명의 다큐멘터리 영화 제작자를 인터뷰했다. 그 둘은 넷플릭스가 그들에게 개인적으로 의미하는바와 산업에 대해 매우 열심히 밀하려고 했지만, 녹음하는 것은 매우 우려했다. 나는 그들을 익명으로 처리하기로 결정했는데, 넷플릭스에 대한 생각들을 마음껏 표출하도록 하고, 미래에 영향력 있는 회사와 함께 작업할 수 있는 프로젝트를 못하게 되는 위험에 처하지 않기 위해서였다. 여기서 그들과 토론하면서 가명을 사용할 것이다. 두 영화감독은 다른 곳에서 일하고 있다. 한 명(줄스Jules)은 최근 그의 첫 번째 장편 영화를 만들었고, 다른 한 명(짐Jim)은 많은 영화를 제작했고 업계에서 최고의 상들을 탔다. 그러나 둘은 넷플릭스에 관해 매우 비슷하고 복잡한 견해를 갖고 있었다. 그 둘은 기본적으로 산업과 특히 자기 자신들의 관점에서 일반적으로 다큐멘터리에 대한 넷플릭스의 엄청난 장점들을 신속히 칭찬했다. 하지만 두 사람 모두 넷플릭스의 편재성에 따라 수반되는 의도치 않은 결과에 대해 걱정했다.

줄스는 영화 학교를 졸업한 후 바로 그의 첫 작품을 만들었다. 영화를 만든 직후 그는 디지털 다운로드, 스트리밍, VOD를 포함한 모든 플랫폼에서 영화를 판매할 수 있는 영업 팀과 계약을 맺었다. 대형 "오리지널" 타이틀과는 대조적으로, 이와 같은 소규모 업체third-party와의 거래는 넷플릭스가 어떻게 많은 콘텐츠를 확보하는지 보여준다. 넷플릭스는 과거에는 영화 제작자들과 직접 거래하고, 영화제에 가고, (지금 현재 넷플릭스가 큰 규모로 하고 있는) 탤런트를 개발하는 대신에, 독립 판매 및 구매 회사와 파트너십을 체결하고, 그들이 보유하고 있는 콘텐츠를 거래했다. 이런 상황에서는 관계와 신뢰성이 넷플릭스의 취향보다 더 중요하게 여겨졌다. 다시 말하지만, 이러한 타이틀이 서비스되어야 할 필요성을 고려하여, 넷플릭스는 시장을 알고, 파트너 회사들이 생각하는 관객들을 끌어들일 영화들을 제안받기 위해 판매 및 인수 회사들에 의존하고 있었다.

줄스의 프로젝트는 널리 인정받을 수 있는 주제를 다루었지만, 소수의 헌신적인 팬들 외에 일반적이고 고정된 시청자는 없었다. 줄스의 영화는 거의 십여 개의 영화제에서 상영되었고 몇 곳은 다큐멘터리 영화를 보여주는 명소였지만, 대부분은 많이 알려진 영화제는 아니었다. 그럼에도 불구하고, 독특한 주제, 수준 높은 제작, 그리고 호소력 있는 이야기 때문에 줄스는 그의 영화를 위한 관객이 어딘가에 있다고 믿었다. 단지 전통적인 영화 개봉은 아니라고 생각하여 프로젝트의 아주 초기에 판매 회사와 계약을 체결했다. 그에게 그의 판매 회사는 그 영화를 시청자에게 보여주도록 하는 최선의 회사였고, 넷플릭스가 그의 영화에 관심이 많아서 그는 가상 최고의 소득을 낼성할 것이라고 느꼈다. 또한 그의 판매 회사는 다운로드와 임대를 위해 이 영화를 다양한 플랫폼에 유통하는 것을 도우면서, 넷플릭스가 미국과 글로벌에서 스트리밍할 권리 협상도 도왔다. 이 영화는 결국에는 몇십 만 달러의 판권료를 받을 수 있었고, 이것은 최초의 다큐멘터리 영화 제작자에게는 엄청나게 큰 혜택이다. 다른 수입 또한 도움이 되었지만, 줄스는 넷플릭스의 권리 구입을 영화를 제작하는 데 있어 재정에 크게 도움이 되는 것으로 보았다. 그는 주저 없이 "넷플릭스는 내가 영화 제작자로서 생계를 유지할 수 있게 해준 것이다" 라고 말했다.

이러한 고마움도 있었지만, 줄스는 몇 가지 중요한 경고도 해주었다. 첫째, 넷플릭스에서 영화가 개봉되자마자 자체 웹사이트를 포함한 다른 플랫폼에서의 판매와 대여가 하락했다. 영화 구매 가능성과 넷플릭스에서의 스트리밍 사이의 첫 번째 윈도우는 불과 일주일이었기 때문에, 그 하락이 넷플릭스에서의 이용 가능성 때문이라고 단언하기는 어렵지만, 그럴 가능성이 매우 높다. 각각의 판매와 대여료는 영화 제작자에게 직접적인 수익을 의미하기 때문에, 그 감소는 수익을 잃었다는 것을 뜻한다. 둘째, 넷플릭스의 권리에 대한 지불은 한번이 아니라, 회계 분기별로 이루어졌다. 복잡한 금융 거래가 대수롭지 않은 일처럼 보이지만, 영화 제작자에게 그것은 투자자에게 대출금을 즉시 갚고 다른 프로젝트로 옮기거나 몇 달에 걸쳐 조금씩 약간의 수당을 받는 것 사이에 격차가 발생하는 것을 의미할 수 있다. 셋째, 넷플릭스가 가입자에게 자신의 영화를 제시하는 방식, 또는 보다 구체적으로는 표면적으로 비교 가능한 다른 영화들과 같이 보여주도록 기능하는 명백한 알고리즘에 대해 그는 전혀 알지 못했다. 이것은 줄스가 넷플릭스와의 거래 끝에 어떠한 일이 일어날 것인지 고려할 때 중요하다.

이 계약은 3년 동안 지속되며, 3년 후 넷플릭스는 새로운 계약에 따라 갱신을 결정하거나 이 영화를 서비스에서 제거하는 결정을 할 수 있다. 이 결정은 거의 전적으로 영화의 시청자수를 기준으로 내려질 것이고, 이 숫자는 넷플릭스만 혼자 보고 알 수 있다. 줄스는 다른 작품들과 관련하여 그의 영화가 서비스상 어는 정도에 위치하고 있는지에 근거한 단서를 찾는 것 외에는 계약 기간이 끝날 때 어떤 일이 일어날지 모른다는 것을 고통스럽지만 인지하고 있다. 영화 제작자들이 다른 플랫폼에서는 의미 있는 숫자를 얻는 반면, 넷플릭스에서는 전혀 모른다black box.14) 상황을 더욱 복잡하게 만드는 것은 앞서 언급했듯이, 영화가 넷플릭스에서 서비스될 때 다른 플랫폼의 수치가 떨어지는 경향이 있다는 사실이다. 불안함은 단지 이 영화에 대한 추가적인 수입이 없다는 것만이 아니다. 어떠한 의미에서는, 3년 후에는 이 영화의 수명이 끝날 수도 있다.

그래서 줄스는 스트리밍 서비스에 관한 경력을 쌓았지만, 그는 그들이 그를 완전히 통제할 수 있는 위치에 있다는 사실 또한 인정한다. 이러한 통제는 현재 영화를 넘어 그의 앞으로도 있을 프로젝트로 확대된다. 그의 첫 번째 영화의 성공으로 인해, 그의 판매 에이전트들은 그의 다음 영화가 무엇이 되었던 담당하고 싶어 한다. 첫 번째 영화 제작과 넷플릭스 자금의 필요성에 대한 경험을 한 그는 감동적이고, 의미가 있을 뿐만 아니라 분명한 상업적 매력을 가지는 프로젝트에 대해 생각해왔다. 그는 시청자를 알고 도달하는 것이 모든 영화 제작자의 일이라고 느끼고, 문화에 영향을 미칠 수 있는 영화 제작과 상업적 현실의 균형을 맞추는 것에 대한 정교한 이해력을 가지고 있다. 결국, 아무도 다큐멘터리 제작으로 부자가 되지 못할 것이라고 인정하면서, 그는 넷플릭스가 그의 작품이 보여질 수 있는 길을 제공하는 것과 그로 인해 재정적으로 생계를 유지할 수 있는 방법을 제공하는 점에 대해 기쁘게 생각한다. 넷플릭스는 의심할 여지 없이 영화 제작자들에게 더 많은 돈과 옵션을 허용함으로써 장편 다큐멘터리 세계를 변화시켰다. 그러나 줄스 같은 경험을 바

---

14) 넷플릭스의 드문 시청자수 공개는 모든 "오리지널"이 아니라 오직 넷플릭스의 오리지널 시리즈 프로그램에 한정된다는 것은 흥미롭다. Andrew Wallenstein, "Netflix Ratings Revealed: New Data Sheds Light on Original Series' Audience Levels," *Variety*, April 28, 2015. http://variety.com/2015/digital/news/netflix-originals-viewer-data-1201480234/ (검색일 2015.5.11)

탕으로 나는 넷플릭스가 다큐멘터리 장르를 진정 획기적이고 차별적인 변화로 이끌고 있지 않다는 점을 언급하는 것이 중요하다고 생각한다. 줄스와 같은 새로운 영화 제작자들을 위한 산업적 구조과 옵션들은 근본적으로 다른 것 같지만(그리고 기술적으로는 그러함), 넷플릭스는 더 지배적인 위치에 있음에도, 유통과 상영의 모든 힘을 가지고 있고 그 자체가 주로 상업적인 관심에 의해 운영되는 오래된 스튜디오 모델과 비슷하다.

짐은 넷플릭스가 하고 있는 일에 대해 대체로 긍정적으로 바라본다. 그는 넷플릭스가 다큐멘터리 영화 산업을 변화시켰다는 데 동의하고, 특히 댄 코건이 언급했던 "나는 그 영화에 대해 들어봤지만 어디서 찾아야 할지 모르겠다"라고 분류되는 문제에 신경을 쓰고 있다. 넷플릭스를 단지 (도서관이 아니라 신문 가판대일지라도) 저장소로 지정할 수 있다는 것은 다큐멘터리 영화 제작자들에게 "평균" 관객들이 있도록 도움이 되었다. 짐에게 넷플릭스의 또 다른 이점은 지난 10년 동안 그 공간을 거의 완전히 지배했던 HBO 다큐멘터리와 마침내 경쟁할 능력을 갖게 된 것이다. 다큐멘터리는 현재, HBO 다큐멘터리가 제공하는 모든 것을 "꼭 받아들여야 하는must take" 과거의 계약 상황과는 대조적으로, 그들의 영화를 향한 많은 관객들을 얻을 수 있는 더 많은 옵션을 가지게 되었다.

그러나 최근 주요 영화제에서 인정받고, 수상 경력도 있는 다큐멘터리 제작자인 짐의 넷플릭스와의 관계는 줄스의 관계와는 다르다. 다른 영화 제작자와 프로듀서들과 마찬가지로, 짐은 조금 더 전통적 독립 극장 개봉으로 가기 위해 넷플릭스가 제공했던 더 큰 재정적 제안을 거절했다. 모든 프로젝트는 조금 더 위험한 극장 전략을 선택하는 나름대로의 이유가 있지만, 나는 영화 제작자들에게 있어서 재정적으로나 예술적으로나 극장 개봉의 지속적인 호소는 그 산업의 지속적인 가치와 목표를 말해준다고 생각한다. 짐에게는 관객들이 극장으로 그의 특정한 이야기와 주제를 보러 올 것이라는 믿음이 있다. 또 다른 대화에서, 영화 제작자들에게 넷플릭스가 많은 돈을 가지고도 복제할 수 없는 극장 공간에서 큰 스크린에 계속 상영하는 힘을 칭찬했다.

궁극적으로, 짐은 넷플릭스를 스튜디오보다 닷컴/테크 회사에 훨씬 더 가까운 형태라고 본다. 이 서비스를 상업주의에 따라 진행되는 것으로 보는 것과는 달리, 그는 넷플릭스가 더 많은 기성 기업들보다 위험을 감수하고 새로운 생산과 유통 모델을 시도할 의향이 훨씬 더 크다고 믿는다. 막대한 자금과 "새로움"으로 운영하는 넷플릭스는 다르게 생각하고 즉각적인 수익보다는 품질과 혁신의 명성을 창출하는데 더 도움이 될 수 있는 프로젝트에 투자할 수 있다. 그는 넷플릭스의 오리지널 제작과 다큐멘터리 확보가 이를 증명한다고 느낀다. 넷플릭스의 프로그래밍은 즉각적으로 이익을 주지 않고 우리에게 익숙한 전시와 유통 관행은 아니지만, 품질에 대한 명성을 쌓고 있다. (그리고 단순히 상업적인 것만이 아닌 의무 사항으로 만들고 있다.) 하지만 짐은 이 모델이 얼마나 지속 가능할지 궁금해한다. 여느 닷컴과 마찬가지로 수익에 대한 요구가 발생할 때 불가피한 파산이나 문화적 변화의 우려가 있다. 스타트업들은 그들의 실험 그리고 막대한 돈과 시간을 투자하는 것으로 잘 알려져 있지만, 피할 수 없는 청구서와 상업적 요구를 지불해야 할 때 파산하는 것으로도 잘 알려져 있다. 또한, 내 관점에서 보면, 넷플릭스가 발전하고 있는 "외부out there"의 특이하고 더 자기 인식적인 예술 다큐멘터리 영화들을 위해 위험을 감수한다고 보기 어렵다. 비록 그 충동이 지금은 일시적으로 지연되어 있을 수도 있지만, 언젠가는 서비스의 잠재적인 상업적 논리는 명성을 더하는 것을 넘어 어떤 방식으로든 작품들이 성과를 낼 것을 요구할 것이다.

그럼에도 불구하고 두 영화 제작자들은 넷플릭스를, 모두에게 좋으면서 대부분에게는 나쁜 점이 우려되지만, 다큐멘터리에 대해 믿을 수 없을 정도로 긍정적인 힘이 된다고 본다. 줄스는 넷플릭스의 장단점이 자신의 경력을 합법화/재정화하는 원동력이라고 보고, 짐은 그 분야의 혁명적 힘이라고 본다. 다른 모델들은 다큐멘터리 명성을 위해 존재하지만 넷플릭스는 홀로 성장하고 근본적으로 새로운 접근을 하고 있다. 지금은 상황이 "좋다"고 하지만, 자금, 영화 제작자들의 증가된 경쟁과 판매처, 그리고 시청자에게 접근하는 새로운 방법으로 볼 때, 잠재적인 상업적 요구가 여전히 남아 있기 때문에 약간의 불안감은 남아 있다.

결론

2015년 시점에서 변화가 너무 빨리 일어나서 미래에 넷플릭스와 다큐멘터리의 관계가 어떠할지 확실히 말하기가 어렵다. 예를 들어, HBO의 〈더 징크스The Jinx〉와 전국 공영 라디오National Public Radio의 팟캐스트 〈시리얼Serial〉의 성공으로, 대본 있는 장편이라기보다는 연속형이거나 일반적으로 시간에 걸쳐 상영될 수 있는 새로운 다큐멘터리 형식에 많은 관심이 쏟아지고 있다. 넷플릭스는 또한 〈셰프의 테이블Chef's Table〉과 같은 프로그램을 실험 중이다, 아마도 이 서비스가 장편 다큐멘터리에 대한 관심이 줄어들고 있고 전통적인 텔레비전 프로그램에 더 많은 관심을 가지고 있다는 것을 암시하고 있을 수도 있다.

그럼에도 불구하고, 넷플릭스에서 장편 다큐멘터리와의 경험은 오늘날의 넷플릭스에 관해 많은 것을 우리에게 말해주고, 특정한 미래 결과는 그렇지 않을 가능성이 있다. 새로운 시장을 창출하고 미디어 산업을 혁신한다는 디지털 기술의 약속에도 불구하고, 전통적인 유통과 상영 플랫폼의 전통적 역할에는 여전히 큰 힘이 있다. 아이튠스가 음악 산업을 완전히 지배하기 위해 (앤드류 슈묵클러Andrew Bard Schmookler가) 선택의 (환상이라고 말한 것을) 사용한 것과 같은 방법으로, 넷플릭스는 다큐멘터리 영화 산업에서도 같은 위치에 있을 수 있다.[15] 오늘날 자금과 기회의 구제자인 넷플릭스가 영화 제작자들에

---

15) Andrew Bard Schmookler, *Illusion of Choice: How the Market Economy Shapes Our Des-*

게 그 사이트에서 서비스하는 비용을 부과하고, 아니 그렇게 극단적인 것이 아니라면, 사용자들이 로그인할 때 디지털 뉴스 가판대의 앞부분에 있는 프리미엄에 부과하는 미래를 상상하는 것은 어렵지 않다.

넷플릭스는 다큐멘터리를 변화시켰지만, 이 변화는 종류를 바꿨다기보다는 정도를 바꿨다. 영화 제작자들과 시청자들은 이전보다 더 많은 선택권을 가지고 있지만, 제작, 유통, 상영의 의사 결정은 여전히 꽤 전통적인 상업적 사고에 의해 지배되고 있다. 그래도 달라진 것은 규모와 기술이지만 넷플릭스의 많은 것은 사전 패키징pre-packaging이나 블록부킹block-booking과 같은 관행을 포함하여 포드주의 생산 모델에 의존하는 "구식old" 할리우드를 상기시킨다. 궁극적으로, 장편 다큐멘터리를 포함한 모든 영화들은 미국 영화 산업이 시작된 이래 어떤 스튜디오의 영화와도 마찬가지로 이 서비스를 위해 작동해야 한다. 넷플릭스는 새로운 개척자임에도 불구하고, 과거의 가치와 일을 새로운 현대적 디지털 언어로 고쳐 말하고 있다. 우리의 순간을 이해하기 위해 우리는 그 언어를 배울 필요가 있다.

tiny (Albany: State University of New York Press, 1993).

제10장

교도소에서 흑인다움을 보는 것
넷플릭스의 〈오렌지 이즈 더 뉴 블랙〉에서 교도소의 다양성 이해하기

Seeing Blackness in Prison: Understanding Prison Diversity on Netflix's Orange Is the New Black

브리타니 파 Brittany Farr

2013년 7월 11일 넷플릭스는 다섯 번째 오리지널 시리즈인 〈오렌지 이즈 더 뉴 블랙〉을 개봉했는데, 이 드라마는 동명의 파이퍼 커맨Piper Kerman의 회고록을 기반으로 한 허구의 코미디 드라마이다. 이 드라마는 백인 성위 중류층 여성인 파이퍼 채프먼Piper Chapman의 삶에 대한 내용으로, 그녀는 10년 전쯤에 마약을 거래하는 전 여자 친구를 위해 돈을 운반한 죄로 15개월의 징역형을 선고받았다. 〈오렌지 이즈 더 뉴 블랙〉은 대중의 호평과 비평가의 호평을 동시에 받았고, 시즌4가(2019년 시즌7 출시—옮긴이) 공개되었다. 이 쇼는 수감된 여성들의 삶을 예전과는 다른 방식으로 보여주었다. 이 글을 쓸 당시, 미국은 세계에서 가장 많은 수감자를 보유하고 있었다. 1980년에서 2010년 사이 교도소에 수감된 여성은 646%로 늘어나고, 여성 수감률은 남성 수감률

보다 거의 1.5배 많았다.[1] 그러므로 최근 몇 년 동안 여성에 대해 가장 비평적으로 호평을 받은 쇼 중 하나가 연방 여성 교도소를 배경으로 한다는 점은 놀랄 만한 일이 아니다. 〈오렌지 이즈 더 뉴 블랙〉은 다양한 여성 주도의 출연진들과 교도소 생활의 가혹한 현실을 보여주는 장면들로 새로운 영상 표현 방식의 출현을 알리고 있다. 다양성이 팔리는 경제 논리가 작동하는 텔레비전 시대에, 이러한 획기적인 표현 방식은 처음에 보였을 때처럼 그다지 혁명적이지 않다. 비록 〈오렌지 이즈 더 뉴 블랙〉이 미국에서 가장 힘이 없는 여성들 중 일부를 보여주고 있지만, 코미디 어조와 서사 주제는 그렇게 하기 위해, 동시에 범죄와 교도소에 대한 가장 오래 지속되었던 문화적 신화를 계속 반복하고 있다.

나는 흑인다움blackness과 가시성visibility의 주제에 집중하면서, 쇼의 주제(많은 여성의 수감)와 (넷플릭스 오리지널 시리즈로서) 정치 경제, 그리고 비판적 수용 사이의 연관성을 비판적으로 검토한다. 이 쇼의 제작자들은 부분적으로 다양성에 전략적으로 호소하면서 콘텐츠 창작의 위험을 완화할 수 있었다. 맥락적 수준에서 취해진 위험은 실제로 넷플릭스가 초기에 콘텐츠 제작을 추진하면서 발생하는 위험을 완화시키는 작용을 했다. 〈오렌지 이즈 더 뉴 블랙〉의 성공은 허만 그레이Herman Gray와 다른 미디어 학자들이 주장했던 바를 입증한다. 현대 미디어 내에서 차이를 인식하는 것은 좋은 비즈니스 관행이다.[2] 그것은 시장성 있는 표현을 만들고, 끊임없이 규제되는 자본주의의 영역에서

---

1) "Incarcerated Women," Washington, DC: The Sentencing Project, 2012. www.sentencingproject.org (검색일 2015.6.21)

2) 판매 차이와 다양성의 가치에 대해서는 다음 책을 참고하라. Bell hooks, "Eating the Other: Race and Resistance," in *Black Looks: Race and Representation* (Boston, MA: South End Press, 1992), 21-39; Sarah Banet-Weiser, *Authentic™: The Politics of Ambivalence in a Brand Culture* (New York: New York University Press, 2012); Kristal Brent Zook, *Color by Fox: The Fox Network and the Revolution in Black Television* (New York: Oxford University Press, 1999).

참여의 위험성을 관리하기 위해 사용되는 많은 전략 중 하나이다. 〈오렌지 이즈 더 뉴 블랙〉은 교도소와 엔터테인먼트 산업 중간에 위치하며, 두 산업을 활성화하는 논리를 조사함으로써, 겉보기에는 이질적인 영역에 걸쳐 있는 영향력 있는 투자의 일관성을 발견할 수 있다.

〈오렌지 이즈 더 뉴 블랙〉에 대한 연구 주제는 두 가지이다. 첫 번째는, 허구의 작품으로서, 이 드라마는 현대 정치 경제의 분위기에 대하여 어떠한 가정을 가장 내세우는가? 최근 ≪아메리칸 쿼털리American Quarterly≫ 기사에서, 허만 그레이는 미디어 학자들이 미디어 내의 인종과 관련하여 정확성, 진정성, 또는 가독성에 대한 질문을 뛰어넘어 생각하도록 권장했다. 그리고 대신에 "미디어가 어떻게 그리고 어디에서 공공 정책, 신체, 역사, 그리고 문화에 대하여 감정적으로 강력한 감정, 애착, (탈)동일시를 조직하고 유통하는지 구체화할 것을 권유했다.3) 쇼에서 표현하는 전제를 받아들이면 〈오렌지 이즈 더 뉴 블랙〉이 여성, 교도소와 안전 상태, 넷플릭스, 그리고 텔레비전과 스토리텔링 자체에 대해 어떤 정서를 조직하고 유통하는지 보다 쉽게 알도록 해준다. 감시 관행은 우리의 대중적이고 정치적인 문화에 걸쳐 만연해 있다. 〈오렌지 이즈 더 뉴 블랙〉은 교도소의 안전과 감시를 분명하게 다루고 있다. 넷플릭스는 이용자의 행동을 조사하고 프로그램을 결정하는 데 이 데이터를 이용한다. 이러한 다양한 종류의 안전 관행의 교차점은 가시성에 대한 여러 의미와 가치를 읽을 수 있는 유일한 기회를 제공한다.

두 번째 질문은, 이 쇼의 성공에 대한 이야기가 인종적 신자유주의 내에서 인종으로 특징지어지는 신체, 특히 흑인의 신체의 가치에 대해 우리에게 가르쳐주는 것은 무엇인가? 자본주의 이데올로기에서 위험을 완화하고 취약성을 관리하는 것은 가치 있는 일이다. 〈오렌지 이즈 더 뉴 블랙〉은 위험을 줄

---

3) Herman Gray, "Subject(ed) to Recognition," *American Quarterly* 65.4 (2013): 793. doi:10.1353/aq.2013.0058

이고 취약성을 관리하도록 만들어진 시스템에 잡힌 개개인을 보여줌으로써 그렇게 할 수 있다. 이 드라마는 나쁜 선택을 했지만 서로에게 동정심을 갖는 캐릭터들에 대한 이야기인데, 이 중 많은 이들은 유색 인종이다. 그리고 우리가 이 쇼에 대하여 언론에서 본 것은 넷플릭스가 나쁜 선택을 하거나 잘못된 선택을 한 (유색) 사람들에 대한 이야기에 투자함으로써 올바른 선택을 했다는 것이다.

〈오렌지 이즈 더 뉴 블랙〉의 허구 세계를 읽다

〈오렌지 이즈 더 뉴 블랙〉은 교도소에서 대부분 청결한 삶의 모습만을 보여주지만, 여전히 미국에서 가장 취약한 일부 사람들에 대한 서사에 집중한다.[4] 이 드라마의 긍정적 반응의 일부는 〈오렌지 이즈 더 뉴 블랙〉이 교도소 시설 단지에서 가장 잘 표현하지 않는 몇 개의 부정을 다루는 방법 때문이다. 예를 들자면, 한 에피소드에서 그들은 노인 죄수의 "인도적인 석방"을 보여준다. 여성 노인은 치매 때문에 돌보기 어려워지고 비용이 많이 들어 일찍 풀려난다. 그녀의 나이 때문에 풀려났다고 인도적인 석방이라고 묘사되는 이 행동의 "인간성humanity"은 사실 교도관이 오직 경제적인 이유로 석방을 허락했

---

4) 리치필드Litchfield의 실제 대상인 댄버리Danbury 연방 교소도에 수감된 여성은 다음과 같이 썼다. "나에게서 이야기를 들어라. 교도소는 재미없다. 넷플릭스 드라마에서 예시된 것처럼 교도소에 대해 만화책에서 묘사한 것 같은 것도 없다.": Beatrice Codianni, "Former Prisoner: 'Orange Is the New Black' Is Not Funny," *Truthout*, September 3, 2014. http://www.truthout.org/opinion/item/25957-farmer-inmate-orange-is-thenew-black-is-not-funny (검색일 2015.7.15) 그러나 전에 수감되었던 상원 의원이 버즈피드에 쓴 글에서 저자가 교도소에서의 삶에 대해 "잘 다루었다"며 이 드라마를 칭찬했다: Jeff Smith, "A Former Prisoner on What 'Orange Is the New Black' Gets Right -And What It Doesn't," *BuzzFeed*, August 22, 2013. http://www.buzzfeed.com/jeffsmithmo/afarmer-prisoner-on-what-orange-is-the-new-black-gets-right (검색일 2015.7.15)

다는 사실에 묻혔다. 그리고 문제의 죄수는 결국 노숙자가 되고 완전히 무일 푼이라는 것은 거의 확정적이다. 드라마의 다른 부분에서 우리는 평상시에 마주치는 일말의 성전환자 혐오transphobic 위반 성전환 수감자뿐만 아니라 이 폭력에 대한 잔인한 제도적 대응도 볼 수 있다. 성전환자 역할의 소피아 버셋 Sophia Burset은 같이 지내던 수감자들로부터 공격을 받은 후 "자신의 보호를 위해" 독방에 감금된다. 〈오렌지 이즈 더 뉴 블랙〉은 소피아를 독방에 감금하는 것은 교도소 관리자들이 책임에서 스스로를 보호하는 잔인한 방법이라는 것을 분명히 한다. 그들은 그들 자신의 법적 안전에 더 신경을 쓴다. 〈오렌지 이즈 더 뉴 블랙〉은 교도소 시스템의 많은 위선을 보여주는 것 외에도, 드라마에 출연하는 흑인 여배우들을 위한 직업과 가시성을 제공했다. 그들 중 많은 사람들이 3차원적인 캐릭터를 연기하고 있고, 이 캐릭터는 오늘날까지 텔레비전에서 나오는 흑인 여성들에게는 상대적으로 드문 일이다. 아마도 이 드라마의 가장 주목할 만한 결과 중 하나는 라버른 콕스Laverne Cox가 소피아 버셋처럼 그녀의 가시성을 사용한 것이다. 버셋은 성전환 여성, 특히 흑인 트랜스 여성들이 경험하는 폭력에 대한 가장 광범위한 전국적인 대화를 장려했다. 그러나 동시에 〈오렌지 이즈 더 뉴 블랙〉은 교도소의 생활이 어떠한지를 많이 완화했다. 이 드라마는 HBO 〈오즈Oz〉의 여성 버전이라기보다는 여성 직장 코미디에 더 가깝다.5) 교도소는 주로 서사 배경으로 활용된다. 그리고 이 드라마는 부옥된 현실의 묘사보다는, 이 배경을 이용하여 성별을 반영한 소비에 대한 위험과 불안정을 주된 관심을 갖고 소개한다. 이 드라마의 작가들과 창작자들은 자본주의에서 잘못된 참여의 위험을 탐구하기 위해 흑인, 라티노, 가난, 그리고 여성성의 교차점에 대한 진부한 고정 관념에 의존한다.

---

5) 〈오즈Oz〉(1997~2003)는 교도소 생활의 단호하고, 종종 불필요한 부분을 표현한 것으로 유명하다.

플래시백과 잘못된 소비

〈오렌지 이즈 더 뉴 블랙〉의 전형적인 에피소드에서 서사는 수감 전 여성들의 삶에 대한 플래시백에 의해 중단된다. 이러한 플래시백은 보통 시청자에게 여성들이 어떻게 체포되었는지 보여주며, 보통 동정적인 맥락으로 표현된다. 테리 그로스Terry Gross와의 인터뷰에서 〈오렌지 이즈 더 뉴 블랙〉의 창작자이자 쇼러너인 젠지 코한Jenji Kohan은 쇼가 너무 우울해지는 것을 막기 위해 드라마에서 플래시백에 많이 의존하고 있다고 밝혔다.6) 코한에게 있어서 이러한 플래시백들은 그녀가 작가로서 필요한 것이었다. 왜냐하면, 그녀는 글을 쓰는 내내 그 교도소에서 정신적으로 거주하고 싶지 않았기 때문이다. 심지어 이러한 정신적 투옥도 감당하기에 너무나도 큰 짐이었다. 많은 비평가들은 코한이 플래시백을 사용하여 등장인물들을 인간적이게 하고, 시청자에게 수감자들의 행동에 대한 통찰력을 주고, 시청자에게 등장인물들의 결점에 공감할 수 있는 기회를 제공하는 방법으로 이용한다고 계속해서 칭찬했다. 비록 파이퍼 채프먼이 주인공이고 결과적으로 가장 많은 플래시백에 나오지만, 다른 등장인물들에게도 플래시백 스토리를 줌으로써 이 드라마는 더욱더 진정한 조화를 이룬다. 우리가 모든 플래시백에서 보는 것은 여성들이 우리의 소비 사회를 따라잡거나 "만들려고" 싸우는 이야기들이다. 비록 대부분의 수감된 여성들이 비폭력적인 마약 관련 범죄의 결과로 투옥되었지만, 이것들이 〈오렌지 이즈 더 뉴 블랙〉이 보여주는 이야기의 대부분은 아니다. (서로 매우 비슷하다고 느끼기 시작할 수 있는 이야기인) 가난, 제도화된 인종 차별과 성차별에 대한 이야기에 크게 의존하지 않는 것을 선택하면서, 이 드라마는 이러한 종류의 이야기들이 생각보다 관련 있지 않다는 것을 암시한다. 여성

---

6) Terry Gross, "'Orange' Creator Jenji Kohan: 'Piper Was My Trojan Horse'," *National Public Radio,* August 13, 2013. www.npr.org

개개인의 범죄는 독특하기 때문에, 이 드라마는 시청자들에게 교도소는 개인주의를 추구한 결과로 죄를 저지른 독특한 개인들로 차 있다는 것을 보여준다. 이 범죄를 저지른 개인주의는 개인의 책임과 독립을 중요시하는 자유주의 이데올로기와 일치한다.

이러한 플래시백을 통해 전달되는 두 가지 주요 주제가 있다. 첫 번째는 부적절한 소비 관행의 범죄에 관한 것이다. 〈오렌지 이즈 더 뉴 블랙〉은 여성들이 부적절한 소비를 하고 결국 교도소에 가게 되는 이야기들로 가득 차 있다. 예를 들어, 소피아 버셋은 신용 카드 사기로 체포된다. 그녀는 비싼 성전환 수술 비용을 마련하기 위해 훔친 신용 카드 정보를 사용했다. 곧 다가오는 결혼에 대해 강박적으로 이야기했던 여성 로나 모렐로Lorna Morello는 결국 망상적인 스토커로 밝혀진다. 모렐로의 뒷이야기는 시즌2의 2회에서 플래시백을 통해 밝혀지며, 이를 통해 그녀의 약혼자 크리스토퍼Chrisopher는 그녀의 약혼자가 아니라, 그녀가 가볍게 만났지만 계속해서 그녀를 스토킹하고 괴롭혔던 사람이라는 것을 알게 된다. 이 에피소드에서 모렐로의 부도덕함과 현실 감각이 없는 것은 처음으로 그녀가 신용 카드 사기를 저지르는 장면을 통해 전달된다. 시즌2에서 식당을 운영하는 글로리아 멘도자Gloria Mendoza는 비록 그녀를 학대하는 남자 친구를 떠나려고 충분한 돈을 모으기 위해 저지른 것이기는 하지만, 복지 사기 혐의로 체포된다. 다른 여성들 중 일부는 절도, 강도, 마약 사용 또는 마약 판매도 두옥되었다. 그러나 이들은 확장된 플래시백의 중심에서가 아니라 스치면서 언급된다. 그들이 전형적으로 중점으로 다루어질 때, 이 범죄들은 로사 시스네로스Rosa Cisneros의 경우와 같이 상황에 의한 범죄보다는 격정에 의한 범죄로 표현된다. 시즌2에서 시스네로스는 연인들과 무기를 갖고 은행을 털은 범행으로 수감된 사실을 알게 된다. 시스네로스가 범지를 저지른 것은 돈이 필요해서가 아니라 범죄를 저지를 때의 스릴을 좋아했기 때문이다.

〈오렌지 이즈 더 뉴 블랙〉에 나오는 두 번째 주제는 흑인 여성들이 구체적이지 않은 범죄성을 가지고 있고, 그들이 투옥되는 것은 당연하다는 것이다. 백인 수용자들과 유색 인종 수용자들에게 제공되는 플래시백 사이에는 현저한 차이가 있다. 우리는 세 명의 흑인 여성 주인공들의 과거를 확인할 때, 그들을 투옥으로 이끈 정확한 법적 위반 사실을 보지 못했다. 첫 두 시즌에서 〈오렌지 이즈 더 뉴 블랙〉은 이런 흑인 여성 캐릭터들의 이야기를 생략한다. 흑인다움과 관련된 범죄 또는 흑인 사회의 범죄는 충분히 설명된다.

〈오렌지 이즈 더 뉴 블랙〉의 인도주의적 플래시백의 혜택을 받는 사람은 죄수뿐만이 아니다. 〈오렌지 이즈 더 뉴 블랙〉은 또한 여러 간수, 상담원, 그리고 교도관들의 뒷이야기도 다룬다. 결과적으로, 이러한 플래시백은 차이를 낮춘다. 수감자부터 교도관, 소장 보조원까지 모든 사람을 인도적이게 함으로써 〈오렌지 이즈 더 뉴 블랙〉은 교도소 안에서 존재하는 권력의 역학을 희석시키고, 교도소 시설 단지 내에서 실제로 벌어지고 있는 불평등을 최소화한다. 허만 그레이의 말을 사용하자면, 플래시백은 영화 속에 있는 수용자들의 투쟁은 "보여지지만 비어 있다"라고 보여지게 하며 따라서 어려운 질문을 할 필요 없이 다양성의 특징을 제공한다.[7] 플래시백은 마치 코미디라는 일터에 있는 모든 등장인물들이 서로 함께 갇혀 있는 것처럼 모든 등장인물들이 함께 교도소에 갇혀 있다는 인상을 준다. 하지만 분명히 그렇지 않다. 죄수들은 떠날 수 있는 선택권이 없기 때문이다.

교도소 경제

시즌2와 시즌3에서는 등장인물들의 과거 부적절한 소비 행위에 초점을 두지 않고, 드라마에서 현재 벌어지고 있는 밀수와 횡령에 더 초점을 맞추고 있

---

7) Gray, "Subject(ed) to Recognition," 782.

다. 시즌2에 나오는 횡령은 다음 시즌에 있을 교도소의 재정에 대해 힘든 결정을 하도록 강요한다. 시즌2의 초점은 교도소 경제에 관한 것으로 재소자들 사이의 불법 밀수품 교환과 주로 교도소장이 행한 교도소의 재무적 거래를 다룬다. 교도소장의 비서는 남편 상원 선거 자금을 마련하기 위해 교도소 예산에서 돈을 횡령한다. 그녀는 자신이 저지른 횡령을 정당화하는데, 그녀의 남편이 법을 개정하면, 배관과 더 좋은 간식에 예산을 쓰는 것보다 수감된 여성들의 삶에 더 큰 영향을 미칠 것이라는 것이다. 시즌3에서는 교도소 내의 불법적인 경제와 교도소의 경제가 이 드라마의 서사적 움직임을 계속해서 이끌어가고 있다. 시즌2의 횡령 때문에 리치필드 교도소Litchfield Peniteniary는 돈이 부족하여 폐쇄할 예정이다. 새 교도소장의 비서 조 카푸토Joe Caputo는 사설 법인인 MMR이 교도소를 운영하도록 설득하는 데 성공했다. 교도소 수감자와 직원 모두를 향한 교도소의 비인도적인 행위에 대한 책임은 이제 그 민간 법인의 이익만을 위한 동기로 대체되었다. 예를 들어 비용을 줄이기 위해 MMR은 여성들에게 덜 비싸고 덜 맛있는 음식을 제공한다. 드라마는 새 교도소의 음식물이 얼마나 역겹고 먹을 수 없는 것인지를 보여주기 위해 많은 분량을 할애한다. 그러나 〈오렌지 이즈 더 뉴 블랙〉과 달리 미국 교도소의 문제는 기업의 탐욕으로만 돌릴 수 없다. 루스 길모어Ruth Wilson Gilmore가 『골든 굴락Golden Gulag』에 쓴 것처럼, 비록 미국 교도소가 점점 민영화되고 있지만, 미국 교도소의 95%는 여전히 주성부 또는 연방정부에서 운영하고 있다.8) 〈오렌지 이즈 더 뉴 블랙〉의 시즌3에서 보여주는 바와 달리, MMR의 수익 중심적인 의사 결정이 초래하는 결과로서 리치필드 교도소가 직면하는 많은 문제들은 민영으로 운영되는 교도소에만 국한되지 않는다. 교도소는 민영으로 운영되든 연방에서 운영하든 비인간적이다.

---

8) Ruth Wilson Gilmore, *Golden Gulag: Prisons, Surplus, Crisis, and Opposition in Globalizing California* (Berkeley: University of California Press, 2007).

이 두 이야기 전개는 교도소를 구멍이 많고, 결함이 많은 경제로 표현한다. 〈오렌지 이즈 더 뉴 블랙〉의 세계 안에서 리치필드 교도소 시설은 너무 낡았고, 교도소는 재정적으로 간신히 버티고 있다. 이 드라마는 교도소장의 비서가 교도소 시스템을 바꾸려는 부정한 시도를 단지 부정직할 뿐만 아니라 부적절한 것으로 여긴다. 그리고 여기서 우리는 〈오렌지 이즈 더 뉴 블랙〉이 어떻게 드라마의 교도소 시스템과 〈오렌지 이즈 더 뉴 블랙〉과 넷플릭스가 운영되는 텔레비전 지형 사이에서 쉬운 환유적인metonymic 읽기를 허용하는지를 볼 수 있다. 리치필드의 죄수들은 고통을 받는데, 교도소 안의 권력자들은 그들이 항상 했을 법한 방법으로 할 일을 선택하기 때문이다. 교도소를 운영하는 사람들은 (거의 모두 남성임) 여자 수감자들의 소비자 욕구에 대해 신경을 거의 안 쓴다. 교도관들은 교도소 운영에 변화를 주는 데서 오는 위험을 무릅쓰기를 꺼린다. 그리고 그들이 그렇게 할 때에, 한 상담사가 시즌2에서 했듯이, 초기 실패의 징후는 그들을 쉽게 좌절시킨다. 리치필드는 방송사와 케이블 텔레비전의 시대에 뒤떨어진 세계에 대한 은유로서 작동할 수 있다. 시스템은 고장이 났다. 그러나 드라마는 교도소 시스템이 더 혁명적으로 변하고, 효율적이고 더 민감하게 운영되어야 한다고 주장하지는 않는다. 나중에도 논의하겠지만, 이러한 관점은 케빈 스페이시Kevin Spacey가 넷플릭스에 대해 엄청나게 회자되었던 연설에서 표현한 관점과 매우 유사하다. 만약 교도소를 운영하는 사람들이 통제와 자유를 적절히 분배하는 방법을 알았다면, 아마도 모든 사람들이 그들이 원하는 것을 얻었을 것이다. 〈오렌지 이즈 더 뉴 블랙〉이 보여준 이야기들은 우리의 감시와 안전 상태를 우리의 상식의 일부라고 여긴다. 빅데이터 형태로서 감시는 이제 이야기를 만드는 중요한 도구가 되었다. 〈오렌지 이즈 더 뉴 블랙〉은 교도소를 하나의 삶으로 자연스럽게 여기고, 감시의 형태인 가시성은 단순히 필요한 것이 아니라 좋은 것이라는 생각을 (다시) 낳는다.

이어지는 섹션에서 나는 흑인들에 대한 상식적인 신념과 흑인의 가시성이 단지 미국의 엔터테인먼트 산업뿐만 아니라 거버넌스와 경제에서도 마찬가지로 문제가 되는 방법 사이의 관계를 이해하기 위한 이론적 체계를 정리할 것이다. 범죄, 소비, 그리고 흑인에 관한 주제적 전제는 그람시적Gramscian 상식의 사례를 통해 생산적으로 잘 이해할 수 있다. 거기서부터, 나는 미국 내에 존재하는 흑인다움과 브랜딩 사이의 오랜 역사적 관계 내에서 콘텐츠를 제작하는 것을 브랜드화하려는 것이 넷플릭스의 시도라고 생각한다. 또한, 넷플릭스의 브랜딩 개발에서 〈오렌지 이즈 더 뉴 블랙〉이 차지하는 역할을 감안한다. 이 드라마는 넷플릭스의 원작 시리즈 중 가장 다양성이 있고, 가장 성공적인 시리즈 중 하나이며, 드라마의 성공은 적지 않은 흑인 등장인물들 덕분이다.

흑인다움, 상식, 그리고 가시성

영상 연구, 문화 연구, 그리고 아프라카게 미국인 연구에서 많은 학자들이 비슷하게 미국의 영상 문화가 노예 제도의 유산에 의해 영향을 받았던 방식에 관하여 논문을 썼다.[9] 간단히 말해서, 흑인다움은 미국의 영상 문화에서 과잉 결정overdetermined된 상징이다. 흑인다움 및/또는 검은 신체는 성적 특질, 공격성, 범죄성, 수동성, 약점, 병리학, 넛심, 그리고 진실싱 등 많은 특성을

---

9) 이 주제에 대한 더 많은 논의는 다음을 참조하라. Nicholas Mirzoeff, *The Right to Look: A Counterhistory of Visuality* (Durham, NC: Duke University Press Books, 2011); Sasha Torres, *Black, White, and in Color: Television and Black Civil Rights* (Princeton, NJ: Princeton University Press, 2003); Herman Gray, *Watching Race: Television and the Struggle for Blackness* (Minneapolis: University of Minnesota Press, 2004); Nicole R. Fleetwood, *Troubling Vision: Performance, Visuality, and Blackness* (Chicago: University of Chicago Press, 2011); bell hooks, *Black Looks: Race and Representation* (Boston, MA: South End Press, 1992).

대변할 수 있다. 검은 몸의 과도한 보여주기hypervisibility는 흑인다움을 "새로운 시청자와 환경에 대하여 역사적 맥락과 연계된 역사성과 추상적인 특정 가치, 감정 또는 사상을 대체하는 새로운 영역으로 이전"할 수 있도록 한다.[10] 즉, 흑인다움은 믿을 수 없을 정도로 이동성이 있고 적응이 가능한 아이콘으로, 적절히 활용하면 생산성이 있을 가능성을 가지고 있다. 이러한 재현적 맥락representational context에서, 허만 그레이의 재현에 대하여 우리의 투자를 재고하라는 주장은 설득력 있다. 차별성과 다양성이 마케팅 전략이 될 때, 점점 더 다양해지는 텔레비전의 표상들이 텔레비전 영역 밖에서의 평등을 보장하지는 않는다. 〈오렌지 이즈 더 뉴 블랙〉은 분명하게 "다양성"이 어떻게 이 드라마가 인기 있게 하는지 보여준다. 자본주의는 적응력이 강하기 때문에 보다 다양하고 공정한 재현에 대한 요구를 자본주의 논리로 통합시켰다. "더 나은" 재현에 대한 요구는 더 이상 시민권 시대와 같은 체계적 변화를 가져올 수 있는 동일한 가능성을 가지고 있지 않다.

그람시의 상식에 대한 이론은 여기서 유용하다. 재현의 진실성을 고려하기보다는 "좋든지" 혹은 "나쁘든지" 간에, 우리는 재현이 어떤 상식을 (재)생산하거나 가장 잘 보이게 하는 종류의 상식을 요구할 수 있다.[11] 상식이란 사회 질서에서 대다수의 사람들이 공유하는 세상에 대한 일련의 공유된 가정이다. 하나의 사회에는 여러 종류의 상식이 있다. 그리고 그것은 모순될 수도 있고, 일관성이 없을 수도 있다. 그리고 그것은 우리의 세계관을 형성하고 뒷받침할 수 있는 강력한 힘을 가지고 있다. 이데올로기는 상식처럼 가장 효과적이고 가장 강력하게 사용될 수 있기 때문에 알아채지 못한 채 남아 있을 수 있다. 영화학자 카라 킬링Kara Keeling은 『마녀 비행The Witch's Flight』에서 그람시

---

10) Fleetwood, *Troubling Vision: Performance, Visuality, and Blackness*, 37.

11) 여러 미디어 학자가 비슷한 주장을 했지만, 공간의 관심에서 나는 주로 그레이의 논문에 중점을 둔다. 또한, 다음을 참조하라. Sarah Banet-Weiser, *Authentic™*.

의 상식 이론을 받아들였다. 킬링의 책은 통합된 상식이 사회 경제적 관계 집합에 대응하는 방법에 대해 강조한다. 우리가 다양한 미디어를 통해 인식하게 되는 상식은 기존의 사회 경제적 관계의 적절성과 자연성에 대한 신념을 전달한다. 킬링이 상식에 대한 논의에서 "통합consolidation"이라는 용어를 사용하는 것은 이러한 표상들이 상대방에게 형성되는 방법을 말하는 것이다. 또한, 표상의 힘은 누적된다.12)

　인종 미구분colorblindness은 신자유주의 안에서 인종적 다양성을 바라보고 이해하는 주요한 방법의 하나가 된 상식의 한 예다.13) 그것은 인종 차별을 과거에 일어났던 것으로 여기고, 고통의 역사적 유산과 지속된 불평등한 특권체계의 지속에 대한 인지 없이 인종 차별의 가시성과 인식을 찬양celebrate한다. "다문화multiculti"라는 베네통 광고에 있든 긍정적인 행동 정책의 지속적인 필요성을 비난하는 논쟁에 있든, "나는 색(인종)을 보지 않는다I don't see color"는 정서는 미국 대중문화에 만연해 있다. 인종 미구분의 관점에서 보면, 미국의 인종 차별적 소득 불평등에 영향을 끼치는 구조적인 인종 차별주의는 무감각해진다. 인종 미구분 이데올로기는 현대의 인종 차별이 인종 차별주의로 이해되는 것을 막는다. 이러한 인종 미구분의 상식 안에서 우리는 미국 교도소가 우선적으로 "다양성"으로 채우는 인종 차별주의를 "볼" 필요 없이 드라마의 다양한 배역에 있는 교도소의 여성 재현을 알릴 수 있다.

　인종 미구분 담론은 미국에서 오랫동안 권력의 기법이 되어온 흑인의 가시성에 대한 조사를 막음으로써 가시적 다양성에 대한 요구를 활성화한다.14)

---

12) Kara Keeling, *The Witch's Flight: The Cinematic, the Black Femme, and the Image of Common Sense* (Durham: Duke University Press Books, 2007).

13) Gray, "Subject(ed) to Recognition," 785.

14) Gray, *Watching Race*; Saidiya V. Hartman, *Scenes of Subjection: Terror, Slavery, and Self-Making in Nineteenth-Century America* (New York: Oxford University Press, 1997); Mirzoeff, *The Right to Look*.

이러한 미셸 푸코Michel Foucault의 파놉티콘panopticon(영국의 공리주의 철학자 벤담이 1791년 제안한 원형 감옥—옮긴이) 이론화는 가시성과 권력의 논의에서 자주 제기되지만, 그레이와 다른 사람들이 묘사하는 인종주의적 신자유주의 논리는 분명하게 파놉티콘의 논리를 (아직 통합하고 있지만) 넘어선다. 푸코의 안전 이론notion of security은 그가 자주 사용한 파놉틱 은유 이상의 가시성과 힘의 관계에 대해 생각하는 방법을 제공한다. 감시, 감금, 군국화 등 안전 상태의 메커니즘이 현대 미국 사회에서 아주 흔한 상식이라는 것을 확장하기 위해,[15] 푸코의 안전에 대한 개념은 안전 상태와 엔터테인먼트 산업에서 흑인다움과 가시성 사이의 관계의 벡터를 이해하게 돕는 하나의 길을 제공한다. 푸코는 안전은 "최고로 가능한 순환circulation을 제공하는 긍정적인 요소를 극대화하고, 위험하고 불편한 요소를 최소화하는 문제이다 … 그러나 결코 완전히 막지 못한다는 것을 안다"라고 했다.[16] 푸코에게 있어 안전은 미래를 관리하는 문제다. 안전은 특히 자본주의에 있어서 위험과 순환 촉진의 관리에 대한 것이다. 순환은 취약성을 필요로 하기 때문에, 안전의 논리 내에서 목표는 취약성을 제거하는 것이 아닌 허용 가능한 통계적 발생 범위 내에서 유지하는 것이다. 특정한 상식적인 아이디어에 호소하는 것은 드라마를 더 접근하기 쉽고 덜 위험하고 더 잘 순환되게 만드는 것으로 인식된다. 흑인다움은 브랜드 문화를 육성하는 것에 관련된 위험을 최소화하는 방법에 있어서 가치 있는 것이다. 이에 대해서는 다음 섹션에서 조금 더 자세히 설명할 것이다. 이러한 논리는 젠지 코한의 주장을 뚜렷하게 뒷받침하는데, 그는 〈오렌지 이즈 더

---

15) 안전 상태의 역사와 메커니즘에 대하여 더 알고 싶다면 다음을 참조하라. Paul Amar, *The Security Archipelago: Human-Security States, Sexuality Politics, and the End of Neoliberalism* (Duke University Press, 2013); Judith Butler, *Precarious Life: The Power of Mourning and Violence* (New York: Verso, 2006); Vijay Prashad, *Keeping up with the Dow Joneses: Stocks, Jails, Welfare* (Cambridge, MA: South End Press, 2003)

16) Michel Foucault, *Discipline and Punish: The Birth of the Prison,* trans. Alan Sheridan (New York: Random House, 1992), 19.

> • 파놉티시즘 panoticism: 푸코는 서양의 근대성이 내재화된 자기 통제적 권력의 형태로 작동하고 있음을 지적하며, 이렇게 동시에 인식론적이고 사회 정치적이며 윤리적인 상황을 총체적으로 '파놉티시즘'이라고 정의했다. [한희진. 「미셸 푸코의 파놉티시즘에서의 인식, 권력, 윤리의 관계」, ≪철학연구≫, 제13집(2012)]

뉴 블랙)은 트로이 목마처럼 만들어지고, 시청자를 얻고, 성공하기 위해서 백인 여성 리더를 필요로 했다고 주장했다.[17]

푸코에 있어 안전은 권력의 규율 체제를 따르는 권력 체계로, 그 안에서 파놉티콘은 권력이 작용하는 방식의 주된 은유였다. 파놉티시즘panoticism• 내에서 가시성은 규율적인 영향을 미친다. 권력의 시선은 외부화되었든 내부화되었든 주체들을 규율하고 정상화한다. 포스트-파놉틱 시대 이후, 가시성은 더 이상 주요한 규율이 아니다. 안전은 파놉틱 이후의 제도이고, 거기에서 권력은 순환을 통해 작용한다. 우리는 푸코적 안전 단지 내에서 교도소 체계의 급속한 확장을 이해할 수 있다. 우리는 이 안전은 "파놉티시즘 플러스"라고 생각할 수 있다. 파놉티시즘 플러스는 파놉티시즘과 안전 모두 또는 각자의 시나리오다. 다시 말해서, 권력은 여전히 파놉틱 모델을 통해 작용하지만 파놉틱 모델만을 통해서 작용하는 것은 아니다. 교도소는 법 집행juridico-legal과 규율 권력의 교차점에 위치해 있다. 규율적 시선은 교도소에 여전히 존재하며, 교도소의 상업화는 미국에서 안전을 산업 및 민간private good로 취급하는 큰 흐름의 일부이다. 안전은 사람보다는 인구를 관리하는 것이다. 수익률과 위험 개체를 갖고 있는 교노소-산업 단지는 자본의 순환에 의해 필

---

17) 테리 그로스Terry Gross가 특권이 있는 백인 여성과 범죄에 대한 이야기에 관심이 있는지 질문했을 때, 코한은 "많은 측면에서 파이퍼는 나의 트로이 목마였다. 당신은 방송사에 가서, 흑인 여성, 라틴 여성, 노인 여성, 범죄에 대한 정말로 재미있는 이야기에 관한 드라마를 팔지 않을 것이다. 그러나 당신이 물에서 빠져나온 물고기 같은 백인 소녀를 택하고, 그녀를 쫓아간다면, 당신은 당신 세계를 확장할 수 있고, 다른 모든 이야기를 말할 것이다. 그러나 바로 가서 팔기도 어렵고, 처음으로 이야기를 팔려고 시도하는 것도 어렵다. 멋진 금발을 가진 옆집 소녀는 매우 쉬운 접근성을 갖고 있으며, 많은 시청자와 특정 인구를 찾는 많은 방송사와 공감을 형성할 수 있다. 그것은 유용하다"고 대답했다. Gross, "'Orange' Creator Jenji Kohan: 'Piper Was My Trojan Horse'," *National Public Radio*, August 13, 2013. www.npr.org

요해진 취약성의 결과를 관리하는 기능을 가진 기관이다.

시장은 자본주의 내에서 시간의 구조로서 기능한다. 유통이 권력의 주요한 기술이라면, 유통의 시설과 방식은 권력에 대한 접근의 척도이다. 시장 내 상품, 서비스 및 소비자의 가시성은 시장의 기능에 필수적이고, 세 가지 요소의 순환도 마찬가지다. 그리고 이러한 요소들의 순환과 함께 위험과 취약성이 따르며, 이는 차례로 증가된 가시성에 의해, 가끔은 감시의 형태에서 관리된다. 가시성은 시장 참여의 중요한 조짐이며, 셀프 브랜딩의 경우와 같이 주체는 자신을 올바른 종류의 소비자 또는 올바른 종류의 "선함"으로 보이도록 힘쓴다. 다국적 기업이나 정부처럼 시장 내에서 가장 많은 권력을 쥐고 있는 사람들은 시장 참여자들의 가시성을 합법화하거나 인정하는 권력을 보유하고 있고, 가끔 있는 경우지만, 특정 형태의 가시성을 다른 것보다 우선하거나 가치를 부여하는 권력을 보유하고 있다.

〈오렌지 이즈 더 뉴 블랙〉의 경우, 많은 유색 여성들이 나오도록 조화롭게 캐스팅함으로써 넷플릭스는 유색 여성들에 대한 이야기가 가치 있는 투자라는 것을 증명했다. 이 투자는 주인공이 젊고 매력적인 중산층 백인 여성으로 "안전한" 텔레비전 표상이기 때문에 덜 위험하다. 〈오렌지 이즈 더 뉴 블랙〉에서 흑인의 가시성은 형사상 범죄의 진정성에 대한 지배적인 상식과 일치한다. 첫 에피소드의 첫 2분 동안 시청자에게 파이퍼의 가혹한 새로운 현실을 소개하기 위해 키 큰 흑인 여성인 배우 테이스티Taystee를 사용한다. 머리는 헝클어진 채 하와이언 드레스mumu를 입은 테이스티는 파이퍼가 교도소 안에서 첫 샤워를 하려고 할 때 파이퍼의 취약하고 벌거벗은 몸을 성적으로 표현하고 대상화한다. 안전이나 부유함, 파이퍼가 "행복한 곳"이라고 선언한 백인 공간과 달리, 테이스티와 교도소 안의 샤워는 교도소의 절대적 차이와 다른 점의 특징을 세밀하게 보여주고, 파이퍼가 행복했던 현재에서 떨어지는 것을 설정한다. 이 첫 2분 동안의 인종적·성적 역동성은 시청자들이 계속 시청하게끔 흥미를 자극하는 것이다. 파이퍼의 예전의 삶과 새로운 삶, 이전의 편안함과 물 밖으로 나온 부유한 흑인의 새로운 취약점을 교차로 보여주는 것이 드라마 제목과 제작진 소개 이전에 나온다. 이 장면에 입혀지는 파이퍼의 목소리는 파이퍼의 관점에서 말한 파이퍼의 이야기라는 것을 알 수 있다.

시즌이 진행될수록 파이퍼의 관점에 대한 강조는 줄어들지만, 그녀의 관점은 이 스토리의 최초의 컨셉, 넷플릭스에 대한 판매, 그리고 초기의 긍정적인 수용과 성공에 필수적이었다. 우리가 첫 2분 동안 보는 흑인다움과 범행의 자연적 연관성에 대한 상식적인 생각은 〈오렌지 이즈 더 뉴 블랙〉을 잘 뒷받침한다. 그리고 동일한 상식은 흑인들의 대량 수감과 교도소 산업의 지속적인 확대에 대한 정당성을 제공한다. 다음과 같은 식이다. 흑인다움과 흑인은 다루기 어렵고 위협적이며 특히 백인 중산층의 재산을 위협하고 있다. 허만 그레이가 『워칭 레이스Watching Race』(2004)에서 증명한 것처럼, 1980년대와 1990년대의 흑인 범죄에 대한 텔레비전의 재현은 "인종적 자격에 대한 진보적 이론"을 해체하기 위한 보수 정치인의 대체로 성공적 시도를 반영하고 강화시켰다.[18] 마찬가지로, 사실상 질환 치료의 수용, 자연화 및 표준화와 드라마에서 가난한 사람과 유색 인종에 대한 감시가 있다. 이것은 안전 상태의 기법과 이데올로기를 통하여 발견될 수 있다.

미국의 흑인다움과 브랜딩

광고는 미국의 시각 문화에 스며들어 있다. 1980년대 이후로 광고의 목적은 제품을 파는 것에서 브랜드와 그에 수반되는 브랜드 문화를 파는 것으로 바뀌었다. 브랜드를 파는 것은 진정성을 파는 것이기 때문에, 오랫동안 흑인다움과 진정성의 연결은 미국에서 흑인다움을 브랜드와 브랜드 문화의 창작

---

18) Gray, *Watching Race*, 16.

과 확장의 중심에 두고 있다.[19] 결과적으로, 흑인다움, 그리고 흑인 미학에 적응하기co-opting는 미국에서 브랜드와 브랜드 문화의 발전을 위한 필수적인 요소가 되었다.[20] 19세기와 20세기 초의 민속학자들이 흑인 음악은 흑인 음악가들이 연주할 때에만 진실한 것이라고 결정하자, 진정성의 의미에 대한 생각이 변했다.[21] 흑인 문화, 더 나아가 흑인들은 그들이 원시적인 민속적 뿌리와 더 가까웠기 때문에 더 진정성이 있다고 여겨졌다. 흑인다움과 관련된 원시주의는 흑인다움과 흑인 문화가 더 "사실이고" 더 "자연스럽고", 덜 물들고, 덜 세련되었고, 덜 상업적이라는 것을 뜻했다. 진정성에 대한 민속학적 개념은 (진정성에 대한 주도적인 이해가 되었고) 상품 문화와 시장에 대한 진정성과 대치된다. 원시적인 흑인 문화는 덜 문명화된 세계, 즉 자본주의에 덜 물든 세계로 들어가는 창구로 여겨졌기 때문에, 더욱 진정성 있는 것으로 여겨졌다. 놀랍지 않게, 우리는 흑인다움을 나타내려는 시도를 하면서 더 진정성 있게 보이려는 브랜드의 시도를 추적할 수 있다.

브랜딩의 실시 자체는 자본주의에서 참여하는 위험을 줄이는 데 도움을 주기 위해 개발되었다. 브랜드의 의미는 고정될 수 없기 때문에 항상 불안한 위치에 서 있다. 강한 브랜드를 갖고 있다는 것은 당신의 브랜드가 시장에서 눈에 잘 띄고 알려져 있다는 것을 의미한다. 그것은 당신이 긍정적인 감정의 드라마를 당신이 즉시 식별할 수 있는 브랜드로 구축했다는 것을 의미한다. 성공한 브랜드 또는 브랜드 문화는 시장과 관련된 위험을 줄이는 데 도움이 된다. 토드 기틀린Todd Gitlin은 캐논 형식 『인사이드 프라임 타임Inside Prime Time』

---

19) 고객들은 진정성 있는 브랜드 문화와 가장 동일시할 것이며 이러한 브랜드 회원으로서 문화는 브랜드 충성도를 보여줄 것이다. 진정성과 브랜딩에 대한 관계에 더 알고 싶으면 다음을 참조하라. Sarah Banet-Weiser, *Authentic™*.

20) Zook, *Color by Fox*; Robert E. Weems, *Desegregating the Dollar: African American Consumerism in the Twentieth Century* (New York: New York University Press, 1998).

21) Karl Hagstrom Miller, *Segregating Sound: Inventing Folk and Pop Music in the Age of Jim Crow* (Durham, NC: Duke University Press Books, 2010).

에서, 시청자들이 어떤 종류의 드라마를 원하는지 알아보고 예측하기 위해 방송이 어느 범위까지 하는지 자세히 설명한다. 이러한 기법은 포커스 그룹과 시청자 테스팅에서부터 부정확하다고 널리 알려진 등급에 의존하는 것과 다른 방송사에서 성공적인 프로그램을 모방하는 것까지 다양했다. 전반적으로, 기틀린의 텔레비전 산업에 대한 분석은 그 산업의 주요 목표가 히트 드라마를 만드는 것이 아니라 히트 드라마를 만들려고 시도하는 데서 오는 위험을 줄이는 것이 목표임을 보여준다. 다시 말하면, 그 산업은 "불확실성의 문제"를 중심으로 구조화되어 있다.[22] 텔레비전 방송국이 강력한 브랜드 정체성을 형성하려는 시도는 이런 불확실성 문제에 대한 직접적인 대응이다.

비록 기틀린의 연구가 텔레비전 산업에 대한 케이블 혁명이 일어나기 직전에 이뤄졌지만, 불확실성 문제에 대한 그의 신념들은 오늘날까지 여전히 남아 있다. 넷플릭스가 진출하는 콘텐츠 제작은 불확실성이 특징이다. 넷플릭스가 이러한 불확실성을 관리하기 위해 시도한 방법 중 하나는 HBO의 브랜딩과 콘텐츠 전략을 따라 하는 것이다.[23] 넷플릭스의 최고 콘텐츠 책임자 테드 사란도스는 "HBO가 우리가 되기 전에 우리가 더 빨리 HBO가 되는 것이 목표"라고 했다.[24] 넷플릭스 브랜드는 한 특정 시청자를 위한 쇼를 만드는 데 초점을 맞추지 않고 스토리텔링을 혁명적으로 변화시키는 것에 더 초점을 맞추고 있다. 이 방식은 HBO와 매우 유사하다. HBO의 슬로건 "HBO는 TV가 아니라 HBO다"는 HBO 쇼와 방송사와 기타 케이블 채널에 방영되는 쇼 사이

22) Todd Gitlin, *Inside Prime Time* (Berkeley: University of California Press, 2000), 14.

23) 1990년대 후반에 HBO 경영진은 오리지널 쇼를 제작하는 것이 HBO를 경쟁자와 차별한다고 결정했다. "HBO는 TV가 아니라 HBO"라는 슬로건을 통해 HBO는 현대 텔레비전의 비판에 기반한 브랜드 동일성을 만들어냈다. HBO는 전형적인 TV 프로그래밍에 질린 경향을 갖고 있는 시청자를 위한 텔레비전이다. 다음을 참조하라. Gary R. Edgerton and Jeffrey P. Jones, *The Essential HBO Reader* (Lexington: University Press of Kentucky, 2008).

24) Nancy Hass, "Reed Hastings on *Arrested Development, House of Cards,* and the Future of Netflix," *GQ*, January 29, 2013.

의 질적인 차이를 강조한다. 넷플릭스는 텔레비전 게임에서 변절자 역할처럼 브랜드를 만들려고 하고 있는데, 성공적으로 위험을 감수할 수 있고, 다른 전통적이고 따분한 방송사가 하기 "두려워"하는 역할이다.

혁신적인 스토리텔링

텔레비전 산업에서 혁신적이고 파괴적인 에이전트로서의 넷플릭스 이미지는 주로 오리지널 프로그래밍의 성공에 의해서 만들어졌다. 넷플릭스의 CEO 리드 헤이스팅스는 물론 최고 콘텐츠 책임자인 테드 사란도스는 단지 성공적인 텔레비전 쇼를 만들고 싶어 하지 않는다. 그들은 텔레비전 쇼의 모습, "텔레비전"에서 보여주는 스토리의 종류, 그리고 텔레비전 포맷에서 나타날 수 있는 스토리텔링의 종류 등을 변화시키고 싶어 한다. 넷플릭스가 DVD 메일링 서비스에서 예전에 인기가 많았던 것과 오리지널 콘텐츠 둘 다를 스트리밍하는 주문형 콘텐츠 제공 업체로 마케팅을 전환한 것은 2011년 가격 인상과 퀵스터Qwikster 설립이라는 대실패 발표 이후 회사의 브랜드 이미지와 회사 가치를 되살리고 재탄생시키는 데 도움이 되었다.[25] 넷플릭스의 자체 제작의 독창성은 브랜드 서사에 필수적이며, 넷플릭스의 오리지널 콘텐츠가 "가입자 사이에서 참신함에서 기대감"으로 전환되는 데는 오래 걸리지 않았다.[26] 넷플릭스가 최초 콘텐츠를 출시한 지 불과 3년 만인 2015년 1월, 이 쇼의 비용 효율성은 헤이스팅스가 주주들에게 보낸 분기별 보고서의 핵심적 요소였다.

---

25) DVD 우편 서비스는 새로 설립한 퀵스터로 분할해 계속 유지할 것이라는 발표에 대한 반응은 너무 부정적이어서 넷플릭스는 스트리밍 가격 인상을 그대로 둔 채 퀵스터 결정을 번복했다

26) Victor Luckerson, "2015 Will Be the Year Netflix Goes 'Full HBO'," *Time*, January 20, 2015. http://time.com/3675669/netflix-hbo/ (검색일 2015.7.15)

넷플릭스의 브랜딩 전략은 방송의 초기 역사에서 HBO가 수행한 것과 현저히 유사하다.[27] 텔레비전 세트 자체에서 자유로워진 넷플릭스는 HBO보다 더 HBO를 잘 수행하는 것으로 자체 비전을 세울 수 있다. 〈하우스 오브 카드〉 스타이자 책임 프로듀서인 케빈 스페이시Kevin Spacey는 에딘버러Edinburgh 텔레비전 페스티벌에서 널리 회자된 연설에서 넷플릭스의 텔레비전 접근을 크게 주장했다. 스페이시에 따르면 "분명히 넷플릭스 모델의 성공은 〈하우스 오브 카드〉 시즌 전체를 한번에 공개하는 것으로 한 가지를 증명했다. 시청자는 이러한 관리를 원한다. 그들은 자유를 원한다 … 시청자는 말했고, 그들은 스토리를 원하고, 스토리를 목말라한다".[28]

넷플릭스는 동시에 약자, 반란자, 그리고 공상가이다. 그들은 단지 돈 때문이 아니라 스토리텔링과 진정성을 위해 죽어가고 있고 현실성 없는 산업을 흔들어놓을 것이 있는지 찾는 신생 기업이다. 적어도 그것은 넷플릭스 경영진이 그들의 브랜드에 대해 말하기 좋아하는 일종의 서사이다.

빅데이터의 "배짱 있는 ballsy" 활용

넷플릭스 쇼들에 대한 미디어의 수용은 텔레비전 산업에서의 파괴자로서의 넷플릭스의 역할을 비슷하게 강조한다. 사용자의 시청 습관에 대하여 넷플릭스가 갖고 있는 데이터의 전략적 활용은 넷플릭스의 경영진, 콘텐츠 제

---

27) Deborah L. Jaramillo, "The Family Racket: AOL Time Warner, HBO, the Sopranos, and the Construction of a Quality Brand," *Journal of Communication Inquiry* 26.1 (2002): 59-75. doi:10.1177/0196859902026001005

28) "Kevin Spacey Mactaggart Lecture-Full Text," *The Guardian*, August 22, 2013. http://www.theguardian.com/media/interactive/2013/aug/22/kevin-spacey-mactaggart-lecturefull-text (검색일 2015.7.15)

작자, 언론인과 비평가들이 말하는 서사의 중요한 부분이다. 〈오렌지 이즈 더 뉴 블랙〉의 경우, 쇼를 위해 수행된 데이터 기반 연구는 쇼가 성공했기 때문에 이 쇼에 대한 서사에 특히 중요하다. 〈오렌지 이즈 더 뉴 블랙〉의 성공은 넷플릭스의 정확한 데이터 해석 능력에 기인한다.[29] 넷플릭스의 다른 히트 시리즈인 〈하우스 오브 카드〉와 달리, 〈오렌지 이즈 더 뉴 블랙〉은 대규모의 마케팅의 혜택을 받지 못했고 아카데미상을 수상한 주연 배우도 없었다. 2013년 8월부터 시작된 "〈오렌지 이즈 더 뉴 블랙〉이 어떻게 넷플릭스의 베스트 시리즈가 되었는지"라는 제목의 ≪롤링 스톤Rolling Stone≫의 리뷰를 생각해보자.

네다섯 명의 남자 캐릭터를 제외하고, 〈오렌지 이즈 더 뉴 블랙〉의 거의 모든 사람들은 여성이다. … 텔레비전 팬들에게 있어서 이것은 환영될 만한 변화다. 그리고 이것은 *넷플릭스같이 오직 배짱 있는 회사*만이 방송할 수 있는 능력을 갖고 있다 … 사전 공개 광고, 초기 유행 그리고 유명 스타가 없었음에도 불구하고 〈오렌지 이즈 더 뉴 블랙〉은 넷플릭스가 지금까지 출시한 최고의 오리지널 시리즈다(이탤릭체 추가).[30]

넷플릭스의 브랜드 설명 중 일부는 〈오렌지 이즈 더 뉴 블랙〉과 같은 프로그램에서 성공적인 차이를 내기 위해서는 광범위한 데이터가 중요하다는 것

---

29) 2014년 넷플릭스에 대한 ≪가디언≫ 기사의 다음 내용은 이러한 가정을 증폭시킨다. "쇼를 만들고 많은 시청자를 사로잡기를 꿈꾸는 대신, 넷플릭스는 팬과 특별한 장르를 확인하고, 그들에게 호소할 것 같은 TV 형식을 찾기 위해 가입자 기반 시청 데이터를 활용했다." Mark Sweney, "Netflix Gathers Detailed Viewer Data to Guide Its Search for the next Hit," *The Guardian*, February 23, 2014. http://www.theguardian.com/media/2014/feb/23/netflix-viewerdata-house-of-cards (검색일 2015.7.15)

30) Scott Noumyor, "How 'Orange Is the New Black' Became Netflix's Best Series, *Rolling Stone*, August 13, 2013. http://www.rollingstone.com/tv/news/how-orange-is-the-newblack-became-netflixs-best-series-20130813 (검색일 2015.7.15)

이다. 다양한 보도에 따르면, 〈하우스 오브 카드〉와 〈못 말리는 패밀리〉와 같은 마케팅 방식으로 〈오렌지 이즈 더 뉴 블랙〉을 마케팅하지 않기로 결정했다. 왜냐하면, 넷플릭스는 마케팅이 없어도 시청자들이 그 쇼를 볼 것을 알았기 때문이다. 이 지식은 사용자의 시청 습관에서 수집된 데이터 분석에 기초했다. 이 데이터는 넷플릭스 경영진이 시청자들은 어두운 코미디, 범죄 및/또는 교도소에 대한 이야기, 그리고 "호감 있는" 여성 주인공이 있는 쇼를 좋아한다는 결론을 내리게 도와줬다.[31]

〈오렌지 이즈 더 뉴 블랙〉의 이야기는 젠지 코한이 말한 것과는 약간 다른 개념이지만, 이 쇼의 창작 관련 모든 과정에서 일관되는 것은 쇼 창작자들의 예측 의도, 즉 확률과 위험을 관리하고자 하는 의지이다. 그리고 이것은 일반적으로 다른 TV 쇼들에도 해당되지만, 차이점은 넷플릭스가 시청자의 욕구를 예측하는 "능력"이다. 다른 차이점은 데이터다. 넷플릭스가 〈오렌지 이즈 더 뉴 블랙〉을 통해 말하려는 이야기는 선택의 위험에 대한 것이다. 더 많이 알고, 더 많은 데이터를 가지고 있을수록 의사 결정의 위험을 최소화하고 투자 위험을 최소화할 수 있다. 이것은 〈오렌지 이즈 더 뉴 블랙〉의 형식과 콘텐츠 수준에서 말하는 이야기다. 넷플릭스가 브랜드의 힘을 키우고 "대담한 risky" 투자를 성공적으로 유치하는 브랜드라는 정체성에 기여하는 이야기다. 이는 또한 안전과 인종적 신자유주의 정당화에 있어 매우 결정적인 이야기다.

방송사와 케이블 텔레비전이 시청률과 연관된 광고 수익으로 돈을 버는 반면, 넷플릭스의 수익은 전적으로 가입자 기반이다. 넷플릭스의 콘텐츠는 새로운 사람들이 가입하고 매월 사용료를 지불하게 할 정도로 충분히 호감이 가야 한다. 넷플릭스가 성공하기 위해서 넷플릭스의 모든 사용자가 오리지널

---

31) Andrew Hirsh, "Netflix: Using Big Data to Hook Us on Original Programming," *Technology Advice*, September 7, 2013. http://technologyadvice.com/business-intelligence/blog/how-netflix-is-using-big-data-to-get-people-hooked-on-itsoriginal-programming/ (검색일 2015.7.15)

프로그램을 시청할 필요는 없다. 엔터테인먼트 시장 안에 있는 다른 사람들이 넷플릭스를 구매하도록 설득하기 위해서는 넷플릭스의 쇼를 보고, 토론하고, 보고할 수 있는 적당한 수의 사람들이 필요하다. 그리고 2013년 가을, 넷플릭스는 미국에서 HBO보다 많은 가입자를 보유하게 되어 미국 최대의 유료 TV 서비스가 되었다.

분명히, 넷플릭스의 캐스팅 선택과 줄거리로부터 일어나는 유행에 기초해 볼 때, 이러한 차이점의 확산은 경제적으로 유리하다. 이것은 정확히 그레이가 말하는 인종적 신자유주의 작용이다. 그는 "시장, 디지털 참여, 그리고 차이가 보이도록 정렬하고, 그리고 이것은 전통, 역사, 그리고 환경의 풍부하고 다양한 차이를 시장성 있는 브랜드 차별화와 자립적인 시민을 위한 소비자 선택으로 전환하고 있다"고 말했다.[32] 즉, 브랜드 문화는 아무리 정의되어 있어도 차이를 시장성이 있는 브랜드 구별로 전환시킬 수 있을 때 성공한다. 그레이에게 있어서, 시장은 뚜렷한 브랜드/브랜드 문화 사이에서 선택하려는 소비자의 욕구와 능력이 그 또는 그녀의 자립과 민주적 참여의 증거가 되는 방법으로 설계된다. 소비자 선택은 시민의 의무가 되며, 적절하게 선택을 하는 것은 시민 주체citizen-subject로서의 지위를 수행하는 것과 유사하다. 이것이 넷플릭스와 〈오렌지 이즈 더 뉴 블랙〉에게 있어 의미하는 것은 다음과 같다. 우리는 시청자수와 넷플릭스의 소비를 오로지 개인의 취향과 경제의 수준에서 이해할 수 없고 또 이해해서는 안 된다. 이 쇼의 리뷰가 증명하듯이, 〈오렌지 이즈 더 뉴 블랙〉에서 넷플릭스의 차이 전개deployment of difference는 위험을 감수하려는 의지뿐만 아니라 그들이 그런 위험을 성공적으로 감수할 수 있는 유일한 네트워크라는 증거로 해석되어왔다. 예를 들어, 앞서 언급한 ≪롤링 스톤≫ 리뷰는 "오직 … 넷플릭스만이 〈오렌지 이즈 더 뉴 블랙〉과 같은 쇼를 방영할 능력이 있다"고 강조한다.[33] 비슷한 정서는 이 쇼에 대한 다음과 같은

---

32) Gray, "Subject(ed) to Recognition," 782.

≪워싱턴 포스트≫ 리뷰에서도 나타난다. "그 쇼를 보면, 여성들을 위한 *모든 좋은 부분은 정말로 어딘가에 갇혀 있다. 지금, 여기서 그들은 모두, 자유롭 게 …* 각 에피소드마다 교도소 세계에 대한 매혹적인 폭로가 담겨 있는데, 거 의 내부에서 나온 다큐멘터리 보고서 같다."[34]

평론자에게 교도소 설정은 그 쇼를 질적으로 좋게 만드는 다큐멘터리 스타 일의 진정성을 부여한다. 그는 무비판적으로 이러한 위대한 역할들이 그 동 안 갇혀 있었다고 주장하고 그들을 자유롭게 해준 넷플릭스를 칭찬한다. 이 것이 바로 허만 그레이가 차이와 상황의 해석과 평준화를 시장성 있는 브랜 드 차별로 묘사할 때 참조하는 것이다. 흑인 여배우들과 남미 여배우들을 "보 여주는 것"과 교도소의 "냉혹한 현실"은 넷플릭스를 지적이고 진보적인 브랜 드로 만든다.

대의 정치는 반향실echo chamber같이 느껴지기 시작할 수 있다. 이곳에서는 다양성(과 재현)에 대한 요구가 인종 불평등 문제에 대한 해답으로서 존재한 다. 상식을 깨려면 (내부로부터든 외부로부터든) 단순한 표현 이상의 것이 필요하 지만, 가끔씩 표상은 퓨즈에 불을 붙일 수 있다. 나는 〈오렌지 이즈 더 뉴 블 랙〉을 그 자체로는 교도소를 정상화하고, 웃음을 위해 교도소 폭력을 행하는 곳에서 떠나보내길 원하지 않지만, 이 쇼의 목적은 진보적인 정치가 아니라 엔터테인먼트다. 정치적인 측면에서 보면 이 드라마는 많은 면에서 대체로 실패작이다. 권력의 역동성에서 변화로 정치적 성공을 측정한다면, 〈오렌지 이즈 더 뉴 블랙〉이 교도소 혁명을 선동했다고 주장하기 어렵다. 만약 이 영 화가 교도소의 필요성에 대한 억압적인 상식에 도전하는 모습을 찾고 있다

---

33) Neumyer, "How 'Orange Is the New Black' Became Netflix's Best Series.

34) Hank Stuever, "Netflix's 'Orange Is the New Black': Brilliance Behind Bars," *Washington Post*, July 11, 2013. http://www.washingtonpost.com/entertainment/tv/netflixsorange-is-the-new-black-brilliance-behind-bars/2013/07/11/d52f91le-e9aa-1le2-8f22-de4bd2a2 bd39_story.html (검색일 2015.7.15)

면, 그것 또한 거의 찾아볼 수 없다. 하지만 이 쇼는 수감된 여성들의 동정 어린 모습을 만드는 면에서 성공한다, 〈오렌지 이즈 더 뉴 블랙〉의 가장 중요한 성공은 아마도 라번 콕스의 활동일 것이다. 이 쇼에서 콕스의 역할과 줄거리는 트랜스젠더 문제를 알리는 신호탄이었다. 〈오렌지 이즈 더 뉴 블랙〉의 언론 인터뷰 동안 흑인 여성들이 직면해야 하는 폭력과 구조적 불평등을 강조하려는 그녀의 노력은 가시성과 재현이 대의 영역을 넘어 도달하려고 시도할 수 있는 하나의 방법이다.

제3부

미디어 융합 비즈니스

제11장

넷플릭스의 혁명적인 영향에 대한 문제제기
텔레비전 비즈니스와 소비의 변화

Questioning Netflix's Revolutionary Impact: Changes in the Business and Consumption of Television

카메론 린지 Cameron Linsey

전면적인 변화의 분위기 속에서 전통적인 방송과 케이블 텔레비전은 폭풍의 중심에 자리 잡고 있다. 2014년 닐슨 전체 시청자 보고서에 따르면 약 260만(2019년 6월 기준 1,510만—옮긴이) 미국 가구는 광대역 인터넷 서비스만 이용하고 있다.[1] 이것은 이들 가구가 온라인 시청, 구독 서비스, 앱 등을 포함한 비전통적 모델을 통해 모든 미디어를 소비하고, 케이블 가입이나 TV로 방송을 시청하지 않는다는 것을 의미한다. 이 숫자는 2013년에 비해 113% 증가한 수치이고,[2] 계속 증가하고 있다. ≪타임≫은 2014년에 40% 가구가 넷플릭

---

1) "The Total Audience Report," *Nielsen*, December 3, 2014. http://www.nielsen.com/us/en/insights/reports/2014/thetotal-audience-report.html (검색일 2015.7.27)

스, 훌루 등 주문형 비디오 서비스에 가입했다고 보도했는데, 2013년 35%보다 증가한 수치다.[3] 이는 방송과 케이블 텔레비전이 이미 뉴미디어와의 싸움에서 패배했음을 의미하는 것은 아니다. 전혀 그렇지 않은데, 동 닐슨 보고서는 전통 텔레비전에 대한 주당 평균 시청 시간이 연령대에 따라 16시간 30분 이하에서 47시간 이상까지의 범위를 보이고 있기 때문이다.[4] 분명히 방송과 케이블은 여전히 텔리비전 콘텐츠의 유통을 꽉 잡고 있지만, 시간 이동 시청time-shifted viewing[디지털 비디오 레코더(DVR)와 주문형 비디오(VOD)], 모바일 앱 시청, 온라인 방송 및 구독 서비스의 영향과 웹상에서 불법 또는 초법적extra-legally으로 콘텐츠를 시청하는 방법의 증가는 매년 점점 더 분명해지고 있다.

이러한 뉴미디어 경쟁자들 중에서 넷플릭스는 강력한 브랜드 인식, 더 큰 이용자 기반, 비평적으로 호평을 받은 오리지널 콘텐츠 덕분에 특별히 우월적인 위치를 차지하고 있다. ≪포브스Forbes≫는 넷플릭스의 가입자 기반이 2014년 4분기에 433만 명으로 증가하여 전 세계 총 5,740만 명(2020년 3월말 1억 8285만 명—옮긴이)에 달했다고 보도했는데, 이것은 1997년 창립 이래 놀랄 만한 증가세이다.[5] 현재 넷플릭스는 전통적인 텔레비전 매체를 벗어나는 전환에서 가장 큰 성공 사례로 대표되지만, 넷플릭스의 성공에 기여한 많은 측면들이 다른 회사에서도 구현되었을 때 넷플릭스를 죽음으로 이끌 수 있다. 이 장에서는 먼저 방송과 케이블 텔레비전이 미디어 싸움에서 패하고 있는 이유를 조사하고, 다음으로 넷플릭스가 강자가 된 이유를 분석함으로써, 넷플릭스의 현재 성공이 어떻게 미디어의 장기 생존을 위태롭게 하는 환경을

---

2) Victor Luckerson, "Fewer People Than Ever Are Watching TV," *Time*, December 3, 2014.
    http://time.com/3615387/tvviewership-declining-nielsen (검색일 2015.7.27)

3) Ibid.

4) "Total Audience Report."

5) Lauren Gensler, "Netflix Soars on Subscriber Growth," *Forbes*, January 20, 2015.
    http://www.forbes.com/sites/laurengensler/2015/01/20/netflix-soars-on-subscribergrowth
    (검색일 2015.7.27)

만들어냈는지 조망하는 것이다. 그리고 넷플릭스가 이러한 운명을 피하고, 증가하는 온라인 시청 서비스들 중에서 리더의 위치를 유지할 방법을 연구할 것이다.

가상의 넷플릭스 미래를 파헤치기 전에, 방송과 케이블 텔레비전의 발전에 기여하고 있는 다른 요소들을 고려할 가치가 있다. 변화하는 환경에서 가장 중요한 요소는 "시간 이동"이라고 알려진 현상이다. 처음에 비디오 카세트 레코더(VCR)에 대한 법적 방어의 일환으로 도입되었으며, 이 용어는 현재 TiVo와 같은 DVR, 케이블 및 위성 사업자가 제공하는 다양한 VOD 수단 또는 넷플릭스와 같은 OTT 서비스와 관련된다. 일반적으로 시간 이동은 시청자들이 원래 방영되었던 시간 이외의 시간에 프로그램을 시청하는 방법을 말한다. 시간 이동은 여전히 전통적인 텔레비전 모델과 연결되는 것은 문제를 일으키는 것 같지 않고, 시간 이동 텔레비전은 VOD와 특정 재생 기능들이 시청자들이 광고를 건너뛸 수 없도록 조치했기 때문에 전적으로 문제가 되는 것도 아니다. 그러나 DVR과 TiVo는 케이블과 방송사가 텔레비전의 수익bottom line이나 광고 수익 창출 능력을 훼손하지 않았음에도 불구하고 그들의 프로그래밍을 재고하게 만들었다. 두 가지 모두 시청자들이 프로그램을 녹화하고 시간이 지나서 그들의 여가 시간에 볼 수 있게 해주기 때문에, 시청자는 더 이상 그들이 좋아하는 프로그램을 보면서 광고 시간 동안 앉아 있지 않는다. 대신에 시간 이동 기능을 통해 광고를 보지 않고 넘겨버린다. 케이블과 방송의 시간 이동 시청에 대한 반응은 대체로 할리우드가 홈 비디오에 반응하는 것과 같았다. 여기서 시사하는 바는 방송과 케이블이 시간 변경 텔레비전의 효과를 염려하고 있지만, 전적으로 포맷을 바꿀 필요가 없고, 그 관행이 확실히 우리가 미디어를 소비하는 방식을 혁명적으로 바꾸는 것은 아니라는 점이다.

비록 회사들은 여전히 광고에 대해 많은 돈을 지불하고 있지만, 광고의 가치는 점점 더 적은 사람들이 광고를 시청함으로써 현저히 감소해왔다.6) 아마도 이것은 쌍방향적인 측면을 가진 화려한 쇼spectacular, 스포츠, 리얼리티 텔레비전을 포함한 "생방송"을 강조하는 쇼들의 증가에 기여했다. 그러나 이런 시나리오에서도 관객들이 광고를 보는 것은 보장되지 않는다. 반대로 온라인 시청은 광고주에게 시청자 확보captive audience를 약속한다. 전형적으로 주어진 프로그램 앞에 오직 하나의 광고만 나타나기 때문에 수익을 창출할 광고 수는 많지 않다. 그러나 시청자는 추가적인 광고 차단 소프트웨어가 없다면 프로그램을 보기 위해 광고를 봐야 한다. 만약 대부분의 시청자들이 광고가 지원되는 온라인 플랫폼을 기꺼이 받아들일 의향이 있는 것으로 입증된다면, 광고주들은 확보된 청중들 때문에 이 모델을 선호하기 시작할 것이다.[7]

많은 시청자들은 광고를 보지 않는 것을 선호하지만 여전히 방송사와 케이블 콘텐츠는 보고 싶어 한다. 이를 위해, 많은 시청자들은 불법으로 프로그램을 다운로드하거나 콘텐츠에 접근하기 위한 초법적이거나 부도덕적인 수단을 선택한다. 이러한 옵션들이 상업적인 미디어 광고의 논리를 약화시키지만, 이 옵션들 중 몇몇은 본방송보다 더 많은 시청자를 사로잡는다. 예를 들어, 일부 사이트는 제한된 수의 온라인 시청자들에게 지속적으로 텔레비전 화면을 제공한다. 각 스트림은 자신이 소구하는 콘텐츠를 갖고 있지만, 진행자들은 종종 채팅방을 운영하면서 질문을 하거나, 광고 시간에 토론을 하거나, 심지어 시청자들과 게임을 하면서 시청자들을 참여시킨다. 이러한 온라인의 활동은 시청자들이 같은 콘텐츠를 방송이나 케이블로 보는 것보다 온라인을 선호하게 한다. 그러나 이러한 유형의 시청은 프로그램의 시청률과 프

---

6) Jim Edwards, "Brutal: 50% Decline in TV Viewership Shows Why Your Cable Bill Is So High," *Business Insider*, January 31, 2013. http://www.businessinsider.com/brutal-50-decline-intv-viewership-shows-why-your-cable-bill-is-so-high-2013-1 (검색일 2015.7.27) As the article succinctly puts it, "As the number of big, unfragmented audiences declines, [TV advertising spots] become more valuable," and, "So now advertisers are paying much more, for much less,"

7) Pamela Marsh, Zeus Ferrao, and Gintare Anuseviciute, "The Impact of Binge Viewing," *Annalect*, July 2014. http://www.annalect.com/impact-binge-viewing (검색일 2015.7.27)

로그램의 광고 수익을 증가시키는 능력에 부정적인 영향을 미친다. 방송과 케이블은 어느 정도 이러한 관여를 수용하려고 시도했는데, 대표적인 것이 "세컨드 스크린second screen" 활동과 시청자들이 방송사 웹사이트에서 소셜 미디어, 추가 영상 또는 비하인드 클립을 통해 그들의 프로그래밍에 관여하도록 하는 것이다. 그러나 이것들은 초법적 사이트가 제공하는 관여의 수준과 비교해볼 때 미미하다. 전체적으로 이러한 불법적인 옵션들, 넷플릭스와 훌루와 같은 구독 서비스와 유튜브나 트위치와 같은 온라인 스트리밍 사이트의 증가, 그리고 모바일 앱의 확산은 시청자들에게 시간 이동 미디어 소비에 따른 접근성과 편리성을 향상시켰다. "몰아 보기"와 같은 용어는 현재 가족들이 프라임 타임 텔레비전의 한 주의 최신 에피소드를 보기 위해 모이는 개념보다 일반 시청자에게 더 보편적이다.[8]

　방송과 케이블 텔레비전은 이러한 새로운 형태의 미디어 소비와 현재 시청자가 생각하는 텔레비전의 기능을 따라잡는 데 대체로 성공하지 못했다. 이 실패의 가장 분명한 지표는 넷플릭스의 눈부신 성장이다. 앞서 언급했듯이, 넷플릭스는 현재 전 세계적으로 5천만 명(2020년 1월 기준 1억 7천만 명—옮긴이) 이상의 가입자를 자랑하고 있으며, 이 숫자는 매 분기마다 증가하고 있다.[9] 이러한 수치들이 인상적인 만큼, 넷플릭스의 전략적 이점을 보다 자세히 살펴보면 넷플릭스가 왜 그러한 성공을 거두었는지를 더 잘 보여줄 수 있을 것이다. 넷플릭스의 경쟁사들을 감안하면 그 성공은 특히 놀랍다. 넷플릭스는 방송과 케이블 네트워크 외에도 아마존의 VOD 서비스와 HBO와 같은 프리

8) Kelly West, "Unsurprising: Netflix Survey Indicates People Like to Binge-Watch TV," *CinemaBlend*, 2013. http://www.cinemablend.com/television/Unsurprising-NetflixSurvey-Indicates-People-Like-to-Binge-Watch-TV-61045.html (검색일 2015.7.27) This survey points out that 61 percent of respondents claimed to binge-watch regularly-thus suggesting it is not a trend but "the new normal."

9) Gensler, "Netflix Soars on Subscriber Growth."

미엄 채널들과도 경쟁하고 있다. 하지만 넷플릭스는 더 크고 유명한 경쟁자들을 물리치는 경향이 있다. 가장 분명한 것은 넷플릭스의 성공은 비디오 가게의 거대 기업 블록버스터의 소멸에 큰 역할을 했다는 점이다. 고객들이 우편으로 제품을 보내거나 컴퓨터로 직접 스트리밍하는 또 다른 서비스를 가지고 있을 때, 많은 사람들은 이러한 성공을 블록버스터와 같은 오프라인 가게들은 성공을 희망할 수 없다는 사실로 꼬리표를 달 것이다. 그러나 사람들은 블록버스터가 우편으로 DVD를 보내주는 서비스(어떤 면에서는 이용자가 더 빠른 주기로 교환하기 위해 DVD를 대여점으로 갖고 오게 허용함으로써 넷플릭스보다 더 나은 서비스)를 제공했다는 사실을 잊고 있다. 더욱이 블록버스터는 넷플릭스의 모델 구조와 거의 동일한 인스턴트 스트리밍 서비스도 제공했다. 그뿐만 아니라, 월마트 또한 우편으로 DVD를 보내주는 서비스를 제공하고,10) 지금까지도 부두Vudu와의 파트너십을 통해서 인스턴트 스트리밍을 제공하고 있다. 블록버스터와 월마트의 전쟁 속에서, 넷플릭스는 계속해서 재무적인 성공을 유지하고, 그 성공은 많은 것들에 기여할 수 있었다. 투자자들과 회사의 CEO들 사이의 좋지 않은 관계를 포함한 블록버스터의 실수들은 일부 비난을 받지만,11) 넷플릭스는 신용을 쌓았다. 월마트가 흑인 역사의 달Black History Month12)에 이용자에게 영화 〈혹성 탈출 시리즈Planet of the Apes〉를 추천한 실수에 대하여 사과하고, 블록버스터가 이용자들에게 제 시간에 DVD를 제공하고 받는 방법을 찾느라 고생하고 있을 때, 넷플릭스는 번창했다. 넷플릭스의 예측 알

---

10) Gina Keating, *Netflixed: The Epic Battle for America's Eyeballs* (New York: Portfolio, 2012). 특히 159쪽과 225쪽을 참조하라. 2005년에 이 서비스를 종료하고 (그리고 2008년에 다운로드 서비스를 종료했을 때,) 월마트는 결과적으로 모든 가입자를 넷플릭스에게 넘겨주었다.

11) Ibid.

12) Ylan Q. Mui, "Wal-Mart Website Makes Racial Connections," *Washington Post*, January 6, 2006. http://www.washingtonpost.com/wp-dyn/content/article/2006/0l/05/AR2006 010502176.html (검색일 2015.7.27)

고리즘은 다소 전설적이며, 그들은 엄청난 성공을 둘러싼 많은 세부 사항을 공유하기를 거부했다. 그리고 미국 우편 서비스와 밀접하게 연결되어 있는 그들의 우편 시스템은 이용자들에게 넷플릭스가 DVD를 회수하고, 이용자가 보낸 지 불과 며칠 만에 계속해서 그다음 DVD를 받도록 했다.

더 크고 더 잘 자리 잡은 기업들과의 경쟁에서 이룬 성공은 넷플릭스와 현재의 몇 경쟁자들과의 관계를 맥락화하는 데 도움이 된다. 오늘날 넷플릭스는 훨씬 더 큰 기업이 지원하는 두 가지 유사한 서비스인 아마존 프라임과 훌루와 다시 경쟁한다. 훌루는 NBC/유니버설 텔레비전 그룹, 폭스 방송사, 디즈니/ABC 텔레비전 그룹 간의 합작 회사이다. 이전과 마찬가지로 넷플릭스는 가입자수에서 우위를 점하고 있는데, 수천만 명 이상의 차이가 난다.[13] 훌루 플러스는 유료 구독자들까지도 영상을 보기 전, 그리고 때로는 영상을 보고 있는 중에도 다수의 광고를 봐야만 한다. 넷플릭스에 익숙해져 있는 이용자들에게 이런 광고들은 부담되고 짜증날 수가 있다. 많은 넷플릭스 이용자들이 보는 유일한 광고는 그들이 최신 넷플릭스 오리지널 시리즈 예고편을 보려고 선택할 때이다. 아마존 프라임은 광고가 없지만, 대부분의 아마존 콘텐츠는 단 건으로 보는 형태a al carte로 구성되어 있어 이용자는 영화나 TV 에피소드를 대여할 때 비용을 내야 한다. 이용 요금은 프라임 가입자에게는 할인율이 적용된다. 이미 매월 구독료를 내고 있는 이용자에게는, 일부 콘텐츠에 대한 이 추가 가격은 콘텐츠 이용을 포기하게 하고, 월정액으로 엄청나게 많은 모든 영화와 쇼를 볼 수 있는 넷플릭스 모델은 보다 더 자리 잡은 아마

---

13) Jillian D'Onfro, "Amazon Prime Versus Netflix Versus Hulu Plus: Which Should You Pay For?" *Business Insider*, April 25, 2014. http://www.businessinsider.com/amazon-primeversus-netflix-versus-hulu-plus-2014-4 (검색일 2015.7.27) 각각의 서비스의 실제 가입자수는 정확히 제시하기 어렵다. 왜냐하면, 각각의 회사는 다른 시점에서 숫자를 공개하기 때문이다. 그러나 ≪비즈니스 인사이더Business Insider≫의 2014년 기사는 넷플릭스 3,567만 명, 훌루 플러스 5백만 명, 아마존 프라임 최소 2천만 명(아마존 프라임 인스턴트 시청을 하는 이용자수를 의미하지는 않음)으로 추정했다.

존 브랜드에서 많은 수의 가입자들을 끌어왔다.

하지만 넷플릭스와 가장 많이 논의되는 경쟁 상대는 아마도 HBO일 것이다. 넷플릭스의 CEO 리드 헤이스팅스는 《뉴욕타임스》와의 인터뷰에서 HBO와 넷플릭스의 라이벌 관계를 '뉴욕 양키스Yankees와 보스턴 레드삭스Red Sox'라고 표현했다.14) 이것은 넷플릭스의 궤적을 자세히 알고 있는 어느 누구에게나 놀라운 일이 아니다. 넷플릭스는 다른 회사로의 영화와 프로그래밍을 배급하는 것으로 시작했다. 그 후 오리지널 콘텐츠에 자금을 지원하고 제작하는 방향으로 전환했고, 현재 넷플릭스라는 이름은 질 좋은 콘텐츠와 동의어가 되었다. 사실, 이러한 움직임은 HBO의 궤적과 유사하게 따라가지만 플랫폼이 다르다. 이제, 두 회사는 더 나은 콘텐츠와 더 나은 시청 방법을 제공하면서 서로 경쟁하려고 한다. HBO는 2010년에 "어디서나 보는 서비스watch everywhere"인 HBO Go를 출시하여, 이미 HBO에 가입 비용을 지불한 시청자에게 다양한 기기에서 영화와 종영한 HBO 쇼와 다큐멘터리를 포함한 콘텐츠 카탈로그를 볼 수 있도록 했다. HBO Go에 접속하려면 케이블 가입을 해야 했다. 왜냐하면 그 서비를 이용하려면 HBO에 가입하는 것이 유일한 수단이기 때문이다. 그러나 HBO는 2014년에 잠재 시청자가 어떤 케이블 계약 없이도 HBO에 가입에 가입할 수 있는 HBO 나우HBO Now를 론칭할 계획을 발표했다(2015년 4월 7일 론칭—옮긴이). 이것은 강력한 타임워너Time Warner를 모회사로 갖고 있는 HBO가 넷플릭스를 물리칠 기세처럼 보였다. 그러나 지금까지 이 전투는 넷플릭스가 우위로 진행되고 있다.15) 아마도 가장 분명한 이유

---

14) Emily Steel, "Netflix Is Betting Its Future on Exclusive Programming," *The New York Times*, April 19, 2015. http://www.nytimes.com/2015/04/20/business/media/netflix-isbetting-its-future-on-exclusive-programming.html (검색일 2015.7.27)

15) Emily Steel, "Netflix, Amazon and Hulu No Longer Find Themselves Upstarts in Online Streaming," *The New York Times*, March 24, 2015. http://www.nytimes.com/2015/03/25/business/media/netflix-amazon-and-hulu-no-longer-findthemselves-tvs-upstarts.html (검색일 2015.7.27) 이 기사에 따르면, 넷플릭스는 4천만에서 3천만의 차이로 HBO를 이겼다.

는 넷플릭스의 접근성 때문일 것이다. 넷플릭스는 오늘날 많은 게임 시스템, 셋톱 박스, 컴퓨터뿐만 아니라 대부분의 모바일 장치와 태블릿에 미리 탑재되어 있다. HBO Go와 HBO 나우도 마찬가지라고 말할 수 없다. 이러한 서비스들은 특정 게임 서비스, 셋톱 박스 및 모바일 장치에서는 간단히 접속할 수 없다. HBO는 넷플릭스가 이미 달성한 보편적인 앱이 되지 않는 한, 이 경쟁은 넷플릭스에게 훨씬 더 유리한 잔치가 될 것이다. 또한, 프리미엄 가입 서비스는 넷플릭스를 이기기 위해 HBO와 아마존, 쇼타임과 훌루처럼 기존 스트리밍 서비스와 제휴할 가능성이 있다. 그러나 현재의 제휴는 넷플릭스에 눈에 띄는 영향을 미치지 못했다.

마지막으로, 넷플릭스에 대한 다크호스 경쟁자로 불법 다운로드와 초법적 스트리밍 사이트가 남아 있다. 나는 여기에서 합법적으로 소유하지 않은 콘텐츠를 스트리밍하는 사이트에 대해 "초법적 스트리밍 사이트extralegal streaming site"라는 단어를 사용한다. 이것은 다운로드하도록 콘텐츠를 제공하는 사이트와 다르다. 왜냐하면, 자신이 소유하지 않은 콘텐츠를 수익을 위해 다운로드하거나 배포하는 것은 불법이지만, 저작권 침해 자료를 시청하는 것은 반드시 범죄를 저지르는 것이 아니기 때문이다. 인기 있는 팝콘 타임Popcorn Time이나 프로젝트 프리TVProject Free TV와 같은 사이트와 서비스는 시청자에게 다른 사이트에서 호스팅하는 스트림이나 다운로드를 직접적으로 접근 가능한 레이아웃과 인터페이스를 제공하여 합법적으로 운영되지만, 의심스러운 지점이 있다. 그렇긴 하지만, 비록 이 사이트들이 대중이 이용할 수 있게 되자마자 (그리고 때로는 이전부터) 사실상 무제한의 전 세계 콘텐츠 라이브러리를 제공하지만, 합법성을 둘러싼 문제 소지는 많은 잠재적인 시청자들이 이용하지 못하게 막는다. 게다가, 강력한 바이러스 방지책이 없다면, 이러한 사이트들 중 일부를 방문하는 것은 컴퓨터에 악성 코드와 다른 위해한 결과를 초래할 수 있다. 마지막으로 이러한 스트리밍과 다운로드는 종종 신뢰할 수 없다. 종종 품질이 너무 형편없어서 내용을 거의 알아볼 수 없다. 이러한 이유로 시청자는 더 많지는 않더라도 많은 콘텐츠를 제공하는 불법 다운로드와 초법적 사이트들이 있음에도 불구하고, 넷플릭스에 돈을 내고 가입하는 것이 더 안전하고, 신뢰할 수 있고, 합법적인 선택이라고 판단한다. 실제로 넷플릭스의 최고 콘텐츠 책임자인 테드 사란도스는 스터프TVStuff.tv와의 인터뷰에서 "불법 행위와 싸우는 최선의 방법은 법률적으로나 범죄적으로가 아니라 좋은 선택권을 주는 것"과 또한 넷플릭스가 새로운 영역에 들어와 의심스러운 미디어 유통의 거점으로 유명한 인기 파일 공유 사이트cyberlocker인 비트토렌드 BitTorrent에서 트래픽이 감소하는 것이라고 말했다.[16]

넷플릭스가 다른 서비스들에 비해 가지고 있는 이점과 장점을 모두 고려하더라도, 넷플릭스는 여전히 더 독특하고 개별적인 판매 포인트를 제공한다. 이러한 장점들 중에서 가장 분명한 것은 넷플릭스가 다른 어떤 서비스에서도 이용할 수 없는 많은 고품질 오리지널 콘텐츠를 제공한다는 것이다. 〈하우스 오브 카드〉와 〈오렌지 이즈 더 뉴 블랙〉과 같은 주목할 만한 타이틀에서부터 〈헴록 그로브Hemlock Grove〉와 〈못 말리는 패밀리〉의 재시작reboot과 같은 덜 호평을 받는 작품에 이르기까지 넷플릭스는 방송이나 케이블과 동등한 수많은 쇼를 제공한다. 이것은 상단 모서리에 "넷플릭스 오리지널" 로고를 뽐내는 많은 타이틀을 간과하게 한다. 넷플릭스 오리지널은 넷플릭스가 미국 내에서 독점적인 배급권을 가진 모든 프로그램을 언급하기 위해 사용하는 용어이다. 비록 시청자수가 알려지지 않았지만,[17] 이러한 프로그램들은 비평가들에게 수많은 찬사를 받았고, 수상도 했다. 넷플릭스 프로그램은 2013년에 14개 부문에서 에미상 후보에 오르는 영광을 누렸다. 게다가 이 프로그램들은 넷플

---

16) Luke Edwards, "Netflix's Ted Sarandos Talks *Arrested Development*, 4K and Reviving Old Shows," *Stuff.tv*, Haymarket Media Group, May 1, 2013. http://www.stuff.tv/news/netflixs-tedsarandor-talks-arrested-development-4k-and-reviving-old-shows (검색일 2015.7.27)

17) 넷플릭스에 대해 잘 아는 사람들은 넷플릭스가 시청자수를 비밀로 유지하는 것으로 악명이 높다는 것을 알고 있고, 이것은 특히 오리지널 프로그램에 대한 숫자에 대해서는 사실이다.

릭스가 다른 나라와 지역으로 확장하고 있고, 다양한 언어와 고품질의 자막으로 다양한 프로그램을 제공함에 따라 글로벌 시청자에게 도달하고 있다. 이러한 장점들은 넷플릭스를 경쟁사들과 새롭게 떠오르는 서비스와 차별화했다. 또한, 넷플릭스가 방송과 케이블 텔레비전의 변화하는 지형 속에서 어떻게 이러한 성공을 거두었는지를 설명해준다.

이러한 성공에도 넷플릭스가 1위를 유지할지에 대해서는 여전히 의문이다. 넷플릭스는 기업들이 미디어를 유통하는 방식을 바꾸는 데 도움을 주었지만, 그들의 장기적인 성공은 여전히 의문이다. 미디어 유통 배후의 지속 가능하고 혁명적인 힘과는 달리, 넷플릭스는 단순히 초기 선동자 또는 혁신자 중 하나일 수도 있다. 2014년 인터넷 중립성 논의의 부활과 더 중요한 입법 변화는 넷플릭스에게는 사형 선고나 다름없다. 넷플릭스 이용자들은 콘텐츠가 끊김 없이 스트리밍되기를 기대한다. 망중립성 같은 규제 정책의 변경은 넷플릭스의 서비스의 중단을 초래할 수 있고, 가입자들에게 대신 방송, 케이블, 시간 이동형 텔레비전을 시청하도록 유도하는 결과를 빚을 수 있다. 더욱이 현재 넷플릭스 서비스의 혜택과 장점으로 나타나고 있는 동일한 측면이 다른 측면에서는 위협이 될 수 있다. 말하자면, 현재 넷플릭스를 위대하게 만든 것은 경쟁사들도 계속해서 도입할 것이다. 이들 경쟁 업체들은 또한 자력으로 넷플릭스를 이기기 위해 자신의 규모를 이용할 수 있고, 미디어 대기업 계열사를 통해 추가적인 자원에 접근할 수 있다. 오늘날 넷플릭스는 콘텐츠 구매 비용의 증가에 직면해 있다. ≪포브스≫에 따르면 넷플릭스는 AMC의 히트 쇼 중 하나인 〈워킹 데드〉에 에피소드당 130만 달러 이상을 지출했다. 또한 같은 기사에서 "넷플릭스에 대한 콘텐츠 비용이 꾸준히 증가하고 있다. 2014년 3분기 실적에 따르면 스트리밍 콘텐츠에 대한 채무는 2013년 말 72억 달러에서 2014년 9월 30일 현재 88억 달러 이상으로 늘었다"고 언급하고, 콘텐츠 비용이 넷플릭스의 전체 비용의 70% 이상을 차지하는 점을 중요하게 강조했다.[18] 이러한 콘텐츠 비용은 감소할 기미를 보이지 않으며, 넷플릭스는 이러한 비용 상승 속에서 수익을 낼 의도가 있다면 선택의 여지가 적다. 넷플릭스는 한 가지 옵션으로, 월정액을 인상할 수 있다. 그러나 이것이 쉽게 역효과를 가져올 수 있다는 것을 경험했다. 2011년 넷플릭스가 인스턴트 스트리밍과 DVD 우편 서비스를 모두 원하는 이용자들을 위해 가입비를 올렸을 때, 대략 80만 명의 가입자를 잃었다.[19] 넷플릭스는 이 위기를 극복했지만, 가격 인상은 유사한 효과나 더 나쁜 결과를 불러올 수 있다. 콘텐츠 비용 때문에 넷플릭스가 이익을 내기 위해 추가 수익을 추구해야 하는 미래를 가정하면 광고나 재생당 과금제pay-per-view 옵션이 유용할 수 있다. 그러나 앞서 언급했듯이, 두 가지 옵션 모두 넷플릭스를 경쟁사인 대형 모회사의 지원을 받는 훌루와 아마존 프라임과 거의 구별할 수 없게 만들 것이다. 더 나아가, 최근 넷플릭스가 일부 이용자들에게 프로그램 앞에 넷플릭스 오리지널 예고편을 틀었을 때, 많은 대중의 거센 항의가 있었고 넷플릭스 경영진은 급히 이용자에게 다른 광고third-party advertizing가 추가되지 않는다고 이용자를 안심시키는 조치를 취했다.[20]

그러나 이 모든 추측은 넷플릭스는 증가하는 콘텐츠 비용으로 인해 흔들릴 수 있고, 향후 넷플릭스에 추가적인 문제가 발생할 수도 있다는 점을 보여준다. 존재하기도 하고 잠재성도 있는 무료 시청 옵션은 몇 년 안에 넷플릭스에 큰 장애물로 나타날 수 있다. 특히 어려운 도전은 방송과 케이블 네트워크 자

18) Trefis Team, "Why Growing Content Costs Are a N ecessary Evil for Netflix," *Forbes*, December 29, 2014. http://www.forbes.com/sites/greatspeculations/2014/12/29/whygrowing-content-costs-are-a-necessary-evil-for-netflix (검색일 2015.7.27)

19) Julianne Pepitone, "Netflix Hikes Prices for DVDs + Streaming," *CNN Money*, CNN, July 12, 2011. http://money.cnn.com/2011/07/12/technology/netflix_unlimited_dvd (검색일 2015. 7.27)

20) Mike Snider, "Netflix CEO: No Advertising Coming to the Streaming Service," *USA Today*, June 2, 2015. http://www.usatoday.com/story/tech/2015/06/02/netflix-ceo-reedhastings-no-advertising/28367663 (검색일 2015.7.27)

체에서 올 수 있다. CBS는 현재 CBS 올 액세스라는 서비스를 제공하고 있다.[21] 넷플릭스의 월정액보다 낮은 가격으로, 이용자는 현재 황금 시간대 쇼, 컬트 클래식, 그리고 구작들을 포함한 많은 CBS 쇼를 이용할 수 있다. 더 나아가, CBS 올 액세스는 NCAA 남자 농구, 게임 쇼, 시상식, 그리고 리얼리티 텔레비전 등을 생방송으로 볼 수 있다. 이 프로그램들은 또한 대부분의 컴퓨터, 태블릿, 스마트폰에서 앱을 통해 실시간으로 스트리밍될 수 있다. CBS 올 액세스는 넷플릭스, 훌루, 아마존을 매월 몇 달러까지 낮춘 월정액으로 어디에서나 라이브 TV를 스트리밍할 뿐만 아니라 엄청나게 많은 쇼와 이벤트 프로그램을 제공한다. 이제 방송이나 케이블 네트워크가 이런 종류의 서비스를 무료로 제공한다고 상상해보자. 이 서비스는 거의 틀림없이 프로그램 전에 광고를 내보낼 것이다. 그러나 훌루 가입자들과 다른 온라인 시청자들은 소수의 광고를 보려는 그들의 의도를 보여주었다. 이 가상의 서비스는 방송사의 프로그램을 안전하고 합법적으로 시청할 수 있는 방법을 제공할 뿐만 아니라, 미래의 시청자가 방송사 오리지널 프로그램을 보고, 방송사 광고를 시청하고, 결국 방송사의 전반적 시청률에 도움을 줄 것이라는 의미이다. 이 가설에서, 방송사는 여전히 넷플릭스와 다른 서비스들에게 (CBS가 현재 CBS 올 액세스의 많은 프로그램에서 그러하듯이) 저작 권리를 판매할 수 있다. 이 가설을 한 단계 더 진전시키기 위해, 폭스Fox가 히트 애니메이션 쇼 〈심슨The Simpsons〉의 모든 에피소드를 접근하기 쉬운 형식으로 그들의 웹사이트에 올렸다고 상상해보자. 이것은 로그인이나 시청을 위한 케이블 가입을 요구하지 않을 것이다. 그것은 대부분의 기기에서 스트리밍되고, 각 에피소드 전에 하나의 광고가 재생될 것이다. 그 의미는 엄청나다. 〈심슨〉에 대한 권리는 여전히 회당 수백만 달러에 넷플릭스(그리고 훌루 플러스, 아마존 프라임, 그리고 가능한 한 많은 다른 스트리밍 사이트)에 팔릴 수 있지만, 폭스는 또한 그들 자신이 프로그램을

---

21) "CBS All Access," CBS, 2015. http://www.cbs.com/all-access/ (검색일 2015.7.27)

서비스하여 수익을 얻을 것이다. 넷플릭스는 이용자들에게 프로그램을 온라인으로 보도록 가르쳤다. 그것은 이용자들에게 텔레비전 프로그램은 TV로 시청할 필요가 없다는 관점을 심어주었다. 지금까지 넷플릭스는 이런 변화로 이득을 본 반면, 더 많은 구형 모델들은 뒤쳐졌다. 그러나 방송과 케이블 네트워크가 새로운 것과 오래된 것 모두 유사하게 다양한 기기에서 광고와 함께 그들의 콘텐츠를 쉽게 접근하고 스트리밍할 수 있는 방법을 개발했다면, 넷플릭스는 온라인 시청에 대한 장악력이 빠르게 사라지는 것을 볼 수 있다.

온라인 시청 행동의 또 다른 진화하는 측면에는 앞서 언급한 초법적 스트리밍 옵션이 포함된다. 광고 차단과 바이러스 백신 소프트웨어가 계속 향상됨에 따라, 콘텐츠를 찾는 사람은 이러한 사이트에 접속하여 넷플릭스가 월정액을 받고 제공하는 것과 동일한 콘텐츠를 보는 것을 편하게 느낄 수 있다. 저렴한 가격 외에도, 이러한 사이트들 중 다수는 시청자들이 보고 있는 콘텐츠에 관여하는 더 나은 방법을 제공하며, 전체 커뮤니티는 특정한 초법적 스트림에 연결된 채팅과 포럼의 일부로 제공되는 공유된 온라인 시청 경험을 중심으로 형성된다. 『영화의 그림자 경제: 비공식적 영화 배급을 찾다Shadow Economies of Cinema: Mapping Informal Film Distribution』에서 라몬 로바토Ramon Lobato 는 많은 초법적 사이트들이 시청자를 효과가 있을 수도 있고 없을 수도 있고, 합법적이지 않을 수도 있는 링크나 다운로드로 향하도록 하기 전에 광고의 대열로 끌어들이기 위해서만 존재한다고 말한다.22) 그러나 더 자주, 사이트들은 광고도 없이 무료로 스트리밍 콘텐츠를 제공할 것이다. 예를 들어, 나는 초법적 온라인 스트림에서 유명한 드라마 시리즈 〈브레이킹 배드〉를 많이

---

22) Ramon Lobato, *Shadow Economies of Cinema: Mapping Informal Film Distribution* (London: British Film Institute, 2012), 95-109. 나는 로바토의 "회색 인터넷The Grey Internet"에서 토론한 모든 것을 언급했다. 회색 인터넷은 디지털 유통에서 다양한 공유의 법적·초법적· 불법 사이트를 구체적으로 설명한다. 또한, 그들의 존재 이유와 더 큰 규모로 미디어 유통의 지형을 형성하는 방법을 설명한다.

보았다. 그 쇼를 시청하는 동안 다른 사람과 소통할 수 있는 방법을 찾던 중 우연히 한 사람의 텔레비전에서 방송하는 생방송을 통해 프로그램을 보여주는 사이트를 발견했다. 그러나 스트림의 진행자는 광고 도중 TV를 무음으로 하고, 다른 시청자들과 수다를 떨며 쇼에 대해 추측하고, 심지어 시청자들과 게임을 하기도 했다. 게다가 이 모든 것은 아무런 비용 없이 이루어졌고 어떤 종류의 광고도 보이지 않았다. 이 사이트는, 내가 그 쇼에 관여할 수 있는 방법 때문에 〈브레이킹 배드〉를 보는 우수한 방법이었고, 나는 케이블 가입에 돈을 지불했고, AMC에서보다 더 나은 품질로 그 쇼를 볼 수 있음에도 불구하고 온라인 스트리밍을 더 선호한다는 것을 알게 되었다.

관여의 주제에 관련하여 이용자에 자신의 사이트를 큐레이팅할 수 있는 유튜브나 비메오Vimeo 같은 사이트에는 과다한 오리지널 시리즈를 포함한 새롭고 질 좋은 콘텐츠가 급증하고 있는데, 이 모든 사이트들은 이용자에게 댓글, 답글, 투표 등을 통해 다양한 무료 관여 옵션을 제공하고 있다. 유튜브만 다른 시청자들에게 무료 콘텐츠를 제공하는 기업 관리 채널과 프로그램 네트워크를 보유하고 있다. 예를 들어, 카툰 행오버Cartoon Hangover는 〈핀과 제이크의 어드벤처 타임Adventure Time〉과 같은 인기 있는 쇼의 제작자들로부터 다양한 애니메이션 프로그램을 제공하고 있으며, 미국의 공영 방송 PBS조차 매주 수많은 프로그램을 제작하는 PBS 디지털 스튜디오라는 자체 채널을 운영하면서 매주 수많은 프로그램을 만들고 있다.

그러나 넷플릭스의 가장 큰 잠재적 몰락은 이미 크게 성장한 두 곳의 적에서 비롯된다. 첫째, 넷플릭스는 많은 외부 쇼와 영화와 자체 프로그램을 제공함으로써 스스로를 차별화했다. 그러나 이제 일부 경쟁사들도 자체 콘텐츠를 제작하기 시작했다. 아마존은 〈트랜스페어런트Transparent〉를 발표하여 상당한 찬사를 받았고, 〈알파 하우스와 정글에서의 모차르트Alpha House and Mozart in the Jungle〉를 포함한 다른 프로그램들을 제작했지만, 〈트랜스페어런트〉만큼 많은 관심을 받은 것은 없었다. 훌루 또한 그들의 서비스를 통해서만 배포할 수 있는 오리지널 프로그램들을 제작하기 시작했다. 누구나 두 회사 모두 오리지널 프로그램을 계속 만들 것이라고 가정할 수 있고, 히트작은 초기의 가입자들이 오리지널 콘텐츠 때문에 다른 서비스보다 넷플릭스를 선택한 것처럼 넷플릭스의 가입자를 다른 서비스로 끌어 갈 것이다. 게다가, 야후 스크린Yahoo Screen과 같은 새로운 서비스는 현재 무료 프로그램을 제공하고 있지만, 이 같은 모델을 따르고 있다. 야후는 이전에 NBC에서 방영되었던 인기 시리즈 〈커뮤니티Community〉의 새로운 에피소드를 만들기 시작했다. 점점 더 많은 잠재적인 눈(이용자―옮긴이)이 방송과 케이블 TV가 아닌 콘텐츠를 위해 컴퓨터, 전화, 태블릿 화면으로 전환하면서, 더 많은 회사들이 웹을 통해 유통되는 오리지널 프로그램의 제작에서 가능성을 찾을 것이다. 시청자들이 넷플릭스가 제공하는 비싼 원스톱샵보다 저렴한 스모가스보드smorgasbord(온갖 음식이 다양하게 나오는 뷔페식 식사―옮긴이)식 접근의 온라인 시청 방식을 선택할 것인지를 비교해보면, 이런 미디어의 다양화는 넷플릭스의 가치를 떨어뜨릴 것이다.

넷플릭스가 글로벌 시장에 진출하면서 특정 장르와 틈새 관객에 맞춘 콘텐츠 전용 스트리밍 사이트의 인기는 넷플릭스의 성장을 방해할 가능성이 있다. 애니메이션의 경우, 이 대체 스트리밍 사이트는 이미 존재한다. 크런치롤Crunchyroll은 일본에서 월 6.95달러에 (만화, 뉴스, 포럼, 상점뿐만 아니라) 상영하는 쇼에 광고 없이 일찍 접속하는 스트리밍 애니메이션을 제공한다. 그러나 이 사이트에 익숙한 많은 독자들은 콘텐츠의 대다수가 구독을 필요로 하지 않기 때문에 콘텐츠를 보기 전에 광고 몇 개를 보면 고품질의 스트리밍 애니메이션의 거대한 라이브러리에 접근할 수 있는 무료 방법이라고 알고 있을 것이다. 또한, 이런 사이트와 커뮤니티는 애니메이션 장르에 특정되지 않는다. 넷플릭스가 진출하고 싶어 하는 동아시아 시장에서[23] 특히 인기 있는 또 다른

---

23) Elsa Keslassy, "Mipcom: Netflix's Ted Sarandos Eyes Asia Expansion, Talks Recent Movie

장르인 TV 드라마는 스트리밍 콘텐츠가 전용인 웹사이트와 서비스를 많이 보유하고 있다. 드라마피버DramaFever(한국 드라마를 주로 유통하던 곳이었으나 경영난으로 2018년 10월 16일 서비스 중단함—옮긴이), 비키Viki, 심지어 유튜브와 그에 유사한 사이트처럼 이용자가 큐레이션하는 사이트 사이에서, 한국 드라마, 일본 드라마, 중국 드라마, 심지어 인기 있는 멕시코 텔레노벨라이든 고품질의 TV 드라마를 스트리밍하는 곳을 찾는 이용자는 선택할 수많은 선택권을 갖고 있다. 이들 사이트 중 다수는 완전히 합법적으로 운영되며 콘텐츠 이전에 짧은 광고를 통해 운영한다. 이것이 텔레비전의 모든 장르와 유형에서 작동할 수는 없다. (미국 시트콤을 전용으로 스트리밍하는 무료 사이트를 상상하기는 어려울 것 같다). 그러나 과도한 비용 없이 고품질의 콘텐츠를 제공하는 사이트들이 존재한다는 단순한 사실은 넷플릭스가 글로벌 시장으로 진출하려고 할 때 주춤하게 한다.

분명히 넷플릭스는 곧 일어날 것 같은 다양한 이슈를 안고 있다. 신흥 틈새시장, 경쟁사들의 발전, 가입자의 더 저렴하거나 무료인 옵션에 대한 선호, 그뿐만 아니라 다른 예상하지 못한 가능성은 포스트 방송, 포스트 케이블 세계에서 넷플릭스를 몰락시킬 수 있다. 첫째, 그리고 아마도 가장 중요한 것은, 넷플릭스가 고품질의 오리지널 콘텐츠를 계속해서 출시해야 한다는 것이다. 더 많은 독점적인 콘텐츠는 넷플릭스를 단순 스트리밍 서비스에서 HBO와 다른 프리미엄 채널뿐만 아니라 방송 및 케이블 네트워크와도 경쟁하는 자체의 완전한 네트워크로 성장시킬 것이다. 넷플릭스는 이것을 분명히 인식하고 있다. 앞서 언급한 ≪뉴욕타임스≫ 기사에서 기자는 넷플릭스가 2015년에 320시간의 오리지널 프로그램을 출시할 계획이라고 밝혔다.[24] 하지만

Deals," *Variety*, October 14, 2014. http://variety.com/2014/tv/global/mipcom-netflix-ceoted-sarandos-talks-about-potential-expansion-across-asiamove-into-original-feature-films-and-recent-launch-acrosscontinental-europe-1201329381 (검색일 2015.7.27)

24) Steel, "Netflix Is Betting Its Future on Exclusive Programming."

놀랍게도 넷플릭스는 가장 유명한 프로그램의 대부분에 대한 유통 권리를 소유하고 있지 않다. 예를 들면 넷플릭스는 〈하우스 오브 카드〉를 소유하고 있지 않고, 대신 제작사 미디어 라이츠 캐피털Media Rights Capital이 이 권리를 갖고 있다. 넷플릭스가 경쟁 우위를 유지하려고 한다면 이것 또한 변화할 것이고, 변화해야 한다. CEO 리드 헤이스팅스는 ≪블룸버그 비즈니스Bloomberg Business≫와의 인터뷰에서 넷플릭스는 제작과 소유권을 포함하는 오리지널 프로그램에 더 치중할 계획이라고 말했다.[25] 이것은 물론 넷플릭스에게는 높은 위험을 의미한다. 만약 프로그램의 성과가 좋지 않다면, 이런 유형의 움직임은 넷플릭스를 콘텐츠 비용 상승에 좌우되도록 몰아넣는다. 넷플릭스가 자체 프로그램을 소유할 경우 프로그램을 자체 서비스에 제공할 수도 있고, 다른 서비스에 라이선싱 권한을 유통하여 현금화할 수도 있다. 그것은 또한 작지만 무시할 수 없는 프로그램의 DVD 판매를 통해 돈을 벌기 시작할 수 있다. 짧게 말해, 방송사가 넷플릭스를 모방하고 온라인으로 이동하는 것처럼, 넷플릭스는 가능한 모든 방법을 동원하여 프로그램의 수익을 창출하는 방송사의 초기 전략을 이용해야 한다.

넷플릭스는 아직 예측하지 못하는 다른 단계를 밟을 수도 있다. 앞서 언급한 닐슨 전체 시청자 보고서는 2세에서 17세 사이의 아이들과 10대들이 상당한 양의 텔레비전을 시청하지만, 전통적인 방송이나 케이블 텔레비전 이외에서 시청하는 것은 거의 없다는 것을 보여준다.[26] 대부분의 어린이와 청소년들이 넷플릭스에 가입할 수 없을 가능성이 크기에 넷플릭스는 부모들에게 더 많은 마케팅을 고려해야 한다. 더 많이 선택할 수 있는 부모 통제 기능들은 케이블의 복잡하고 혼란스러운 통제에 대한 대안으로 부모들을 그 서비스에

---

25) Lucas Shaw, "Netflix's Pursuit of TV Domination Has a New Step: Ownership," *Bloomberg Business*, April 21, 2015, http://www.bloomberg.com/news/articles/2015-04-21/netflix-spursuit-of-tv-domination-has-a-new-step-ownership (검색일 2015.7.27)

26) Ibid.

가입하도록 유도할 수 있다. 현재 넷플릭스는 이용자를 만들 때 "아이들" 섹션을 가지고 있으며, 아이들은 이미지가 많은 메뉴를 사용하기 쉽다고 생각할 수 있다. 그러나 부모 중심의parent-geared 기능뿐만 아니라 인기 있는 〈터보패스트Turbo FAST〉와 〈줄리안 대왕 만세All Hail King Julien〉(드림웍스 애니메이션 영화를 각색한 작품)와 같은 어린이들에게 직접 맞춰진 독점적인 프로그램이 인터넷 시청 시장에서 저평가된 시청자의 구독을 촉진할 수 있다.

이와 같은 맥락에서 넷플릭스는 이용자들이 콘텐츠와 상호 간에 관여할 수 있는 더 나은 방법을 개발해야 한다. 현재의 초법적 스트리밍 사이트들의 커뮤니티 구축 측면은 시청자들을 계속 관여시키고, 그들이 다른 사람들과 그들의 경험을 공유하도록 유도한다. 넷플릭스의 이러한 시도는 선택 사항으로 남아 있지만(많은 이용자는 단지 그들의 콘텐츠를 방해받지 않고 보고 싶을 것임) 포럼, 채팅방, 이용자 및/또는 콘텐츠 제작자의 실시간 해설, 소셜 미디어 플랫폼을 통한 연결, 그리고 다른 많은 가능성들은 오직 넷플릭스에게 이익이 될 수 있다. 넷플릭스는 이용자들의 페이스북 계정과의 연결 등 여러 방법을 시도했다. 그러나 이 서비스는 문제가 발생했고, 실제로 가입자들을 함께 거의 연결하지 않는다. 넷플릭스를 데이트 사이트와 합치거나 협력해야 한다는 많은 (어쩌면 웃기는) 기사를 고려하면,27) 넷플릭스 가입자들은 넷플릭스 메뉴의 "페이스북 친구들이 무엇을 보고 있는지 보기" 섹션을 넘어, 서비스뿐만 아니라 동료 가입자들과의 상호 작용 같은 것을 환영할 것으로 보인다. 마지막으로, 넷플릭스가 앞으로 나아갈 수 있는 최선의 제안은 하지 말아야 할 일들의 형태로 나타난다. 앞에서 언급했듯이, 다른 지역들은 이미 스트리밍 서비스를 선호했고, 다른 지역의 많은 서비스들은 무료 또는 최소한의 광고로 그들의 프로그램을 제공한다. 기존의 온라인 시청 습관을 엄밀하게 조사하지 않

---

27) 이 제안은 (수천 개의 블로그와 공유를 가진) 텀블러Tumblr와 레딧Reddit의 "미친 아이디어 crazyideas" 하위 레딧 중심으로 표출되었다. 그러나 이것은 거의 농담조tongue-in-cheek이다.

고 다른 시장으로 많은 비용을 들여 진출하는 것은 넷플릭스에게 위험하고 비용이 많이 드는 것으로 판명될 수 있다. 어쨌거나 혁신이 핵심이다. 넷플릭스의 경쟁자들 중 어느 누구도 그들의 전술적 전진으로서 안주를 선택하지 않았고, 넷플릭스는 1997년 창사 이래 혁신을 계속하고, 텔레비전 미디어의 전통적인 정의를 계속 추진하는 것이 현명할 것이다. 이것이 넷플릭스가 디지털 미디어로의 트렌드를 시작하는 데 도움을 준 방법이다. 또한, 이것이 이러한 역동적인 시대에 넷플릭스가 성공적으로 살아남을 수 있는 방법이다. 왜냐하면 혁명적인 힘은 단순히 초기의 혁신가가 아니라 미디어 유통과 시청이기 때문이다.

텔레비전의 분주한 영역에서 변화는 여전히 일정하게 일어난다. 이제, 텔레비전의 정의를 토론하기에 적합해 보인다. 넷플릭스와 온라인 시청이 많은 사람들의 일상생활에 깊이 뿌리내렸기에, 그것들 없는 미래는 상상하기 어렵다. 그러나 돌이켜보면 넷플릭스는 미디어계에 빠르게 돌풍을 일으켰음에도, 모든 경쟁자들과 함께 빠르게 사라질지도 모른다. 아니면 그렇지 않을 수도 있다. 넷플릭스는 현재와 같이 인터넷 유통과 미디어의 온라인 시청의 새로운 시대에 선두주자가 될 수도 있다. 반면에, 전통적인 방송과 케이블 텔레비전은 온라인 시청 시장에서 더 큰 역할을 하고 넷플릭스를 완전히 대체할 수도 있다. 또한, 초법적인 또는 불법적인 옵션은 시청자를 대중 매체 유통, 소비, 그리고 심지어 생산에 대해 우리가 알고 있는 모든 것을 뒤엎는 새로운 영역으로 안내할 수도 있다. 이에 대해 많은 추측이 있다. 확실하게 말할 수 있는 것은 앞으로 몇 년 안에 시청자로서 우리가 텔레비전이 무엇이라고 생각하는 것은 변화할 것이라는 점이다.

제12장

개별 파괴자와 경제적 게임 체인저

넷플릭스, 뉴미디어와 신자유주의

Individual Disruptors and Economic Gamechangers: Netflix, New Media, and Neoliberalism

제럴드 심 Gerald Sim

많은 면에서 텔레비전은 드라마틱한 방식으로 파괴되고 있고, 넷플릭스는 그 완벽한 예다.
_켄 오레타Ken Auletta, 〈찰리 로즈Charlie Rose〉, 2014.1.29

　2014년 1월 마지막 주에 넷플릭스가 분기 수익 보고서에서 전 세계 신규 가입자가 4백만 명 이상이 증가했다고 밝히자, 주가가 믿을 수 없는 21%나 급등했다.[1] 그 주식은 다음 날에 걸쳐 36%나 추가로 상승했다. 이는 약 2년 전에 있었던 가격 책정과 홍보 실패에서 완벽하게 역전된 상황을 보여준다. 당시 "넷플릭스 인스턴트Netflix Instant" 스트리밍 서비스를 분리하여 고객에게 별도 요금을 부과할 계획에 포함된 반갑지 않은 가격 인상은 가입자와 투자자들의 분노를 샀다. 넷플릭스는 이 계획을 취소했고, 가입자와 시장 관계자의 신뢰를 잃고 악몽이 지속되는 기간을 헤치고 나아가야 했다. 그러나 넷플

---

[1]　Netflix, letter to shareholders, January 22, 2014. http://ir.netflix.com/results.cfm (검색일 2015.7.9)

릭스는 간신히 극복했고, 이것은 최근 뉴스와 미래 사업에 대한 전망에 모두 반영되었다. 2주 후, ≪더 뉴요커The New Yorker≫의 미디어 작가 켄 오레타는 6,100 단어로 된 "셋톱 박스를 넘어서: 넷플릭스와 텔레비전의 미래"라는 제목의 기사를 발표했다. 기사는 넷플릭스가 블록버스터 비디오를 망하게 하는 데 주요한 역할을 했고, 모바일 플랫폼이 미디어 소비의 중심이 되고 있고, 그리고 텔레비전 사업이 급진적으로 변화하고 있는 내용을 담았다.[2] 오레타는 〈찰리 로즈〉 쇼에 출연하여 이 이야기를 풀어놓았다. 그가 잡지에서 언급한 많은 내용은 지난 10년 동안 다양한 사람들이 수행한 다방면의 산업 연구에서 얻을 수 있었다.[3] 그러나 로즈가 늦은 밤에 냉철함을 유지한 채 받아들인 오레타의 설명은 주목할 만하다. 나는 그것을 미디어 역사에서 넷플릭스의 지위를 부여하는 추정 담론putative discourse에 의한 확고한 대중적 서사라기보다 덜 결정적인 기록이라고 강조한다. 여러 면에서 그것은 또한 학자들이 넷플릭스의 영향을 파악하는 현재와 미래의 방법을 강조한다.

오레타의 기사는 그의 독자들에게 2000년 달라스에서 열린 넷플릭스 CEO 리드 헤이스팅스와 오랫동안 비디오 대여 사업에서 리더였던 블록버스터의 경영진 간의 회의를 소개한다. 헤이스팅스는 블록버스터의 온라인 서비스를 운영하는 대가로 회사의 49%를 매각하겠다고 제안했다. 블록버스터는 그 거래를 거절했다. 그 거래 이후 넷플릭스는 홈 비디오 시장에서 꾸준히 성장했고, 블록버스터는 같은 시기에 정반대의 하락을 한 견지에서 보면 운명적인 결정이었다. 오레타의 기사는 블록버스터 체인이 나머지 300개 점포의 문을

2) Ken Auletta, "Outside the Box: Netflix and the Future of Television," *The New Yorker*, February 3, 2014. http://www.newyorker.com/magazine/2014/02/03/outside-thebox-2 (검색일 2015.6.3)

3) 다음을 참조하라. Kevin P. McDonald, "Digital Dreams in a Material World: The Rise of Netflix and Its Impact on Changing Distribution and Exhibition Patterns," *Jump Cut 55* (2013). http://ejumpcut.org/archive/jc55.2013/McDonaldNetflix/index.html (검색일 2015.5.5)

닫은 지 불과 두 달, 그리고 파산 신청을 한 지 40개월 후에 게재되었다.[4] 문화 기업cultural institution이라는 이전의 우월적 입장에서 볼 때, 블록버스터의 파산은 중대하게 느껴졌다. 그는 회사에 장황한 전략적 우유부단함과 실책이 일반적으로 가득 찼다고 사후 평가를 했다. 그러나 오레타는 기업 간의 제로섬 게임에서 촉매제 역할을 한 온라인 스트리밍에 관하여 헤이스팅스의 지성과 예지력을 칭찬한다. 여기서 그의 이야기 버전에는 중요한 전환점이 있다. 블록버스터 이후, 역사가들은 온라인 콘텐츠 유통과 모바일 유통 플랫폼의 커다란 문화적 충격을 다루고 있다. 넷플릭스가 주춤거리고 지나치게 조심스러운 경쟁자를 처치했다는 것은 끝난 종결된 사안이다.[5] 대신에, 이 장은 역사가들과 미디어 이용자들이 넷플릭스의 제2막, 즉 디지털로 가능해진 소비의 사회적 중요성과 경제 활동에 대해 어떻게 받아들이고 있는지에 대한 측면을 살펴본다.

온라인 비디오 플랫폼으로 정의되는 넷플릭스는 애플의 아이튠즈, 아마존의 인스턴트 비디오, 그리고 같은 기술 회사이자 사업 경쟁자인 훌루와 같은 서비스들과 대중성뿐만 아니라 학문적·역사적 설명에서 명확히 연관되어 있다. 블록버스터를 물리친 넷플릭스는 이제 표면적으로는 그들을 새로운 적수로 맞이한다. 여기서 나는 넷플릭스를 이런 식으로 생각하는 경향을 재고하며, 편애predilection는 뉴미디어가 표면적으로 관객과 콘텐츠 창작자 모두에게 제공할 수 있는 자율성과 이동성의 매력에 의해 촉진된다고 가정한다. 나는 특히 내재된 포퓰리즘이 이념적으로 왜곡되어 있다고 주장한다. 한편, 융합을 향한 문화적 이동과 새로운 시청 습관은 돌이킬 수 없이 진행된다는 것은 부인하기 힘들다. 미디어 산업 또한 의심할 여지 없이 재조정되고 있다. 예를

---

4) Alex Barinka, "Blockbuster Video-Rental Chain Will Shut All U.S. Stores," *Bloomberg Business*, November 6, 2013. http://www.bloomberg.com/news/articles/2013-11-06/block busturvideo-rental-chain-will-shut-remaining-u-s-stores

5) Gina Keating, *Netflixed: The Epic Battle for America's Eyeballs* (New York: Penguin, 2012).

들어, 넷플릭스는 최근 극장 개봉 기간window을 단축함으로써 할리우드의 관행을 해체하려고 시도했다. 극장 상영 중에 〈와호장룡 2Crouching Tiger Hidden Dragon 2: The Green Destiny〉(2016)를 스트리밍하려는 넷플릭스의 계획은 주요 극장 체인들의 영화 상영을 금지하려는 위협에 직면했다.[6] 어쨌든 이러한 변화를 실현하는 데 있어서 자주 넷플릭스에게 부여된 커다란 역할은 정치적이 아닐지라도 이념적으로 힘든 것이다. 특히 기사에서 작가들은 넷플릭스의 역사를 풀어나가고 있는데, 넷플릭스, 더 확장하면 헤이스팅스는 신자유주의가 선호하는 개인주의자 비유로 가득한 서사 속에서 제도적이고 개별적인 변화 주체라고 해석한다.

만약 넷플릭스의 역사가 과장된 전기 영화로 각색된다면, 줄거리는 혼자 저절로 쓰여질 것이다. 그 이야기에서 가장 중요한 것은 당연히 예지력 있는 헤이스팅스이고, 그의 발명이 기업의 골칫거리들을 없애고, 사업을 변화시키고, 결국 세계가 미디어를 소비하는 방식과 미디어와 상호 작용하는 방식을 변화시키는 내용일 것이다. 이 장에서 실제로 이 비유들이 어떻게 넷플릭스와 관련된 주요 작품인 〈브레이킹 배드〉(2008~2013)와 〈하우스 오브 카드〉(2013~)에 나타나는지에 대해 논의한다. 그 역사적 이해관계는 다층적이다. 정확성이 아니라면, 균형에 대한 관점 이외에도 우리는 신자유주의가 단순한 경제 정책이 아니라는 점을 기억해야 한다. 신자유주의는 우리가 시간 이동과 몰

---

6) Brent Lang and Marc Graser, "Amazon Movies May Crack Theatrical Windows, but It Won't Break Them," *Variety*, January 19, 2015. http://variety.com/2015/film/news/amazonmovies-may-crack-theatrical-windows-but-it-wont-breakthem-1201408849 (검색일 2015.7.14); Brent Lang and Dave McNary, "'Crouching Tiger 2' Fallout: AMC, Regal Won't Play Imax Release," *Variety*, September 30, 2014. http://variety.com/2014/film/news/crouching-tiger-2-falloutregal-cinemark-wont-play-imax-release-1201317183 (검색일 2015.7.15); Brent Lang, "AMC Entertainment Chief Talks Netflix's 'Crouching Tiger' Sequel, MoviePass Trial and Theater Innovations," *Variety*, February 18, 2015. http://variety.com/2015/film/news/amc-entertainment-chief-talksnetflixs-crouching-tiger-sequel-moviepass-trial-and-theaterinnovations-1201436114/ (검색일 2015.7.9)

아 보기와 같은 뉴미디어 관행을 어떻게 인지하는지를 조건으로 하는 문화적 신화와 정치적 해석학의 범위를 정한다. 오레타의 설명을 생각해보자. 제목은 "셋톱 박스를 떠나"로 시작하여 꽤 예측 가능한 형태를 따른다. 이 글은 주요 주제인 텔레비전을 나타내며, 넷플릭스를 혁신자로 지정한다. 〈찰리 로즈〉에서 오레타는 넷플릭스를 (말하자면 사라지는 효용의[7]) 유행어_{mot à la mode} "파괴자_{disruptor}"로 언급하면서 논의를 더 전개한다. 역사적 담론과 미국 광고 업계_{Madisn Avenue}가 만들고 우리 문화 생태계에 공개하는 것 사이의 일치_{confluence}는 수용된 지혜를 재고하도록 압박한다. 특히 신자유주의가 징고이즘_{jingoism}(공격적인 외교 정책을 만들어내는 극단적이고 맹목적이며 배타적인 애국주의 혹은 민족주의—옮긴이)을 반영할 때 그렇다.

뉴미디어 역사에 대한 어떤 저서도 『융합 문화』보다 중요한 작품은 거의 없다. 이 책에서 헨리 젠킨스는 문화 변동_{cultural shift}이 보다 적극적인 소비자 참여에 뿌리를 두었다고 진단한다.[8] 그는 기술적으로 권한을 가진 시청자들이 "구미디어와 뉴미디어의 교차점 사이의 공간을 차지하면서, 문화 내에서 참여할 권리를 요구하고 있다"고 주장한다.[9] 이러한 희망은 월터 벤자민 _{Walter Benjamin}이 예술에 대한 유명한 에세이를 쓴 이래 유효하다. 젠킨스에 따르면, 융합은 "기업 주도의 하향식 방식과 소비자 주도의 상향식 방식"의 쌍방향적인 과정일 수 있다. 여기서 미디어 소비자들은 산업에서 그들의 경험을 통제할 권한을 뺏으려고 힘겨루기를 하고, 이제는 아래로부터 문화의 변

---

7) Simon Dumenco, "Eight Media and Marketing Buzzwords That Must Die," *Advertising Age*, July 28, 2014. http://adage.com/article/the-media-guy/media-marketing-buzz wordsdie/294333/; Dumenco, "Six More Media and Marketing Buzzwords That Must Die," *Advertising Age*, August 11, 2014. http://adage.com/article/the-media-guy/media-market ingbuzzwords-die/294521/ (검색일 2015.6.3)

8) Henry Jenkins, *Convergence Culture: Where Old and New Media Collide* (New York: New York University Press, 2006), 3.

9) Ibid., 24.

화를 추동하고 있다. 젠킨스는 미디어 제작자는 시청자와의 관계를 재조사하거나 그렇지 않으면 경제적으로 안 좋은 결과를 겪을 것이라고 믿는다.[10] 넷플릭스에 대해 우려되는 지점에 대해서는 헤이스팅스도 분명히 동의한다. 오레타는 다음과 같이 말한다.

헤이스팅스는 그가 말한 전통적인 TV에 대한 시청자의 "관리된 불만족"을 이용함으로써 대체로 성공했다. 1시간의 프로그램은 약 20분간의 광고와 다른 쇼에 대한 홍보 메시지로 가득 차 있다. 넷플릭스는 광고를 내보내지 않는다. 그 수입은 전적으로 구독료에서 나온다. 시청자들은 그들이 원하는 언제나 어떤 기기로든 중단되지 않고, 그들이 선택한 영화나 쇼를 보기 위해 정해진 요금, 현재 매달 8달러를 내는 것을 좋아한다. 헤이스팅스는 "이것을 책 이상의 엔터테인먼트로 생각하라"고 말했다. "당신은 모든 에피소드를 다 가지고 있기 때문에 조절하며 시청하고, 동시에 책의 모든 장들도 읽게 되는 것이다."[11]

과연 우린 그렇게 하는가? 우리는 모든 에피소드를 갖고 있을 수 있지만 과연 모든 카드를 손에 쥘 수 있는가? 넷플릭스의 시장 침투를 고려할 때, 나의 독자 또한 가입자일 가능성이 있다. 만약 그렇다면, 당신은 이전보다 경험을 더 잘 통제한다고 생각하는가, 아니면 케이블 독점 시대에 가능한 것보다 더 많은 고객 만족을 누리고 있는가? 나의 냉소주의는 부분적으로 젠킨스, 헤이스팅스, 그리고 오레타의 잘 정리되고 일관된 증언에서 비롯된다.

그럼에도 불구하고, 그 목적은 『융합 문화』가 제시한 변화의 존재나 제안들에 의문을 제기하는 것은 아니다. 변화는 분명히 진행되고 있지만, 이 장은 많은 흥분 속에서 잠시 멈추고 심사숙고한다. 한 시대는 과거에 놓여 있고,

---

10) Ibid., 18, 24.

11) Auletta, "Outside the Box."

디지털 미래를 위한 축하가 이루어지고 있다. 젠킨스는 온라인 비디오 서비스가 소비 방식을 바꾸고, 텍스트 형식을 변경하며, 미디어 문화를 새로운 시대로 옮기는 과정을 도표로 작성한다. 비록 그가 넷플릭스의 이름은 밝히지 않았지만 그의 서술에 넷플릭스를 둘러싼 담론이 겹치는 것은 쉬운 일이다. 그런 맥락에서, 나는 "파괴적", "획기적gamechanging" 또는 "변형적transformational"이 진정 적절한 형용사인지를 다시 생각해본다.

그것은 모두 꽤 유사하게 들린다. 크리스토퍼 앤더슨의 중요한 연구인 〈할리우드 TV〉는 "산업의 소멸에 대한 서사적 설명이 … 묘사된 엄청난 변화"의 아이디어를 따라가려는 경향에 대하여 적절한 경고를 한다.[12] 파라마운트법 Paramount Decrees 이후 불확실성으로 가득 찬 영화 산업은 전후의 사업에 대한 신화를 지속시켰다. "스튜디오 시스템의 존재를 위협하는 조건하에서, 텔레비전은 할리우드의 많은 사람들에게 편리한 주식 악당stock villain 역할을 했다." 당시 텔레비전 제작이 실제로 중요한 수입원으로 판명되었다. 영화와 TV 산업이 공생 관계였음이 밝혀졌다. "1950년대 영화 산업은 안정되지 않은 조건하에서 영역을 재정의하기 위해 고군분투하기보다는 망하기 직전의 제국이었다."[13] 앤더슨의 연구 결과는 텔레비전 산업이 넷플릭스를 종말을 직시하는 라이벌로 보지 않고, 방송사와 공생적인 파트너로 보게 한다. 심지어 오레타는 CBS의 경우를 예로 들었는데, CBS는 부분적으로 넷플릭스와 같은 업체들이 프로그램에 대해 지불하는 라이선스 수수료로 감소한 광고 수익을 상쇄하고 있다. CBS는 맴도는 유령hovering specter을 계속 예의 주시하고 있다. 맴도는 유령이란 전통적인 케이블 가입보다 스트리밍 서비스를 선택하는 소위 코드 커팅 시청자들이 일으키는 실존적 위협이다.[14]

---

12) Christopher Anderson, *Hollywood TV: The Studio System in the Fifties* (Austin: University of Texas Press, 1994), 6.

13) Anderson, *Hollywood TV*, 2, 5, 13.

14) Auletta, "Outside the Box."

앤더슨은 텔레비전의 기술적 열등감, 상업적 압력에 대한 민감성, 예술적 정교함의 결여에 대한 인식 때문에 담론적으로는 영화나 텔레비전을 서로 경쟁하는 산업으로 묘사하는 것이 강화된다고 주장한다. 상품 차별 마케팅 전략 안에 활용되는 "영화 산업 담론은 종종 영화가 시장의 부패한 영향 밖에 있는 자율적인 영역에 존재한다는 것을 시사했다.[15] 넷플릭스 대 텔레비전 이야기가 그 구조에 새로운 내용을 추가한다. 이번에는 넷플릭스가 업스타트(갑자기 출세한 사람—옮긴이)로서 소비자에게 원하는 것과 원하는 시간을 선택할 수 있는 자유를 제공하고, 예술가들에게는 더 위험하고 더 시청자가 요구할 만한 쇼를 개발하는 창의적인 자유를 제공한다. 게다가 넷플릭스는 제이슨 제이콥스Jason Jacobs가 말하는 "광고, 홍보 자료 및 기타 공해"가 없는 "순수"한 텍스트만을 제공할 수 있다.[16] 몇 개의 텔레비전 에피소드 특히 시리즈를 방해받지 않고 "몰아 보기"하는 소란스러운 현상이 중심에 있다. 이것은 소비자가 편의상 나중에 볼 수 있게 프로그램을 녹화하는 본래의 관행인 "시간 이동"의 파생물이다. 시청자는 앤더슨이 말한 영화-텔레비전 이중 관계에 대한 재편과 변화를 과장하는 데 대한 경고성의 이야기에 따라서 시청 관행을 정말로 바꾸는가?

좀 더 진전된 추론은 1950년대 영화와 텔레비전 역학 관계와 오늘날 넷플릭스와 텔레비전 역학 관계 사이에 존재한다. 그것은 "고품질 텔레비전"에 대한 의존이다. 넷플릭스에서 몰아 보기는 일상적으로 〈브레이킹 배드〉 시리즈와 연관되어 있다. 왜냐하면, 스트리밍 서비스를 통해 〈브레이킹 배드〉가 케이블 네트워크 AMC의 시청자수를 늘리는 데 도움이 되었기 때문이다. 〈브레이킹 배드〉는 보통 현재 텔레비전의 "황금시대Golden Age"의 모범 사례로 여

---

15) Anderson, *Hollywood TV*, 16, 18.

16) Jason Jacobs, "Television, Interrupted: Pollution or Aesthetic?" in *Television as Digital Media,* eds James Bennett and Niki Strange (Durham, NC: Duke University Press, 2011), 257.

겨진다. 이 용어는 현재를 과거 "양질의" 추억과 연관시킨다. 이런 별명은 담론적 구성discursive construction이기 때문에, 그러한 상황의 역사적 의미는 무엇인가? 즉, 〈브레이킹 배드〉와 같은 "고품질 텔레비전"과 넷플릭스 역사에서 고품질 텔레비전의 위상을 통해서 얻을 수 있는 것은 무엇인가? 경제적으로, 마레이케 제너Mareike Jenner는 넷플릭스가 자체를 몰아 볼 만한 프로그램의 원천이자 장소로 브랜드화하기 위해 특별히 "고품질"을 만들었다고 주장한다.17) 이념적으로, "고품질"은 회사의 성과를 드높이는 빛나는 결과이고, 생산성과 혁신은 개개인이 노력하게 하는 "보이지 않는 손"을 통해 이뤄진다는 자본주의의 약속을 입증한다.

최종 결과는 역사를 편찬historiographic하는 것과 같다. 앤더슨은 지적하기를 영화 제작자들이 프라임 타임 프로그램에 투자하는 것으로 발생한 1950년대의 원래 "황금시대"는 어떻게 영화와 텔레비전 산업이 교차했는지 이해하기 위해 중요하다.18) 새로운 황금시대를 넷플릭스와 텔레비전의 만남으로 설명하는 것은 비교적 도움이 될 수 있다. 방송사가 "고품질" 쇼를 만들도록 장려하는 것으로 알려진 넷플릭스의 역할은 비슷한 지향점을 갖고 있으며, 넷플릭스-텔레비전 이항 관계에서 아이러니하게도 대조를 이룬다. "황금시대"라는 용어가 현재 권위에 대한 동경에서 나오는 점에서, 이 재편 기간 동안 고품질을 갈망하는 것은 넷플릭스가 가져온 변화의 자극제로서 간접적으로 배치되며, 미디어 산업이 그 선례를 따르고 집단적으로 진화하도록 장려하기 위한 이유로서 전개된다.19) 넷플릭스가 마치 텔레비전을 예전보다 더 좋지

---

17) Mareike Jenner, "Is This TVIV? On Netflix, TVIII and BingeWatching," *New Media and Society* (July 7, 2014): 11.

18) Anderson, *Hollywood TV*, 11-12.

19) 동일한 케이스가 로저 에버트Roger Ebert가 현재를 영화 비평의 "황금시대"로 선언한 것에서 발견된다. 비평가는 뉴미디어를 통해 그들의 장기를 개발하거나 해체할 수 있다. "넷플릭스, 아마존, 훌루, 무비, 아시아/태평양 영화 보관소, 구글 비디오 또는 비메오" 같은 온라인 스트리밍 플랫폼은 전례 없이 영화에 접근할 수 있도록 한다. 반면 블로그는 자기 출판과 많은 시

는 않더라도 예전처럼 좋게 만들 수 있다고 말하는 것 같다. 하지만 이런 과장된 광고와 명성 아래에서 넷플릭스는 진정으로 모든 사람이 바라는 변화의 중개자일까?

창의적 자율성의 거짓된 약속

영화와 미디어학은 일반적으로 넷플릭스를 구미디어에서 뉴미디어로 획기적으로 전환한 일부라고 기록한다.[20] B. 루비 리치B. Ruby Rich는 영화가 "포스트 셀룰로이드 시대 … 그때는 필름이 어떤 고정된 카테고리도 없는 부호로서 일반적 용어가 되기 직전이었던," 시대에 나옴에 따라 텔레비전 자체는 큰 변화를 맞이했다고 믿는다.

텔레비전은 시청자의 습관과 대중 소비의 근본적인 변화를 초래했다. 즉, 에피소드에 대한 갈망, 하나의 총체적 객체의 거부, 대본에 대한 의존, 불확실하지

청자를 찾을 가능성을 제공하는 수월한 수단이다. Roger Ebert, "Film Criticism Is Dying? Not Online," *The Wall Street Journal,* January 22, 2011. http://on.wsj.com/1w7vKmD (검색일 2015.7.14)

20) 영화 연구에 대해서는 다음을 참고하라. Chuck Tryon, *On-Demand Culture: Digital Delivery and the Future of Movies* (New Brunswick: Rutgers University Press, 2013); B. Ruby Rich, "Film [sic]," *Film Quarterly* 67.2 (2013): 5-7; Lucas Hilderbrand, "The Art of Distribution: Video on Demand," *Film Quarterly* 64.2 (2010): 24-28; Jenna Ng, "The Myth of Total Cinephilia," *CinemaJournal* 49.2 (2010): 146-151; Caetlin Benson-Allott, "Cinema's New Approaches," *Film Quarterly* 64.4 (2011): 10-11; J.M. Tyree, "Searching for Somewhere," *Film Quarterly* 64.4 (2011): 12-16; Jonathan Nichols-Pethick, "Going with the Flow: On the Value of Randomness, Flexibility, and Getting Students in on the Conversation, or What I Learned from Antoine Dodson," *Cinema Journal* 50.4 (2011): 182-187; Alisa Perren, "Rethinking Distribution for the Future of Media Industry Studies," *Cinema Journal* 52.3 (2013): 165-171; Jason E. Hilland Elisa Schaar, "Training a Sensibility: Notes on American Art and Mass Media," *American Art* 27.2 (2013): 2-9.

만 새롭게 안심된 존재성에 대한 복제 가능성 등이다. 게다가, 새로운 디지털 플랫폼은 텔레비전의 연속성을 변화시켰다. 한때 구분된 챕터처럼 보던 것에서 한번에 서사로 묶어서 볼 수 있는 마라톤 시청(연속 시청)에 몰입할 수 있게 되었다. 이러한 새로운 시청 습관은 텔레비전의 서사력에 영향을 미치고 영화적 기대를 재설정한다. 넷플릭스, 아이튠즈, 그리고 아마존 프라임이 스튜디오와 유통업자로 있는 가운데 업데이트는 지연된다.21)

텔레비전과 뉴미디어 연구에 대한 다른 글을 요약하면서, 그 구절은 기술 변화, 진화하는 시청 습관, 그리고 텍스트 전환 사이의 연관성을 분명히 하는 동시에 넷플릭스를 특별하게 다룬다.22) 넷플릭스와 같은 스트리밍 플랫폼은 소비자들에게 그들의 시청 경험의 본질을 바꿀 수 있게 해준다. 결과적으로 그들은 그들의 프로그램이 몰아 보기에 적합하도록 프로듀서에게 지침을 주거나, 적어도 에피소드 서사를 구조적으로 재디자인하도록 장려한다. 리치 교수의 특성에 대한 설명은 젠킨스가 광고 간섭이나 편성된 프로그램을 즐겁게 보는 것을 거부할 권리를 즐기는 힘을 가진 시청자에 대하여 반복적으로 설명함에도 불구하고 빛을 발한다darken ink.23) 일부 비평가들에게 자유는 또한, 미디어 객체 및 새로운 의미와 랜덤하고 계획되지 않은 만남의 형태에서 일어난다.24) 오늘날의 시청자들은 그들이 무엇을 보고, 언제 보고, 그리고 어떻게 보는지를 지배call the shots할 수 있다. 모바일 플랫폼과 저렴해진 가격대

---

21) Rich, "Film [sic]," 6.

22) 텔레비전과 뉴미디어 연구는 다음을 참조하라. Jenner, "Is This TVIV?"; Jason Mittell, *Complex TV: The Poetics of Contemporary Television Storytelling* (New York: New York University Press, 2015); Sidneyeve Matrix, "The Netflix Effect: Teens, Binge Watching, and On-Demand Digital Media Trends," *Jeunesse: Young People, Texts, Cultures* 6, 1 (2014): 119-138.

23) Jenner, "Is This TVIV?"; Matrix, "The Netflix Effect," 120; Ng, "The Myth of Total Cinephilia," 150.

24) Nichols-Pethick, "Going with the Flow," 183-184.

는 태블릿과 스마트폰과 같은 기기로 인해 급속하게 시장에 침투한다. 소비자들은 시간을 변경할 수 있을 뿐만 아니라 또한 거실이나 컴퓨터 화면에 더 이상 얽매이지 않아도 된다.

이것은 생산자와 유통업자들이 직면하고 있는 새로운 현실을 나타내고, 산업이 뚫고 나아가야만 하는 파괴이다. 그럼에도 불구하고 제이슨 힐Jason Hill과 엘리사 샤아르Elisa Schaar도 그랬던 것처럼 넷플릭스를 사용하는 성격을 '대화dialogical'나 '강탈usurp'과 같은 용어와 연관시킴으로써, 현재 역사관은 소비를 강한 정치적 태도의 암시와 결합시키는 것 같다.[25] 리치는 지금까지 뉴미디어 채널을 통한 영화 아카이브에 대한 접근성이 "민주화할 수 있다"고 주장한다.[26] 이러한 작가들이 소비를 의미 있는 정치 활동과 동일시하려 한다고 비난하는 것은 부당할 것이다. 그러나 뉴미디어의 사용자들이 소유하고 있다고 주장하는 새로운 통제와 관련하여 계속해서 의문이 제기되어야 한다. 넷플릭스 이용자의 자율성의 본질은 무엇인가? 어느 정도로 중요한가? 비록 그 산업이 그들의 수입 흐름을 재평가하도록 강요하고 있다고 할지라도, 문화산업에 대한 질문들이 제기되고 있는가?

넷플릭스 관련 단체가 말하는 것을 듣기 위해, 넷플릭스는 새롭게 권한을 받은 시청자들과 팔짱을 끼고 행진하는 동지로서 정정당당히 서 있다.[27] 마치 강한 소명clarion call을 따르듯이 넷플릭스는 전통적인 시청자들을 "관리된 불만족managed dissatisfaction"이라는 수모로부터 구해내는 미션을 계속해서 해나가고 있다. 헤이스팅스는 영국 잡지 ≪GQ≫에 공개된 기업과 개인 프로필

---

25) Hill and Schaar, "Training a Sensibility," 7.

26) Rich, "Film [sic]," 7.

27) 넷플릭스는 망중립성에 대한 정치적 토론에서 인기 있는 동맹 내에 자신을 배치할 수 있다. Anne Marie Squeo, "What Netflix CFO David Wells Really Said About Net Neutrality and Title II Yesterday," *Official Netflix Blog*, March 5, 2015.
http://blog.netflix.com/2015/03/what-netflix-cfo-david-wellsreally.html (검색일 2015.6.21)

에서 상세히 기술했다.

"관리된 불만족의 요지는 기다림에 있다. 당신은 수요일 저녁 8시에 나오는 쇼를 기다려야 하고, 새 시즌을 기다려야 하며, 새 시즌의 모든 곳에 있는 광고를 보아야 하고, 사무실에 있는 친구들에게 얼마나 재미있었는지 말해야 한다." 만약 그것이 영화라면 개봉하는 날까지 기다리고, 유료 채널에서 상영하는 것을 기다리고, 케이블에서 방송할 때까지 기다린다고 그는 덧붙였다. 기다림이란 억눌린 수요를 의미하며, 수백만 명의 사람들이 동시에 같은 것을 보며, 가급적 밤에, 피로로 몸이 녹초가 되어 모든 광고에서 소개되는 상품이 필요하다고 믿을 준비가 되어 있는 상태를 의미한다. 헤이스팅스는 기다림이란 죽음이라고 말한다.[28]

넷플릭스 최고 콘텐츠 책임자 테드 사란도스에 의하면, 넷플릭스의 문화 디자인은 생각보다 더 확장된다고 한다. 넷플릭스는 고객들을 관리된 불만족으로부터 해방시키는 것이 어떻게 "이야기가 들려지는 방식을 급격하게 바꿀" 수 있는지 공공연히 설명한다.[29]

이 결과에서 넷플릭스와 미디어 역사가들은 개인의 자유와 유연성에 대한 사고에 높은 가치를 부여한다. 그러나 소비자들이 우려하는 것은, GQ 기사와 같은 홍보 활동에 의해 전파된 동맹의 개념이 넷플릭스에 대한 관계에 실질적으로 작용하는 본질을 흐리게 한다. 고객은 동지가 아니다. 그 외에도, 암묵적으로 정의되는 개인주의는 신자유주의 주체의 윤곽을 지니고 있다. 이것은 데이비드 하비David Harvery가 지적했듯이, 기업 권력을 위협할 수 있는

---

28) Nancy Hass, "And the Award for the Next HBO Goes to … " GQ, February 2013. http://www.gq.com/entertainment/moviesandtv/201302/netflix-founder-reed-hastings-house-of-cards-arrested-development?printable=true (검색일 2015.5.19)

29) Hass, "And the Award for the Next HBO Goes to … "

종류의 이상과 자유를 소유하지도 추구하지도 않는다.[30] 최소한 하비의 비평은 기업 본사에서 나오는 광고가 조사를 받는지에 대한 평가를 촉구한다.

넷플릭스에 대한 대중적이고 대체로 타의 추종을 불허하는 시청은 넷플릭스를 미디어 콘텐츠 이용자와 크리에이터 모두에게 영웅으로 자리매김하게 하고 있다. 넷플릭스는 새로운 경제 모델과 특히 텔레비전 프로그램에 이익을 준다고 이해되는 소비 방식을 가져온 것으로 이해된다. 넷플릭스의 수입은 회원 가입에서 비롯되기 때문에, 콘텐츠의 특성과 고객이 원하는 것 사이의 직접적인 상관관계가 있다는 것을 믿는 게 쉬워진다. 상관관계의 일부는 시간 이동과 연관된 몰아 보기의 화려함이다. 제작자들은 광고 시간을 구매하는 사람들의 입장에서 품위 기준과 기업 리스크 회피로부터 자유로워진다. 결과적으로, 콘텐츠는 일상적으로 부여된 서술적 내용과 에피소드 구조 같은 엄격한 관습에 덜 구속된다. 주어진 창의적인 자율성과 연속적인 형식은 논리적이 되어 제작자들은 텔레비전의 황금시대에 소구력 있는 보다 풍부하고 미묘한 성격을 수용할 수 있는 더 긴 스토리 전개와 더 깊고 복잡한 줄거리를 만들 수 있는 면허를 소유하게 되었다. "고품질 TV"는 그렇게 좋은 적이 없었고, 넷플릭스가 그 모든 것의 중심에 있는 것 같다. 넷플릭스의 대표적인 오리지널 프로그램인 정치 드라마 〈하우스 오브 카드〉는 이 모든 혜택을 누리고 있다. 넷플릭스는 사전 테스트로서 일반적으로 요구받는 파일럿 에피소드를 버림으로써 HBO와 AMC를 능가했다. 그리고 2011년 3월에 13부작으로 구성된 시즌2개를 제작하는 장기 계약을 맺었다.[31] 쇼러너 뷰 윌리먼은 《버라이어티》와의 인터뷰에서 넷플릭스에게 신뢰를 줄 준비가 되어 있었고, 또한 넷플릭스는 "엔터테인먼트 업계가 TV 시리즈의 정의를 재검토하도록 만

---

30) David Harvey, *A Brief History of Neoliberalism* (New York: Oxford University Press, 2005), 42.

31) Andrew Wallenstein, "Netflix Seals 'House of Cards' Deal," *Variety*, March 18, 2011. http://variety.com/2011/tv/news/netflix-seals-house-of-cards-deal-1118034117/ (검색일 2015.4.24)

들었다"고 환호했다.

> 나는 넷플릭스가 가장 똑똑한 비즈니스 모델이라 생각한다. 당신이 예술가들에
> 게 그들이 만들고 싶은 것을 만들 기회를 주고, 믿어주고, 위험을 감수하게 허
> 락하고, 경계를 없애주고, 심지어 실수도 무서워하지 않고 덤비고, 위험도 무릅
> 쓰게 할 때, 당신은 최상의 작품을 얻을 것이다. 왜냐하면 그것은 그들이 갈망
> 하는 것이기 때문이다.[32]

그럼에도 "믿음", "위험", 그리고 "실패를 즐겨 하는 것"에 대한 의지가 현명
한 경제 전략을 이루는 경우는 드물다. 기본 방침party line이 설명하는 것과 달리
넷플릭스는 규정된 위험 완화 전략에 따라 〈하우스 오브 카드〉에 투자했다.

윌리먼은 아마도 자신이 넷플릭스와 얼마나 창조적인 자유를 누리고 있는
지에 대해 낭만적으로 표현하는 것이 진심이겠지만, 넷플릭스의 도박을 부각
시키는 점이 재정 위험을 완화시키는 합리성은 부수적으로 덜 강조하게 된
다. 〈하우스 오브 카드〉를 향한 넷플릭스의 믿음은 맹목적인 것이 아니라, 수
년 동안 전례 없이 광범위한 수준에서 축적된 사용 통계의 자료들에 근거한
결과를 갖고 체계적으로 유도되었다. 이 데이터베이스의 한 면은 카탈로그에
있는 하나씩 모든 타이틀을 정교한 분류 시스템으로 태그를 붙이면서 형성되
었다. 이것은 장르, 콘텐츠, 분위기, 캐릭터 속성, 서술적 해결 등을 포함한 특
징traits의 복잡한 분류법을 만들어낸다. "넷플릭스 퀀텀 이론Netflix Quantum The-
ory"으로 불리는 이 서류는 가입자가 어떻게 메뉴를 스크롤하고 제목을 선택

---

32) Laura Prudom, "'House of Cards': Beau Willimon on Netflix's Rule-Breaking Creativity,"
   Variety, June 20, 2014. http://variety.com/2014/tv/awards/beau-willimon-house-
   of-cardsnetflix-1201229981/ (검색일 2015.7.15); 제너(Jenner, 2014)는 윌리먼이 언급한
   "비즈니스 모델"은 넷플릭스를 고품질 TV에 대한 지향점과 연결시키는 브랜딩 전략의 일부
   라고 주장했다. "Is This TVIV?," 7.

하고 비디오를 재생하는지 가입자의 행동을 추적해 생성된 이용자 프로필과 메타데이터로 층이 나누어져 있다. 개인화된 추천 목록을 생성하기 위해 고안된 데이터는 다른 곳에서도 유용하다는 것이 입증되었다.[33] 넷플릭스는 사실 그 지식을 오리지널 프로그램에 적용하겠다는 의도를 분명히 밝혔다.

넷플릭스의 데이터에 따르면 BBC의 원작을 좋아했던 동일한 구독자들은 케빈 스페이시가 출연하거나 데이비드 핀처가 감독한 영화를 많이 봤다고 한다. 따라서, 넷플릭스 경영진은 스페이시와 핀처 조합의 BBC 드라마 리메이크를 당연한 것으로 결정하고, 13부작짜리 두 시즌을 만드는 데 1억 달러를 투자했다.[34]
　　넷플릭스는 미국인들이 좋아하는 영화 데이터베이스를 만들었다. 이 자료는 어떻게 TV를 만드는지는 말해주지 않지만, 어떠한 것을 만들어야 하는지는 말해준다. 그들이 〈하우스 오브 카드〉와 같은 드라마를 만들 때, 사람들이 무엇을 원하는지 추측하지 않는다.[35]

그러므로 *사람들이 원하는 것*은 계량화되고 상품화된다. 프랑크푸르트 학파의 테오도어 아도르노Theodor Adorno와 맥스 호크하이머Max Horkheimer가 "유사 개인pseudoindividuals"이라는 용어로 표현하는 선택의 자유는 하비가 신자유주의적인 주제에 대해 묘사한 것과 유사하다. 하비는 "소비자 자유는 특정 상

---

33) Alexis C. Madrigal, "How Netflix Reverse Engineered Hollywood," *The Atlantic*, January 2, 2014. http://www.theatlantic.com/technology/archive/2014/01/hownetflix-reverse-engineered-hollywood/282679/ (검색일 2015.7.2); 또한 다음을 참조하라. Seth Fiegerman, "Netflix Knows You Better Than You Know Yourself," *Mashable*, December 11, 2013. http://mashable.com/2013/12/11/netflix-data/ (검색일 2015.6.26)

34) Andrew Leonard, "How Netflix Is Turning Viewers into Puppets," *Salon*, February 1, 2013. http://www.salon.com/2013/02/0l/how_netflix_is_turning_viewers_into_puppets/ (검색일 2015.6.26)

35) Madrigal, "How Netflix Reverse Engineered Hollywood."

품에 관한 것뿐만 아니라 생활 방식, 표현 방식, 광범위한 문화 과정과 관련
하여 선택된다"고 밝혔다.[36] "넷플릭스 양자 이론"은 "차별화된 소비자주의",
"개인의 자유주의", 그리고 "소비자 틈새 선택"을 충족시키도록 만들어진 매
우 분명하고 정확한 시스템을 제공한다.[37]

〈하우스 오브 카드〉는 넷플릭스에서 〈브레이킹 배드〉가 AMC에서 마지막
에피소드를 방송하기 8개월 전에 상영되기 시작했다. 두 개의 드라마는 넷플
릭스의 역사적 기록과 넷플릭스의 성공으로 인한 산업 재편에 있어 두드러진
특징을 보인다. 몇 연구는 넷플릭스를 DVD와 주문형 비디오(VOD), 심지어
불법 다운로드에 이은 시간 이동과 몰아 보기의 중요한 도구로 간주하고 있
다. 넷플릭스는 〈브레이킹 배드〉가 시간이 지나면서 시청자 증가가 가능하
게 했고, 드라마가 처음 방송할 때 시청률 목표를 달성해야 하는 전통적인 압
박을 줄일 수 있게 했다.[38] 입소문, 비판적 찬사, 그리고 세간의 이목을 끄는
유명한 시상식에서 수상 등을 통해 점차 관심을 갖게 된 시청자들은 몰아 보
기 하고, 따라잡아서 AMC에서 상영되는 새로운 에피소드도 실시간에 맞춰
시청할 수 있었다. 드라마 제작을 총괄하는 쇼러너 빈스 길리건Vince Gilligan은
심지어 드라마가 방송 시청률이 낮을 때에도 계속 방영할 수 있었던 것은 넷
플릭스 덕분이었다고 밝혔다.[39] 하지만 이 경우에 넷플릭스에 인과관계를
인정하는 것은 케이블 채널의 오리지널 프로그램에 역점을 두고 투자한 드라
마에 대한 AMC의 전략적 노력을 깎아내리는 것이다. AMC는 적어도 10년 동

---

36) Harvey, *A Brief History of Neoliberalism,* 42.

37) Ibid., 42, 47.

38) Josef Adalian, "What Networks Can Learn from Breaking Bad's Ratings Explosion," *Vulture*, August 16, 2013. http://www.vulture.com/2013/08/lessons-from-breaking-badsratings-explosion.html (검색일 2015.5.28)

39) Jon Weisman, "Emmys: Vince Gilligan Credits Netflix for AMC's 'Breaking Bad' Surviving, Thriving," *Variety*, September 22, 2013. http://variety.com/2013/tv/news/breaking-badamc-vince-gilligan-credits-netflix-1200660762/ (검색일 2015.5.28)

안 다른 케이블 방송사가 성공적으로 해온 것처럼 자신의 오리지널 프로그램을 제작하기 위해 노력해왔다. 〈브레이킹 배드〉와 〈매드맨〉(2007~2015)은 브랜드 자산을 누적하기 위해 쌓은 노력에서 나온 최고 작품들을 대표한다. 브랜드 자산은 고급 텔레비전 그리고 결과적으로 더 중요하지 않을지라도 좋은 영화의 지향점이다. AMC 사장 찰리 콜리어Charlie Collier는 2008년에 다음과 같이 설명했다.

> 우리의 임무는 실제로 우리가 가장 잘하는 것을 보충하는 광범위한 오리지널을 확실하게 만드는 것이다. 잘하는 것이란 다양한 역대 최고의 영화들을 항상 상영하는 것이다. 우리는 우리가 원하는 것을 매우 잘 알고 있다. 우리는 오리지널을 제작하여 방송할 때, 우리의 브랜드가 우리가 상영하고 있는 영화들처럼 고급스럽고 고품질이 되기를 원한다.[40]

이러한 목표는 쇼가 상업적으로 또는 비평적으로 성공해야 하는 의무보다 중요하지는 않지만, 시청률을 얻으려는 일상적 압박감을 완화시켜준다. 이점에 있어서 모든 시청률이 동일하지는 않다. 광고주들은 〈브레이킹 배드〉의 경우처럼 어떤 드라마가 더 부유하거나, 더 젊거나, 더 많은 남성의 인기를 얻는다면 그러한 드라마의 시청자들을 원한다.[41] 그리고 마지막 에피소드가 시작되기 전에, 링컨 센터의 영화 협회는 〈브레이킹 배드〉를 이전에 방송한 모든 시즌을 마라톤하듯 시청하는 것을 포함하여 몰아 보기에 빠지고,

---

40) David Bianculli, "AMC's Brand-Smart Strategy," *Broadcasting & Cable*, September 26, 2008. http://www.broadcastingcable.com/news/news-articles/amcsbrand-smart-strategy/85213 (검색일 2015.6.6)

41) Tom Lowry, "How Mad Men Glammed up AMC," *Bloomberg Business*, July 23, 2008. http://www.bloomberg.com/bw/stories/2008-07-23/how-mad-men-glammed-up-amc (검색일 2015.7.15)

일주일 동안 완전히 드라마에 빠진다고 문화적 낙인을 찍었다. 이 드라마는 또한 첫 시즌부터 중요하고 세간의 이목을 끄는 비평가들의 갈채를 받았다. 이것이 콜리어와 AMC가 갈망했던 "제3자 확인third-party validation"을 대표한다고 할 수 있다. 간단히 말해서, 몰아 보기는 이 쇼의 마지막 시즌에 있어 관객을 끄는 데 중요한 역할을 했다. 그러나 넷플릭스와 그 가입자들이 〈브레이킹 배드〉가 취소되는 것을 막았다는 길리건의 지속적인 생각은 또한 이상하기는 하다.

신자유주의 경제에서 몰아 보기

그러므로 우리는 넷플릭스가 시청자에게 산업에 대항하는 힘을 준다고 생각하는 데 있어 무관심해서는 안 된다. 뉴미디어 기술은 소비자들에게 이익이 되기 전에 제작자에게 이익이 될 가능성이 훨씬 많다. 〈브레이킹 배드〉의 역사가 어떻게 AMC의 기업 결정들이 더 고무적이고 인기가 많다고 인정된 서사를 무시하는지를 보여준다면, 〈하우스 오브 카드〉를 선택하는 중요한 결정 뒤에 있는 데이터 기반 합리성은 자율성에 대한 사고에 의문을 제기할 것이다. 프로그램 결정의 영역에서 소비자 주권은 조작된 판타지manufactured fantasy이다. 왜냐하면, 창의적 통제는 제작 전에 결정된 합리화된 매개 변수에 의해 제한되기 때문이다.

또한, 몰아 보기 습관을 소비자의 자율성과 동일하다고 보는 가정이 있을 수 있다. 경험적으로 말하자면, 비디오 카세트 녹음기의 등장 이래 시청자들이 광고를 회피할 수 있도록 기하급수적으로 쉽게 만들어준 시간 이동 방법은 확실한 전환을 대표한다. 그래도 "고정된 시간이 있는appointment" 텔레비전의 타당성은 여전히 필수적이다. 디지털 비디오 레코더 판매자인 TiVo가 의뢰한 연구에 따르면, "몰아 보기는 주로 못 본 에피소드를 따라잡기 위한 기능이다 … [53%의 가입자들은] 다음 시즌 방송을 제때 따라잡기 위해 몰아 보기 한다."[42] 실제로 〈브레이킹 배드〉의 몰아 보기로 AMC가 본 혜택은 시청률 상승과 높은 광고 시청률이다. 이것은 VOD와 아이튠즈처럼 다른 플랫폼들과 병행하여 넷플릭스가 이 드라마의 마지막 오리지널 에피소드를 방송하는 데 도움을 주었다.

5만 명의 시청자가 〈브레이킹 배드〉의 다섯 번째 시즌이 AMC에서 방송되기 24시간 전에 네 번째 시즌 전체를 시청했다.[43] 이 작은 시간의 창이 모든 의도와 목적이 있는 "이벤트"가 아니었을까? 문화 작가 그라임 맥밀런Graeme McMillan은 비록 텔레비전 방송사가 이러한 행사를 개최하는 것에 책임이 없어도 다음과 같이 동의한다.

기술은 텔레비전 방송사가 설정한 편성표의 제약으로부터 우리를 해방시켰을지도 모르지만, 그것은 제로섬 게임이 되어버렸다. 한편으로 우리에게 자유를 제공했지만, 다른 한편으로 우리는 최근에 나온 것을 따라잡고 온라인 커뮤니티에 의해 만들어진 동등한 인공적인 스케줄에 구속될 것이라고 확신한다.[44]

특히 〈하우스 오브 카드〉로 제기된 고정된 시간의 텔레비전에 대한 애도

---

42) Anthony Crupi, "Study: Nine Out of 10 Americans Are BingeViewers," *Advertising Age*, June 30. 2015. http://adage.com/article/media/study/299284/ (검색일 2015.7.2)

43) Georg Szalai, "Edinburgh TV Fest: Netflix's Ted Sarandos Defends International Expansion, Content Spending," *The Hollywood Reporter*, August 23, 2012. http://www.hollywood reporter.com/news/netflix-ted-sarandosedinburgh-tv-festival-365002 (검색일 2015.6.26)

44) Graeme McMillan, "Why Do People Still Watch Live TV?" *Time*, March 4, 2014. http://time.com/12431/appointment-viewingspoilers-live-tv/ 맥밀란의 시청자 온라인 커뮤니티에 대한 환상은 또한 "디지털 텔레비전은 텔레비전의 사회적 기능의 보편적 경험을 위협한다"(Jacobs, "Television, Interrupted," 267)는 규어을 반대하는 데 무게를 덜 뿐만 아니라 외로운 몰아 보기의 경험적 트렌드(Crupi, "Study: Nine Out of 10 Americans Are Binge-Viewers")에 대해서도 그렇다.

는 간접적으로 넷플릭스를 비난한 것이고, 그래서 약간 성급한 것처럼 보인다.[45] 〈브레이킹 배드〉 시리즈의 마지막회 시청자는 1,030만 명으로 이전 기록을 56%나 능가했다.[46] 그런 관점에서 볼 때, 〈브레이킹 배드〉 몰아 보기의 결과는 궁극적으로 텔레비전 "이벤트"와 문화 현상을 만들어냈다. ≪버라이어티≫지는 미국 전역에서 "아마도 소셜 미디어 시대에 가장 기대되는 드라마 이벤트"로서 정교한 시청 집단에 대해 기사를 썼다.[47] AMC는 마지막회의 최고 광고료가 방송 시리즈 중에서 최고를 기록했으므로 뜻밖의 횡재를 했다.[48]

더 나아가, 몰아 보기는 어원론적으로 사치, 충동, 그리고 자제력 상실과 관련이 있고, 이러한 행동들은 개념적으로 자율과 반대된다.[49] TiVo가 가입자 중 약 74%가 며칠 동안에 적어도 텔레비전 쇼의 한 시즌 전체를 시청한다고 확인했다.[50] 미국 넷플릭스 가입자 중 2%는 〈하우스 오브 카드〉 시즌2를

45) David Zurawik, "The Year Appointment Television Died," *The Baltimore Sun*, December 27, 2013. http://articles.baltimoresun.com/2013-12-27/entertainment/balthe-year-appointment-television-died-20131227_l_amazonprime-vince-gilligan-public-tv (검색일 2015.7.13); Katie Collins, "*House of Cards* Producer Declares Appointment TV 'Dead'," *Wired*, November 6, 2014. http://www.wired.co.uk/news/archive/2014-11/06/house-of-cards-netflix (검색일 2015.7.13)

46) Rick Kissell, "AMC's 'Breaking Bad' Returns to Record 5.9 Million Viewers," *Variety*, August 12, 2013. http://variety.com/2013/tv/news/amcs-breaking-bad-returnsto-record-5-9-million-viewers-1200576953/ (검색일 2015.7.2); "'Breaking Bad' Finale Soars to Series-Best 10.3 Million Viewers," *Variety*, September 30, 2013. http://variety.com/2013/tv/news/breaking-bad-finaleratings-1200681920/ (검색일 2015.6.6)

47) Allegra Tepper, " 'Breaking Bad' Finale Viewing Parties Sweep the Nation," *Variety*, September 29, 2013. http://variety.com/2013/tv/news/breaking-bad-viewingparties-1200671090/ (검색일 2015.6.6)

48) Jeanine Poggi, "The Cost of 'Breaking Bad': AMC Asks $400,000 for Finale," *Advertising Age*, September 27, 2013. http://adage.com/article/media/cost-breaking-bad-amcasks-400-000-finale/244442/ (검색일 2015.7.7)

49) 넷플릭스 시청과 시청 통제에 대한 간단한 논의는 다음을 참고하라. Ariane Lebot, "Netflix and Rethinking Ritualized Consumption of Audiovisual Content," *In Media Res*, December 3, 2013. http://mediacommons.futureofthebook.org/imr/2013/12/03/netflix-and-rethinking-ritualizedconsumption-audiovisual-content (검색일 2015.7.13)

개봉된 첫 주말 동안 전체를 시청했다. 즉, 63만 4천 명의 시청자가 3일 동안 13시간의 프로그램을 소비한 것이다.[51] 제이콥스에 따르면, 디지털 텔레비전의 시간 이동 시청자에게 몰아 보기는 칸트의 "의지의 문제question of will", 다시 말해서 통제, 의도 또는 선택이다.[52] 우리는 그것을 더 압축하고, 그 선택의 진실성integrity을 고려할 수 있다. 말하자면 과연 그 선택들은 자율적으로 선택된 것인가? 유사 개인성을 넘어, 아도르노는 표준화된 대중문화에 살고 있는 사람들의 정신 상태를 파시즘에 조작당하고 있는 사람들의 정신 상태에 비유한다. 이러한 "현대 대중의 구성원들은 적어도 얼핏 보아서는prima facie 자유주의적이고 경쟁적이며 개인주의적인 사회의 아이들인 개인이다". 그러나 사실 "사회적 현상 못지않게 심리적 현상을 초월한다는 인식의 목표를 설정하는 대신 자율성과 자발성을 크게 빼앗겼다".[53]

넷플릭스가 소비자들에게 파괴하도록 주는 힘은 환상에 불과하다. 비록 우리가 관대하게 그들의 자율성과 이용 가능한 선택의 한계를 추정한다 하더라도, 우리는 혁명과 게임 변화에 대한 이야기를 신중하게 해야 할 것이다. 그러나 개인주의 담론의 낙관적인 노선을 채택하고 싶은 유혹은 거부할 수 없다. 그들의 신자유주의적인 진실성은 회사의 대중적 이미지, 기업 관행, 그리고 가장 유명한 쇼들의 이데올로기에 의해 점차적으로 강화된다. 넷플릭스는 실리콘 밸리 내에서 노력보다 성과에 따라 보상하는 제도(웹사이트에 "넷플릭스 문화Netflix Culture"로 구분되어 있고, 그렇지 않으면 "문화 데크Culture Deck"로 알려져

---

50) Crupi, "Study: Nine Out of 10 Americans Are Binge-Viewers."

51) Andrew Wallenstein," 'House of Cards' Binge-Watching: 2% of U.S. Subs Finished Entire Series Over First Weekend," *Variety*, February 20, 2014. http://variety.com/2014/digital/news/house-of-cards-binge-watching-2-of-u-s-subs-finished-entireseries-over-first-weekend-1201114030/ (검색일 2015.7.6)

52) Jacobs, "Television, Interrupted," 264.

53) Theodor W. Adorno, "Freudian Theory and the Pattern of Fascist Propaganda," in *The Culture Industry*, ed. and trans. J.M. Bernstein (London: Routledge, 1991), 135, 150.

있음)로 유명하며, 직원들이 개인적인 책임을 지고 흔치 않은 금전적 혜택을 이용할 때에는 적절한 윤리를 적용하도록 장려하고 있다. 넷플릭스는 휴가 일수, 병가 일수 또는 식비 등을 관리하지 않는다.[54] "자유", "책임", "유연성", "시장" 등 신자유주의 어휘의 용어들로 채워진 이 문서는 넷플릭스 직원들에게 어디에서, 언제, 어떻게 일하는지 결정하는 데 있어 흔치 않은 자유를 부여하고 있다. 그리고 그들이 "관리된 불만족"을 성공적으로 제거한다면 그들은 가입자들이 원하는 장소와 시간과 방법대로 미디어를 소비하는 것을 허용할 것이다.[55] 기업 윤리는 만연해 있다.

GQ에서 금욕적인 악당이자 자유분방한 선지자라고 소개된 유명인 CEO는 그러한 가치들을 전형적으로 보여준다. 헤이스팅스의 상상 속의 가부장적인 입장은 파시즘의 가학적인 주제에 대한 아도르노의 프로이드적 이론화를 요약하는 듯하다. 아도르노는 비록 그렇게 하는 것이 "개인으로서뿐만 아니라 자신이 속해 있는 그룹이나 계층의 일원으로서 자신의 합리적 이익과 양립할 수 없다"고 할지라도 지도자를 이상화하고 지도자에게 굴복하는 것이라고 했다.[56] 독자와 고객들은 똑같이 이러한 소요학파의 모습을 지니는 것으로 보인다.

팔다리가 길쭉하고 아래턱에 수염이 난 헤이스팅스는 52세에 스탠퍼드에서 컴퓨터 공학 석사학위를 받았다. 이후 해병대 장교 양성 프로그램에 관여한 다음 스와질랜드의 평화 봉사단에서 가르쳤다.[57]

---

54) Hass, "And the Award for the Next HBO Goes to … "; Netflix, Inc., "Netflix Culture: Freedom and Responsibility," https://jobs.netflix.com (검색일 2015.7.9)

55) 찰스 트라이온Charles Tryon은 신자유주의의 특징인 이 유연 노동과 유연 소비를 연결한다.

56) Adorno, "Freudian Theory and the Pattern of Fascist Propaganda," 139.

57) Hass, "And the Award for the Next HBO Goes to … "

〈하우스 오브 카드〉의 쇼러너 윌리먼은 그가 작품에 참여했을 때, 분명히 그 문화를 내면화했다. 그는 ≪버라이어티≫지에 벤처의 초기 단계에 대하여 기술했다.

우리 모두 가능성 있는 프로그램의 변화에 흥분했다. 우리 중 그 누구도 텔레비전에서 일한 적이 없고 넷플릭스에서도 일한 적이 없었다. 그래서 우리는 다른 것을 시도해보는 같은 실험배에 타고 있었다. 규칙이 무엇인지 알지 못해서 우리는 완전히 규칙을 깰 준비가 되어 있었다.[58]

우리는 〈하우스 오브 카드〉의 주인공 프랭크 언더우드의 상징적인 묘사 iconographical mirror를 우연히 보게 되는데, 그도 마찬가지로 두려움을 모르는 규칙을 깨는 사람이다. 헤이스팅스와 더 유사점을 갖는 사람은 〈브레이킹 배드〉에서 고등학교 화학 선생님에서 마약 딜러로 변한 월터 화이트Walter White 이다. 넷플릭스 창업자가 2014년 초 수익 발표회에서 HBO의 공동 사장 리처드 페플러Richard Pepler의 비밀번호가 "넷플릭스놈nextlixbitch"이라고 공개적으로 농담을 하며 그의 유명한 대담성을 보여주었을 때, 헤이스팅스는 화이트의 유명한 말인 "나는 문을 두드리는 사람이다!"를 떠올렸다.[59]

이러한 연결은 제품이 기업 연설의 명백한 방해물이라는 것을 증명하지 못한다. 특히 넷플릭스가 AMC 히트작을 만들지 않은 이후로 그렇다. 텍스트에서 경제 기반까지 너무 열심히 추론하지 않고, 〈브레이킹 배드〉에 대한 이념적·비판적 읽기는 그럼에도 불구하고 미디어 역사는 비판적이지 않다는 신

58) Prudom, "'House of Cards': Beau Willimon on Netflix's RuleBreaking Creativity."

59) Sam Thielman, "Reed Hastings Takes a Loud Shot at HBO: 'His Password Is Netflixbitch'," *Adweek*, January 22, 2014, http://www.adweek.com/news/technology/reed-hastingstakes-loud-shot-hbo-155140 (검색일 2015.5.26); "Cornered" (director: Michael Slavis) *Breaking Bad*, AMC, August 21, 2011. Television.

〈그림 12.1〉 〈브레이킹 배드〉의 마지막 장면

자유주의 담론이 만연함을 증명한다. 아도르노의 독자들은 자연스럽게 이 드라마에서 역사가 어느 정도까지 재조명되는지 궁금해할 수밖에 없을 것이다. 과학자, 혁신가, 소시오패스, 그리고 장인처럼 마약을 제조하는 기업가로서 화이트는 현 경제 시대에 소중히 여겨지는 성격의 유형을 구현하고 있다(〈그림 12.1〉).

결론

다섯 시즌 동안 월터 화이트는 계속해서 더 새롭고 광범위한 유통 채널들을 찾기 위해 끊임없이 노력했고, 다른 네트워크에게 계속 방해받았다. 이 시리즈의 대망의 마지막 크레인 샷에서 카메라가 사라지면서, 그 세계 어딘가에 다국적 마약 제조에 앞장서고 있는 거대 독일 기업인 리갈 전기 모터 회사 Madrigal Elektromotoren GmbH가 온전하게 남아 있다. 영웅은 수많은 경제적 역경을 물리친 후 패배했다. 어떤 면에서 그가 대량 유통으로 거물이 되지 못했던 상황에서 넷플릭스는 주로 비디오 스트리밍 시장을 장악하며 성공했다.[60]

넷플릭스는 콘텐츠 제공과 고객 계정 관리 등 주요한 운영에 사용되는 클라우드 컴퓨팅 플랫폼인 아마존 웹 서비스를 통해 절정에 도달했다.[61] 넷플릭스와 아마존을 직접적인 경쟁자들로 인식한다면 두 기업의 파트너십은 이상하게 보일 수도 있다. 경쟁자로 인식하는 것은 미디어 역사를 기록하는 변수로 관객성spectatorship을 중요시 여기는 사람들이 악화시킨 성향이다. 관객성의 유형에 대한 영향을 통해 산업 재편성 또는 기술 개발을 측정하는 연구들은 습관적으로 넷플릭스, 아마존 인스턴트 비디오, 아이튠즈, HBO Go, 훌루, VOD, 구글 비디오 또는 유튜브 등의 스트리밍 비디오 서비스들을 하나의 결과로 묶는다. 이 관례적인 목록은 이러한 서비스들을 암묵적으로 동일시한다. 유명한 기업 이름들이 그들의 인기 있는 제품(예: 아마존과 인스턴트 비디오, 애플과 아이튠즈, 구글과 유튜브)과 상호 교환적으로 인용될 때, 회사들은 원래 그렇지 않음에도 불구하고 경제적으로 동등하고 경쟁적으로 보일 수 있다. 넷플릭스가 아마존 웹 서비스에 의존하는 것은 누구에게나 특이한 것은 아니다. 그 목록에 있는 모든 회사들은 다른 사업에서 가장 큰 수입원을 창출하고, 또한 각 회사는 엄청나게 다른 규모를 가지고 있다.[62] 애플은 본질적으로

---

60) Todd Spangler, "Amazon Streams More Video Than Hulu or Apple, But It's Still Miles Behind Netflix," *Variety*, April 8, 2014. http://variety.com/2014/digital/news/amazon-streamsmore-video-than-hulu-or-apple-but-its-still-miles-behindnetflix-1201154130/ (검색일 2015.6.6)

61) Brandon Butler, "Amazon and Netflix: Competitors Who Need Each Other," *Network World*, July 24, 2013. http://www.networkworld.com/article/2168433/cloud-computing/amazon-and-netflix-competitors-who-need-each-other.html (검색일 2015.6.20)

62) 넷플릭스가 가치가 가장 컸을 때에도, 애플, 구글, 아마존은 각각 대략 19배, 9배, 5배 이상이었다. HBO는 타임워너의 하나의 부문으로 넷플릭스와 가장 유사한 미디어 기업이지만, 시장가치는 82% 더 컸다. 시장 가치는 2015년 6월 6일 주식 종가를 기준으로 했다. 넷플릭스 주가 633.22달러는 가장 높을 때보다 0.55달러밖에 차이가 나지 않고, 2014년 초기 급상승 이후보다 50% 이상 더 높다.

스마트폰 제조사이고, 넷플릭스와 아마존과의 미디어 사업에서 애플의 관계는 단지 소위 말하는 취미 매출과 관련된다.[63] 아마존은 인스턴트 비디오를 아마존 프라임 회원들에게 특권으로 제공하는 소매 업체다. 구글은 광고에 대한 주된 관심 때문에 이익보다는 메타데이터 원천으로서 유튜브를 인수했는데, 사실 여전히 이해하기 어려운 부분이다.[64] 이 사업들을 돌이켜보면 회사들은 같은 경주로에서 말을 달리고 있지만, 실은 다른 경주를 하고 있을 수도 있다. 미디어가 관객성과 소비를 통해 역사화될 때 이러한 물질적인 관계는 모호해질 수 있다.

이러한 경향은 미디어는 사회가 어떻게 미디어를 사용하는가에 의해 정의된다고 믿는 캐롤린 마빈Carolyn Marvin과 같은 사상가들의 지적 영향을 증명한다. 그녀의 고전적 저서 『올드 테크놀로지가 새로워졌을 때When Old Technologies Were New』에서, 그녀는 미디어는 "정교한 커뮤니케이션의 문화적 규범에 내재된 습관, 신념, 절차들로 구성된 복합체이다. 미디어의 역사는 결코 미디어 사용의 역사 그 이상도 이하도 아닌데, 그것은 항상 우리를 그들이 비추는 사회적 관행과 속박들로부터 벗어나도록 이끈다"라고 말했다.[65] 이 경우에 그녀가 주장하는 힘은 불굴의 이념들에 대항하면서 문화 산업 내의 더 큰 동인의 낙관적인 매력에 의해 강화된다. 구조적인 변동을 경험하는 미디어 지형은 자율성을 떠올릴 수 있는 희망을 제공할 정도로 충분한 혼란을 야기한다. 그것은 충분히 이해되는 자극이다. 광대역 인터넷 접속의 확대는 처음에

63) John Martellaro, "Apple Reveals Movie & TV Sales in Billions -Is This Really a Hobby?" *The Mac Observer*, July 23, 2013. http://www.macobserver.com/tmo/article/apple-revealsmovie-tv-sales-in-billions-is-this-really-a-hob by (검색일 2015.6.20)

64) Rolfe Winkler, "YouTube: 1 Billion Viewers, No Profit," *The Wall Street Journal*, February 25, 2015. http://www.wsj.com/articles/viewers-dont-add-up-to-profit-foryoutube-142489 7967 (검색일 2015.5.29)

65) Carolyn Marvin, *When Old Technologies Were New: Thinking About Electronic Communication in the Late Nineteenth Century* (New York: Oxford University Press, 1988), 8.

는 유선 연결을 통해, 그 다음에는 무선을 통해 온라인 스트리밍 플랫폼이 대중 미디어 산업을 재편할 수 있도록 했다. 영상 문화 내의 다양성이 확산되었고, 이러한 발전과 함께 소프트웨어와 인터페이스가 발전했으며, 이는 모두 우리가 미디어를 소비하는 방식을 변화시켰다. 영화와 텔레비전 쇼와의 전례 없는 만남은 재해석할 수 있고, 예측할 수 없는 방법으로 새로운 의미를 만들어낼 수 있다. 예를 들면, 현재 넷플릭스를 포함한 스트리밍 플랫폼이 텍스트 간 관계를 촉진시키는지에 대한 다양한 의견이 있다. 타이리J. M. Tyree는 스트리밍 플랫폼이 "연결하는" "참조점"에 대한 "유연함"의 즐거움을 배양한다고 믿는 반면, 조나단 니콜스-페틱Jonathan Nichols-Pethick은 이러한 점은 이전 사용 이력에 따라 미리 선택되기 때문에 "순수한 동인pure agency"은 이해하기 어렵다는 것을 상기시킨다.[66] 반직관적으로, 캣틀린 벤슨-알롯Caetlin Benson-Allot은 또한 온라인 플랫폼의 시청 관행을 어떤 의미에서 "감소된 기능 위주의 편리성strimmped down, feature-only convenience"으로 한정된다고 관찰 결과를 밝혔다.[67] 모든 것을 이해해야 하는 혼란 속에서 우리는 개별 동인을 과대평가하거나 주관적 자율성이 지향하는 곳을 오해해서도 안 된다. 그들이 디지털 시대의 궤적을 키우는 바로 그 제도하에서 신자유주의로 나아가고 있다면 넷플릭스나 그 이용자들을 "게임 체인저"로 생각하는 것은 아이러니한 일일 것이다. 이 용어는 담론적인 구조와 일치한다. 그러나 실질적으로는 부정확할 수 있어서 그 자체는 약간의 파괴를 정당화한다.

---

66) Tyree, "Searching for Somewhere," 14; Nichols-Pethick, "Going with the Flow," 184-185.
67) Benson-Allott, "Cinema's New Appendanges," 10.

제13장

온라인 비디오 가게에서 글로벌 인터넷 TV 방송사로 전환
넷플릭스와 홈 엔터테인먼트의 미래

From Online Video Store to Global Internet TV Network: Netflix and the Future of Home Entertainment

케빈 맥도널드 Kevin McDonald

1995년에 켄 오레타는 새로운 종류의 소프트웨어 거인의 탄생에 대하여 기술했다. 최근 파라마운트, 비아컴, 블록버스터 비디오의 조합은 주로 프로 그램 자산 또는 콘텐츠를 중심적으로 조직되고 가능한 한 전략적인 동맹을 맺기 위해 준비된 미디어 대기업을 형성했다. 예를 들어, 블록버스터는 "파라 마운트 영화 중 인기 있는 작품을 모아 눈높이의 선반 공간"을 제공하거나 "새로운 쇼타임 구독자들에게 열 개를 무료로 대여하겠다"고 약속했다.[1] 심 지어 추천이나 개인화된 프로모션을 생성하기 위해 비디오 게임의 고객 정보

---

1) Ken Auletta, *The Highwaymen: Warriors of the Information Superhighway* (New York: Random House, 1997), 102.

데이터베이스를 사용하여 쇼타임을 블록버스터 채널로 재창조하자는 이야기도 있었다.[2] 비록 그것이 그 시대의 가장 중요한 예나 마지막 거래는 아니었지만, 이 새로운 소프트웨어 거인은 제니퍼 홀트Jenifer Holt가 말한 "수직적·수평적 합병과 복합기업의 혼합"을 통한 기업 시너지의 추진력인 구조적 융합structual convergence에 대한 전형적인 사례였다".[3]

물론 모든 야망에도 불구하고, 비아컴 거래와 그와 비슷한 몇몇 거래들은 실망스럽게 끝날 것이다. 비아컴은 2004년에 블록버스터를 처분했고, 그 후 블록버스터는 내리막이 시작되어 파산했다. 2년 후 비아컴은 1999년에 인수했던 CBS와 같은 방송사에서 영화 스튜디오와 케이블 채널을 분리했다. 전반적으로 볼 때, 이렇게 일어날 것 같지 않은 우여곡절들이 일어나는 것은 윌리엄 골드만William Goldman의 할리우드에 대한 진부한 문구인 "그 누구도 아무 것도 모른다"의 또 다른 예시를 제공하는 것 같다.[4] 이것은 홀트가 현대 미디어와 엔터테인먼트 산업에 대한 특성을 패권과 경제력이 선택된 소수의 손에 통합되는 과점이라고 묘사한 것을 의심하는 것은 아니다. 그러나, 이 새로운 대기업의 시대에 주요 대표자가 되었어야 할 것의 소멸은 권력의 일반적 집중에도 불구하고, 남아 있는 불안정성을 예고한다. 더 나아가서, 이와 같은 사례들은 고조된 경제적 압력, 복잡하고 고르지 않은 협력, 그리고 상충되는 사업 우선순위 속에서 다른 유형들이 주춤거리는 동안 특정 유형의 기업 권력이 어떻게 그리고 왜 지속되는지를 더 자세히 설명하는 것의 중요성을 강조한다.

이와 관련하여 넷플릭스는 특히 흥미로운 사례 연구를 제공한다. 많은 면

---

2) John Dempsey, "Showtime/Encore Meld Could Be a Blockbuster," *Variety,* September 26, 1994. http://www.lexisnexis.com/hottopics/lnacademic (검색일 2015.7.8)

3) Jennifer Holt, *Empires of Entertainment: Media Industries and the Politics of Deregulation, 1900-1995* (New Brunswick, NJ: Rutgers University Press, 2011), 3.

4) Quoted in Richard Maltby, *Hollywood Cinema,* 2nd ed. (Malden, MA: Blackwell, 2003), 205.

에서 21세기의 변화하는 미디어 상태와 기술적 이상주의 또는 절대적 기업 지배의 주장을 방해하는 도전들을 가장 명확하게 보여주는 것은 바로 넷플릭스이다. 첫째, 넷플릭스는 미디어와 엔터테인먼트 산업에서 특이한 존재out-lier로 남아 있다. 이 회사는 정확히 주요 대기업들이 DVD에서 디지털 온디맨드로 전환에 대처할 수 없었기 때문에 분명하게 성공할 수 있었던 중개 회사이다. 넷플릭스는 동시에 헨리 젠킨스의 보다 일반적인 용어인 "문화 융합"과 밀접하게 연관되어 있다.5) 넷플릭스는 예를 들어 가속화되는 교차-플랫폼의 접근성의 최전선에 있었고, 컴퓨터, 텔레비전 또는 모바일 장치를 통해 이용자들이 서비스에 쉽게 접근하는 능력을 촉진하고 있다. 플랫폼 불가지론ag-nosticism의 부상도 마찬가지로 미디어 포맷의 광범위한 모호화를 부추겼다. 예를 들어 넷플릭스는 더 이상 그것이 제공하는 영화나 TV 프로그램의 수를 세지 않고 대신 "엔터테인먼트 시간"이라는 관점에서 서비스를 측정한다. 이러한 혁신의 결과로 넷플릭스는 부러움을 살 만한 하이브리드 비즈니스 모델로서 상당한 위상을 얻었다. 이 모델은 인터넷 회사의 기술 지식을 수직 통합미디어 회사의 지렛대와 종합하고, 프로그램 콘텐츠의 제어와 연계된 유통과상영 네트워크에 대한 호의적인 접근을 결합한 것이다.

이러한 모든 성공에도 불구하고 동시에 넷플릭스는 끊임없이 취약하게 여겨진다. 넷플릭스가 이전 모델인 블록버스터처럼 끝내 기술적으로 쇠퇴하거나 주요 미디어 대기업이나 유통을 통제하는 케이블과 데이터 공급자의 증가하는 요구에 흡수될 것이란 우려가 있다. 이러한 예측의 기초를 이해하기 위해, 이 장에서는 아만다 로츠가 "후기 네트워크 시대post-network era"라고 지정한 것을 맥락화하는 데 도움이 되는 세 가지 발전을 살펴본다. 후기 네트워크 시대란 넷플릭스가 온라인 비디오 가게에서 자칭 글로벌 인터넷 TV 네트워

---

5) Henry Jenkins, *Convergence Culture: Where Old and New Media Collide* (New York: New York University Press, 2006), 2-3.

크로 전환한 것과 거의 일치하는 시대를 뜻한다.[6] 첫 번째는 이 기간 동안 미디어와 엔터테인먼트는 넷플릭스와 같은 기업들이 주로 시장 실적으로 평가되는 금융financialization의 광범위한 추세를 따르고 있다. 이러한 발전은 소위 롱테일 경제학의 강조와 대기업 구조 내에서 또는 그에 맞서 틈새 자산이나 저평가 자산을 활용할 수 있는 능력과 겹친다. 두 번째 발전은 브랜드화 엔터테인먼트branded entertainment의 증가에 관한 것으로, 넷플릭스 같은 서비스와 HBO와 ESPN과 같은 유명 채널이 프로그램과 다른 전략적 기능을 통해 강화되는 뚜렷한 브랜드 정체성의 중요성을 강조하는 방식이다. 세 번째는, 다시 보다 광범위한 경제 트렌드에 따라, 국제적인 확장으로 초점이 옮겨 가고 있다. 이 세 개의 발전은 물론 깊이 얽혀 있으며, 넷플릭스의 현재 성공의 대부분은 이러한 다양한 도전을 동시에 헤쳐나갈 수 있는 능력과 연결되어 있다. 홈 엔터테인먼트의 리더로 남을 수 있는 능력 역시 새로운 경쟁자들과 맞서면서 얼마나 잘 하느냐에 달려 있을 것이다.

롱테일 시장

금융 자본이 할리우드와 다른 미디어 산업의 역사를 통틀어 중요한 역할을 했지만, 이 역할은 지난 30~40년 동안 상당히 강화되었다.[7] 제2차 세계 대전

---

6) Amanda Lotz, *The Television Will Be Revolutionized*, 2nd ed. (New York: New York University Press, 2014), 27-34.

7) 이러한 발전은 많은 미디어 학자가 폭넓게 연구했다. 더 많은 논의를 위해서는 다음을 참조하라. Tino Balio, *Hollywood in the New Millennium* (London: BFI, 2013); Holt's *Empires of Entertainment;* Paul McDonald and Janet Wasko's collection *The Contemporary Hollywood Film Industry* (Malden, MA: Black-well, 2008); Malthy's *Hollywood Cinema;* Stephen Prince's *A New Pot of Gold: Hollywood Under the Electronic Rainbow, 1980-1989* (Berkeley: University of California Press, 2000).

의 여파로, 독점을 금지하는 파라마운트법Paramount Decrees을 시작으로 많은 사회적·규제적 변화는 할리우드의 표준 사업 관행을 불안정하게 만들었다. 이것은 시장 변동의 시기에 산업 전반에 걸쳐 기업 재구조화를 차례로 촉진시켰다. 초기 복합기업conglomeraton 물결의 한 축으로서 엔터테인먼트 산업 밖의 주요 기업들이 파라마운트 같은 메이저 스튜디오와 에이전시인 유나이티드 아티스트United Artists를 합병하거나 인수했다. 이 회사들은 할리우드에 관심이 있었다. 왜냐하면, 그것의 다양화에 대한 약속 때문이거나 스튜디오가 일시적으로 저평가되고 있다고 믿었기 때문이다. 이러한 초기 합병의 논리는 1980년대 정부의 규제가 완화되면서 가속화되었다. 그리고 신기술의 출현은 미디어에 초점을 둔 대기업들(위에 언급된 파라마운트, 비아컴, 블록버스터의 결합처럼)에 대한 새로운 물결이 형성될 수 있게 했다. 제니퍼 홀트가 자세히 설명했듯이, 이 기간 동안 주요 촉매 중 하나는 케이블의 지속적인 발전이었다. 더 구체적으로 말하면, 케이블이 더 큰 위험을 갖고 있는 금융을 유치하는 능력이다.[8]

1980년대 동안 영화, 방송, 그리고 통신 사이에 융합이 증가하면서, 이 투기성이 강한 벤처 캐피털의 대부분은 케이블 산업을 넘어 새로운 인터넷 기반의 회사로 확장하기 시작했다. 기업들 중 많은 수가 이익을 내는 데 실패했지만, 크리스 앤더슨은 결국 성공한 기업들을 설명하기 위해 "롱테일 경제"라는 아이디어를 소개했다.[9] 이 개념은 상당히 정확하지 않지만, 빠르게 주요한 21세기 비즈니스 용어가 되었고, 디지털 기술이 엔터테인먼트의 경제를 재편성하면서 일어났던 극적인 변화를 계속해서 불러일으키고 있다. 앤더슨에게 롱테일은 틈새시장의 중요성이 커지고 있다는 것을 의미하며, 대규모로

8) Holt, *Empires of Entertainment*, 15. See also Patrick R. Parsons, *Blue Skies: A History of Cable Television* (Philadelphia: Temple University Press, 2008), 438-441.

9) Chris Anderson, *The Long Tail: Why the Future of Business Is Selling Less of More* (New York: Hyperion, 2008), 22-24.

성공적인 상품에만 전적으로 의존하는 것에서 장기간에 걸쳐 가치를 창출하는 덜 성공적인 상품으로 이어지는 전환을 의미한다. 더욱이 앤더슨은 이러한 전환을 생산 및 유통 비용 감소와 연관시키는데, 이는 주로 새로운 디지털 기술의 민주화 효과에 기인한다고 설명한다. 또한, 그는 이러한 전환을 수비자 수요와 공급망을 동기화하는 데 있어 증가된 효율성과 연계시키는데, 다른 인터넷 기술의 확장으로서 가능하게 된 새로운 필터링 프로그램과 인터페이스 디자인도 동일하게 생각한다. 이러한 방식으로 롱테일은 소비자와 기업 모두에게 긍정적인 발전으로 설정이 되었고, 특히 앤더슨의 사례에서 롱테일 전제를 증명하는 사례로 제공된 아마존과 넷플릭스와 같은 신생 기업들에게는 더더욱 그러했다.

비록 롱테일이 주로 21세기형 기술 혁신으로서 성격을 갖지만, 훨씬 넓은 의미에서 적용될 수 있다. 예를 들어, 조셉 투로Joseph Turow는 여러 산업에 걸쳐 장기간에 걸쳐 일어나는 미국의 "해체breaking up"(럭비에서 스크럼에서 볼의 쟁탈이 끝나고 다음 플레이를 개시하기 위해 스크럼을 푸는 것을 말한다—옮긴이)의 일부로서 틈새시장의 상승을 논한다. 출판에서는 1960년대와 1970년대에 ≪라이프Life≫지와 같은 대량 발행 잡지에서 선별된 생활 양식과 인구 통계학적 기준에 맞는 보다 작은 대상에 초점을 맞춘 잡지로 전환했다.[10] 마찬가지로 케이블 업계는 방송사의 대중 어필 모델의 대안으로 보다 세분화된 채널들을 장려했는데, 뉴스, 스포츠와 같은 특화된 장르 또는 아프리카계 미국인과 여성 같은 인구 통계학적으로 구분된 채널이 생기는 데 기여했다.[11] 앤더슨의 롱테일에 대한 설명처럼 이러한 발전이 가져다준 혜택은 부분적으로 민주적 진보의 관점에서 만들어졌지만, 주로 경제에 의해 주도되었다. 광고주들은

---

10) Joseph Turow, *Breaking Up America: Advertisers and the New Media World* (Chicago: University of Chicago Press, 1997), 30.

11) 더 많은 논의를 위해서는 다음을 참고하라. Parsons, *Blue Skies*, 448-469.

더 상세하게 설명된 목표 관객들에게 접근하기 위해 기꺼이 돈을 지불했다. 케이블의 경우, 개별 채널이 많은 다양한 프로그램 자산의 일부 지분을 소유하던 복수의 종합 유선방송국 사업자(MSO)로 확장하려고 했다는 것이 더 중요한 요인이었다. 이런 점에서 틈새시장은 얽혀 있는 이해관계에 대한 복잡한 조정의 일부였다. 개별 채널은 광고 수익을 보충하기 위해 MSO가 지불하는 가입자당 요금인 전송료carriage fees에 의존했다. MSO는 차례로 이러한 채널을 사용하여 공격적인 확장 효과의 일환으로 전체 케이블 패키지를 홍보했다.12) 즉, 틈새시장은 인터넷이 도래하기 오래전에 설립되었을 뿐만 아니라 수평적 통합의 논리와도 충분히 양립했다.

롱테일이 갖고 있는 또 다른 면은 다른 두 개의 보조 시장에서 볼 수 있다. 앤더슨은 넷플릭스를 이전의 블록버스터와 대조하지만, 비디오 대여 산업의 전반적인 평가는 극장에서 공개되고 난 후 영화들의 장기적 가치를 풀어주는 것이었다. 더 구체적으로 말하자면, 비디오 대여가 수익성이 있었던 것은 소매상들이 제품의 비용을 상각한 이후 가치를 계속해서 창출해나갈 수 있었기 때문이다.13) 적어도 앤더슨이 책을 쓸 당시 블록버스터와 넷플릭스의 주된 차이점이 있었다. 임대 산업이 성숙하자, 블록버스터는 새로운 출시와 도매 가격을 낮추는 이익 공유 협약을 통해 할리우드 스튜디오와 파트너를 맺는 쪽으로 초점을 옮겼다. 한편 넷플릭스는 새로운 출시 대신 고객들을 카탈로그의 구석까지 안내하는 것에 더 중점을 두었다. 그러나 넷플릭스는 무엇보다도 블록버스터와 차별화하는 방법으로서 그리고 신생 업체로서 비용을 제한할 필요성 때문에 이러한 것들을 했다. 전반적인 의미에서 비디오 대여 산업에서 특이한 점은 스튜디오들이 스스로 그것을 통제하지 않았는데, 부분적

---

12) Ibid., 523-537.

13) Janet Wasko, *Hollywood in the Information Age: Beyond the Silver Screen* (Austin: University of Texas Press, 1994), 132-135.

으로 VCR을 거부한 것이었다. 그러나 스튜디오들은 확실히 롱테일의 유익한 점에 대해 알지 못했다. 이것의 가장 명확한 증거는 아마도 그들이 텔레비전 신디케이션이라는 중요한 보조 시장을 통해 창출한 소득에 있을 것이다.[14] 비록 신디케이션은 히트 쇼를 개발하는 것에 달려 있지만, 이 프로그램들의 진짜 가치는 첫 방송 후 부가적인 이익을 창출하는 능력에 있었다.

어떤 의미에서 텔레비전 신디케이션은 롱테일이 어떻게 성공하는지 보여 주고, 장기적 수익성이 상호 배타적이지 않다는 점에서 롱테일 경제학의 개념을 복잡하게 한다.[15] 또 다른 훨씬 복잡해진 차이점은 비디오 대여 모델과 신디케이션 사례 사이의 차이점에서 일어난다. 전자는 재고의 비용을 최소화하거나 통제함으로써 성공한다. 이런 점에서 소비자와 직접 거래하면서 제조된 상품을 파는 기업과 정보가 자연스럽게 발생하는 자원인 것처럼 단순히 이용자 생성 정보를 확보하는 구글과 같은 회사 사이에는 중요한 차이가 있다. 정보는 소비자를 희생하여 착취되거나 수익을 창출할 수 있다. 이러한 차이는 신디케이션 모델이 어떻게 엔터테인먼트 산업이 지적 재산권을 통제하고 장기 투자의 일환으로 그러한 권리의 가치를 극대화하기 위해 전념하는지에 대해 강조한다는 점에서 심해진다. 비디오 대여 산업은 이러한 이해관계가 일시적으로 드러나지 않았기 때문에 성장할 수 있었다. 즉, 홈 엔터테인먼트는 시장 가치가 아직 확실하게 확립되어 있지 않은 초기 단계에 있었고, 더 중요한 것은 "첫 판매 원칙first sale doctrine"이 물리적 미디어를 저작권자에게 더 이상 보상하지 않고 2차 시장에 재유통할 수 있도록 허용했기 때문이

---

14) For further discussion, see Derek Kompare, *Rerun Nation: How Repeats Invented American Television* (New York: Routledge, 2005), 69-71.

15) 앤더슨은 실제로 이전의 많은 롱테일 사례(예: 씨어스 로벅Sears Roebuck 우편 주문 카탈로그)를 고려했다. 그러나 대부분 롱테일은 새로운 인터넷 기술과 연관되어 있다. 이것은 기존 비스니스 모텔과 넷플릭스 같은 새로운 비즈니스 모델을 연결하는 연속성을 가리거나 모호하게 한다.

다.16) 시간이 지나면서, 이러한 상품의 가치는 변했고, 블록버스터나 넷플릭스와 같은 소매 업체들이 저평가된 콘텐츠를 쉽게 수집하는 것이 더 어렵게 되었다. 블록버스터의 경우, 이러한 어려움이 VHS에서 DVD로 전환하면서 시작되었다. 넷플릭스로서는 DVD에서 스트리밍으로의 전환이었다. 두 경우 모두 변화하는 시장 상황과 신기술의 결합이 롱테일 경제학의 효과를 크게 변화시켰다.

넷플릭스는 우편으로 DVD를 배달하는 것에서 디지털 온디맨드 스트리밍으로의 전환에 따른 어려움을 궁극적으로 극복한 반면에, 블록버스터가 적응하려는 노력은 오히려 쇠퇴의 길로 접어들었다. 여기에는 좀 아이러니한 면이 있는데, 블록버스터는 처음부터 비디오 대여 산업의 롱테일 전제의 한계를 상쇄한다고 인식되었기 때문이다. 블록버스터는 지배적인 지위가 예를 들어, 규모의 경제와 산업 간 파트너십과 같은 다른 편익을 허용한다고 믿으면서 전면적인 성장을 약속하고, 전략의 일부로 금융 메커니즘을 활용함으로써 이러한 한계를 대비했다. 예를 들어, 블록버스터는 경쟁적인 지역 체인을 인수할 때 주식 교환stock swaps을 사용했고, 뒤이어 일어난 닷컴 붐과 유사하게 경영진의 급여도 다양한 스톡 옵션을 부여하여 가치가 증가했다.17) 그 회사의 주식은 이 기간 내내 계속 상승하여, 투자자와 재무 분석가들이 예상한 것보다 높은 성장률을 보였고, 확실한 시장 선도자의 지위를 획득했다. 그러나 새로운 기술이 곧 비디오 대여 사업을 대체할 것이라는 지속적인 추측 속에서 비디오 대여 산업이 성숙해지자, 블록버스터는 새로운 사업 기회를 찾기 시작했다. 여기에는 국제적인 확장과 프로그램 자산 취득이 포함되었으며, 사실상 넷플릭스가 10년 후 추진할 설계도blueprint를 준비했다.18) 가장 공격

---

16) Paul McDonald, *Video and DVD Industries* (London: BFI, 2007), 115.

17) Gail DeGeorge, *The Making of a Blockbuster: How Wayne Huizenga Built a Sports and Entertainment Empire from Trash, Grit, and Videotape* (New York: Wiley, 1996), 151-158 and 121-123.

적인 움직임으로, 블록버스터는 파라마운트에 대한 경쟁적인 입찰 전쟁에서 비아컴과 협력했다. 당초 이 거래는 케이블 채널 컨소시엄이 파라마운트 입찰에 필요한 추가 자본을 제공하는 것이었으므로 블록버스터가 비아컴에 투자하는 것으로 구성되었다. 그러나 거래가 진전되면서 비아컴은 블록버스터를 복잡한 주식 교환으로 인수했는데, 주로 새로운 재벌의 부채 부담을 해소하기 위해서였다.[19] 켄 오레타와 더 일반적으로는 비즈니스 미디어의 광범위한 논의에도 불구하고, 그 거래는 인수자가 약속하고 화제가 많이 된 시너지를 만들어내지 못했다.[20]

실제로 이 거래는 롱테일 경제학의 한계를 넘어서려는 블록버스터의 노력이 이루어지는 데 단순히 실패한 것이 아니다. 또한, 임대 소매점의 재정적 불안정을 증가시켜 결국 파산으로 가는 하락 추세를 촉발했다. 합병 직후 몇 년간 섬너 레드스톤Sumner Redstone 사장은 이 새로운 대기업의 실망스러운 재무 성과를 블록버스터 탓으로 돌렸다.[21] 결과적으로 비아컴은 블록버스터로부터 벗어나기 위해 다소 빠르게 움직였고, 1999년에 처음으로 20%를 처분하고, 2004년에 완전히 관계를 끊었다.[22] 이러한 거래의 조건들은 블록버스

---

18) Ibid., 161-163 and 199-207.

19) Ibid., 264-304. 다른 사람들은 이 거래를 직접 인수라고 특징짓는 경향이 있지만, 이 합병과 관련된 합병증은 왜 그것이 원래 의도했던 방식에서 성공하지 못했는지에 대한 중요한 요소였다.

20) Anthony Ramirez, "In Terms of Technology, Viacom Might Have an Edge," *New York Times*, January 19, 1994. http://www.nytimes.com/1994/01/19/business/company-new sin-terms-of-technology-viacom-might-have-an-edge.html (검색일 2015.7.8); Calvin Sims "'synergy': The Unspoken Word," *New York Times*, October 5, 1993. http://www.nytimes. com/1993/10/05/business/the-mediabusiness-synergy-the-unspoken-word.html (검색일 2015.7.8)

21) 예를 들면, 제1장을 참조하라. "Blockbuster Tanks," in Sumner Redstone and Peter Knobler, *A Passion to Win* (New York: Simon & Schuster, 2001), 29-40.

22) Eric Dash and Geraldine Fabrikant, "Payout Is Set by Blockbuster to Viacom," *New York Times*, June 19, 2004. http://www.nytimes.com/2004/06/19/business/payout-is-set-byblock buster-to-viacom.html (검색일 2015.7.8); Andres Ross Sorkin and Geraldine Fabrikant,

제13장 온라인 비디오 가게에서 글로벌 인터넷 TV 방송사로 전환 337

터에게 그닥 좋지 않았다. 첫째, 이 기간 동안 비아컴은 넷플릭스와 같은 신생 경쟁 업체들과 경쟁하기 위해 DVD 우편 배달 서비스를 설계하는 등 추가 지출을 지원하기를 거부했다. 이것은 잠재적인 구매자들을 유치하기 위해 블록버스터의 핵심을 개선하기 위한 노력의 일환이었다. 하지만 그것에 실패한 후, 2004년 기업 분할은 블록버스터가 10억 달러 이상의 빚을 떠안는 방식으로 구조가 설계되었다. 기술이 미디어와 엔터테인먼트를 근본적으로 변화시키는 것과 동시에 블록버스터는 주요한 비즈니스 모델의 실패 때문이 아니라 재정상의 한계 때문에 주로 어려움을 겪었다. 이런 상황은 "적극적 주주activist shareholer" 칼 아이칸Carl Icahn이 블록버스터 이사회를 장악하려고 대리전에 불을 붙이면서 더욱 악화되었고, 그 결과 회사의 방향에 대한 당혹스러운 대중의 반목을 계속 촉발시켰다.[23]

블록버스터와 넷플릭스는 주로 경쟁자로 묘사되어 왔지만, 롱테일의 서로 다른, 때로는 일치하지 않는 측면을 보여주면서 서로 깊이 얽힌 역사를 공유하기도 한다. 일반적으로 비디오 대여 산업은 틈새 콘텐츠의 잠재력을 잘 보여준다. 사업적인 관점에서, 이 콘텐츠의 중요성은 소비자 수요를 충족시키거나 선택의 폭을 넓히는 것이 아니라. 대신에 신흥 시장에서 저평가된 상품을 활용하는 것이었다. 이 점은 급속한 확장을 촉진시키고, 그 후에 시장의 통제를 결정했다. 이러한 발전은 그들이 인식하는 재무적 가치와 밀접하게 연관되어 있었다. 즉, 비디오 대여 산업의 부상은 투자자들이 더 위험이 많은 기회들과 기하급수적 주가 상승의 약속을 믿고 도박을 하려는 의지와 함께

"Viacom Close to Deciding to Spin Off Blockbuster," *New York Times*, February 2, 2004. http://www.nytimes.com/2004/02/02/business/viacom-close-to-deciding-to-spin-off-block buster.html (검색일 2015.7.8)

23) 이 부분에 대한 블록버스터의 역사는 지나 키팅의 책에 상세히 기술되어 있다. Gina Keating, *Netflixed: The Epic Battle for America's Eyeballs* (New York: Portfolio, 2012). 특히 다음을 참조: 71-83, 86-97, 110-138, 151-164, 169-170, and 205-210.

일어났다. 그러나 이러한 신흥 시장이 성숙함에 따라, 넷플릭스와 같은 온라인 서비스이든 블록버스터와 같은 오프라인brick-and-mortar 업체이든 소매업자는 롱테일 경제에서 벗어날 필요가 있다. 많은 경우에, 인수 합병을 통한 다각화 또는 수평적 통합은 롱테일의 감소되는 혜택들을 새로운 장점으로 대체할 것을 약속한다. 케이블 산업은 처음부터 틈새 콘텐츠가 어떻게 대기업의 이익을 지원하기 위해 전략적으로 조정될 수 있는지를 보여주는 한 예다. 이와 대조적으로 블록버스터는 대기업 구조 내에서 보완적인 서비스를 결합하는 어려움을 보여준다. 넷플릭스는 블록버스터가 만든 동일한 패턴을 실질적으로 복제하면서 첫 10년 동안 엄청난 성장을 누렸지만, 롱테일을 넘어서려는 노력 속에서 강화된 시장 감시에 직면했다. 가장 유명한 것은 넷플릭스가 가격을 인상하고 스트리밍 서비스를 DVD 우편 배송 서비스(퀵스터Qwikster라고 다시 명칭을 붙임)와 분리하려는 실패로 끝난 계획을 발표한 후 2011년에 주가가 70%나 떨어졌다는 점이다.[24] 2014년 10월, HBO와 CBS 둘 다 독립형 OTT 서비스를 도입할 것이라는 발표가 난 후 넷플릭스의 주가는 또다시 20% 하락했다.[25] 대기업의 부담이 없음에도 불구하고, 넷플릭스는 블록버스터와 마찬가지로, 재정적 불안정의 증가에 여전히 취약하며, 특히, 지금은 초기 성장 단계가 끝나가고 있기 때문이다.

24) Holman W. Jenkins, "Netflix Isn't Doomed," *Wall Street Journal*, October 26, 2011. http://www.wsj.com/articles/SB10001424052970204644504576653182551430322 (검색일 2015.7.8); Nick Wingfield and Brian Stelter, "A Juggernaut Stumbles," *New York Times*, October 25, 2011. http://www.nytimes.com/2011/10/25/technology/netflixlost-800000-members-with-price-rise-and-split-plan.html (검색일 2015.7.8)

25) Meg James, "CBS Offers Streaming Service," *Los Angeles Times*, October 17, 2014. http://www.latimes.com/entertainment/envelope/cotown/la-et-ct-streamingbreakthrough-20141017-story.html (검색일 2015.7.8)

브랜드화 엔터테인먼트

롱테일 경제학에서 벗어나는 변화는 인식할 수 있는 브랜드 정체성 개발에 대한 강조가 증가하면서 함께 일어났다. 이것은 블록버스터가 비디오 대여 업계를 넘어 다양화되면서 사실임이 드러났다. 그리고, 케이블 산업에서도 더 화제가 되었는데, 마이클 커틴Michael Curtin과 제인 샤툭Jane Shattuc에 따르면 1990년대의 가장 중요한 발전은 틈새 채널이 브랜드로 탈바꿈하는 방법이다.26) 몇 개의 경우에, 브랜드 정체성은 처음부터 채널에 내장되었다. 예를 들어, 디즈니 채널은 모회사의 지위 덕분에 주요 방송 네트워크처럼 인식될 수 있었다.27) MTV, CNN, ESPN과 같은 다른 채널들은 음악, 뉴스, 스포츠와 같은 분명한 장르 정체성을 채택했고, 이는 그들의 브랜드의 토대가 되었다. 브랜딩은 특히 케이블과 직접 위성 서비스는 크게 확장하고 있었기 때문에 이 시기에 중요하게 되었다. 개별 채널은 서비스의 필수 가입 플랜의 일부로 서비스된다는 것을 보장하기 위해 복잡도가 증가한 시장의 혼란을 극복할 수 있다는 것을 증명해야 했다. 대체로 틈새 지향적 채널들은 시청률을 통해서가 아니라 특정 시청자들에게 호소하는 브랜드를 만들어 냄으로써 케이블 운영자에게 그들의 가치를 증명했다. 예를 들어, 사라 바넷와이저Sarah Banet-Weiser는 니켈로디언Nickelodeon의 뚜렷한 오렌지색 스플랫 로고가 어린이 시청자들에게 어필하기 위해 개별 쇼보다 어떻게 우선시되었는지를 자세히 설명하고 있다.28) 다른 학자들도 "TV가 아니다. HBO이다"라는 기억에 남는 슬로건이

---

26) Michael Curtin and Jane Shattuc. *The American Television Industry* (London: BFI, 2009), 82.

27) 특히 브랜딩과 디즈니에 대해서 일반적인 논의는 다음을 참조하라. Paul Grainge, *Brand Holly-wood: Selling Entertainment in a Global Media Age* (New York: Routledge, 2008), 8-15.

28) Sarah Banet-Weiser, "The Nickelodeon Brand: Buying and Selling the Audience," *Cable Visions: Television Beyond Broadcasting,* eds, Sarah Banet-Weiser, Cynthia Chris, and Anthony Freitas (New York: New York University Press, 2007), 242.

어떻게 더 안목이 있거나 엘리트층 시청자를 확보하려는 의도적인 노력이었는지 설명한다.[29] 비록 넷플릭스가 독립형 서비스로서 자신을 차별화해야 할 의무는 적지만, 추천 알고리즘을 개선하기 위한 1백만 달러의 상금은 또 다른 종류의 브랜딩 전략으로 기능하면서 홍보 장치에 버금간다. 대체로 브랜딩에 대한 강조가 커지는 것은 미디어와 엔터테인먼트의 사업이 합리적인 경제 논리, 롱테일 등으로 축소될 수 없으며, 마케팅과 홍보는 월 스트리트의 터무니없는 기대에 따른 재정적 압력과 싸우는 중요한 수단이라는 것을 보여준다.

로고 디자인과 마케팅 수사가 분명한 브랜드 정체성을 만드는 데 가치가 있지만, 케이블 채널의 가장 결정적인 요인은 프로그래밍이었다. 브라보Bravo, MTV, A&E처럼 케이블 채널의 경우에는 롱테일 경제학의 연장으로 대표 프로그램을 만들었다. 이 채널들은 저렴한 무대본unscripted 또는 리얼리티 프로그램을 만들어 광범위한 프랜차이즈나 여러 채널에 걸쳐 방송되는 포맷의 기반이 되었다. 이와는 대조적으로, TNT, USA, FX와 같은 일반general-interest 케이블의 오리지널 프로그래밍은 재방송, 오래된 영화 및 신디케이트 소재와 같은 값싼 콘텐츠는 방송하지 않는다는 움직임을 의미했다. 이 움직임은 반드시 추가 광고 수익으로 전환될 필요는 없지만 케이블 사업자와의 협상에서 영향력으로 작용했다.[30] HBO의 경우, 오리지널 프로그래밍은 케이블 가입자들이 기꺼이 추가 요금을 지불하는 서비스인 고급이나 프리미엄 브랜드로 스스로를 더욱 차별하는 요소가 되었다. 2000년대 초반부터 여러 케이블 방

---

29) 더 논의를 위해서는 다음을 참조하라. Janet McCabe and Kim Akass, eds, *Quality TV: Contemporary American Television and Beyond* (London: I.B. Tauris, 2007); Marc Leverette, Brian L. Ott, and Cara Louise Buckley, eds, *It's Not TV: Watching HBO in the PostTelevision Era* (New York: Routledge, 2008); Gary R. Edgerton and Jeffrey P. Jones, eds, *The Essential HBO Reader* (Lexington: University Press of Kentucky, 2008).

30) Curtin and Shattuc, *American Television Industry*, 76.

송사들이 이 전략을 모방했다. FX의 〈쉴드: XX 강력반The Shield〉과 AMC의 〈매드맨〉의 성공은 비교적 시청률이 낮았음에도 불구하고, 에미상 산업 부문 상을 수상하고, 비평적인 칭찬을 얻고, 강력한 후속 작품을 개발하는 방식으로 "버즈", 즉 홍보 여론을 창출하는 데 있어서 믿을 수 없을 정도로 가치가 있다는 것을 증명했다.31)

여러 채널의 경우, 오리지널 프로그래밍에 의해 제공되는 브랜드 자산도 다른 콘텐츠 비용의 상승에 대한 위험을 회피하는 방법이었다. 예를 들어, HBO는 프리미엄 영화 서비스로 만들어졌는데, 이 서비스는 가입자에게 최근의 할리우드 영화를 독점적으로 접속할 수 있도록 했다. HBO는 항상 이 기능을 다른 프로그래밍으로 채워야 했지만, 1990년대가 되어서야 전통적인 방송사 텔레비전을 더 닮은 드라마 시리즈를 개발하기 위해 의도적인 노력을 보였다.32) 부분적으로 이것은 프리미엄 할리우드 영화를 구매하는 비용의 상승과 산업 표준이 된 장기 아웃풋 딜output deal(배급업자가 특정 수의 영화에 대한 권리의 대가로 특정 액수를 지불하는 것을 말한다—옮긴이)에 내재된 재정적 위험을 상쇄하기 위한 방법이었다. 더 최근에는 ESPN도 비슷한 과정을 밟고 있다. 광범위한 스포츠 이벤트에 대한 방송권을 획득하려고 적극적으로 노력한 후에 이러한 권리의 비용은 치솟기 시작했다. 스포츠 이벤트는 주로 생방송되고, 일반적으로 선형linear 텔레비전을 방해하는 시간 이동 기술에 영향을 받지 않는 것으로 보이기 때문에 수익성이 있는 것으로 여겨진다.33) ESPN은

---

31) Scott Collins, "Cable Networks Are TV's Biggest Stars," *Los Angeles Times*, October 1, 2012. http://articles.latimes.com/2012/sep/30/entertainment/la-et-st-homeland-market-20121001 (검색일 2015.7.8)

32) Edgerton and Jones, "Introduction: A Brief History of HBO," *Essential HBO Reader,* 9-10.

33) Kurt Badenhausen, "The Value of ESPN Surpasses $50 Billion," *Forbes*, April 29, 2014. http://www.forbes.com/sites/kurtbadenhausen/2014/04/29/the-value-ofespn-surpasses-50-billion (검색일 2015.7.8); Matthew Futterman, "Pay-TV Providers Bid to End Sports Networks' Win Streak," *Wall Street Journal*, July 15, 2013. http://wsj.com/articles/SB1000

자사의 대표 프로그램 〈스포츠센터〉 프로그램과 최근 만들어진 브랜디드 다큐멘터리 시리즈 〈30 for 30〉와 같은 저렴한 제작비로 내부에서 제작하여 비싼 구매 비용을 완화하려 한다. HBO가 드라마 시리즈를 DVD 판매함으로써 부가적인 수익을 창출한 것과 같은 방법으로, ESPN은 이러한 다큐멘터리를 넷플릭스와 같은 2차 유통 플랫폼에 판매했다.[34]

따라서 이 프로그래밍은 채널의 브랜드 동일성을 향상시키는 동시에 부가 가치를 제공하고, 또 다른 수익원을 창출하며, 부가 프로그래밍 비용도 절감한다. 오리지널 프로그래밍의 경제적 이익은 또한 넷플릭스가 DVD 배송에서 스트리밍으로 전환한 것과 같은 중요한 요인이었다. 넷플릭스가 프리미엄 채널 스타즈Starz와 맺은 계약은 이러한 전환을 촉진하는 데 매우 유용했지만, 구독형 VOD(SVOD) 권리의 비용을 극적으로 부풀리는 역할을 했다. 그 결과 넷플릭스는 스트리밍 권리를 확보하는 데서 텔레비전 프로그래밍으로 빠르게 방향을 바꾸고, 결국 HBO와 AMC와 같은 맥락에서 많은 자체 오리지널 프로그램을 개발하는 쪽으로 전환했다.

〈하우스 오브 카드〉나 〈오렌지 이즈 더·뉴 블랙〉과 같은 유명한 드라마는 확실히 넷플릭스의 마케팅과 프로모션 노력에 요긴한 것이었지만, 오리지널 프로그래밍 또한 넷플릭스의 더 크고, 어떤 면에서는 더 복합적인 브랜드 전략이었다. 텔레비전 프로그래밍은 넷플릭스가 더 많은 콘텐츠 시간에 더 적은 돈을 지불했다는 점에서 하나의 모험이었다. 동시에, 그것은 다른 형태의 소비를 대변하는데, 시청자는 양적 감각과 질적 감정 모두에 관여할 것 같다. 이것은 특히 롱테일 경제학의 새로운 원천으로서 부가 혜택을 제공했던 연속형 드라마serial dramas에서 사실이다. 〈소프라노스〉, 〈섹스 앤 더 시티〉, 〈24〉

1424127887323823004578595571950242766 (검색일 2015.7.8)

34) Richard Sandomir, "Once Specials, Documentaries Are Now TV Staples," *New York Times*, March 22, 2015. http://www.nytimes.com/2015/03/22/sports/documentaries-arethe-go-to-players-of-sports-television.html (검색일 2015.7.8)

는 상당한 수의 DVD 판매를 이루었지만, 2007년에 DVD 시장이 하락하기 시작하면서, 이 프로그램들은 장기적 가치가 적다는 것이 증명되었다.[35] 넷플릭스는 이러한 유형의 프로그램의 DVD 판매를 SVOD 라이선스로 대체하는 편리한 거래를 제공했다. 보다 중요한 것은, 복잡한 서사 구조와 장기간에 걸쳐 캐릭터를 개발한 〈로스트Lost〉와 같은 연속형 드라마는 M. J. 클라크Clarke가 유익한 중독적인 선good으로 묘사하는 것이나, 더 일반적으로는 트랜스미디어 TV라고 부른 것을 보여준다. 클라크가 더 자세히 설명했듯이, 이러한 쇼들은 당신이 더 많이 시청할수록 "더 많은 소비 자본이 누적되고, 모든 형태의 텍스트와의 이어지는 만남이 더 가치 있게 된다".[36] 넷플릭스는 이 논리를 〈매드맨〉, 〈브레이킹 배드〉, 〈워킹 데드〉, 그리고 〈썬즈 오브 아나키Sons of Anarchy〉와 같은 방송 중인 프로그램들을 공격적으로 확보하는 데 사용했다. 넷플릭스는 이러한 쇼에 더 높은 프리미엄을 지불하고, 이러한 계약이 상호 이익이 되는 제휴를 위해 이루어졌다고 믿으면서, 전통적인 신디케이션에 앞서 새로운 "캐치업catch-up" 시장에 해당하는 것을 창조할 용의가 있었다. 넷플릭스가 방송 TV에서 추가 시즌이 방송될 때 높은 시청률을 주도하는 쇼들에 추가적인 관심을 가짐에 따라, 이 쇼들의 증가된 인기는 넷플릭스 카탈로그의 가치를 높여주었다.[37]

그렇다면 넷플릭스에게 오리지널 프로그래밍은 인터넷 TV를 나타내는 더 큰 브랜드 동일성의 일부분이다. 이 개념은 장기간 시청자 관여를 장려하는 것에 초점을 맞추는데, 넷플릭스는 모든 시즌을 한번에 일제히 공개하기로

---

35) Curtin and Shattuc, *American Television Industry*, 114 and 139.

36) M. J. Clarke, *Transmedia Television: New Trends in Network Serial Production* (New York: Bloomsbury, 2013), 5.

37) 테드 사란도스의 인터뷰가 실린 책을 참조하라. Michael Curtin, Jennifer Holt, and Kevin Sanson, eds, *Distribution Revolution: Conversations About the Digital Future of Film and Television* (Berkeley: University of California Press, 2014), 134-135.

결정하면서 이를 강화하는 것이다. 이것은 넷플릭스 브랜드를 더욱 차별화하는 문제일 뿐만 아니라, 콘텐츠에 대한 전반적인 접근 방식을 상징한다. 최근 콘텐츠 책임자 테드 사란도스가 설명하듯이, "내가 당신이 진정으로 하길 원하는 것은 당신이 길을 잃는 쇼를 발견하는 것이다. 그 쇼는 비록 내일 아침 일찍 일어나야 하는 것을 알면서도 당신이 '한 에피소드만 더' 하면서 보게 만드는 드라마다".[38] 인터넷 TV에 대한 이러한 생각은 넷플릭스의 기술적 이점의 일환으로 홍보되었다. 즉, 선형 텔레비전의 제한적인 한계를 벗어나 시청자들이 그들이 원할 때 그들이 원하는 것을 시청할 수 있게 하는 능력이다. 시청자들에게 추가적인 통제권을 부여한다는 제안에도 불구하고, 사란도스의 설명은 뭔가 다른 것을 암시한다. 그는 이어 "우리는 소비자와 콘텐츠의 연결을 회복하는 중에 있다. 나는 시청자가 콘텐츠에 대한 감정적 투자를 잃었다고 생각한다. 왜냐하면, TV는 더 이상 시청자가 원하는 방식으로 접속할 수 없기 때문이다".[39] 이러한 형태의 확장된 감정적 관여는 특정 비디오 게임을 하거나 소설을 읽는 데 드는 시간과 노력에 더 비교된다. 이런 현상을 조금 덜 부풀리고 보편적인 용어로 표현하면 "몰아 보기"이다. 이 용어는 넷플릭스가 소비자와의 관계를 더 깊게 하려는 노력의 핵심으로서 이 책의 여러 저자가 지적했듯이, 더 큰 문제가 있다는 것을 시사한다. 어떤 면에서 소비자의 욕망에 대한 감각적인 힘sensate force을 지지하는 마케팅 책략으로서 헨리 젠킨스의 정서 경제학에 대한 설명을 상기시킨다. 그러나 하지만 그것은 궁극적으로 소비자 행동에 대한 정보를 더 나은 투자 수익으로 전환하기 위해 노력할 뿐이다.[40] 그리고 지금까지 넷플릭스가 시리얼 드라마가 불러일으키는 중독성을 복제하는 것을 목표로 하기 때문에 넷플릭스의 개인화 알고리즘

---

38) Ibid., 135.

39) Ibid.

40) Jenkins, *Convergence Culture*, 62.

은 마크 앤드레제빅Mark Andrejevic이 디지털 인클로저digital enclosure라고 설명하는 것에 기여한다. 즉, 넷플릭스 사이트에서 가입자의 활동에 의해 생성된 데이터는 가입자의 미래의 행동을 미리 결정하고 제한하며, 다른 선택들을 배제하면서 특정한 선택을 강요한다.[41]

1990년대와 2000년대 브랜드화 엔터테인먼트의 발전은 롱테일 경제나 틈새시장을 뛰어넘는 뚜렷한 정체성을 만들기 위한 케이블 채널과 넷플릭스와 같은 엔터테인먼트 서비스의 노력을 말한다. 이것은 단순히 미디어와 엔터테인먼트 산업의 일부로서 진화하는 문제일 뿐만 아니라 변동하는 시장 투기를 방지하는 방법이었다. 넷플릭스 등이 인식할 수 있는 브랜드 정체성을 확립하는 데 성공했음에도 불구하고, 여전히 많은 긴장감이나 불안정한 사례가 있다. 이것은 다른 이해관계자들이 프로그래밍 자산의 가치를 주장하고 협상할 때 가장 분명하게 나타난다. 예를 들어, 넷플릭스나 AMC처럼 어떤 브랜드가 〈매드맨〉과 〈브레이킹 배드〉와 같은 프로그램들로부터 가장 많은 이익을 얻는가에 대한 의문이 있으며, 이것은 다른 윈도우에 걸친 라이선스 권한과 관련하여 의견이 불일치하게 된다.[42] 이러한 형태의 긴장감은 자사의 브랜드를 여러 플랫폼으로 확장하기 위해 가장 많은 노력을 기울인 케이블 채널인 ESPN의 경우에 더 분명하게 나타난다. 이러한 전략들은 스포츠 프로그래밍의 비용 상승과 이 콘텐츠를 통제하기 위해 모두 자신들의 네트워크를 만든 프로 스포츠 리그의 증가 경쟁에서 비롯된다. 그러나 ESPN은 온라인 온디맨드 스트리밍과 모바일 앱을 통해 프로그래밍 자산을 수익화하려고 시도하

---

41) Mark Andrejevic, *Reality TV: The Work of Being Watched* (Lanham, MD: Rowman & Little-field, 2004), 36-37.

42) Andrew Wallenstein, "Are Binge Viewers Killing Shows?" Daily Variety, November 19, 2012. http://www.lexisnexis.com/hottopics/lnacademic (검색일 2015.7.8) Andrew Wallenstein, "Inconsistent Availability of Cable Programs Frustrates Viewers and Hampers Growth," *Daily Variety*, August 2, 2012. http://www.lexisnexis.com/hottopics/lnacademic (검색일 2015.7.8)

면서 전통적 시청률과 광고 수익을 저하시킬 위험이 있다. 이 위험은 이용자의 케이블 가입을 인증하는 TV 에브리웨어 이니셔티브Everywhere initiative로 개발된 앱을 사용하는 경우에도 그렇다. 더욱 중요한 것은, 이러한 전략은 ESPN과 케이블 사업자의 관계 및 주요 수입원으로 남아 있는 가입자당 약 6달러인 전송료도 위태롭게 할 수 있다는 점이다.

HBO는 2015년 독립형 OTT 서비스인 HBO 나우를 선보이며 인터넷 TV로 이동하면서 비슷한 과제에 직면하고 있다. 많은 사람들은 이것이 넷플릭스의 파멸을 뜻한다고 오랫동안 추측했다. 그러나 이런 유형의 전환은 거의 원활하지 않다. 새로운 서비스를 이용하려면 HBO가 자체 청구서, 고객 서비스 및 마케팅 업무를 설정할 것을 요구하고 있으며, 이 모든 것은 케이블 제공 사업자에게 위임되었다. 또한, HBO는 기존의 케이블 파트너들을 화나게 하지 않기 위해 HBO 나우의 가격을 사실상 케이블 서비스와 거의 동일하게 책정했으며, 아마도 잠재 시장을 초고속 인터넷만 사용하고 케이블은 사용하지 않는 1천만 가구로 한정하고 있는 것 같다.[43] HBO나 ESPN과 같은 채널들이 넷플릭스와 더 직접적으로 경쟁하려고 움직이면서, 일부 사람들은 이것으로 인해 현재 시스템의 근본적인 붕괴를 초래할 수 있고, 이것이 예상치 못한 결과를 초래할 수도 있다고 우려한다. 소비자가 원하는 채널만 보며 지불하는 "알 라 카르트a la carte" 시스템은 주요 개선점을 표시하기로 되어 있었다. 하지만 현재 인터넷 서비스가 주로 케이블 제공 사업자들에 의해 관리되고 있다는 점을 고려할 때 소비자들은 더 적게 보고 더 많은 비용을 지불해야 한다는 것을 의미할 수도 있다.

또 하나의 큰 문제는 현재 텔레비전 시스템의 부문으로서 지출되는 700억

---

43) Meg James and Ryan Faughnder, "HBO to Offer Its Programs Online," *Los Angeles Times*, October 16, 2014. http://www.latimes.com/entertainment/envelope/cotown/la-etct-hbo-time-warner-internet-online-program-20141016-story.html (검색일 2015.7.8)

달러의 광고비 관련이다. 이것은 HBO와 넷플릭스와 같은 서비스와 직접적으로 관련이 없을 수도 있지만, 다른 것들은 현재 시스템의 일정 형태를 보존하는 데 깊은 관련이 있다. 마지막으로 이 모든 것 외에도, 개별 채널의 브랜딩 노력의 확장으로서 오리지널 프로그래밍의 증가는 포화점에 이르렀다는 추측이 있다. ≪버라이어티≫지의 기자 신디아 리틀턴Cynthia Littleton은 1999년 이후 HBO, FX, AMC가 만든 대본 시리즈 수에서 기하급수적인 "급증spike"이 있었다고 밝혔다. 이와 같은 증가는 케이블 채널이 주요 프로그래밍을 통해 브랜드 자산을 구축하는 것과 더불어 SVOD 라이선싱과 같은 새로운 롱테일 시장이 출현한 직접적 결과다. 리틀턴에 따르면, 이러한 쇼의 급속한 증가는 일종의 거품 효과를 만들어내고, 장기적으로 이러한 채널들을 불안정하게 만들 것이라는 위협이 있다. 거품 효과는 생산 비용은 부풀려지고, 품질은 떨어지며, 수익은 감소하는 현상을 말한다.[44]

해외 확장

2011년 넷플릭스 가입자는 2천만 명을 돌파했다. 이 과정에서 넷플릭스는 사업 모델이 완전히 성장하고 있으며 국내 성장이 둔화되기 시작할 것으로 인식했다. 1990년대 블록버스터나 HBO와 유사하게 넷플릭스는 여러 해외 시장으로 서비스를 급속히 확대하는 것으로 대응했다. 2010년 캐나다에서 스트리밍 전용으로 시범 서비스를 시작하고, 2011년에 라틴 아메리카의 40개국 이상으로 확장했다. 그 후 넷플릭스는 2012년 영국, 아일랜드, 스칸디나

---

44) Cynthia Littleton, "How Many Scripted Series Can the TV Biz and Viewers Handle?" *Variety*, September 16, 2014. http://variety.com/2014/tv/news/new-television-fall-season-glutof-content-1201306075 (검색일 2015.7.8)

비아에서 서비스를 출시했으며, 2014년 말에는 프랑스, 독일 등 주요 시장을 포함한 대부분의 유럽 대륙에서 서비스를 개시했다. 넷플릭스는 이러한 노력으로 인해 전 세계적으로 가입자가 6천만 명(2020년 3월말 1억 8285만 명―옮긴이)이 넘도록 크게 성장했지만, 해외 확장은 이전 두 섹션에서 명백하게 설명된 몇 개의 교차-목적cross-purpose을 결합하고 있다.

전체 가입자의 증가는 넷플릭스의 전반적인 재무 성과를 상승시켰다. 그럼에도 넷플릭스가 투자자들의 투기와 계속되는 시장 변동에 여전히 위험도가 높다는 것을 의미한다. 예를 들어, 2012년 마지막 4분기에 넷플릭스는 글로벌 확장 계획과 오리지널 프로그래밍의 선금 때문에 1억 달러 이상의 손실을 기록했다. 이로 인해 회사의 주식은 16% 하락했다.[45] 2015년 초, HBO의 OTT 서비스 소식에 주가가 폭락했지만, 넷플릭스는 기대보다 훨씬 높은 해외 가입자의 증가로 빠르게 반등했다. 넷플릭스의 순이익이 2013년에 HBO가 달성한 18억 달러보다 훨씬 낮은 2,400만 달러였다는 사실에도 불구하고, 2015년 4월에 다시 넷플릭스 주가가 12%가 증가하여 534달러가 되었고, 시장 가치는 거의 290억 달러로 증가했다.[46] 이러한 변동은 동시에 전체적으로 더 위험한 접근법을 장려한다. 예를 들어, 2013년에 넷플릭스는 늘어나는 지출뿐만 아니라 기존의 5억 달러의 부채 이자율 상환을 위해 4억 달러의 신용

---

45) awn Chmielewski, "Netflix Third-Quarter Profit Falls 88% on Global Expansion Costs," *Los Angeles Times*, October 24, 2012. http://www.latimes.com/2012/oct/23/entertainment/la-etct-netflix-earnings-20121023 (검색일 2015.7.8)

46) Ryan Faughnder, "Netflix Gets Boost from Global Push," *Los Angeles Times*, January 21, 2015. http://www.latimes.com/entertainment/envelope/cotown/la-et-ct-netflix-earnings-20150121-story.html (검색일 2015.7.8); Emily Steel, "Though Profits Fall, Netflix Stock Surges on Subscriber Growth," *New York Times*, April 16, 2015. http://www.nytimes.com/2015/04/16/business/media/thoughprofits-fall-netflix-shares-surge-on-subscriber-growth.html (검색일 2015.7.8); HBO의 순익은 다음을 참조하라. David Carr and Ravi Somaiya, "Punching Above Its Weight, Upstart Netflix Pokes at HBO," *New York Times*, February 17, 2014. http://www.nytimes.com/2014/02/17/business/media/punchingabove-its-weight-upstart-netflix-pokes-at-hbo.html (검색일 2015.7.8)

대출을 일으켰다.[47] 2016년까지 글로벌 확장을 완료하겠다는 입장을 고수하고 있는 가운데 2015년 호주, 뉴질랜드, 일본 진출에 이어 러시아, 중국 등에도 서비스의 도입 가능성을 타진하고 있다. 한 금융 분석가가 넷플릭스의 전략 논리를 요약한 것처럼, "해외에 빠르게 확장하지 않으면 투자자들은 주식 가치를 떨어뜨릴 것이다".[48] 이것은 더 이상 확장할 곳이 없을 때 무엇이 발생할 수 있는지에 대한 의문이다.

지속적인 성장에서 오는 기존의 금융 압력을 강화시키는 것 외에도 넷플릭스가 글로벌 브랜드로 거듭나면서 해외 확장은 수많은 어려움을 초래한다. 어려움 중 다수는 새롭고 익숙하지 않은 시장의 진출과 함께 발생하는 물류적 어려움에서 발생하는 결과물이다. 넷플릭스는 기존 기술 인프라를 충분히 갖춘 시장으로만 확장하기 위해 타협하는 노력을 할지라도, 여전히 예상치 못한 장애물들이 존재한다. 2011년에 라틴 아메리카는 4천만 명이 넘는 광대역 가입자와 관리할 수 있는 언어 장벽 때문에 수익성이 있어 보였다.[49] 그러나 넷플릭스의 결제 시스템에 대한 소비자들의 경계심 때문에 성장세가 예상보다 더딘 것으로 나타났다. 프랑스의 보호 규제 정책, 독일의 더빙 선호와 같은 국지적 변형, 호주의 데이터 캡 등의 유사한 문제는 넷플릭스가 운영 방법을 각각의 개별 지역에 맞게 조심스럽게 조정하도록 했다. 이것은 해외 가입자들이 넷플릭스에게 수익성이 떨어진다는 점에서 더 큰 약점으로 작용했

---

47) Paul Bond, "Netflix Announces Plan to Raise $400 Million," *Hollywood Reporter*, January 2 9, 2013, www.hollywoodreporter.com/news/netflix-announces-planraise-400-416528 (검색일 2015.7.8)

48) Quoted in Andrew Wallenstein, "World Orders: Netflix Takes Wing with Global Goal," *Variety*, April 11, 2011. http://variety.com/2011/digital/news/netflix-shifts-toward-new world-orders-1118035178/ (검색일 2015.7.8)

49) Andrew Wallenstein, "Netflix Expansion Plan Sends Stock Soaring," *Variety*, July 5, 2011. http://variety.com/2011/digital/news/netflix-expansion-plan-sends-stocksoaring-111 8039439 (검색일 2015.7.8)

다. 즉, 넷플릭스는 미국 시장을 위해서 서비스를 효율화할 수 있지만, 해외 확대 차원에서 높은 비율의 운영 비용을 낮은 비율의 전체적인 가입자 기반에 할애하고 있다.

그러나 훨씬 더 큰 과제는 콘텐츠를 제작하고, 이러한 프로그램 등의 재산에 필요한 권리를 확보하는 것이다. 많은 경우에 넷플릭스는 독점적인 글로벌 권리를 통제하지 않는다. 비록 심지어 국내 브랜드 정체성을 확립하는 데 있어서 중요한 역할을 하는 오리지널 프로그램에서도 그렇다. 이것은 넷플릭스뿐 아니라 HBO와 같은 경쟁자들에게도 사실이다. 〈하우스 오브 카드〉와 〈왕좌의 게임〉과 같은 중요한 프로그램 자산에 대한 해외 권리는 잘못된 계산 때문이 아니라 해외 시장의 복잡성 때문에 상실했다. 대부분의 경우, 이러한 권리는 넷플릭스 또는 HBO가 진출하기 전에 가치를 극대화하기 위한 노력으로 해당 시장에 판매되었다. 왜냐하면, 경쟁사들이 VOD에 합법적으로 진입하기 위해 그 작품들에 프리미엄을 지불할 용의가 있었기 때문이다.[50]

HBO는 1억 명의 세계 가입자를 가지고 있어서 전체적으로 글로벌 지위가 더 강했지만, 입지는 서비스가 플랫폼에 따라 다르게 이용할 수 있기 때문에 다소 더 복잡하다. 복잡한 이유는 어떤 지역에서는 위성이나 지상파 케이블 시스템을 통해 이용할 수 있고, 어떤 지역에서는 단독 스트리밍 서비스로 이용할 수 있기 때문이다. 이러한 복잡함 때문에 HBO와 넷플릭스는 때때로 다른 지역에서 자신들 것이라고 홍보하고 있는 콘텐츠들과 경쟁해야 한다. 그리고 그들 자신의 대표 프로그램 대신에 그들은 다른 콘텐츠들을 중심으로 마케팅 캠페인을 전개하도록 강요받는다. 때로는 그것이 미국 수출품이기 때문에 유명한 잡동사니인 경우도 있다. 종합하면, 이것이 지배적인 사업 모델

---

50) Sam Schechner and Amol Sharma, "Europe's Media Giants Prep for Netflix Landing," *Wall Street Journal*, January 29, 2014. http://wsj.com/articles/SB100014240527023032777704579348 774412548520 (검색일 2015.7.8)

이 없고 전반적인 성장이 제한될 가능성이 있는 복잡하고 혼란스러운 시장을 만들었다. 2014년 하나의 예측은 모든 서유럽의 스트리밍 비디오 시장이 2017년에 (미국의 140억 달러와 비교되는) 11억 달러에 불과할 것으로 예상한다.[51]

해외 진출을 시작한 이후 넷플릭스는 독점권을 확보하는 것과 글로벌 소비자들에게 매력적으로 보이는 것을 더 의식한다. 그러나 이것은 다시 또 다른 이해 충돌을 일으킨다. 2014년 말 넷플릭스는 아담 샌들러Adam Sandler의 해피 매디슨 프로덕션Happy Madison Productions을 통해 4편의 장편 영화를 제작하는 계약과 함께 2000년도 영화 〈와호장룡〉의 속편을 제작할 계획을 발표했다. 비디오 대여 산업의 롱테일 경제학을 넘어서 확장하려는 초기 노력과 마찬가지로 이러한 움직임은 분명히 대중 시청자를 목표로 하는 프로그램의 다양화에 해당한다. 한 해설자가 설명했듯이, "당신이 5천만 가정에 있고 싶다면 당신은 모든 사람에게 모든 것이 되어야 한다. 당신은 경주용 달팽이를 보고 싶은 열 살짜리에게도 호소해야 하지만, 아담 샌들러를 보고 웃는 대학생한테도 호소해야 하고, 멋진 싸우는 장면을 보고 싶어 하는 액션 팬에게도 호소해야 한다".[52] 어떻게 보면, 이 논리는 글로벌 확대의 과다한 비용에 대한 일종의 당연한 귀결이다. 즉, 해외 기반에서 가입자당 비용이 증가함에 따라, 콘텐츠의 전반적인 비용을 낮출 필요가 있다. 아무리 그래도, 이 논리는 넷플릭스의 초기 프로그램 투자에 역행한다. 넷플릭스의 최근의 대표 시리즈 〈마르코 폴로〉는 넷플릭스의 글로벌 야망의 공허한 우화를 제외하고는 매우 혹평을 받아서 〈하우스 오브 카드〉와 〈오렌지 이즈 더 뉴 블랙〉에 의해 생성된

51) Ibid. 미국 수입 예상치는 다음을 참고하라. Joe Battaglia, "Report: Revenue from Online Video Streaming to Surpass Box Office," *Newsmax*, June 5, 2014. http://www.newsmax.com/US/Netflix-Hulu-video-movies/2014/06/05/id/575369/ (검색일 2015.7.8)

52) Quoted in Ryan Faughnder and Yvonne Villarreal, "Netflix Film Deals Reflect Its Growing Clout," *Los Angeles Times*, October 4, 2014. http://www.latimes.com/entertainment/envelope/cotown/la-et-ct-netflix-theaters-crouchingtiger-20141001-story.html (검색일 2015.7.8)

비판적 호평을 손상시키는 것이 확실한 것 같다.[53] 이러한 종류의 프로그램은 글로벌 인터넷 TV의 경제학의 일부로서는 타당할 수 있지만, 넷플릭스 브랜드에 시청자 관여를 확대하거나 강화하려는 측면에서 아쉬운 점이 남아 있을 수 있다. 넷플릭스 브랜드는 넷플릭스의 새로운 시장이 고갈됨에 따라 무엇보다도 더 중요해질 것이다.

결론

지난 30년 동안 믿을 수 없을 정도로 소수의 지배적인 대기업들이 탄생했다. 그리고 이 기간은 미디어, 기술, 특히 홈 엔터테인먼트 쪽에서 가장 역동적이고 혁신적인 시기였다. 넷플릭스는 이 기간 동안 새로운 비즈니스 모델이 어떻게 등장했는지, 그리고 구조적인 융합이라는 제약 속에서도 다른 사람들이 이용할 수 있는 잠깐 동안의 틈이나 한계가 존재하는지 보여주는 사례다. 롱테일 개념이 가끔 과장되고 정확하지 않지만, 새로운 시장이 넷플릭스 같은 신참자들에게 기존에 확립된 사업 이익과 경쟁하기 위해 필요로 하는 이점을 제공하는 데 있어서 어떤 역할을 하는지를 설명하는 데 도움이 된다. 넷플릭스가 계속적으로 소위 '탈중개disintermediation'의 위협을 받고 있는 이유 중 하나는 더 큰 시장 상황과 강화된 투자자 조사의 문제로서 롱테일 경제의 장점이 빠르게 변화하기 때문이다. 넷플릭스는 이런 상황을 헤쳐나가고, 비즈니스 모델을 발전시키고, 인터넷 TV로서의 브랜드 정체성 구축을 잘 해왔다. 넷플릭스의 성공과 상관없이, HBO와 다른 유명 케이블 방송과 같은

---

53) Emily Steel, "How to Build an Empire, the Netflix way," *New York Times*, November 30, 2014. http://www.nytimes.com/2014/11/30/business/media/how-tobuild-an-empire-the-netflix-way-.html (검색일 2015.7.8)

경쟁자가 자신들만의 목적을 위해 인터넷 TV의 전제를 채택하고, 해외 확장이 넷플릭스의 핵심 전략적 이익에 중점을 두는 능력을 손상시킬 위험이 있기 때문에 압력은 여전히 남아 있다.

이러한 압력은 미디어와 엔터테인먼트가 시장 경제와 얽혀 있는 정도를 더 잘 보여준다. 이것은 이러한 산업들이 포맷, 플랫폼, 기술 및 비즈니스 모델이 변동하는 측면에서 더 유동적이지만, 그들은 또한 지속적인 불안정성을 견딜 수 있는 거대 기업 구조들을 선호한다는 것을 의미한다. 물론 이것은 모든 회사가 실패에 면역이 된다는 것을 의미하지는 않지만 —단순히 블록버스터의 운명을 떠올려봐라— 그것은 심지어 극적인 변화 속에서도 기본적인 지형은 대체로 똑같다는 것을 암시한다. 넷플릭스는 지금까지 제자리를 유지하는 데 성공했지만, 그 미래는 소비자들이 만족하지 않는 미디어와 엔터테인먼트에 대한 수요에 달려 있다. 이 수요가 줄어드는 경우에 넷플릭스는 자신만의 알고리즘의 기계화로 수요를 강화하는 데 잘 대처할 수 있을 것이다. 보다 일반적으로는, 미디어와 엔터테인먼트의 미래는 이러한 것들이 기존의 세계 경제에 이익을 제공하는 다양한 이익-엔진profit-engines에 연결될 수 있는 한 밝게 유지될 것이다.

제14장

대서양을 건넌 스트리밍 서비스
영국 VOD 성장에서 콘텐츠 수입과 통합

Streaming Transatlantic: Importation and Integration in the Promotion of Video on Demand in the UK

샘 워드 Sam Ward

2014년 BAFTA(영국 영화 텔레비전 예술 아카데미) TV 시상식에서 국제 부문 후보에 오른 네 작품 중 두 개는 실제로 영국 채널에서 전체가 다 방영되지 않았다. 2007년에 시작된 국제 부분 카테고리는 수입된 모든 장르가 해당하며, 영국에서 가장 규모가 큰 텔레비전 회사인 BBC와 Sky가 독차지했다.[1] 그러나 웹 기반 콘텐츠를 시상식에 참여하도록 규칙을 변경한 것은 올해 〈브레이킹 배드〉(AMC: Ameican Movie Classics; 2008~2013)가 상을 탈 수 있다는 것을 의미했다. 영국판 Fox(당시 FX로 불림)가 첫 시즌이 충분히 시청률을 끌어내

---

[1] 국제 부문 카테고리는 2008년 이후 매년 Sky나 BBC 채널에서 수입하여 방송된 작품이 수상했다. 최근에 후보작의 대부분은 Sky 애틀랜틱이나 BBC 4에서 방송되었다.

지 못하자 드라마를 중단한 지 6년이 지났다. 그 후 두 번째 시즌은 공영 방송 채널 5에서 잠시 동안 늦은 밤에 편성되었다가 완전히 편성에서 제외되었다. 대신 드라마의 후보 지명의 근거는 시즌5 전체가 최근에 넷플릭스의 주력 드라마로 인기가 있었다는 사실이었다. 한편, 같은 후보작인 〈하우스 오브 카드〉(넷플릭스; 2013~)는 독점적으로 제작자이자 배급자인 온라인 스트리밍 서비스를 통해 직접 이용해야 했기 때문에 어떤 전통적인 채널에서도 방송되지 않았다. 〈하우스 오브 카드〉는 국제 부문에서 경쟁했을 뿐 아니라, 아마도 더욱 주목할 만한 것은, [비록 〈닥터후-Doctor Who〉(BBC; 1963~)의 50주년 기념 특별 에피소드에게 또 졌지만] 공개적으로 여론 조사를 받은 라디오 타임스 시상식Radio Times Awards 수상 후보자였다는 것이다.

이렇게 영국 텔레비전 기관이 넷플릭스를 명백히 수용한 것은 넷플릭스가 2012년 1월에 출시되었을 때 영국 시장이 제기한 문제를 감안한다면 특히 주목할 만하다. 영국의 디지털 텔레비전 산업은 규제 당국이 정의하는 기준에 맞는 VOD 서비스가 150개 이상이 있을 정도로 이미 충분히 다양하며 잘 정착하고 있다.[2] 게다가, 이 중 가장 인기 있는 것은 확고한 시장 지위를 가진 오래된 방송사 브랜드의 확장이었다. 당시 한 평론가가 말했듯이, "모든 전국의 VOD는 이미 분할되었다. … 이미 상대적으로 성숙된 시장이고, 우리는 선택의 여지가 부족하지 않다".[3] 동시에 대체로 웹 기반 유료 TV는 여전히 상대적으로 한계가 있는 시청 수단이었다. 사실상 넷플릭스의 가장 분명한

---

[2] 2011년 4월에 영국에는 "온디맨드 서비스 공급 사업자"라는 규제 기관의 정의에 해당하는 154개 서비스가 있었고, 이것은 단일 서비스의 모든 다양한 서비스를 포함하여 1년 이후에는 184개로 증가했다(ATVOD's *Annual Report* 2011/12. http://atvod.co.uk/uploads/files/Annual_Report_2012.pdf (검색일 2014.1.19), 9-10]. ODSP가 재정의한 기준에 따르면 현재 111개 업체가 서비스가 있다(ATVOD's *Annual Report* 2013114. http://www.atvod.co.uk/uploads/files/Annual_Report_2014.pdf (검색일 2014.1.19), 10-11].

[3] Emma Halls, "Does Netflix Have Anything New to Offer U.K. Viewers?" *AdAge.com*, January 12, 2012. http://adage.com/article/global-news/netflix-offer-u-k-viewers/232056/ (검색일 2014.12.9)

라이벌로 넷플릭스가 출시되기 12개월 전에 아마존이 인수한 러브필름 Lovefilm은 2011년 동안 순 이용자수가 13%나 감소했다.[4] 그러므로 넷플릭스가 영국에서 첫 3년 동안 상당한 수준의 가입자를 확보한 것은 눈에 띄는 일이다. 출시 두 달 만에 120만 명의 가입자를 확보하면서[5] 러브필름(이후 아마존 인스턴트 비디오로 개명)을 제치고 영국에서 최고 인기 스트리밍 사이트가 되었다. 현재 가구의 10% 이상이 가입한 것으로 추정되며, 아마존의 4.5%와 비교된다.[6]

영국이 넷플릭스의 지속적인 해외 확장에 대한 첫 번째 시험 시장 중의 하나이고 (그리고 아일랜드와 함께, 유럽의 첫 출시 지역)이라는 점을 감안할 때, 영국에서의 서비스는 "방송 후post-broadcast" 플랫폼을 새로운 국가에 도입하기 위해 취한 접근 방식으로서 중요한 통찰력을 제공한다. 하지만 이 장에서는 이러한 접근 방식이 기존의 지역 텔레비전 생태계를 대체한다고 주장하기보다 기존 생태계와 동화하고, 통합하는 특징을 갖고 있다고 주장할 것이다. 이것을 증명하기 위해 나는 영국에서 넷플릭스 출시 이전과 출시 과정에서 VOD와 관련되어 나온 홍보 전략들을 비교할 것이다. 이 분석 결과 넷플릭스가 영국에서 상대적으로 성공할 수 있었던 세 개의 상호 연결된 이유가 밝혀졌다. 첫째, 계속된 방송 시청의 우위에도 불구하고, 스트리밍이 (매일 사용하지는 않았을지라도) 이미 영국인들에게 상당할 정도로 많이 알려진 방식이라는 사실이 넷플릭스의 출시에 도움이 되었다. 둘째, 넷플릭스는 명시적으로 콘텐츠 수입자라고 소개했다. 초국가적이고 기술적인 연결을 통합하기 위해 작동하

---

4) Ofcom, *Communications Market Report 2011: TV and Audiovisual*, 149. http://stakeholders.ofcom.org.uk/binaries/research/cmr/cmrl1/UK_Doc_Section_2.pdf (검색일 2014.12.19)

5) Ofcom, *Communications Market Report 2012*, 175. http://stakeholders.ofcom.org.uk/binaries/research/cmr/cmr12/CMR_UK_2012.pdf (검색일 2014.1.10)

6) Joe Lewis, "Netflix-Friend or Foe?" *Barb.co.uk*, Blog Post, July 21, 2014. http://www.barb.co.uk/whats-new/329 (검색일 2015.4.5)

는 홍보 담론을 갖고 있다. 그러나 지역적 활동성이 부족하다기보다 수입 콘텐츠에 대한 의존은 영국 디지털 텔레비전의 문화에서 계속되는 광범위한 트렌드를 나타낸다. 셋째, 넷플릭스는 기존 국내 서비스와 자사의 소프트웨어 및 브랜드의 통합을 허용한 국내 텔레비전 플랫폼들과 파트너십을 맺기 위해 노력해왔다. 이러한 파트너십은 넷플릭스의 광범위한 홍보를 방해하는 대안이라기보다는 확립된 시청 습관을 가진 지속적 대안으로서 실질적이고 기술적인 형식을 제공한다.

나의 주된 비교 대상은 시장 지배적인 유료 TV 제공 업체 Sky이다. 이 장의 전반부는 넷플릭스가 영국에 출시하기 전까지 VOD가 어떻게 몇 년 동안 영국 시청자들에게 제공되었는지를 보여주는 대표적인 사례로서 Sky에 대해서 논의할 것이다. Sky의 전략은 넷플릭스의 전개에 중요한 비교점을 제공하는데, 특히 넷플릭스 인력이 넷플릭스 당연한 상대인 러브필름/아마존보다는 Sky를 출시 당시 신규 사업자의 핵심 경쟁상대로 인정했기 때문이다.[7] 그러나 더 중요한 것은 2011년 이후 Sky 홍보 문서를 분석하는 것이 특히 영국에서 VOD를 둘러싼 담론에서 홍보에 사용된 텔레비전의 특징들에 분명하게 드러나는 텔레비전 문화와 수입 콘텐츠가 갖는 중심적인 위치를 조망하는 데 도움이 될 것이다. 그리고 나서 나는 이러한 주제들이 넷플릭스가 영국에 출시할 때 마케팅에서 얼마나 계속해서 나타나는지 추적할 것이다. 마지막으로, 나는 기존 서비스 제공 업체와의 파트너십 전략이 어떻게 넷플릭스를 국가적으로 분명한 텔레비전 경험의 일부로 자리 잡게 하는 데 도움이 되었는지를 설명할 것이다.

Sky와 넷플릭스에 대한 비교를 시작하기 전에, 넷플릭스의 진출까지 광범

---

7)   Nate Lanxon, "Behind Netflix's UK Launch: Why Now, Why No DVDs, and What's Next?" *Wired*, January 9, 2012. http://www.wired.co.uk/news/archive/2012-01/09/netflix-reedhastings-feature (검색일 2014.11.10)

한 시장 발전에 대해 요약할 필요가 있다. 영국 평균 시청자들에게 제공되는 시청 수단의 범위는 2012년 이전 10여 년 동안 급격히 증가했다. 1980년대 후반 유료 TV 서비스가 등장하기 전까지, 사실상 모든 시청은 개방된 무료 공중파 신호를 수신하는 지상파 방송을 통해 이루어졌다. 소수의 공공 서비스 채널에만 국한된 이 방법은 단연코 가장 보편적인 텔레비전 시청 방식이었다. 디지털화가 이루어지기 전에 출현한 유일한 유료 TV 옵션은 Sky 위성 서비스뿐이었다. Sky는 공영 방송사뿐만 아니라 다양한 독점 채널(일부는 Sky에서 운영)을 포함한 다채널 패키지를 제공했지만, 이 패키지는 소수의 대중만 선택했다. 텔레비전 신호는 2000년대에 디지털화되었고, 2008년과 2012년 사이에 전국적으로 아날로그에서 디지털로 전환switch-off이 완료되었다. 더 넓은 디지털 주파수는 더 많은 무료 공중파 채널을 방송할 수 있게 했고, 주파수 표준화는 멀티 채널 TV에 접속할 수 있는 가정의 비율을 10년 전의 약 45%에서 98%까지 끌어올렸다.[8] 이 10년 동안 시청자들이 다채널 목록을 검색하는 데 익숙해지면서 주요 공공 서비스 채널의 시청 점유율은 78%[9]에서 전체 시청자의 절반을 조금 넘는 비율[10]로 떨어졌다.

또 다른 측면의 소비자 선택은 새로운 디지털 신호를 해독해야 한다는 사실에 의해 이루어졌는데, 모든 시청은 필요한 장비와 소프트웨어를 제공하는 서비스 공급 사업자를 통해야 한다는 것을 의미한다. 가입자 기반과 무료 공중파 모델인 몇 개의 새로운 서비스가 출현했는데, 각각 자체 셋톱 박스와 브랜드를 갖고 있다(〈표 14.1〉). 가입비를 내지 않고 텔레비전을 시청하는 주된

---

8) Ofcom, *Digital Television Update: Chart Pack for Q42012*, 4.
http://stakeholders.ofcom.org.uk/binaries/research/tv-research/tv-data/dig-tv-updates/2012Q4.pdf (검색일 2014.11.10)

9) Ofcom, *Communications Market Report 2006*, 233.
http://stakeholders.ofcom.org.uk/binaries/research/cmr/tvl.pdf (검색일 2015.4.5)

10) Ofcom, *Communications Market Report 2012*, 127.
http://stakeholders.ofcom.org.uk/binaries/research/cmr/tvl.pdf (검색일 2015.4.5)

〈표 14.1〉 2012년 영국에서 제공되는 주요 텔레비전 서비스

플랫폼	소유자	주요 유통 시스템[1]	지불 구조	VOD 시청 수단
프리뷰 (Freeview)	BBC, ITV, 채널 4, Sky, 알키바(Arqiva)	디지털 지상파 텔레비전(DTT)	무료	없음
유뷰 (YouView)	BBC, ITV, 채널 4, 채널 5, 영국 텔레콤 (BT), 톡톡, 알키바	DTT, 인터넷	무료	아이플레이어, ITV 플레이어, 4OD, 디맨드 5, STV 플레이어, 나우 TV
Sky	BSkyB (뉴스 그룹 통제)[2]	위성	월정액	Sky 온디맨드
버진 미디어	리벌티(Liberty) 글로벌	광케이블	월정액	버진 온디맨드, BBC 아이플레이어, ITV 플레이어, 4OD, 유튜브
BT 비전[3]	BT	인터넷 (BT 초고속 인터넷)	월정액	BT 비전
BT 유뷰	BT	DTT, 인터넷	월정액	BT 비전 플레이어와 제휴한 유뷰
톡톡(TalkTalk) 플러스 TV	톡톡 그룹	DTT, 인터넷	PPV(건당 과금), 일시납 "부스트(boosts)"	톡톡 플레이어와 제휴한 유뷰

주1: 이 표는 각 서비스 제공 사업자가 서비스를 도입했을 때 주요 유통 시스템에 채용한 기술을 나열
한 것이다. 현재 여러 플랫폼은 방송처럼 초기의 유통 방법을 병행하여 인터넷 기반의 전송을 사
용하고 있다.

주2: 2013년, BSkyB는 새로 만들어진 21세기 폭스사의 소유가 되었다. 2014년 BSkyB는 텔레비전
서비스의 브랜드화에 따라 Sky로 개명했고, Sky 이탈리아와 Sky 독일을 합병했다.

주3: BT 비전과 BT 유뷰 서비스는 2013년에 합병되어 BT TV를 만들었으며, 두 회사의 콘텐츠를 하
나의 브랜드로 결합했다.

방법은 디지털 지상파 텔레비전(DTT) 서비스인 프리뷰Freeview를 통해서였다.
프리뷰는 주요 공영 방송사와 Sky 등이 참여한 비영리 컨소시엄으로 2002년
설립되었다. 프리뷰는 공공 방송 브랜드의 모든 채널들을 포함하지만, 유료
TV보다 더 적은 채널을 제공했다. 한편 Sky는 처음으로 유료 TV 시장에서 경
쟁 통신사인 버진 미디어Virgin Media와 브리티시 텔레콤(BT)이 제공하는 새로

운 디지털 서비스에 의해 심각한 도전을 받았다.

디지털화가 영국에 미친 영향에 대한 주목할 만한 중요한 점은 두 가지이다. 첫째, 미국에서 관찰된 것과 똑같은 유료 방송을 중단하는 "코드 커팅cord cutting" 현상이 수반되지 않았다. 대신, 텔레비전 소비의 가장 주목할 만한 변화는 유료 TV 패키지의 가입이 급증한 것이다. 사용 시점에 무료인 영국 공영 방송의 강한 전통을 감안할 때, 아날로그 시대의 Sky 진출은 미국 케이블과 비교할 만한 수준에 이르지 못했다. 그러나 디지털화 이후 유료 TV 가입은 광고와 공적 자금(수신료)을 합친 것과 거의 같은 금액이 되어 전국 단위 산업에서 가장 중요한 수입원이 되었다.[11] 2009년 이후 무료 공중파 서비스를 이용하는 것보다 더 많은 시청자들이 유료 TV에 가입했고,[12] 넷플릭스가 출시될 무렵에 Sky는 1천만 명 이상의 가입자를 확보했다.[13]

둘째, 2012년에 영국에서 VOD 시청은 이미 널리 알려진 몇몇 기성 브랜드가 장악하고 있었다. Sky와 프리뷰와 같은 *서비스 제공 사업자*는 같은 기간 동안 출현한 VOD *플랫폼*과는 구별되어야 하지만, 이 두 브랜드 사이에는 중요한 몇 가지 유사점과 상호 연결되는 점이 있다. 예를 들어, 모든 유료 TV 서비스 제공 업체들은 2000년대에 주문형, 지난 회 따라잡기catch-up, 디지털 녹화 장치를 패키지에 추가했다. 한편, 2007년에 BBC는 아이플레이어를 출시했는데, 이 플랫폼은 가장 많이 사용한 VOD 플랫폼으로 빠르게 성장했다.[14] 다른 공영 방송인 ITV, 채널 4, 채널 5가 각각 유사한 플랫폼으로 그 뒤를 따랐다. 규제 기관인 오프콤Ofcom의 조사에 따르면, 2011년 1분기에 인구의

---

11) Ofcom, *Communications Market Report 2014*, 127.
   http://stakeholders.ofcom.org.uk/binaries/research/cmr/cmrl4/2014_UK_CMR.pdf (검색일 2015.4.5)

12) Ofcom, *Communications Market Report 2011*, 133.

13) BEtyD, *Annual Review 2013*, 32.
   http://www.atvod.co.uk/uploads/files/Annual_Report_2014.pdf (검색일 2014.1.19)

14) Ofcom, *Communications Market Report 2014*, 145.

35%가 인터넷을 통해 텔레비전을 시청했지만,[15] 이는 거의 전적으로 이러한 무료 캐치업 플랫폼을 통한 것으로 알려졌다.[16] 엘리자베스 에반스Elizabeth Evans와 폴 맥도널드Paul McDonald가 발견한 것처럼, 오래된 지상파 방송사는 영국에서 "연결된 시청connected viewing의 핵심으로 남아 있다." 이는 국민 사이에 존재하는 친숙함과 가치 있는 교차 프로모션 기회를 주는 *편성scheduled* 시청의 우위 덕분이다.[17] 이것은 2012년 유뷰YouView의 출시로 더욱 강화되었다. 유뷰는 프리뷰와 동일한 채널을 만들었지만 광대역 인터넷 연결이 추가되었다. 이로 인해 무료 공중파 플랫폼이 단지 컴퓨터와 태블릿을 통해서가 아니라 이용자의 TV로도 접속할 수 있게 되었다.

유료 TV 서비스 가입자에게도 VOD는 의무적인 광대역 인터넷 연결과 디지털 비디오 레코더(DVR) 장비가 대개 표준 가입 계약에 포함되어 있기 때문에, 주로 "OTT" 상품보다는 편성 채널에 포함된 *패키지*의 일부로 여겨져 왔다. TV와 연결된 시청 사이의 지속적인 연관성은 또한 "스마트" 텔레비전의 소유가 크게 증가한 것과 관계가 있다. 스마트 TV의 시장 점유율은 오프콤이 조사를 시작한 2010년 10%[18]에서 2014년 45%[19]로 증가한 것으로 나타났다. 몇몇 웹 기반 플랫폼도 기존의 유료 TV 회사의 파생물로 시작했다. 예를 들어, Sky의 나우 TV는 넷플릭스가 진출한 뒤 한 달 만에 출시되어 Sky가 인터넷을 통해 유명한 영화, 드라마 및 스포츠 권리를 더욱 많이 이용하도록 허용했다. 나우 TV는 Sky의 본 서비스보다 훨씬 저렴하고 시청자들을 장기 계

---

15) Ofcom, *Communications Market Report 2011,* 103.

16) Ibid., 106.

17) Elizabeth Evans and Paul McDonald, "Online Distribution of Film and Television in the UK: Behavior, Taste, and Value," in *Connected Viewing: Selling, Streaming, and Sharing Media in the Digital Era,* eds Jennifer Holt and Kevin Sanson (New York: Routledge, 2014), 167.

18) Ofcom, *Communications Market Report 2011,* 101.

19) Ofcom, *Communications Market Report 2014,* 132.

약에 묶지 않는다. 따라서, 그것은 넷플릭스에 대한 Sky의 대응책으로 받아들여졌다, 왜냐하면 "위성 TV를 위해 850유로까지 지불하고 싶지 않은 넷플릭스 세대를 사로잡는 것을 목표로 하고 있다"고 표현했기 때문이다.[20] 마지막으로, 넷플릭스와 아마존 외에도, 브랜드 인지도가 그동안 없었던 몇몇 OTT VOD 플랫폼들도 경쟁에 뛰어들었고, 그 일부는 다른 것들보다 오랫동안 경쟁에서 살아남았다. 임대 및 구입을 위한 다운로드를 제공하는 영국 소유의 블링크박스Blinkbox와 스페인 소유인 우아키TVWuaki.tv는 비교적 성공한 두 업체다. 이렇게 다양한 벤처들은 "코드 커팅"을 향한 변화의 시작임을 증명하는 것 같지만, 오직 웹 기반 콘텐츠만을 선택하는 많은 시청자는 무시된 채 남아 있다.[21]

온디맨드 수입: Sky, "고품질" 미국 드라마와 VOD

시청자의 관심을 끌기 위한 경쟁의 급성장은 우리가 예상했듯이, 업계 전반에 걸친 브랜드 전략의 강화를 수반했다.[22] 구체적으로, 몇 채널들은 수입 드라마(보통 미국 드라마)의 독점권 획득을 바탕으로 차별화된 브랜드를 개발하려고 노력했다.[23] 공영 방송에서 만든 디지털 채널들은 특정 시청층에 소

---

20) Henry Mance, "Sky: All to Play For," *Financial Times*, December 22, 2014. http://www.ft.com/cms/s/0/d83a8000-851a-lle4-ab4e-00144feabdc0.html#axzz3OdEcfO98 (검색일 2014.1.10)

21) In 2014, Of com estimated that paid-for online content represented only 3 percent of all viewing (Ofcom, Communications *MarketReport* 2014, 128).

22) Catherine Johnson, *Branding Television* (New York: Routledge, 2012), 63-111.

23) Paul Rixon, *American Television on British Screens: A Story of Cultural Interaction* (Houndmills, Basingstoke: Palgrave Macmillan, 2006), 162-103; Johnson, *Branding Television*, 91-96, Elke Weissmann, *Transnational Television Drama: Special Relations and Mutual Influence Between the US and UK* (Houndmills, Basingstoke: Palgrave Macmillan, 2012), 186-192.

구하고 유료 TV와 경쟁자와 대응하기 위해 이러한 콘텐츠를 활용하려고 노력했다. 예를 들어 채널 5가 만든 5USA(원래는 FiveUS였음)의 경우 수입이 (콘텐츠를 확보하는—옮긴이) 명백한 존재 이유raison d'etre였다. 더 최근에 BBC 4는 자막 있는 유럽 드라마로 특화된 토요일 밤 시간대에 수신료를 지원해야 한다고 강하게 주장했다.[24] 한편, 유니버설 채널과 다양한 CBS 채널들과 같이, 수입된 *원 채널*이 여러 개 등장했다.

OTT 전환 이후로 (적어도 재무적 비용 관점에서) 대서양에 걸친 흐름에서 가장 중요한 투자는 Sky가 2011년 2월에 새로운 채널 Sky 애틀랜틱Atlantic을 출시한 때이다. 준비 과정에서 Sky는 대부분의 HBO 구작 목록back catalogue에 대한 독점권과 모든 신규 제작 작품에 대한 우선 거부권first refusal을 확보했다. 이것은 Sky 애틀랜틱의 프라임 타임 편성의 상당 부분을 차지했다. Sky 애틀랜틱이 "영국 HBO의 전당home"이라는 부제를 달고 출범하자, 2억 3,300만 달러의 비용이라고 보도된 전례 없는 엄청난 금액의 계약은 언론을 뜨겁게 달궜다.[25] 채널의 모든 마케팅은 채널 자체와 함께 이 슬로건과 HBO의 로고를 포함하고 있었다. 브랜딩 기획사 헤븐리Heavenly는 채널 식별 영상indents(채널 로고를 표시하는 프로그램 사이의 간단한 영상)을 만들었다. 제작 감독이 말했듯이 채널 식별 영상은 "Sky 애틀랜틱이 미국과 영국 문화를 연결해주는 다리와 같은 채널이란 생각에서 영감을 받았다"고 한다.[26] 그들은 초국가적 연결이

---

24) 다음도 참조하라. Sam Ward, "Finding 'Public Purpose' in 'subtitled Oddities': Framing BBC Four's Danish Imports as Public Service Broadcasting," *Journal of Popular Television,* 1.2 (2014): 251-257.

25) Andreas Wiseman, "Sky Announces Sky Atlantic as 'Home of HBO' in UK," *ScreenDaily,* January 5, 2011. http://www.screendaily.com/sky-announces-sky-atlantic-as-homeof-hbo-in-uk/5021990.article (검색일 2015.4.5)

26) Quoted in Calm O'Rourke, "Heavenly Crosses the Atlantic for Sky," *TheTVRoomPlus.com,* February 2011. http://tvdesignnews.thetvroomplus.com/2011/feb/heavenlycrosses-the-atlantic-for-sky (검색일 2015.7.20)

라는 주제에 대한 은유적 변화를 표현했고, 영국과 미국 장면scene을 번갈아 가며 이어 붙여서 연속적으로 움직이는 패닝 샷처럼 보이도록 설정했다. 그래서 한 시퀀스는 영국 북동부의 뉴캐슬에 있는 타이네 다리Tyne Bridge와 뉴욕의 브루클린 다리Brooklyn Bridge를 함께 보여주었고, 다른 시퀀스는 두 나라의 대조적인 지형을 질주하는 기차들을 보여주었는데, 하나는 먼지가 많은 중서부 평원을 가로지르고, 다른 하나는 녹색 언덕으로 둘러싸인 곳이다.[27]

Sky 애틀랜틱은, 더 많은 소비자와 새로운 인구에게 유료 TV를 수용하도록 작용하는 데 있어 수입이 중요한 역할을 한 사례를 보여준다. 이 채널은 모든 Sky의 가입 패키지에 표준으로 도입되었고, 그에 따라 최근 고객 기반이 급증하는 데 주요한 역할을 한 것으로 인식되었다. Sky의 프로그램 책임자인 스튜어트 머피Stuart Murphy는 이 채널은 "상류층 시청자, 즉 프리뷰를 갖고 있고, 전에 유료 TV를 고려한 적이 없으며, Sky는 그들을 위한 것이 아니라고 생각하는 사람들"을 끌어들이기 위한 것이라고 설명했다.[28] 다른 논평자들은 BBC 시청자의 더 구체적인 단점을 사용했다. "BBC 시청자는 '고급 방송'을 찾기 위해 일반적으로 상업 채널을 피하는 경향이 있는 사람들"이다.[29] Sky의 새로운 채널을 통해 수입 콘텐츠에 대한 접근은 의도적으로 유료 TV에 대한 인식의 변화와 관련이 있으며, 넷플릭스의 주요 원천을 구성하는 ABC 1 시청자들을 끌어가려는 데 활용되었다.[30]

---

27) 모든 채널 식별 영상은 다음에서 볼 수 있다.
   http://heavenly.co.uk/branddevelopment-work/sky-atlantic/ (검색일 2014.2.17)

28) Quoted in Alex Farber, "Sky Goes Upmarket with Atlantic," *Broadcast*, January 7, 2011.
   http://www.broadcastnow.eo.uk/sky-goes-upmarket-with-atlantic/5022019.article (검색일 2015.7.20)

29) Emily Smith, "Sky Targets Beeb with Atlantic Launch," *Brand Republic*, February 7, 2011.
   http://www.brandrepublic.com/television/article/1052487/think br cky targets beebatlantic-launch/ (검색일 2014.12.12)

30) Lewis, "Netflix-Friend or Foe?"

넷플릭스를 더 구체적으로 예시하는 것은 Sky VOD 서비스 홍보에서 Sky 애틀랜틱이 자랑했던 "고품질" 미국 드라마의 중심적인 역할이었다. 출시를 준비하면서 Sky 애틀랜틱의 대표적인 쇼가 공개되면서 이 콘텐츠는 2010년 10월부터 2011년 2월 사이에 출시될 새로운 Sky 애니타임+Anytime+ 서비스에도 많이 서비스될 것이라고 발표했다. 이제는 Sky 온디맨드로 이름이 바뀐 이 서비스는 인터넷 연결을 통해 다운로드를 할 수 있도록 하고, 그것은 가입자의 Sky+ DVR 장치에 저장된다. Sky 애틀랜틱의 수입 콘텐츠는 Sky 온디맨드 홍보 중 Sky의 국내 쇼들보다 훨씬 전망이 있었고, HBO와의 거래는 영국에서 HBO Go의 출시를 배제했다는 사실 또한 도움이 되었다. 무역 신문에서 얻은 지혜에 따르면, 콘텐츠의 온디맨드 이용성은 Sky 애틀랜틱의 매력을 보장하는 데 있어 필수적이라고 보았다. 예를 들어, 한 해설자는 이렇게 말했다. "HBO의 제작물들을 좋아하는 영국 팬들은 원하는 것을 얻기 위해 DVD 박스 세트나 온라인을 찾을 것이다. 그러나 매달 유료 TV 서비스 이용료를 지불하는 데 익숙하지 않을 수 있어, Sky는 제공할 수 있는 부가 가치를 찾아내는 데 많은 노력을 해야 할 것이다."[31] 여기에 언급된 온라인 서비스의 압박감에 대해서는 뒤에서 답할 것이다. 현재로서 여기서 중요한 점은 수입이 편성 채널과 VOD 기술 사이에서 시청자의 흐름을 설계하기 위한 시도에서 중요한 콘텐츠 형태로 작용했다는 것이다.

실제로, Sky 애틀랜틱은 Sky 채널 중에서 지금까지 개별 스포츠 행사에만 사용되었던 모바일 및 태블릿 앱 Sky Go에 채널로 제공되는 첫 번째 사례이다. 이 움직임은 넷플릭스의 론칭 한 달 만에 이루어진 조치로, 두 회사 사이의 충돌을 예상하는 언론의 기사가 쏟아지게 하는 역할을 했다.[32] 채널 콘텐

---

31) Smith, "Sky Targets Beeb with Atlantic Launch."

32) David Crookes, "Sky Atlantic Goes Mobile in Battle for Viewers," *Independent. co. uk*, January 31, 2012. http://www.independent.co.uk/news/business/news/sky-atlanticgoes-mobile-in-battle-for-viewers-6297348.html (검색일 2014.2.18)

〈그림 14.1〉 아이드리스 엘바가 2013년 2월 홍보 광고에서 Sky 온디맨드 도서관을 훑어보고 있다.

츠는 머지않아 온디맨드 홍보에서 Sky의 시간 이동 장비와 더 밀접하게 연관되었다. 장비에 대한 광고는 서비스를 통해서 이용할 수 있는 다른 드라마들이 들어 있는 DVD 박스 세트로 한정 없이 가득 차 있는 선반 같은 특징을 강조하고 있다. Sky가 영국 배우로 [HBO의 〈더 와이어The Wire〉(2002~2008)의 주인공] 이드리스 엘바Idris Elba가 출연하는 광고를 출시했을 때 이 은유는 더 진짜같이 느껴졌다. 엘바는 광고에서 박스 세트가 줄지어 쌓여 있는 넓은 도서관(실제로는 온통 하얀색인 스튜가르트Stuttgart 시립 도서관을 축소한 모형 건물)을 걸어 다녔다(〈그림 14.1〉 참조). 온디맨드 "라이브러리"는 국내와 수입 콘텐츠를 모두 포함하지만, Sky 애틀랜틱의 "고품질" 미국 시리즈는 이미지를 올려놓은 라이브러리physicalized representation에서 변함없이 더 많고 더 눈에 띄는 것처럼 보인다. 반대로, 이러한 수입물은 특히 VOD 시청을 통해 성공적이었다. Sky 애틀랜틱 콘텐츠에서 가장 많이 시청된 것 중 하나인 〈왕좌의 게임〉(HBO; 2011~)이 대표적인 사례로, 시즌3가 Sky Go를 통해 230만 번 시청되었고, 온디맨드를 통해 1백만 번이 다운로드되었다.[33] Sky의 2013년 연간 평가에 따르면,

서사 판타지 시리즈는 … 고객에게 전 세계 최고의 TV를 제공하고자 하는 우리의 약속을 전형적으로 대표한다. HBO와의 파트너십 덕분에, Sky 고객들은 미국에서 방영된 지 24시간 내에 드라마틱한 시즌3의 새 에피소드를 시청할 수 있었다. […] 〈왕좌의 게임〉의 성공은 현재 고객들이 시청할 때 선택할 수 있는 방법이 다양하게 증가하는 것을 보여준다.[34]

그러므로 우리는 여기서 방송과 시간 이동 기술이 결합됨에 따라 대체로 인기 있는 콘텐츠의 수입과 서비스 가치에 대한 밀접한 연관성을 볼 수 있다. 미국과 영국의 방송 사이의 지연 감소(여러 개의 다른 주요 수입 콘텐츠도 거의 동시에 방송됨)는 *총체적인*general 연결 담론에 통합되어 있으며, VOD 시청 자체는 가상의 시청자가 능동적이고 유동적으로 움직이는 시청 옵션의 레퍼토리에 포함되는 것으로 프레이밍되어 있다. 여기서 VOD는 "전통적인" 텔레비전을 확실하게 *대체*할 기능과는 별도로 Sky의 편성 채널에 대한 상업적이고 기술적인 *확장*으로 결합되어 있다.

Sky 온디맨드의 홍보 전략positioning은 넷플릭스가 영국 시장으로 진출하면서 넷플릭스에 두 가지 전망을 분명하게 한다. 한편으로 비록 편성된 텔레비전을 시청하는 것이 아직까지 가장 일반적인 형태의 시청으로 남아 있긴 했지만, 2012년까지 많은 영국인은 편성되지 않은 텔레비전을 시청하는 것을 적어도 알고 있었고, 점점 더 많은 영국인들은 그 즐거움을 위해 가입료를 지불하고 있었다. 영국 내 광대역 인터넷 접속 수준이 상대적으로 높은 것과 관련하여,[35] 이것은 어쩌면 넷플릭스의 통합을 다른 곳에 비해 조금 수월하게

33) BSkyB, *Annual Review 2013*, 9.

34) Ibid.

35) 2011년 영국에는 100가구당 77개의 광대역 인터넷이 연결된 것으로 예측되었다. 영국은 자료를 확인할 수 있는 17개 국가 중에서 네덜란드(93), 캐나다(86), 프랑스(81) 다음으로 4위를 차지했다. Ofcom, *International Communications Market Report 2012*, http://stakeholders.

했다. 반면에, Sky의 공격적인 서비스 마케팅과 그 마케팅이 의존했던 고가의 콘텐츠 구입은 영국 시장이 이미 시청자들이 원하는 시간 이동, 공간 이동, 다운로드 또는 스트리밍을 놓고 과도하게 경쟁하는 시장으로 떠올랐다는 것을 반증한다. 넷플릭스가 이 싸움에 대응한 수단은 두 개의 핵심 전략으로 나뉜다. 두 가지 모두 Sky 전략을 반영했고, 다음 두 섹션에서 이를 각각 설명할 것이다. 첫째, 넷플릭스 플랫폼은 미국 드라마의 대표작을 보여준다는 측면에서 주로 홍보되었다. 둘째, 넷플릭스는 HBO와 같은 미국 배급업자와 함께한 것이 아니라 영국 텔레비전 서비스 제공자들과 함께 기업 간 파트너십을 추구했다.

다리bridge에서 행성 간 입구까지: 수입업자로서의 넷플릭스

영국 출시를 앞두고 넷플릭스는 미국 콘텐츠의 국제적 유통에 대한 거래가 협상되는 로스앤젤레스 스크리닝에서 Sky, BBC, 채널 4 등 영국의 주요 방송사를 만났다. 그 결과 첫 번째 제안에는 영국 시청자들에게 〈브레이킹 배드〉의 남은 시즌을 볼 수 있는 유일한 기회와 〈못 말리는 패밀리〉(Fox/넷플릭스; 2003~)처럼 영국인들 사이에서 이미 인기 있었던 오래된 미국 쇼들이 포함되었다. 〈브레이킹 배드〉는 출시 당시 넷플릭스의 거의 모든 광고에 등장했고, 넷플릭스 제작이 아님에도 불구하고 "넷플릭스 히트작"[36]이라고 굳게 인식되었다. 1년 후 넷플릭스는 채널 4에서 첫 두 시즌을 방영한 〈더 킬링The Killing〉(AMC; 2011~2014)과 코미디 영화 〈포틀랜디아Portlandia〉(IFC; 2011~)와

ofcom.org.uk/binaries/research/cmr/cmr12/icmr/ICMR-2012.pdf (검색일 2013.1. 10), 191.

36) Nigel Farndale, "Why a Night in Front of the TV is a Family Favourite Once Again," *The Telegraph*, December 14, 2014. http://www.telegraph.co.uk/culture/tvandradio/11291145/Why-a-night-in-front-of-the-TV-is-a-family-favourite-onceagain.html (검색일 2015.7.20)

같은 잘 알려지지 않은 새로운 시리즈에 대해 영국 내 독점 권리를 얻었다. 인수와 함께 또 하나의 중요한 요소는 넷플릭스의 영국 진출 시점이다. 영국 진출 후 곧바로 자체 오리지널 프로그램을 위탁하기 시작했다. 이것은 〈하우스 오브 카드〉의 높은 제작 가치와 전반적인 브랜드 사이의 최대 연관성을 부여했다. 이와는 대조적으로, 넷플릭스가 나중에 진출한 나라에서는, 오리지널 제작에 대한 기존 계약 때문에 이러한 형태를 계속해서 분명하게 추진하지 못했다. (크리스천 스티글러Christian Stiegler가 이 책 어딘가에서 Sky 독일의 〈하우스 오브 카드〉 독일 판권 구입과 관련하여 설명하듯이.)

폴 그레인지Paul Grainge는 영국 방송사들이 〈로스트Lost〉(ABC; 2004~2010) 구매에 관한 홍보 담론을 쓰면서, 이러한 콘텐츠는 수입 채널에서 "상징적인 작품emblematic property"과 같은 기능을 한다고 주장했다.[37] 소수의 쇼는 넷플릭스에게도 비슷한 상징적 기능으로 작용했는데, 단순히 텍스트적 특성 때문이 아니라 종합적으로 글로벌 콘텐츠 시장에 대한 회사의 능동적 접근의 신호를 형성했기 때문이다. 이 투자는 단순히 초기 브랜드 인지도만 가진 새로운 벤처에게는 상당한 위험을 의미했다. 하지만 신규 콘텐츠 구매자가 "전통적인" 국내 방송사와 어깨를 겨루는 "LA에서 첫 번째 유통 권리에 대한 만만찮은 경쟁자"라는 인식은 개별 구매로 획득할 수 있는 다수의 계약보다 더 가치가 있었다.[38] 라이벌 영국 회사의 한 경영진이 무역 잡지 ≪브로드캐스트Broadcast≫에서 말하길, "넷플릭스는 스스로 자리를 잡아야 했고, 거래 내역을 갖고 시장에 나와야 했다. 넷플릭스는 권리를 얻기 위해 과도하게 지불을 했고, 아마

---

37) Paul Grainge, "*Lost* Logos: Channel 4 and the Branding of American Event Television," in *Reading Lost: Perspectives on a Hit Television Show*, ed. Roberta Pearson (London: I.B. Tauris, 2009), 102.

38) Peter White, "Rise of the OTT Providers," *Broadcast*, May 31, 2013. http://www.broadcastnow.co.uk/news/international/rise-of-the-ott-providers/5056895.article (검색일 2015.7.20)

도 지속 가능하지 않았을 수도 있지만, 이제는 책상에서 논의되고 있다".[39] 그래서 넷플릭스 서비스의 가치는 영국 시청자들에게 기술적 선구자로서의 위치가 아니라 특정한 비영국 텔레비전 콘텐츠에 대한 접근 수단으로서 인식되었다.

또 하나 기억할 중요한 점은 넷플릭스가 영국 가입자를 유치하기 위한 노력은 오로지 수입 콘텐츠에만 의존하지 않았다는 점이다. 넷플릭스는 출시 전에 BBC 월드와이드, ITV, 채널 4와 라이선스 계약을 체결해 콘텐츠 메뉴에 현지 작품을 포함시켰다. 2014년에는 영국 제작사인 레프트 뱅크 픽처스Left Bank Pictures사에게 오리지널 시리즈 〈더 크라운The Crown〉의 제작을 의뢰했다고 발표했다. 그럼에도 2015년 기준 일부 미국 콘텐츠에 대해서는 첫 방송 권리를 확보하지 못했으며, 영국 프로그램은 광고에 거의 등장하지 않았다. 이 효과로 넷플릭스는 영국 텔레비전 지형에서 주로 수입 업체로 인식되었고, Sky 애틀랜틱 같은 방송 채널과 직접적으로 비교되도록 만들었다. 더구나 이 것은 Sky 애틀랜틱이 활용하는 것과 유사한 홍보 담론을 통해 마케팅에 표현되어 있다. Sky 애틀랜틱은 국내 영역과 글로벌 콘텐츠 시장 사이에서 물리적으로 폭넓은 선택과 전달이라는 은유를 강조했다.

처음에 넷플릭스의 화면상 광고들은 미국에서 사용되었던 것들을 재편집한 버전이었다. 그러나 (아마도 계획된 영국 출시를 염두에 두고) 하나는 (영국 텔레비전 배우 수잔 트레이시Susan Tracy가 연기한) 전형적인 *영국* 귀족 주부가 그녀의 화려하게 장식된 그루지아식Georgian 거실에서 새로운 "행성 간 입구"를 소개하는 모습을 선보였다.[40] 그녀의 벽에 난 복고풍의 공상 과학Sci-Fi적인 구멍을 통해 빅토리아 시대의 탐험가, 로마 군인, 그리고 발토시leg-warmer를 착용

---

39) White, "Rise of the OTT Providers."

40) 영국 버전 링크: http://www.youtube.com/watch?v=4Z4kOhTunJo. 미국 버전 링크 https://www.youtube.com/watch?v=o4XBxmi8Zos (검색일 2014.12.9) 유일하게 뚜렷한 차이는 트레이시가 선택하는 작품이다. 그렇지만 분명히 두 버전 모두 미국 영화를 시청하고 있다.

한 무용수가 뛰어나온다. 문이 오작동하고 있는 것이 분명해지면서, 나이든 얼리 어답터는 "넷플릭스는 충분하고도 남을 것"이라고 결정하고, 평면 TV로 무엇을 볼 것인지 선택하기 위해 다방면의 등장인물들과 함께 소파에 앉는다. 이 VOD 기술을 재해석하는 모방 작품은 비록 더 과한 코믹 버전이 있기는 하지만 Sky 애틀랜틱 채널 식별 영상에 사용되는 동일한 다리를 보여주는 은유에 분명히 작용한다. 그러나 넷플릭스는 투박하고 무분별한 포털과는 스스로 거리를 두고, 대신 전통적인 텔레비전 시청 경험을 표방한다.

넷플릭스가 영국에서 입지를 다지기 시작하면서 마케팅은 물리적 전달이라는 주제로 계속 진행되지만 점차적으로 특별한 콘텐츠에 맞추고 있다. 2014년 광고는 영국 코미디언 리키 저베이스Ricky Gervais가 대체로 넷플릭스를 홍보하는 장면을 보여주었다. [넷플릭스가 2차 유통권을 확보한 시트콤 〈데릭Derek〉 (채널 4; 2012~2014)에 출연한] 저베이스는 광고에서 TV "슈퍼팬"으로 나온다. 그는 자신의 소파에서 와이드 스크린 텔레비전에 나오는 〈하우스 오브 카드〉를 시청하며 시청자에게 다음과 같이 말한다. "당신은 제일 좋아하는 넷플릭스 쇼를 볼 때, 5회 연속으로 보고 나면 그 작품에 출연하기를 원하는 것 같지?"[41] 곧바로 그는 넷플릭스의 가장 주목받는 여러 쇼의 장면들로 옮겨 간다. 그는 케빈 스페이시를 대신해 〈하우스 오브 카드〉에서 프랭크 언더우드로 출연한다. 다음에는 〈릴리해머Lilyhammer〉[42](NRK; 2012~)에서 프랭크 타글리아노Frank Tagliano 역할을 맡은 스티브 잔드Steve Van Zandt와 마주친 뒤, 〈오렌지 이즈 더 뉴 블랙〉(넷플릭스; 2013~) 세트장을 어슬렁거린다. 이 장면들은 영국인이 다양한 설정에서 "이루려는make it" 부조화를 드라마화하는 데 저베이

---

41) 이 광고 영상은 다음에서 볼 수 있다. https://www.youtube.com/watch?v=a2RY14Zqdvw (검색일 2014.12.9)

42) 위에서 언급한 HBO 명성과 BBC 4 〈노르딕 네어Nordic Nair〉의 수입과의 관련성을 감안할 때, 유명한 〈소프라노스Sopranos〉(HBO; 1997-2007)에서 스티브 잔드가 출연하는 노르웨이에서 만든 〈릴리해머〉의 구매는 특히 글로벌 확장을 시작한 넷플릭스의 주목할 만한 움직임이다.

스의 트레이드 마크인 코믹한 어색함을 활용한다. 언더우드의 절친인 도우 스탬퍼Doug Stamper(마이클 켈리Michael Kelly 분)는 그의 미국식 억양으로 그의 시도를 의문시하고, 타글리아노와 〈오렌지 이즈 더 뉴 블랙〉의 수감자들은 그를 겁주어 쫓아버리고, 결국 저베이스가 "아, 그냥 시청하는 게 더 낫겠구나" 하고 결론내리게 만든다. 마지막으로, 〈데릭Derek〉에서 자신의 명목상의 캐릭터도 저베이스가 그곳에 나타나기를 세트에서 기다리는 장면도 잠깐 동안 비친다.

이렇게 많은 아이러니 때문에 이 광고는 명백히 영국 넷플릭스(와 예상 가입자들)를 초국가적으로 연결해주는 위치에 놓는다. Sky 애틀랜틱의 홍보 영상은 실제적인 여행과 전환의 이미지를 은유적으로 보여주지만, 넷플릭스 *콘텐츠*는 여기서 운반 수단mode of transport이 된다. 저베이스의 TV만 보는 역할 couch-potato persona과 마지막에 (넷플릭스가 영국에서 첫 유통 업체가 아닌) 영국 프로그램의 삽입은 서비스 이미지를 (단어의 두 가지 의미에서) 국내와 견고하게 연결시킨다. 이것은 현지화와 수입의 두 전략이 협력적으로 기능할 수 있게 한다. 또한, 저베이스가 "5회 연속 에피소드 시청"이 어떻게 영국 시청자들 사이에서 당연한 소비 습관으로 제시되는지 (하지만 정확하게) 말한다. 그리고 Sky 온디맨드 홍보에서 끝없는 DVD 박스 세트 라이브러리처럼 "몰아 보기성"에 똑같이 호소하는 데 사용하고 있다고 지적했다.

사실 넷플릭스가 콘텐츠 수입 업체와 시리즈 전체를 제공하는 위치로서 국제적인 확장을 시작한 이래 "게임 체인저game changer"로서의 위상을 형성하는 핵심이었다. 시장 분석 기관 IHS 기술IHS Technology의 우연히 이름이 같은 2014년 보고서 "넷플릭스 효과The Netflix Effect"에 따르면 넷플릭스가 전 세계에 동시에 출시하는 전략은 다른 유통 업체 또한 경쟁하기 위해 수입 지역에 보다 빠르게 콘텐츠를 공급하도록 이끌 것으로 예측했다.[43] 우리도 보았듯이, Sky

---

43) Morgan Jeffrey, "US TV Shows Take Average of 95 Days to Air in UK, Report Claims," *Di-*

는 HBO와의 계약을 통해 대서양 간 지연을 해결하는 작업을 시작했다. 그러나 넷플릭스는 인수 시장에 대한 활동이 활발해지고 자체 제작물이 동시 출시됨에 따라 콘텐츠의 글로벌 진출 조건 중 하나에 도전장을 내밀었는데, 그것은 거래가 이루어지는 국가 대 국가에 기반을 둔 것이다. 그러나 동시에, 넷플릭스는 국가의 특정 기술 인프라와 영국 텔레비전의 브랜드 공간branded spaces을 직접 통합하려고 했다. 수입을 통해 가능해진 홍보용 미사여구가 어떻게 넷플릭스를 지역적으로 가치 있게 만드는 데 도움을 주었는지 앞에서 설명했고, 넷플릭스가 이러한 노력을 확장한 회사 간 제휴에 대해 설명하면서 이 장을 마무리할 것이다.

단지 다른 채널인가? 브랜드 통합과 넷플릭스의 기업 간 파트너십

우리가 살펴보았듯이, 2012년까지 영국의 텔레비전은 다양한 채널, 서비스 및 기술로 구성된 광범위하고 복잡한 생태계에 도달했다. 실용적인 측면에서, 새로운 DVR 셋톱 박스나 스마트 TV를 구입할 때, 영국 소비자들은 점점 더 다양성이 증가한 서비스 공급자를 선택해야 한다. 서비스 공급자는 단순히 인터페이스 디자인을 다르게 하여 차별되는 것이 아니라 다소 확장된 전통적인 채널에 접속할 수 있도록 하고 있다. 그들은 또한 인터넷에 연결되는 추가 내장 앱에 마음이 끌릴 수도 있다. 그중 일부는 아이플레이어, 유튜브, 그리고 당연히 넷플릭스를 포함한다. 분명히 이러한 모든 서비스는 기술과 금융의 측면에서 구별되지만, 스마트 장치의 형태로 단일 소비자 제품의

---

gitalSpy. co. uk, February 21, 2014. http://www.digitalspy.co.uk/ustv/news/a552828/us-tv-shows-take-average-of-95-days-to-air-in-uk-report-claims.html#~oXnCOmMiRzFQC1 (검색일 2014.12.3)

일부로 점점 패키지되고 있다.

다른 서비스는 이러한 기기를 통해 이용할 수 있지만, 넷플릭스의 경우 특별한 관련성을 가지고 있다. 왜냐하면, 넷플릭스의 빠른 침투는 다양한 플랫폼에서 제공하는 셋톱 박스와 소프트웨어 및 브랜드를 통합함으로써 촉진되었기 때문이다. 넷플릭스는 출시 당시 (아마존 인스턴트 비디오처럼) 다양한 웹이 연결된 게임 콘솔을 통해 이용이 가능했다. 그러나 더 중요한 것은 2013년 9월 버진 미디어Virgin Media와 제휴하면서 TV를 통해 이용할 수 있게 된 최초의 온라인 전용 플랫폼이 되었다는 점이다.44) 버진사는 이미 티보와 제휴하여 DVR 소프트웨어를 공급하고 있었지만, 버진 전자 프로그램 가이드(와 6개월 무료 넷플릭스 회원권 제공)는 370만 명의 버진 가입자가 스트리밍 콘텐츠를 쉽게 접속할 수 있게 만들었다. 이 제휴는 버진 미디어의 오랜 홍보 역할을 한 배우 데이비드 테넌트David Tennant가 광고에서 발표했다. 테넌트의 표현은 기업 간 협력에 의해 만들어진 브랜드와 기술의 복합적 (그리고 소비자에게는 다소 혼동스러운) 층위layering를 반영한다. "버진 미디어의 티보는 넷플릭스를 포함해 온디맨드로 수천 시간의 박스 세트를 이용할 수 있다. 그래서 당신은 다시는 다른 고양이 비디오를 볼 필요가 없다."45) 여기서 다시 넷플릭스가 자신을 기존 텔레비전 시청 습관을 밀접하게 통합시킨 것으로 자리매김하기 위해 사용한 잘 알려진 텔레비전 특성을 살펴본다. 저베이스처럼 테넌트는 고양이들이 흩어져 있는 소파에서 〈하우스 오브 카드〉를 시청하고 있다. 여기서 넷플릭스와 그 콘텐츠 사이의 격차는 완전히 무너지고, Sky의 박스 세트로 가득 찬 선반과 유사한 효과를 준다. 브랜드 자체는 버진 전체 메뉴에 추가된 가치 있는 콘텐츠 모음과 동의어이며, 넷플릭스와 버진 서비스에 있어 기술적 차

---

44) 버진의 서비스 일부로 등장한 동시에 넷플릭스는 덴마크와 스웨덴의 유료 TV 사업자의 비슷한 계약을 맺는데, 와우Waoo와 콤헴ComHem이 각각 제공하는 패키지와 통합되었다.

45) 광고 영상 링크: https://www.youtube.com/watch?v=uWpx5CHe2-o (검색일 2015.1.13)

이는 보이지 않는다. 동시에 넷플릭스는 비시각적 콘텐츠[여기서는 구체적으로 (이용자 생성) 웹 비디오로 식별됨] 이상으로 익살스럽게 합법화jokingly legitimized되었으며, 따라서 기술 수준뿐만 아니라 이데올로기적으로 *텔레비전* 시청 경험과 밀접하게 연관된다.

이 제휴로 넷플릭스를 기존 가입 서비스 내에서 추가 제품으로 이용할 수 있게 했지만, 2014년 11월에 유뷰 옵션으로도 추가되면서 더 복잡한 상황이 발생했다. 이는 특히 영국의 맥락에서 중요했다. 왜냐하면, 1980년대 후반에 등장한 이후 국가 산업을 지탱해온 무료 공중파와 유료 TV 사이의 경계를 흐리게 했기 때문이다. 비록 유뷰가 BBC의 아이플레이어와 같은 무료 방송 VOD 서비스에 접속할 수 있도록 설정되었지만, 넷플릭스 앱을 추가한 시청자는 기존 유뷰 셋톱 박스를 통해 콘텐츠에 접속하기 위해서는 비용을 납부해야 한다. 유뷰의 CEO 리처드 할턴Richard Halton은 이 계약 자체를 "게임 체인저"라고 표현했다. "프리뷰 가정은 넷플릭스를 위해 5.99파운드를 지불하는데, Sky나 버진을 사용할 경우에 지불해야 하는 30파운드나 40파운드와 비교하면 정말 좋은 첫걸음처럼 느껴진다."[46] 그리고, 넷플릭스의 영국 통합의 가장 큰 영향 중 하나는 이전에 산업의 유료와 무료 부문이 잠정적으로 중복된 것을 심화시켰다는 점이다.[47]

할턴이 산출한 재무적 차이에도 불구하고, 넷플릭스와 유뷰의 파트너십은 주로 프로모션이 수입 드라마의 판매 가능성을 기반으로 하는 Sky 온디맨드와 비교된다. Sky 온디맨드는 새로운 앱을 발표하는 보도 자료에서 [제임스 본드James Bond 영화 〈007 스카이폴007 Skyfall〉 하나만 제외하고(샘 멘데스Sam Mendes,

---

46) David Benady, "You View Adds Netflix and Sky Sports to Its Armoury," *Campaign, No-vember* 14, 2014. http://www.campaignlive.co.uk/news/1321622/ (검색일 2015.1.12)

47) 인터넷 기반의 가입 서비스의 통합은 유뷰에게 있어서 주요한 프로젝트처럼 보인다. 이후 유뷰는 Sky 나우 TV 서비스에 접속하도록 추가되었다. 2014년에 유뷰는 슈퍼마켓 거대 기업 테스코Tesco에서 적자가 나는 블링크박스Blinkbox를 인수하여, 결국 자신의 이름 아래 서비스의 이름을 변경한다고 발표했다.

376 제3부 미디어 융합 비즈니스

2011) 독점적으로 미국 콘텐츠 목록을 게시하기 전에 "유뷰 시청자는 더 많은 선택권을 가질 것"이라고 약속했다.[48]

흥미롭게도, 유뷰는 런던 사우스뱅크 위에 지었던 "거대한 셋톱 박스"를 통해 위에서 언급한 저베이스의 몰입된 시청 환경을 실제로 만들어 새로운 파트너십을 축하했다. 지나가는 행인들은 들어와서 〈하우스 오브 카드〉, 〈브레이킹 배드〉, 〈오렌지 이즈 더 뉴 블랙〉 세트에서 의상을 입고 사진 찍고 가도록 초대받았다. 넷플릭스의 영국 콘텐츠는 하나도 전시에서 모습을 보이지 않았다.[49]

이러한 거래로 인해 넷플릭스는 영국 시청자들에게 점점 더 많이 제공되는 것들 중 또 하나의 대안이 아닌 부가 가치가 있는 것으로 보여졌다. 한 기자가 2013년 8월 넷플릭스 가입자수의 최근 추정치에 대한 반응 기사를 썼듯이, "넷플릭스는 전통적인 시청 습관을 바꾸면서 성공하는 것이 아니라 다른 채널처럼 자체를 만들면서 성장하고 있다. 따라서 시청자들이 생방 텔레비전에 뭐가 방송되고 있는지 혹은 디지털 비디오 레코더에 저장된 것을 확인한 후 '별도의 선택 옵션'이 되고 있다.[50] 영국에서 시청각 콘텐츠에 접속하는 주요한 선택 장치로서 텔레비전 세트의 지속성은 넷플릭스의 필요성을 보여주기도 한다. 그러나 위에서 설명한 홍보 영상에서 (노트북이나 태블릿이 아닌) 텔레비전 시청각 장치의 중심성은 넷플릭스가 적극적으로 받아들인 것이라는 점을 보여준다. 보다 광범위하게 말하면, 넷플릭스의 기성 서비스 제공 업체들과의 파트너십은 영국 미디어와 통신 산업의 트렌드를 반영한다. Sky와

---

48) "Netflix Now on You View," *You View Press Release*, November 4, 2014. http://www.youview.com/news/2014/11/04/netflixnow-on-youview/ (검색일 2014.1.19)

49) 관계 비디오 링크: https://www.youtube.com/watch?v=rZ6ykzjAXks (검색일 2015.1.10)

50) Juliette Garside, "Netflix Reaches 1.5m UK Subscribers for Its Internet Video Service," *The Guardian*, August 21, 2013. http://www.theguardian.com/media/2013/aug/21/netflix-uk-subscribers-internet-video (검색일 2014.11.10)

같은 몇몇 대기업과 주요 공영 방송사가 시청자 *접근권access*을 강하게 장악하고 있는 것은 아직 크게 완화되지 않았다. 그러나 *콘텐츠*에 대한 더 개방적인 거래는 더 작은 신규 진입 기업들이 시장에서 기성 거대 기업들을 *물리치려고* 시도하는 것보다 *협력*을 시도할 수 있는 지렛대leverage를 만들기 위해 활용할 수 있다.

결론

넷플릭스는 영국에서 서비스하기 전에 현지에서 홍보와 시청 패턴을 계속해서 조정했다. 이러한 방식으로, 국가 디지털 텔레비전 시스템을 점점 더 결정짓는 두 가지의 상호 지원하는 연결 형태의 조합을 전형적으로 보여준다. 국내와 국제 텔레비전 시장 사이와 그리고 친숙한 시청 행동과 새로운 행동 사이의 연결이다. 그것은 서비스 또는 콘텐츠 범위의 직접적인 현지화에도 의존하지 않았다. 대신, *수입* 드라마의 홍보력을 통해 기존 채널에서 새로운 서비스로 시청자의 흐름이 이어지도록 의도를 갖고 조장했다. 이처럼 넷플릭스는 뉴미디어 게임 체인저보다 글로벌 콘텐츠 시장을 활용하는 국내의 한 채널처럼 행동했다. 그럼에도 버진 및 유뷰와의 파트너십을 통해 영국 텔레비전 시청의 일상적인 기술적 대상object과 서비스를 통합하려고 했다.

영국에서 넷플릭스의 상대적인 성공이 온디맨드나 웹 기반 텔레비전이 표준이 되는 방향으로 균형이 이루어지지 않았다는 점은 강조되어야 한다. 2014년에 무료 및 유료 VOD의 총량이 여전히 전체 시청의 8%에 불과했다.[51] 한편 VOD 이용자 중에서 장편 시청(예: 클립보다는 영화나 TV 에피소드)의 3분의 2는 (아이플레이어와 같은 수신료 기반 또는 Sky 온디맨드와 같은 가입비 기반에

---

51) Ofcom, *Communications Market Report 2014*, 145.

서) 추가 비용이 없는 서비스를 통해 이루어졌다.[52] 최근 증가한 비미국 작품의 발표에서 알 수 있듯이,[53] 넷플릭스의 글로벌 브랜드로서의 지위는 더 복잡한 방법으로 발전할 것으로 보이며, 이것은 Sky와 같은 강한 기업들에 더 직접적으로 도전하는 데 도움이 될 것이다. 시상식에서 보여지는 계속되는 성공(〈하우스 오브 카드〉와 〈오렌지 이즈 더 뉴 블랙〉은 2015년에 BAFTA상에 후보로 지명됨)과 VOD 플랫폼 중에서 가장 빠르게 증가하는 가입자수[54]는 통합과 콘텐츠 수입은 넷플릭스가 영국 텔레비전 생태계에서 입지를 확보하는 데 있어 아주 가치 있는 조합이라는 것을 증명했다.

52) Ibid., 64.

53) 넷플릭스는 〈크라운〉(2016~)뿐만 아니라 카자흐스탄, 말레이시아, 이탈리아에서 촬영하고, 다국적 캐스팅이 특징인 〈마르코 폴로〉(2014~)에도 제작비를 투자했다. 〈마르코 폴로〉는 〈왕좌의 게임〉에 대한 넷플릭스의 도전으로 제작비 투자가 되었다고 한다. 2014년 8월에 넷플릭스는 프랑스에 세트를 짓고 촬영하는 〈마르세이유Marseille〉를 새로 자체 제작하겠다고 발표했고, 2015년 1원에는 코미디 드라마 〈리타Rita〉(2012~) 시즌3에 투자하기로 덴마크 채널 TV 2와 파트너십을 맺었다.

54) Ofcom, *Communications Market Report 2014*, 145.

제15장

넷플릭스의 유럽 진출
유럽 시장 확장과 독일 사례

Invading Europe: Netflix's Expansion to the European Market and the Example of Germany

크리스천 스티글러 Christian Stiegler

머리말

대부분의 유럽 국가들과 마찬가지로 독일의 미디어 산업 구조는 국가가 지원하는 공영 방송사들이 성장하는 상업 부문과 경쟁하는 이원적 방송 구조 mixed mandate system이다. 1980년대에 이 제도가 등장한 이후 상업 부문은 지속적인 규제 완화, 소비자 선호도 변화, 미디어 수용을 개인화하는 플랫폼 도입 등의 영향으로 꾸준히 발전해왔다. 이런 트렌드는 2014년 가을 독일 시장에 넷플릭스가 진출함에 따라 계속될 것으로 보인다. 독일인들은 미디어의 인수합병conglomeration and the consolidation 이슈에 민감하지만, 넷플릭스가 독일에 진출한다는 발표는 현지 언론과 시청자에게 꽤 놀랍게 받아들여졌다. 사실, 미

제3부 미디어 융합 비즈니스

국과 다른 곳에서 넷플릭스의 성공은 독일 시청자들에게 국내 텔레비전에서는 볼 수 없는 콘텐츠를 제공할 수 있는 일종의 먼 유토피아처럼 보이게 했다. 〈하우스 오브 카드〉나 〈오렌지 이즈 더 뉴 블랙〉 같은 넷플릭스의 프리미엄 시리즈를 합법적으로 볼 수 있는 방법이 없는 상황에서도 독일 대중 미디어에서 대대적인 홍보를 하면서 넷플릭스에 대한 기대감이 고조되었다.

이런 측면에서 독일은 "넷플릭스 당하기neflxed"를 기다릴 수밖에 없었지만, 넷플릭스의 독일 시장 진출을 복잡하게 만들고, 회사 역사상 가장 큰 확장을 저해할 수 있는 잠재력을 가진 다양한 도전들도 있었다. 예를 들면, 〈하우스 오브 카드〉와 같은 드라마의 홍보는 시청자에게 황당한 상황도 만들었다. 공급이 부족한 것에 대해서는 수요가 높았다. 이것은 시청자가 넷플릭스의 프리미엄 콘텐츠들을 불법 스트리밍 방법을 통해 보도록 부추겼다. 주요 신문사들은 넷플릭스를 합법적으로 이용할 수 없는 곳에서 서비스에 접속하기 위해 가상의 사설망(VPN)과 기타 위치를 속이는 소프트웨어를 이용하여 넷플릭스를 이용하는 방법을 설명하는 팁과 가이드라인까지 제공했다. 지금까지 넷플릭스는 이 문제에 대해 상당히 관대한 입장을 취했지만, 콘텐츠 제공자와의 관계나 더 많은 가입자를 추가할 수 있는 능력을 위태롭게 하지 않도록 주의해야 한다.[1] 이는 넷플릭스가 기존 업계 리더들과 경쟁할 뿐만 아니라 다른 국가 및 지역 규제 정책, 그리고 서로 다른 기술 인프라의 구성을 탐색할 때 직면하는 과제이다. 현재 많은 나라가 저작권 보호와 같은 법적 제한을 유지하기 위해 소위 지리적 차단법geo-blocking을 이용하고 있다.[2]

이 장에서는 이러한 복잡성을 다루기 위해 티머시 헤븐스Timothy Havens와

---

[1] Alex Hern, "Why Netflix Won't Block VPN Users-It Has Too Many of Them," *The Guardian*, January 9, 2015. http://www.theguardian.com/technology/2015/jan/09/whynetflix-wont-block-vpn-users (검색일 2015.6.28)

[2] Josh Taylor, "How Netflix Wants to End Geoblocking," *ZDNet*, January 20, 2015. http://www.zdnet.com/article/how-netflix-wants-to-end-geoblocking/ (검색일 2015.6.28)

아만다 로츠Amanda D. Lotz가 도입한 문화의 산업화Industrialization of Culture 프레임워크를 이용하여 넷플릭스의 독일 진출을 분석한다.[3] 이 프레임워크는 미디어 산업이 다른 경제적·사회적·문화적 요인들을 포함하고 있으며, 더 구체적으로 말하면, 현대 미디어 산업이 어떻게 기능하는지를 이해하는 데 있어 주요 요인으로 책무mandate, 조건condition과 관행practice을 검토한다. 이 프레임워크를 구성하는 데 있어, 이 장은 이러한 요소들이 넷플릭스에 어떻게 영향을 미쳤는지, 그리고 이 과정의 일부로서 만들어진 미디어 텍스트가 어떻게 독일 대중에게 더 큰 사회적 트렌드, 취향, 전통과 관련이 있는지 검토한다. 이 접근 방법은 이러한 서로 다른 영향들이 서로 깊이 엮여 있고 서로 의존하고 있다는 것을 강조한다. 이 점을 예증하기 위해 헤븐스와 로츠는 문화가 핀볼 게임과 같다고 제안한다. 그들은 다음과 같이 설명한다.

> 공의 속도와 궤적을 판별하면서 공을 막는 커다란 범퍼는 우리 모델에서 "책무Mandates"에 해당한다. 공의 속도와 방향을 덜 극적인 방법으로 바꾸는 다양한 작은 범퍼, 스피너, 경사로, 활송 장치chutes는 "조건Conditions"을 나타낸다. 마지막으로, 산업계와 그 산업계에서 일하는 사람들의 "관행Practices"은 선수들 자신들을 의미한다. 선수들은 각 핀볼을 시작하고 방향을 바꾸기 위해 플런저plunger (공을 쏘는 장치—옮긴이)와 플리퍼flipper(공의 방향을 바꾸는 손잡이—옮긴이)를 작동시키는 다양한 수준의 기술을 보여준다.[4]

이 비유에서 범퍼, 스피너, 플리퍼 등 일부 요소는 비교적 안정적이다. 핀볼의 속도와 방향과 같은 다른 요소들은 전적으로 가변적이다. 헤븐스와 로

---

3) Timothy Havens and Amanda Lotz, *Understanding Media Industries* (Oxford: Oxford University Press, 2012), 4-9.

4) Havens and Lotz, *Understanding Media Industries*, 8.

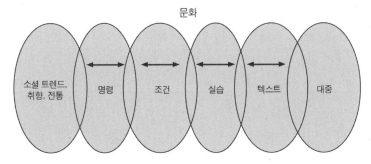

문화

| 소셜 트렌드, 취향, 전통 | 명령 | 조건 | 실습 | 텍스트 | 대중 |

〈그림 15.1〉 문화의 산업화 모델의 변수
자료: Timothy Havens and Amanda Lotz, *Understanding Media Industries* (Oxford: Oxford University Press, 2012), 4.

츠의 경우, 이는 개별 미디어 텍스트와 그 제작자의 작품을 철저히 분석하기 위해 두 변수를 모두 고려해야 하는 중요성을 나타낸다. 문화 산업화 모델을 따르면서, 이 장은 넷플릭스의 국제적 확장, 보다 구체적으로는 지역 미디어 문화와의 관계, 경쟁적 비즈니스 모델, 기존의 기술적 매개 변수를 이해하기 위해 유사한 학제 간, 다차원적 접근법을 개발할 필요가 있다고 주장한다(〈그림 15.1〉).

문맥과 책무

넷플릭스는 상업적 논리에 따라 기능하며, 넷플릭스의 전략적 결정이 일반적으로나 콘텐츠 생산자로서 모두 수익성에 기초한다는 것을 의미한다. 이것이 최근 해외로 확장하는 가장 큰 동기이다. 하지만, 넷플릭스는 독일 시장에서 새로운 경쟁자로서, 미디어와 엔터테인먼트 산업을 알리거나 틀을 잡는in-form or frame 미션의 책무와 협상해야 했다. 그런 점에서 독일 시장의 간략한 개요를 다시 한 번 열거해볼 만한 가치가 있다.

독일에 살고 있는 약 8,500만 명의 사람과 3,800만 가정이 적어도 한 대의 텔레비전을 가지고 있다. 독일은 오스트리아 및 스위스의 독일어 사용 지역과 독일어를 공유하고 있어, 약 1억 명 규모의 전체 시장을 이루고 있다. 제2차 세계 대전 후 1949년 제정된 기본법Grundgesetz(헌법에 해당—옮긴이)은 독일의 전후 미디어 시스템, 특히 언론의 자유를 보장하기 위한 명문 원칙stipulating principles을 확립했다. 독일은 유럽 최대의 미디어 시장의 하나로 ARD(Arbeits-gemeinschaften de Öffentlich-rechtlicen Rundfunkanstalten derfrepublik Deutschchland, 1950년 설립)와 ZDF(Zweites Deutsches Fernsehen, 1963년 설립)에 의해 운영되는 강력한 공영 방송 시스템을 가진 이중 구조를 발전시켰다. 두 기구는 전국에 걸쳐 다양한 지역방송 TV와 라디오 채널을 소유하고 있다. 독일 연방 헌법은 방송에 대한 관할권이 문화 주권의 일부로서 랜다Länder(州)에게 있다고 규정하고 있기 때문에 공영 방송의 운영에 있어서 개별 랜다(또는 개별 주)가 강한 역할을 한다. 이것은 랜다의 창작으로서 공영 방송의 개인 및 공동 행위로 이어진다. 유일한 예외는 방송 서비스를 외국에만 제공하도록 설계된 방송인 도이체 벨레Deutsche Welle이다.

공영 방송은 주로 수신료(대략 가구당 월 18유로)로 재정을 충당하는 비상업적 서비스로 설계되었다. 영국의 BBC와 비슷한 공영 방송 조직(Anstalt)은 州("Land")별로 공영 라디오, 텔레비전, 그리고 온라인 서비스를 제공한다. 예를 들어 SWR(남서 독일 방송, South West Broadcasting)은 독일 남서부 주인 바덴-뷔르템베르크Baden-Württemberg 주와 라인란트-팔츠Rhineland-Palatinate 주에서 서비스하고, NDR(북부 독일 방송, North German Broadcasting)은 니더 작센Lower Saxony 주, 메클렌부르크-포어포메른Mecklenburg-Vorpommern 주, 그리고 슐레스비히-홀슈타인Schleswig-Holstein 주에서 방송한다. 이러한 지방 분권 때문에, 독일에는 쾰른, 뮌헨, 또는 함부르크처럼 지역에 많은 지역 공영 방송사들이 있는데, 모두 수신료를 주요 재원으로 운영된다.

1981년 민영 방송이 도입되면서 ARD와 ZDF는 포트폴리오를 다변화하기 시작했다. 이들은 젊은 시청자 중심의 채널(문화 전문 채널인 아인스플로스EinsPlus, 예술 전문 채널인 아인스페스티발EinsFestival, 다큐 전문 채널 ZDF네오ZDFneo, 청소년 전문 채널인 ZDF쿨투어ZDFkultur)을 시작했다. 왜냐하면, 광고주에게 매우 중요한 타깃 그룹인 젊은 시청자에게 콘텐츠를 소개하기 위해서이고, 프라임 타임 시청률을 놓고 상업 채널과 경쟁하기 위한 방법으로 디지털과 소셜 미디어를 강화했다.[5] 이들 공영 방송은 비영리 기관으로 설계되었지만, TV에서 주문형 비디오(VOD)와 온라인 미디어에 이르는 파편화되고 다양한 미디어 환경에 처해 있다. 이 때문에 독일의 일반 미디어 소비자는 공영 방송과 민영 방송사를 구분할 필요가 없다.

독일의 상업 텔레비전 분야는 두 개의 방송사 그룹Senderfamilien이 장악하고 있다. 이 중 하나는, 이전에 레오 키르흐Leo Kirch가 소유했던 것으로, 프로지벤잣아인스 미디어 주식회사ProSiebenSat.1 Media AG라는 이름을 갖고 있는데, Sat.1, Pro 7, N24, Kabel 1 채널을 소유하고 있으며 2014년에는 전체 시장의 22%를 점유했다. 다른 하나는 독일의 미디어 재벌 베텔스만Bertelsmann 계열 그룹인 RTL 그룹이다. 이 그룹은 약 12개 유럽 국가에서 TV 채널을 소유하고 있다. 독일에서는 텔레비전 시장의 총 24%를 차지하며 RTL, RTL II, 슈퍼Super RTL, 복스vox, n-TV를 운영한다.[6] 다른 민간 소유 채널이 있는데, 그중 일부는 비아컴, 디즈니, NBC 유니버설과 같은 해외 대기업의 자회사들이지만, 전체 시장에서 훨씬 적은 점유율을 차지한다. 양대 미디어 그룹 외에도 베를린, 뮌헨, 함부르크, 쾰른 같은 대도시에는 지역 상업 방송사들도 존재한다.

독일은 케이블 TV 시청 가구의 비중이 평균 이상으로 상당히 높은 편이다.

---

5) Sebastian Schneider, "TV Formats for Young People. Public Television Fighting for the Younger Audience," *Goethe Institut*, May, 2014. https://www.goethe.de/en/kul/med/20392577.html (검색일 2015.7.1)

6) Arbeitsgemeinschaft der Landesmedienanstalten (ALM), *Privater Rundfunk in Deutschland* (Berlin: vistas, 2015).

독일의 3,800만 가구 중 약 1,900만 가구가 케이블 서비스를 통해 TV를 본다. 거의 1,500만 가구는 위성 서비스를 통해 텔레비전을 시청하며, 극소수의 가구는 여전히 지상파를 통해 텔레비전을 수신한다. 위에서 언급한 바와 같이, 공영 방송사들은 전체 시청의 44%(ARD와 ZDF가 각각 시장의 13%를 차지하고 있음)[7]를 차지할 만큼 꾸준히 우위를 차지하고 있다. 그러나 민영 채널은 더욱 중요해지고 있으며, RTL, Sat.1, ProSieben이 대표적인 채널이다. 그러나 민영 채널이 시장 점유율을 확보함에 따라, 광고 수입은 더욱 중요해지고 있다. 그럼에도 공영 방송사들이 아직은 시장의 대부분을 장악하고 있기 때문에 이러한 수입은 미국과 같은 다른 지역보다는 덜 두드러진다.

비상업적 체계에서, 독립 방송 위원회, 즉 방송평의회Rundfunkrat는 독일의 방송 기업을 관장한다. 연방 헌법 재판소 판결에 따르면, 위원회는 독일 국민 및 기타 관련 사회 집단을 대변한다. 1980년대 상업 방송의 등장으로 랜다는 기존의 방송법을 보완하기 위해 뉴미디어법들의 초안을 발의했다. 이러한 법은 구체적으로 공영 방송의 제도 밖에서 제작되는 전자 미디어를 규제하는데, 주로 상업용 라디오와 텔레비전 면허를 발행하고 케이블 시스템에서 방송되는 프로그램을 규제한다. 이 법들의 일환으로, 새로운 감독 기구 Landesmedenanstalten가 만들어졌는데, 각각 룬펀크라트를 닮은 위원회를 가지고 있다. 상업 채널도 주로 여러 국가에 걸친 규제 정책을 통일하거나 조정하는 것을 목표로 유럽연합의 적용을 받는다. (독일에서 공영 방송의 규제 기구는 주요 사회 집단의 대표로 구성되는 내부 방송평의회Rundfunkrat이며, 이에 반해 상업 방송은 개별 州의 미디어 관리청Landesmedenanstalten이 규제한다.─옮긴이)

넷플릭스에게 공영 방송과 민영 방송이 중요한 맥락적 요소인 반면, 넷플릭스 서비스는 유료 TV 사업자와 더 흔히 비교된다. 이 서비스들은 추가 가입비가 필요한 서비스들이다. 유료 TV는 현재 Sky 독일(2009년까지 프리미어

---

7) Ibid.

Premiere로 알려짐)이 장악하고 있는데, 이 회사는 프로지벤잣아인스 미디어 및 RTL 그룹과 함께 현대 독일 미디어 산업에서 가장 큰 상업 세력 중 하나로 간주된다. Sky는 훨씬 더 큰 글로벌 대기업에 속하지만, 유료 TV가 작은 영역으로 남아 있는 독일 시장에서는 상대적으로 크지 않은 역할만 하는 것으로 한정되어왔다. Sky는 현재 국내 유료 TV 가입자 6백만 명 중 370만 명이나 보유하고 있지만 이는 전체 시장의 약 10%에 불과하다. 이와는 대조적으로 영국에서 Sky 독일의 계열사 BSkyB는 1,400만 유료 TV 고객 중 1,100만 명을 보유하고 있는데, 이는 전체 시장의 40%에 육박하는 수치이다.8) 유료 TV에 대하여 독일인이 저항하는 한 가지 이유는 그들이 공영 방송 시스템에 지불해야 하는 수신료 때문일 것이다. 현재 한 가구가 실제로 텔레비전을 소유하는지 또는 사용하는지 관계없이 월 17.5유로의 수신료를 내야 한다. TV가 연결되어 있으면 요금을 지불해야 한다. 이것은 독일인들이 정기적으로 불평하는 사항이며, 무료 TV를 보충하기 위해 추가 비용을 지불하기를 꺼리는 일반적인 이유이다.9)

Sky와 넷플릭스 모두 기존 공영 방송이나 민영 방송 등을 통해 현재 이용할 수 없는 프리미엄 콘텐츠를 제공하여 시장 점유율을 높이려 하고 있다. 이것은 고품질의 콘텐츠를 대상으로 더 경쟁적인 시장을 만들고 있다. 예를 들어 Sky 독일은 쇼타임의 〈마스터 오브 섹스Masters of Sex〉뿐만 아니라 HBO의 잘 알려진 드라마인 〈왕좌의 게임〉과 〈트루 디텍티브True Detective〉 같은 유명한 쇼에 대한 독점권을 확보했다. 넷플릭스는 오리지널을 강조하여 가입자를 유치하려고 한다. 어떤 경우에는 이것이 혼란을 일으켰다. 넷플릭스는 가장 인기 있는 자체 제작물인 〈하우스 오브 카드〉의 첫 3개 시즌에 대한 권리를

8) Sky Deutschland, *Q2 Report 2014115*. http://ir.sky.de/sky/pdf/2015/Q2201415bericht_ cn.pdf (검색일 2015.7.1)

9) "330,000 Sign Up Against TV Licence Fee," *The Local*, April 14, 2015. http://www.thelocal. de/20140414/330000-sign-up-against-new-licence-fee (검색일 2015.6.21)

<표 15.1> 북미와 유럽 가입자수 및 이용 가능한 콘텐츠 목록

국가	가입자 (백만)	전체 타이틀	넷플릭스에서 이용 여부				
			〈브레이킹 배드〉	〈하우스 오브 카드〉	〈로스트〉	〈매드맨〉	〈디 오피스〉 (미국)
미국	37.70	8,522	가능	가능	가능	가능	가능
캐나다	3.10	4,306	가능	가능	가능	가능	불가능
영국	3.30	3,186	가능	가능	불가능	불가능	가능
스웨덴	1.10	2,342	가능	가능	불가능	가능	불가능
네덜란드	0.94	2,127	가능	가능	가능	가능	불가능
노르웨이	0.90	2,359	가능	가능	불가능	가능	불가능
덴마크	0.79	2,349	가능	가능	불가능	가능	불가능
핀란드	0.54	2,284	가능	가능	불가능	가능	불가능
독일	0.47	1,646	가능	가능	불가능	불가능	불가능
프랑스	0.51	1,686	가능	불가능	불가능	불가능	불가능
아일랜드	0.18	3,189	가능	가능	불가능	불가능	가능
스위스	0.14	1,842	가능	가능	불가능	불가능	불가능
오스트리아	0.05	1,602	가능	가능	불가능	불가능	불가능

자료: Stephen Heyma, "Netflix Taps into a Growing International Market," *The New York Times*, May 12, 2015.

Sky에게 팔았다. 일부 비평가들은 이것이 넷플릭스의 독일 성공 능력에 타격을 줄 것이라는 의견을 밝혔다. 그러나 이 쇼를 둘러싼 미디어의 과다한 보도가 넷플릭스의 명성을 더 잘 확립하는 데 도움이 될 가능성이 있다(〈표 15.1〉).

유료 TV 시장의 제한된 성장에도 불구하고, VOD 플랫폼은 2008년부터 2012년까지 꾸준한 속도로 증가하여 더 큰 가능성을 보여주었다.[10] 이들 플랫폼에는 아이튠즈, 아마존 프라임 인스턴트 비디오(이전의 러브필름), 현재의 시장 선두주자인 프로지벤잣아인스의 맥스돔Maxdome 등이 있다. 넷플릭스는

---

10) Dirk Martens and Jan Herfert, *Der VoD-Markt Deutschland* (Berlin: House of Research, 2013), 104.

<표 15.2> 독일의 VOD 경쟁 사업자 현황

서비스	월요금	정액제	서비스 옵션			
			구입하여 소유	대여	오프라인 모드	매월 통보
넷플릭스	7.99~11.99유로	있음	없음	없음	없음	있음
맥스돔	7.99유로	있음	없음	없음	있음	있음
스냅 바이 Sky (Snap by Sky)	Sky TV + 3.99유로	있음	없음	없음	있음 +6.99유로	없음
아마존 프라임	연 49유로	있음	있음	있음	있음	없음
아이튠즈	-	없음	있음	있음	있음	-
왓처(Watcher)	8.99유로	있음	없음	없음	있음	있음

이러한 다른 서비스보다 늦게 시장에 진출했지만, 어느 정도 뚜렷한 강점을 갖고 있다. 넷플릭스의 강점에는 오리지널 프로그램을 둘러싼 홍보, 인터페이스 디자인의 매력, 그리고 이용자 경험을 개인화하기 위해 데이터를 수집하고 예측 알고리즘을 사용한 경험 등이 포함된다. 증가하는 VOD 시장의 중요성(독일 비즈니스 컨설팅사 골드미디어Goldmedia는 넷플릭스가 진출하면서 2018년 3억 유로의 시장으로 성장할 것으로 전망함[11])은 넷플릭스가 서비스를 시작할 무렵 이들 서비스에 대한 텔레비전 광고가 크게 증가한 것을 보면 분명하게 알 수 있다.[12] 다양한 서비스에 대한 자세한 내용과 서비스 간에 어떻게 차별화되는지에 대해서는 <표 15.2>를 참고하면 된다.

---

[11] Christian Grece et al. "The Development of the European Market for On-Demand Audiovisual Services," *European Audiovisual Observatory*, March 2015, 174.

[12] Inga Renz, "So wirbt der Streamingdienst in Deutschland," *Horizont*, September 17, 2014. http://www.horizont.net/medien/nachrichten/Spot-Premiere-So-wirbt-Netflix-inDeutschland-130421 (검색일 2015.6.21)

기술 관행

앞에서 상세히 기술한 바와 같이 넷플릭스의 독일 진출은 여러 가지 상황적 요인을 포함하는데, 여기에는 유료 TV 및 VOD 시장의 발전과 관련된 변화하는 상업적 및 비상업적 책무와 다른 경제적 맥락 등이 포함된다. 이러한 요인들은 넷플릭스의 성공 여부에 중요한 역할을 할 것이다. 기술 관행은 내부 및 외부 관점에서 넷플릭스의 운영에 영향을 미치기 때문에 더욱 구체적인 관심 사항이다. 넷플릭스는 혁신적인 기술 접근법을 바탕으로 엄청난 명성을 쌓았다. 그것은 아마도 향상된 이용자 중심 서비스를 만드는 넷플릭스의 추천 소프트웨어와 능력으로 가장 잘 알려져 있을 것이다. 또한, 넷플릭스는 카오스 몽키Chaos Monkey 시스템으로 알려진 소프트웨어 프로그램을 활용했다. 이 소프트웨어는 전체 시스템의 구조가 얼마나 잘 반응하고 더 심각한 운영 중단을 방지할 수 있는지를 테스트하기 위해 일련의 고장을 발생시킨다. 넷플릭스는 내부의 기술 개발로 성공적인 기록을 유지했음에도 수많은 외부 기술에 의존하고 있다. 예를 들어 텔레비전에서 넷플릭스를 시청하기 위해서는 인터넷에 연결된 장치를 사용할 필요가 있다. 넷플릭스는 비디오 게임 콘솔, DVD 및 블루레이 플레이어, 독립 스트리밍 플레이어 등 다양한 장치에서 사용할 수 있다는 것을 입증하기 위해 혼신의 노력을 다했다.

물론 넷플릭스의 가장 중요한 기술은 인터넷 그 자체다. 이것은 또한 정치와 법적 규정이 미디어 산업의 기능에 영향을 미치는 조건과 관행을 어떻게 정의하는지를 보여주는 가장 분명한 사례다. 앞에서 언급했듯이, VPN의 사용은 기술이 기존 법적 프레임워크와 어떻게 상충되는지를 보여준다.[13] 영

---

13) Taos Turner, "Video Streaming Geo-Blocking Gets Workaround," *Wall StreetJournal*, April 16, 2015. http://www.wsj.com/articles/video-streaming-geo-blockinggets-workaround-1429234440 (검색일 2015.7.1)

화나 텔레비전 프로그램과 같은 미디어는 지역별로 허가를 받았고, 다른 윈도우나 플랫폼은 일반적으로 별도로 허가를 받는다. 권리 보유자들은 허가의 가치를 높이기 위한 방법으로 독점성을 이용한다. 독점성은 자신을 경쟁사와 차별화하기 때문에 유통 업체에게도 중요하다. VPN이 더 보편화되었는데, 최근의 연구에 따르면 넷플릭스는 이러한 트렌드의 중요한 부분이 되었다. 왜냐하면, 전체 VPN 사용량의 29%를 차지하며 넷플릭스가 법적으로 이용되지 않는 중국에서는 이용자가 최대 2천만 명에 달하는 것으로 나타났다.[14] 이 때문에 넷플릭스는 시리즈와 영화 권리 소유자로부터 꾸준히 증가하는 압력을 받고 있는데, 넷플릭스는 권리 계약이 나라마다 다르기 때문이다. 결과적으로 권리 보유자는 넷플릭스와 같은 서비스들이 프록시proxy(클라이언트가 다른 네트워크 서비스에 간접적으로 접속하게 해주는 서버—옮긴이) 이용자를 찾아서 차단하기 위해 기술적 조치를 시행하도록 압력을 가하고 있다. 넷플릭스 CEO 리드 헤이스팅스는 글로벌 기반의 권한을 확보하여 이 문제를 해결하기를 원한다.[15] 그러나 권리 보유자들은 이것이 독점적인 윈도우를 통해 가치를 최적화하는 그들의 능력을 침해할 수도 있기 때문에 우려하고 있다. 이것이 계속 문제가 된다면 넷플릭스의 미디어 제작자와의 계약과 넷플릭스가 확보할 수 있는 콘텐츠에 영향을 미칠 수도 있다.

인터넷과 관련된 또 다른 주요 기술 관행은 망중립성의 규제에 관한 것이다. 미국과 대조적으로, 유럽 규제 당국은 통신 회사와 케이블 사업자가 인터넷 트래픽을 동등하게 취급해야 한다는 원칙을 확인하면서 망중립성에 대해 더 강한 입장을 취하고 있다.[16] '글로벌 인터넷 현상Global Internet Phenomena'의 보고서에 따르면 넷플릭스와 유튜브는 저녁과 주말 피크 시간대에 북미의 다

---

14) Alex Hern, "Why Netflix Won't Block VPN Users-It Has Too Many of Them."

15) Josh Taylor, "How Netflix Wants to End Geoblocking."

16) European Commission, "Our Commitment to Net Neutrality," *Digital Agenda for Europe*, June 29, 2015. https://ec.europa.eu/digital-agenda/en/eu-actions (검색일 2015.7.11)

운스트림 트래픽의 절반을 차지하고 있다. 넷플릭스는 피크 시간대에 인터넷 트래픽의 35%까지 차지한다. 이에 비해 아마존 프라임 인스턴트 비디오는 3% 미만을 차지한다. 이는 넷플릭스가 향후 이 문제에 대한 논쟁의 중심에 서게 될 것이며, 그 성공은 정치 체제가 그것에 어떻게 반응하느냐에 따라 크게 좌우된다는 것을 의미한다. 일부 비판론자들은 망중립성이 더 강한 논조로 제정되지 않는 한, 넷플릭스와 같은 기업을 포함한 주요 미디어 대기업들이 그들의 콘텐츠를 더 우선적으로 처리할 것이고, 결국 오픈 인터넷의 원칙을 훼손할 수 있다고 우려한다.

2015년 현재 독일과 나머지 유럽연합은 망중립 원칙을 고수하고 있다. 넷플릭스가 유럽 확장에 성공하려면 이 정책이 지속되는 것이 중요할 것이다. 유니티 미디어 케이블Unitymedia Kabel BW, 독일 텔레콤Deutsche Telekom, 케이블 독일Kabel Deutschland, 보다폰Vodafone, O2 등 지역 통신사들이 넷플릭스의 의제를 의심해온 사례도 있다. 넷플릭스에 의해 사용되는 엄청난 양의 대역폭은 이들 제공 업체에게 그들의 네트워크를 개선하고 확장하도록 압력을 가한다.[17] 그들은 이러한 개선 사항들이 요구하는 추가 재정 지출에 반대한다. 넷플릭스는 이들 기업에 대한 적대감보다는 독일 텔레콤이나 보다폰 같은 강력한 통신사와의 강력한 제휴를 모색하고 있다. 이러한 홍보 제휴의 일환으로, 신규 고객들은 독일 텔레콤이나 보다폰의 서비스에 가입할 때 넷플릭스에 일시적인 무료 접속의 혜택을 받는다.[18]

이러한 약정은 넷플릭스를 홍보하고 독일 소비자들을 서비스의 이익에 적

---

17) "Germany ISP Speed Index Netflix May 2015," http://ispspeedindex.netflix.com/germany (검색일 2015.6.16)

18) Jorn Krieger, "Vodafone to Add Netflix in Germany," *Broadband TV News*, November 11, 2014. http://www.broadbandtvnews.com/2014/11/11/vodafoneto-add-netflix-in-germany (검색일 2015.6.28); Peter Steinkirchner, "Netflix kooperiert mit Telekom und Vodafone," *Wirtschafts Woche*, September 14, 2014. http://www.wiwo.de/unternehmen/dienstleister/internetfernsehen-netflix-kooperiert-mit-telekom-undvodafone/10693414.html (검색일 2015.6.28)

응시키게 만든다. 더 중요한 것은, 넷플릭스가 독일의 기존 통신 사업자들과 전략적 제휴를 맺을 수 있도록 허용한다는 점이다. 이들 거래의 가장 중요한 측면은 넷플릭스가 미래의 기술적 조건과 관행을 형성할 규제와 정책에 영향을 미치려고 할 때 이들 다른 회사와 같은 입장을 취하게 할 수 있다는 점이다. 독일인들은 전통적으로 무료 TV를 선택했지만, VOD 시장은 가까운 미래에 크게 성장할 것으로 예상된다. 넷플릭스는 VOD 플랫폼이 독일 관객들에게 더 매력적이 된다고 확신하면서 망중립성 같은 우호적인 상황을 옹호할 수 있는 위치에 있어야 한다. 이러한 목표는 서비스의 일부로서 프리미엄 콘텐츠를 제공할 수 있는 능력과 얽혀 있다. 비록 이런 종류의 콘텐츠에 대한 협상이 여전히 어렵지만, 넷플릭스가 새로운 시장으로서 성공적으로 확장한다면 영화와 텔레비전 프로그램에 대한 세계적인 권리를 확보하는 비용은 더 낮아질 것이다.

미디어 텍스트

넷플릭스는 모든 콘텐츠에 대한 독점적 글로벌 스트리밍 권한을 확보하고자 하는 만큼, 해외로 확대하는 일환으로 전략을 조정해야 했다. 예를 들어, 독일의 시청자는 모국어로 더빙된 오리지널 콘텐츠를 보는 것을 선호한다. 이러한 선호는 잘 확립된 전통의 일부분이지만 넷플릭스에게는 도전할 부분이다. 더빙은 추가 비용이 필요하고 대화를 재녹음하는 과정은 추가적인 시간이 소요되기 때문이다. 경쟁사와의 차별화를 위해 넷플릭스가 최대한 빨리 콘텐츠를 이용할 수 있도록 만들어야 한다는 점을 감안하면 이는 중요한 문제가 될 수 있다. 시청자가 더빙과 오리지널 버전 중 하나를 항상 선택할 수 있지만, 넷플릭스는 예를 들어, 이미 이전의 비넷플릭스 제작에서 알려진 동일한 독일 더빙 배우(예: 케빈 스페이시의 목소리를 더빙하는 틸 하겐Till Hagen[19])를 써서 독일에서 전통적인 소비자를 붙잡으려고 한다. 또 다른 과제는 프리미엄 미국 콘텐츠에 대한 수요가 높고 이러한 작품에 대한 많은 권리가 이미 라이선스되었다는 점이다. 넷플릭스가 2014년 독일에서 처음 소개되었을 때 할리우드 블록버스터 〈호빗The Hobbit〉(2012)을 선보이고, 짐 자무시Jim Jarmusch의 〈오직 사랑하는 이들만이 살아남는다Only Lovers Left Alive〉(2013)처럼 규모가 작지만 평론가들로부터 호평을 받은 영화를 선정했다. 그러나 그럼에도 넷플릭스는 2014년 이후 개봉된 영화 등 할리우드의 어떠한 주요 신작들을 제공하지 않았다. 이는 맥스돔과 같은 경쟁사들이 프로지벤잣아인스와 제휴의 일환으로 이미 미국의 모든 메이저 영화사와 독점적인 배급 계약을 체결했기 때문이다. 이것은 넷플릭스가 서비스에 가입할 이유로 영화 목록을 홍보하기 어렵게 만들었다.

결과적으로 넷플릭스는 '고품질' TV에 더욱 집중 조명하고 있으며 주로 오리지널 시리즈를 홍보하면서 가입자를 유치하고 있다.[20] 예를 들어, 〈오렌지 이즈 더 뉴 블랙〉, 〈언브레이커블 키미 슈미트Unbreakable Kimmy Schmidt〉, 〈헴록 그로브Hemlock Grove〉, 〈페니 드레드풀Penny Dreadful〉, 〈보잭 호스먼Bojack Horseman〉, 〈마르코 폴로〉와 같은 넷플릭스 오리지널을 회사의 모든 마케팅 자료에서 강조하는 경향이 있다. 2014년 12월 역사적인 서사극 〈마르코 폴로〉 발표의 일환으로 넷플릭스 독일은 공식 인스타그램 계정에 대화형 맵을 개설했다. 넷플릭스는 이용자들을 관여시키고 쇼를 홍보하기 위한 대규모 캠페인의 일환으로 이러한 소셜 미디어 사이트를 활용하고 있다. 넷플릭스는 또한 〈리퍼 스트리트Ripper Street〉, 〈베이즈 모텔Bates Motel〉, 〈파고Fargo〉, 〈탑

---

19) 예를 들어 다음을 참조하라. http://www.sprechersprecher.de/synchronsprecher/till-hagen (검색일 2015.7.1)

20) Laura Slattery, "Netflix Steps Up Release of Originals in Push for 'Must Have' Status," *Irish Times*, February 12, 2015. http://www.irishtimes.com/business/media-andmarketing/netflix-steps-up-release-of-originals-in-pushfor-must-have-status-1.2097076 (검색일 2015.7.11)

오브 더 레이크Top of the Lake〉와 같은 모두 최근의 미국 텔레비전 프로그램들이며 종종 비평가들로부터 호평을 받은 넷플릭스 오리지널 프로그램들이 아닌 작품들을 계약하여 서비스했다.

넷플릭스는 '몰아 보기'를 장려하기 위한 방안으로 새 시즌의 모든 에피소드를 동시에 공개하는 것으로 알려져 있지만, 고품질의 텔레비전과의 서비스 연계를 확대하는 새로운 방식을 채택하고 있다. 넷플릭스는 이전 출시 전략과는 달리 〈브레이킹 배드〉 스핀오프 〈베터 콜 사울Better call Saul〉의 시즌1은 에피소드 형식을 사용하여 공개했다. 이 쇼는 미국 AMC에서 오리지널을 방영한 직후 매주 화요일에 업로드되었다. 게다가 넷플릭스의 구매 계약은 미국 밖에서는 〈베터 콜 사울〉을 넷플릭스의 오리지널이라고 이름 붙일 수 있게 허용했다. 이것은 AMC보다 넷플릭스와 고품질 프로그래밍 사이에 더 일반적인 연결을 만들어낸다. 이 전략은 〈베터 콜 사울〉을 텔레비전 광고와 전광판 광고 모두에서 〈오렌지 이즈 더 뉴 블랙〉만큼 정기적으로 노출시킨 독일 마케팅 캠페인에서 분명하게 나타난다.

넷플릭스는 오리지널 시리즈와 다른 수입 프로그램들을 강조했지만, 그것은 또한, 서비스를 지역적인 독일 선호도에 맞추기 위한 일정 정도의 노력도 기울였다. 예를 들어, 이 사이트에는 독일 영화와 텔레비전 프로그램으로 구성된 "독일Deutsch" 검색 카테고리가 포함되어 있다. 이 섹션에서는 프로지벤잣아인스의 대표 채널 중 하나인 프로 7에서 이전에 방영되었던 영국 코미디 시리즈 〈디 오피스〉를 독일 영화로 리메이크한 〈스토롬버그Stromberg〉(2014) 같은 콘텐츠를 강조한다. 이 밖에 로컬 콘텐츠로는 유명 배우 틸 슈바이거Til Schweiger가 나온 독일 블록버스터(〈귀가 작은 토끼Kleinohrhasen〉, 〈귀가 작은 병아리 Kleinohrküken〉, 〈꼬꼬바Kokowääh〉)와 〈마우스Sendung mit der maus〉와 같은 어린이들을 위한 TV 고전이 있다. 이런 유형의 콘텐츠는 넷플릭스가 주류 관객들에게 어필하기를 원한다는 것을 뜻한다. 이것은 에 크리스티안 페졸드Christian Petzold와 같이 비평가들의 호평을 받은 독일 감독이나 마이클 하네케Michael

Haneke와 같은 국제적으로 유명한 작가의 독립 영화를 현재 많이 이용할 수 없는지를 설명해줄지도 모른다. 이 전략은 또한 장르 범주에서도 뚜렷하다. 넷플릭스는 "범죄", "로맨스"(로맨틱 영화), "수상작Preisgekrönte Filme"(주로 오스카 관련 수상 영화)과 같은 표준 카테고리를 제공한다. 흥미롭게도, 넷플릭스의 미국 사이트에 등장하는 몇몇 장르는 독일 버전에서는 찾아볼 수 없다. 예를 들어, 독일 넷플릭스는 〈비기너스The Beginners〉, 〈브로크백 마운틴Brokeback Mountain〉, 〈인 앤 아웃In and Out〉과 같은 영화를 제공하지만, 그들은 "동성애 영화Queer Cinema"와 같은 더 넓은 범주의 일부로 분류되지 않는다. 이것은 넷플릭스가 독일 시청자를 자극하거나 반감을 사고 싶어 하지 않기 때문일 것이다. 넷플릭스는 향후 (아마도 현재 이용자로부터 수집한 데이터와 그 선호도를 사용하여) 독일 기반 오리지널 프로그램을 제작할 계획을 밝힘에 따라,21) 이러한 전략은 국제적 능력과 지역적 매력 사이에서 균형을 이루는 콘텐츠를 추구한다는 것을 나타낸다. 넷플릭스는 또한 대부분의 시청자들이 안전하고 쉽게 소비할 수 있는 콘텐츠를 원한다.

사회적 트렌드, 취향, 그리고 전통

독일은 바로 지금 거대한 변혁을 겪고 있다. 문화와 미적 전통이 빠르게 변화하고 있다. 이것은 특히 미디어와 텔레비전에서 분명하다. 넷플릭스와 같은 새로운 플랫폼과 관련된 고품질의 텔레비전과는 대조하여 1980년대와 1990년대의 유럽에서 가장 규모가 크고 가장 성공적인 쇼 중 하나인 게임 쇼

---

21) Jorn Krieger, "Netflix to Produce German Series," *Broadband TV News,* August 31, 2014. http://www.broadbandtvnews.com/2014/08/31/netflix-toproduce-german-series/ (검색일 2015.7.11)

〈벳텐, 다스..?Wetten, dass..?〉를 생각해보자. 1981년 2월 첫 방송된 이 쇼와 전설적인 진행자 토마스 고트샬크Thomas Gottschalk는 1년에 6~8번 토요일 밤 화제가 된 텔레비전의 프로그램 중 하나였다. 이것은 미국의 유사한 게임 쇼 〈워너 벳?Wanna bet?〉의 원작이었고, 이 쇼는 시청자가 손님으로 녹화장에 참여하여 기괴하고 특이한 일을 수행하는 간단한 전제를 특징으로 한다. 그러고 나서 유명 인사들은 이 일의 결과에 내기를 했다. 이 쇼는 1987년에 절정에 달했는데, 당시 독일, 오스트리아, 스위스에서 2,300만 명 이상의 시청자들이 이 쇼를 시청했다. 그 후 쇠퇴하기 시작했지만, 1990년대 내내 여전히 잘 되고 있었다. 2010년 끔찍한 생방송 사고[22]는 결국 2014년 12월에 이 쇼를 취소하게 만들었다.

〈벳텐, 다스..?〉가 인기를 잃기 시작하자, 텔레비전 진행자 스테판 라브 Stefen Raab는 흥미로운 후속 프로그램 〈슐라그 딘 라브Schlag den Raab〉(〈호스트를 때려라Beat the Host〉)를 소개했다. 기괴한 경쟁 시리즈를 만들면서 라브는 오리지널 독일 포맷으로 상당한 관객을 끌어모았다. 라브가 2015년 말 "한 시대의 종말"을 선언하면서 TV에서 은퇴를 선언하기 전, 이 쇼는 〈벳텐, 다스..?〉와 함께 토요일 밤 프라임 타임 프로그램에서 빠르게 성공한 사례가 되었다.[23] 이러한 유형의 쇼는 냉전 후 독일에서의 미디어 사회화 기능을 보여준다. 가족과 친구들은 토요일 밤의 사교 행사의 일종으로 이 쇼에 끌렸다. 그 쇼는 때때로 3시간 이상 지속되었고 종종 편성보다 45분 더 오래 진행되었다. 신기술의 출현과 소비자 행동의 변화는 결국 이러한 유형의 쇼를 쓸모없게 만

---

22) "Stunt Jumper Student Seriously Injured After Leaping over Moving Cars on Spring Stilts on Live TV," *Daily Mail*, December 6, 2010.
http://www.dailymail.eo.uk/news/article-1335851/Samuel-Koch-stunt-Student-seriouslyinjured-stilts-jump-moving-cars-live-TV.html (검색일 2015.5.28)

23) "German Media Star Stefan Raab Says Goodbye to TV," *DW.com*, June 17, 2015.
http://www.dw.com/en/german-media-star-stefan-raab-says-goodbye-to-tv/a-18523666 (검색일 2015.7.1)

들었다. 비록 독일의 많은 시청자들이 무료 TV만 계속 볼 정도로 이례적인 사례로 남아 있지만 넷플릭스는 흥미로운 전환점을 찍을 수 있는 잠재력을 가지고 있다. VOD 플랫폼은 미디어 소비를 개인화하고, 개인의 취향과 선호도에 맞추며, 즉시성과 편의성을 우선시하며, 이용자 중심의 경험으로 초점을 전환한다. 미디어의 사회화 기능은 더 이상 미디어 소비의 순간에 이루어지는 것이 아니라, 소셜 미디어와 인터넷상의 다른 곳에서 교류를 하는 의사소통의 2차적인 지점에서 발생한다. 프로그램 구조와 목록은 퇴보하고 미디어 시청자들은 점점 더 자율적이 되는 반면, 전통적인 텔레비전과 미디어 소비의 전제는 무너진다. 이러한 발전은 스포티파이Spotify와 같은 관련 서비스뿐만 아니라 넷플릭스에서도 나타날 수 있다.

넷플릭스와 같은 인터넷 기반 서비스는 2014년에서 2019년 사이에 세 배가 될 것으로 예상된다. VOD에 대한 수요의 증가는 〈벳텐, 다스..?〉와 같은 실시간 프로그램에서 넷플릭스가 서비스의 중심으로 홍보하고 있는 형태와 같은 시리즈 드라마로 전환하는 것을 나타낸다. 그럼에도 넷플릭스는 이 새로운 시장에서 혼자는 아니다. 유료 TV의 다른 VOD 플랫폼과 경쟁사는 프리미엄 미국 콘텐츠에 대한 권리를 확보하기 위해 치열하게 경쟁할 것 같다. 이것은 넷플릭스와 같은 서비스들이 (예를 들어 독일과 같은 대상 시장에 대한 지역적 매력을 강조하는 것뿐만 아니라) 자체 오리지널 시리즈를 계속 개발하도록 조장할 것이다. 특히 이것이 전 세계적으로 독점적인 유통권을 확보하는 최선의 방법일 수 있기 때문이다. 넷플릭스가 앞으로 확장할 때 하나의 고려 요인이 될 수 있는 다른 커다란 기술적 고려사항이 있다. 장기적으로는 망중립과 같은 이점을 유지하는 것이 어려울 수 있으며, 기술은 공공 및 민간 규제 정책의 변동성과 크게 결부될 수 있다. 이런 우려에도 불구하고 독일 미디어 시장은 넷플릭스가 무시하기에는 너무 크다. 이제 넷플릭스는 거점을 갖게 되었으니, 독일 미디어 시장의 문화와 미디어를 형성하는 사회적·경제적·규제적·기술적 요인에 적응하는 방법을 배우게 될 것이다.

지금까지 텔레비전 방송의 역사를 바꾼 몇 가지 사례로 케이블 방송, 위성 방송, IPTV 등을 꼽을 수 있다. 이것들은 기본 방송의 개념은 크게 변하지 않고 방송 콘텐츠를 전달하는 매체의 발전이 이루어진 것이라고 볼 수 있다. 방송을 뛰어넘을 수 있을 만한 새로운 것이 OTTOver The Top이며, 이를 주도하는 기업이자 서비스가 넷플릭스이다. 그래서 넷플릭스를 '게임 체인저'라고 부른다. 방송사에 몸담고 있고, 방송 산업을 연구하는 사람으로서 방송의 미래가 고민이 아닐 수 없다.

넷플릭스는 2011년 UCLA 익스텐션에서 공부하면서 처음 알았고 현재 이용하고 있다. 2015년 KBS America 사장 시절 넷플릭스에 콘텐츠를 공급하기 위해 접촉하면서 더 관심을 갖게 되었고, 지난해 넷플릭스에 대한 다양한 정보와 한국 방송 미디어에 대한 영향을 모아서 『넷플릭스노믹스』(한울아카데미)로 정리를 했다. 『넷플릭스노믹스』를 쓰면서 접한 책 중 하나가 *Netflix Effect*로 넷플릭스를 포함한 OTT 연구자의 한 사람으로서 국내에서 참고해야 할 많은 부분을 다루고 있어 흥미롭게 읽었다. 넷플릭스가 기술적인 부분을 활용한 내용, 엔터테인먼트 산업을 변화시킨 사실, 글로벌 유통을 바꾼 내용, 시청자의 시청 습관을 바꾼 것, 전 세계에 진출하면서 벌어지는 갈등 등이 국내에서도 동일하게 발생하면서 많은 연구가 진행되어야 할 것이라고 생각이 들었다. 그래서 이 책이 번역되어 나오게되면 학계와 업계에 더 많은 도움이 될 것이라는 판단하에 번역하게 되었다.

'넷플릭스 효과'라는 단어는 넷플릭스를 미디어 시장을 바꾸는 체인저로서 방송, 뉴미디어, 제작, 삶 등 다양한 곳에 영향을 미치면서 사용하고 있다. 처음 사용한 것은 2013년 ≪더 스타The Star≫지에서 "많은 회사가 월 구독료를 내면 수백 또는 수천의 영화와 TV 쇼를 성공적으로 스트리밍하는 넷플릭스의 모델을 따라하고, 음악·라디오·신문·잡지·도서·만화·오디오북 등 다른 미디어에서도 이를 채용하는 현상"[1]이라고 했다. 다음으로 제14장에서도 소개되었지만, 시장 분석 기관 IHS 기술IHS Technology은 2014년 보고서 「넷플릭스 효과The Netflix Effect」를 발간했고, 여기에서 넷플릭스가 전 세계에 동시에 출시하는 전략 때문에 다른 유통 업체들도 해외에 더 빨리 콘텐츠를 공급하도록 한다는 것이다. ≪포브스≫는 넷플릭스 효과를 수많은 산업에 영향을 미치는 것으로 무명의 배우를 하루아침에 유명하게 만들고, 소비자가 콘텐츠를 보는 방법을 바꾸고, 비즈니스 모델에 새로운 인터넷 기술을 채용하며, 영화와 텔레비전 산업에 엄청난 영향을 끼치면서 이용자가 더 편리하고, "개인화된 콘텐츠로 이동하게 하는 것"이라고 했다.[2] 미국의 영화나 드라마에 대한 평가 사이트인 ≪로튼 토마토Rottentomatoes.com≫는 라이프타임Lifetime의 〈너의 모든 것You〉이 넷플릭스로 플랫폼을 옮기고 인기가 급증한 것처럼 넷플릭스를 통해 인기를 얻는 것을 넷플릭스 효과라고 소개했다.[3]

넷플릭스 효과를 정리하자면, 저자가 머리말에서 밝혔듯이 "기술과 엔터테인먼트가 엄청난 속도로 융합되고, 매스미디어 비즈니스와 경제에 막대한 영향을 미치는 것"이라고 정의할 수 있다.

1) https://www.thestar.com/entertainment/2013/10/16/the_netflixication_of_all_media.html

2) https://www.forbes.com/sites/blakemorgan/2019/02/19/what-is-the-netflix-effect/#14d58cb45640

3) https://editorial.rottentomatoes.com/article/streaming-gives-tv-shows-a-second-life/

『넷플릭스 효과』는 다양한 학술적 관점과 비판적인 시각에서 넷플릭스 효과를 폭넓고 깊게 탐색하고 있으며, 멀티 스크린, 멀티 플랫폼, 네트워크된 디지털 환경의 트렌드를 통찰력 있게 조망할 수 있는 글들을 수록하고 있다.

이 책은 다양한 관점을 갖고 빠르게 진화하는 분야를 활기차고 매력적이며 다양하게 다룬 글들을 수록하여 빠르게 기술 전환이 되는 동안 미디어 산업을 탐색하는 데 가치 있는 도움을 주고 있다. 기술, 엔터테인먼트, 산업 및 사회에 미치는 넷플릭스의 영향에 대해 논의하면서 현재 미디어 연구에서 가장 시급한 주제를 다루고 있다. 구체적으로 보면, 넷플릭스의 기술 활용, 망중립성, 콘텐츠 제작 및 배급 혁신, 몰아 보기 등 시청 습관 변경 및 이에 따른 부작용, 디지털 경제의 이데올로기적 기반 등이다.

결국 이 책은 넷플릭스 효과가 어떻게 다른 산업의 발전과 연결되어 있는지를 보여주고, 넷플릭스의 성장이 어떻게 미디어, 기술 및 사회를 앞으로 진전시키는지에 대한 중요한 통찰을 제공하고 있다. 이런 내용은 현재에도 변함없이 많은 분야에서 연구와 정책을 수립하는 데 인사이트를 제공할 것이다. 그런 면에서 1년간 열심히 이 책을 번역한 보람이 있었으면 하는 바람이다.

번역을 끝내고 나니, 가장 먼저 드는 생각은 얼굴을 들고 다닐 수 있을지 하는 걱정이다. 가끔 번역서를 읽으면서 답답했던 마음이 떠오른다. 이제 그 수많은 눈총을 직접 받게 될지도 모른다는 염려 때문이다.

번역 작업을 처음 시도한 것이라 완성도 있게 해낼 수 있을지, 기간 내에 완료할 수 있을지에 대한 부담이 가장 컸다. 다행히 '옮긴이의 글'을 쓰고 있는 것을 보니 미흡하나마 최초의 번역서 작업을 마무리하는 한 것 같아 뿌듯한 마음도 크다.

그러나 번역하는 내내 부족한 영어 실력과 밑천 없는 학문적 지식에 자괴감을 수없이 느꼈다. 전문 분야의 용어를 선택하기 위해 관련 논문도 열심히 찾았고, 전문가의 조언도 받으면서 단어를 선택하고, 글을 다듬었다. 그래도 잘못 번역한 부분이 많을 것이다. 이는 모두 번역자의 잘못이며, 독자들께서 그러한 것을 발견하면 언제든지 연락해주기를 바란다. 그래야 향후 책의 완성도를 높일 수 있고, 개인적으로도 배울 수 있기 때문이다. 부족한 필자를 깨우쳐줄 분들을 간절히 기다린다.

『넷플릭스 효과』가 나오기까지 많은 도움을 받았다. 번역 지원을 해준 뉴스통신진흥회에 감사드린다. 만약 지원을 받지 못했다면 의욕만 있던 번역이 결실을 맺지 못했을 것이다.

다음으로 미국에서 MBA를 하면서도 많은 시간을 할애해 번역을 도와준 조카 이승연에게 감사를 표한다.

바쁜 시간에도 부족한 제자의 작업물을 꼼꼼히 읽고 잘못된 용어나 부분을 바로잡아 주셨기에 감수자로 올려도 손색이 없는데 이를 끝내 사양하신 광운대학교 문상현 교수께 감사드린다.

독일 관련 챕터와 관련해 해박한 지식으로 도움을 주신 한국방송진흥공사의 정두남 박사와 궁금해했던 단어나 문장의 뉘앙스에 대해 매번 친절하게 답을 준, 할리우드에서 영화 제작의 꿈을 키우고 있는 크리스틴 신 작가 겸 감독에게도 감사드린다.

무엇보다 이 책이 독자의 품으로 갈 수 있도록 허락해준 한울엠플러스(주)의 김종수 대표와 번역서의 어려움에도 잘 다듬어준 배소영 편집자에게 감사드린다.

마지막으로 퇴근하고도 주말에도 번역하느라 가정에 소홀히 했던 가족에게 너무나도 미안한 마음을 금할 길이 없다. 마음이 불편했음에도 번역에 전념하도록 격려하고 지원해준 사랑하는 아내 주은경과 고3 마지막 학기를 마무리하느라 열심인 딸 유혜민에게 감사를 표한다.

신영복 선생이 『담론』에서 "살아가는 이유는 하루하루의 깨달음과 공부"라고 한 말을 새기며 맺는다.

2020년 4월
인천 청라에서
유건식

■ 찾아보기

■ 지은이

네타 알렉산더 Neta Alexander 는 뉴욕 대학교(NYU) 영화학과 박사과정 학생으로 실패, 고장, 그리고 "소음"의 렌즈를 통해 스트리밍 기술과 디지털 관객성digital spectaorship을 연구하고 있다. 그녀는 ≪필름 쿼털리Film Quarterly≫, ≪필름 코멘트Film Comment≫, ≪미디어 필드 저널Media Fields Journal≫ 등의 잡지와 학술지에 글과 논평을 게재했다. 그녀가 쓴 글들은 논문 모음집인 『컴팩트 시네마틱스Compact Cinematics』(블룸스베리 출판사, 2017)와 『영화제와 인류학Film Festivals and Anthropology』(캠브리지 스칼라 출판사, 2017)에 실렸다.

새라 아놀드 Sarah Arnold 는 소셜 TV 회사인 액소니스타Axonista에서 일하고 있으며, 이전에는 팔머스 대학교Falmouth University의 영화 및 텔레비전 학부에서 수석 강사로 일했다. 그녀는 현재 『텔레비전, 기술과 성: 뉴 플랫폼과 새로운 시청자』라는 책을 쓰고 있다. 그녀의 저서로는 『모성 공포 영화: 멜로 드라마와 모성애』(2013)가 있고, 공동 저서로 『영화 핸드북The Film Handbook』(2013)이 있다.

셰리 치넨 비에슨 Sheri Chinen Biesen 은 로완 대학교Rowan University의 라디오, 텔레비전 및 영화학과 부교수이고, 존스홉킨스 대학교 출판사에서 『블랙아웃: 제2차 세계대전과 느와르 영화의 기원』(2005)과 『그림자의 음악: 느와르 뮤지컬 영화』(2014)를 출간했다. 그녀는 오스틴에 있는 텍사스 대학교에서 박사학위를 받았고, 남가주 캘리포니아 대학교에서 석사학위와 학사학위를 받았다. 남가주 대학교(USC), 캘리포니아 대학교, 텍사스 대학교, 그리고 영국에서 강의를 해왔다. 그녀는 BBC 다큐멘터리 〈느와르 영화의 규칙The Rules of Film Noir〉 제작에 참여했으며, ≪영화와 역사Film and History≫, ≪계간 영화 및 비디오 평론Quarterly Review of Film and Video≫,

≪대중문화 평론Popular Culture Review≫ 등에 기고했으며, ≪벨벳 라이트 트랩The Velvet Light Trap≫의 편집자로 활동했다.

레일 데이비스 Lyell Davies 는 다큐멘터리 비디오 제작자이자 뉴욕 시립대학교의 영화 미디어학 교수다. 그의 다큐멘터리는 PBS에서 방영되고 국제 영화제에서 상영되었다. 그는 청소년, 이민자, 노숙자, 노동자들이 참여하는 참여형 미디어 제작 프로젝트를 활성화했다. 그의 학문적 연구는 미디어와 사회 변화, 미디어 정의, 다큐멘터리 영화 제작 등에 중점을 두고 있다. 그는 로체스터 대학교University of Roche에서 시각문화학 박사학위를 받았다.

브리타니 파 Brittany Parr 는 남가주 대학교(USC)의 박사과정 학생이다. 그녀는 다양한 종류의 폭력이 상품화되는 방식과 이 상품화와 포스트 페미니즘 사이의 연결점을 연구하고 있다. 그녀의 주된 관심은 포스트 페미니즘, 신자유주의, 인종과 민족성, 페미니스트 이론 등이다.

카메론 린지 Cameron Linsey 는 텍사스 대학교의 박사과정 학생이다. 그는 뉴욕 대학교에서 영화학 석사 학위를 받았고, ≪더 스토리빌 포스트The Storyville Post≫와 ≪온 더 미디어On the Media≫의 편집자 겸 작가로 활동하고 있다. 그는 청소년 미디어와 뉴 디지털 미디어 연구에 중점을 두고 있다.

케이시 맥코믹 Casey J. McCormick 은 캐나다 맥길 대학교McGill University에서 TV 결말, 디지털 유통 및 사회적 시청에 관한 논문으로 박사학위를 받았다. 그녀의 글은 『텔레비전 서사에서의 시간Time in Television Narrative』(미시시피 대학교 출판사, 2012), ≪참여: 시청자 연구 국제 저널≫ 2016년 특별호와 『팬덤 및 팬 연구 안내서A Companion to Fandom and Fan Studies』(와일리-블랙웰Wiley-Blackwell, 2018)에 실렸다. 그녀는 맥길 대학교에서 문화학을 가르치고 있으며, 예술과 아이디어의 공적인 삶Public Life of Arts and Ideas 연구소에서 미래 인류 프로젝트를 공동 진행하고 있다.

케빈 맥도널드 Kevin McDonald 는 캘리포니아 주립대 노스리지Northridge 대학교에서 커뮤니케이션학을 가르친다. 그는 아이오와 대학교에서 박사학위를 받았다. 그는 영화 이론, 현대 할리우드 영화, 미디어 산업 등의 연구에 중점을 두고 있다. 그의 연구는 〈점프컷Jump-Cut〉과 〈알파빌Alphaville〉에 반영되었다.

앨리슨 노박 Alison N. Novak 은 로완 대학교의 홍보 및 광고학과 부교수다. 그녀는 드렉셀 대학교Drexel University에서 커뮤니케이션, 문화와 미디어 박사학위를 받았다. 그녀는 미디어 규제의 미래, 투표 참여의 정치적 담론, 시민 참여 등의 연구에 중점을 두고 있다. 그녀의 연구는 잡지 ≪와이어드Wired≫와 온라인 신문 ≪허핑턴 포스트Huffington Post≫에 실렸다. 그녀는 ≪커뮤니케이션 리뷰Review of Communication≫와 ≪인종과 정책 저널Journal of Race and Policy≫에 논문을 게재했다. 그녀는 또한 『디지털 시대의 정체성과 문화 범위의 변화에 대한 정의Defining Identity and the Changing Scope of Culture in the Digital Age』(2016)의 공동 편저자며, 『미디어, 밀레니얼과 정치학 Media, Millelennial, and Politics』(2016)의 저자다.

수디프 샤르마 Sudeep Sharma 는 로스앤젤레스에 있는 영화 예술과 과학 아카데미 Academy of Motion Picture Arts and Science의 공공 프로그램 책임자다. 그는 UCLA에서 영화와 미디어학 박사학위를 받았다. 그는 또한 선댄스 영화제에서 다큐멘터리 부 프로그래머와 로스앤젤레스 인도 영화제에서 프로그래머로 활동했다. 그는 1990년 대의 케이블 텔레비전 뉴스와 역사의 활용에 대한 연구에 주력하고 있다.

제럴드 심 Gerald Sim 은 플로리다 애틀랜틱 대학교Florida Atlantic University의 영화학과 부교수이고, 『영화와 인종의 문제: 정치, 이데올로기와 영화의 재이론화The Subject of Film and Race: Retheorizing Politics, Ideology, and Cinema』(블룸스베리 아카데믹, 2014) 를 출간했다. 그의 뉴미디어에 대한 글의 하나가 학술지 ≪프로젝션Projections≫에 실려 있는데, 영화 산업이 디지털 촬영으로 전환하는 내용이다. 이 글은 주관성에 대한 빅데이터의 영향과 소프트웨어 연구의 초학이 되었나.

다니엘 스미스-로우지 Daniel Smith-Rowsey 는 캘리포니아 주립대 새크라멘토Sacramento 대학교의 영화학 강사이다. 그는 『할리우드 르네상스 시대의 스타 배우Star Actors in the Hollywood Renaissance』(팔그레이브 맥밀란, 2013)를 출간했고, 이 책은 영화와 미디어 연구 학회Society of Cinema and Media Studies의 최우수 첫 저서 시상식Best First Book Award에서 수상 후보로 선정되었다. 그의 최근 논문은 루트거스 대학교 출판부 Rutgers University Press에서 2012년 펴낸 『1960년대의 영화 스타들New Constellations: Movie Stars of the 1960s』에 「더스틴 호프만: 가능한 예술적으로Dustin Hoffman: As Artistic ans Possible」와 ≪브라이트 라이트 필름 저널Bright Lights Film Journal≫에 「빌리 알지, 우리가 날려버렸어': '거친 반란군'에 대한 역사적 영향과 반대문화가 할리우드에서 어떻게 제외되었는가'You Know Billy, We Blew It': Histroycal Influences on the 'Rough Rebels' and How the Counterculture Was Exclued from Hollywood」가 게재되었다. 그의 상업 영화 〈피시, 칩스, 머시 피스Fish, Chips, and Mushy Peas〉(2012)는 2012년 네바다 영화제에서 은상Silver Screen Award을 수상했다.

재커리 스나이더 Zachary Snider 는 메사추세츠 주에 있는 벤틀리 대학교Bentley University 에서 작문, 문학, 영화, 스피치 수업 등을 가르치고 있다. 전에는 뉴욕 대학교에서도 비슷한 과정들을 가르쳤다. 그는 런던 메트로폴리탄 대학교에서 포스트모던 문학과 창의적 글쓰기로 박사학위를 받았다. 교수가 되기 전에는 뉴욕, 로스앤젤레스, 유럽 전역에서 엔터테인먼트 저널리스트로 활동했다. 현재 그는 다른 학제 간 분야에 해당하는 연구로 텔레비전과 영화, 포스트모던 소설과 연극, 교육적 구성과 관련된 소설, 창작 논픽션, 학문적 에세이 등을 쓰고 있다.

크리스천 스티글러 Christian Stiegler 는 독일 카를스루에Karlsruhe에 있는 칼쇼흐슐 국제 대학교Karlshochschule International University의 미디어 매니지먼트, 소비자 문화와 뉴미디어학과 교수이며, 국제 미디어 매니지먼트 학위 프로그램 책임자이다. 그는 몇 년 동안 TV, 라디오, 출판, 온라인에서 저널리스트로 활동했고, 엔터테인먼트와 미디어 산업 연구에 대해 강의했다.

샘 워드 Sam Ward 는 2015년에 영국 노팅엄 대학교University of Nottingham에서 박사학위를 받았다. 그의 연구는 디지털 텔레비전 채널과 기술의 브랜딩에서 국가 간 산업적 연결의 역할에 중점을 두고 있다. 그는 뢰햄튼 대학교University of Roehampton에서 강의를 했으며, 현재 더비 대학교University of Derby에서 부교수로 재직하고 있다.

■ 옮긴이

유건식은 한국 드라마 역사상 최초로 KBS 드라마 〈굿닥터〉를 미국 ABC의 2017/2018
시즌으로 리메이크시켰다.

2007년 KBS 드라마국 BM Business Manager 1호로 선발되어 드라마 〈거상 김만덕〉
(2010), 〈성균관 스캔들〉(2010), 〈드림하이 2〉(2012)의 프로듀서를 역임했으며, 2012년
에는 학교문전사 공동 대표로 〈학교 2013〉을 제작했다.

2011년 UCLA Extension 과정에서 '프로듀싱'과 '엔터테인먼트 비즈니스 매지니먼
트' 자격증을 취득했다. 2015년 광운대학교에서 「지상파 방송사의 TV 드라마 제작
결정 요인에 관한 연구」로 박사학위를 받았다.

2015년 8월부터 KBS 아메리카 사장으로 재직하면서 〈굿닥터〉 리메이크, 해외한국
어방송인대회에서 TV 부문 대상인 과학기술정보통신부장관상을 받은 4·29 폭동
다큐멘터리 〈끝나지 않은 429〉 제작 등의 공을 인정받아 캘리포니아 상원과 오렌지
카운티 슈퍼바이저 위원회에서 결의안을 수어받았다.

저서로는 『미드와 한드, 무엇이 다른가』(2014년 세종 학술상), 『한국 방송 콘텐츠
의 미래를 열다: 굿닥터 미국 리메이크의 도전과 성공』, 『넷플릭소노믹스: 넷플릭스
와 한국방송미디어』(2018, 2019년 방송학회 저술상)가 있다.

현재 KBS 공영미디어연구소 연구팀장으로 재직 중이며, 건국대학교 언론홍보대학
원 겸임교수로 '콘텐츠산업과 비즈니스모델', '미디어 문화 트렌드 분석' 등을 강의
하고 있다.

또한, 제46대 한국언론학회 대외협력이사(2019~)와 문화체육관광부 방송영상 리더
스포럼 위원(2020~)으로 활동하고 있다.

한울아카데미 2227
뉴스통신진흥총서 25

넷플릭스 효과
21세기 기술과 엔터테인먼트

엮은이 **케빈 맥도널드· 다니엘 스미스-로우지** ㅣ 옮긴이 **유건식**
펴낸이 **김종수** ㅣ 펴낸곳 **한울엠플러스(주)** ㅣ 편집 **배소영**
초판 1쇄 인쇄 **2020년 5월 6일** ㅣ 초판 1쇄 발행 **2020년 5월 20일**
주소 **10881 경기도 파주시 광인사길 153 한울시소빌딩 3층**
전화 **031-955-0655** ㅣ 팩스 **031-955-0656** ㅣ 홈페이지 **www.hanulmplus.kr**
등록번호 **제406-2015-000143호**
ISBN **978-89-460-7227-5 93070 (양장)**
　　　978-89-460-6898-8 93070 (무선)

Printed in Korea.

※ 이 책은 뉴스통신진흥자금을 지원받아 번역·출간되었습니다.
※ 책값은 겉표지에 표시되어 있습니다.

이 도서의 국립중앙도서관 출판예정도서목록(CIP)은 서지정보유통지원시스템 홈페이지(http://seoji.nl.go.kr)와
국가자료종합목록 구축시스템(http://kolis-net.nl.go.kr)에서 이용하실 수 있습니다.
CIP제어번호: CIP2020016244(양장), CIP2020016248(무선)